Enciclopedia
INVENȚIILOR

Această carte a fost publicată în original
de Editura Dorling Kindersley Limited.

Titlu original:
Science Year by Year

Director editorial: Andrei Timar

Traducător din limba engleză: Roxana Truța

Corector: Flavius Țuțuianu

Tehnoredactor: Csiszer Ödön

Colaborator: SC Design Solutions Consulting SRL

ISBN 978-606-646-717-9

Comenzi la:
tel.: +40 265 250 805
office@editurakreativ.ro
www.editurakreativ.ro
facebook.com/EdituraKreativ

A WORLD OF IDEAS:
SEE ALL THERE IS TO KNOW
www.dk.com

Enciclopedia
INVENȚIILOR

Autori:
Clive Gifford, Susan Kennedy
și Philip Parker

Consultant:
Jack Challoner

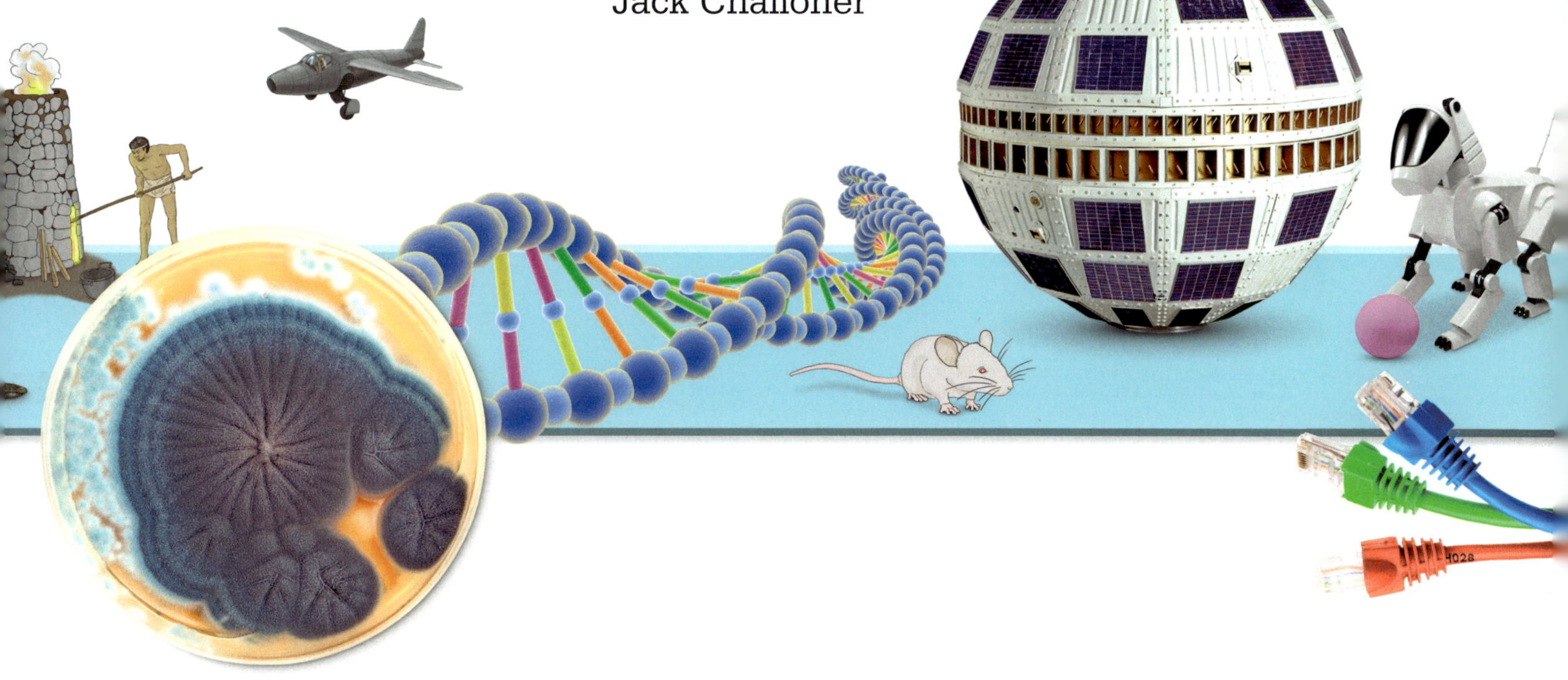

Kreativ

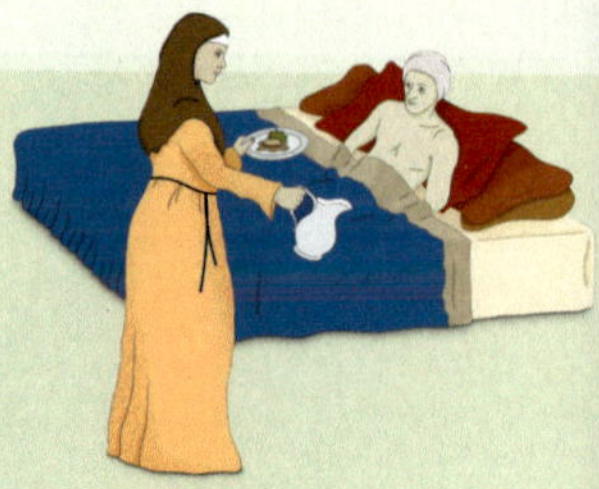

Cuprins

În urmă cu 3 m.a.–800 e.n.
Înaintea primelor descoperiri științifice

800–1545
Noi idei

1545–1790
Epoca descoperirilor

Călătorie în timp

Cele mai vechi evenimente prezentate în această carte au avut loc în urmă cu foarte mult timp. Vei vedea anumite perioade marcate cu litere, cum ar fi *m.a.* – o prescurtare de la *milioane de ani*. Alte perioade sunt urmate de *î.e.n.* și *e.n.* – prescurtări de la *înaintea erei noastre* și *era noastră*. Era noastră este considerată perioada care a început odată cu nașterea lui Iisus Hristos. Când nu se cunoaște data exactă a unui eveniment, se folosește *cca* – prescurtarea cuvântului latin *circa*. Acesta înseamnă *în jur de* și arată că data este aproximativă.

1790–1895

Descoperiri revoluționare

1895–1945

Epoca nucleară

1945–prezent

Știința modernă

TIMEO

În urmă cu 3 m.a.–800 e.n.
Înaintea primelor descoperiri științifice

Primele descoperiri științifice ale strămoșilor noștri – cum ar fi focul și cultivarea pământului – au avut loc cu mult înaintea apariției primelor civilizații din anul 4000 î.e.n. Odată cu stabilirea primelor așezări omenești, schimbările s-au petrecut mai rapid. Babilonienii au făcut progrese în domeniul astronomiei, grecii au dezvoltat medicina și matematica, iar romanii erau lideri în domeniul ingineriei. Cu toate acestea, după prăbușirea Imperiului Roman de Apus în anul 476 e.n., multe cunoștințe științifice au fost uitate vreme de secole întregi.

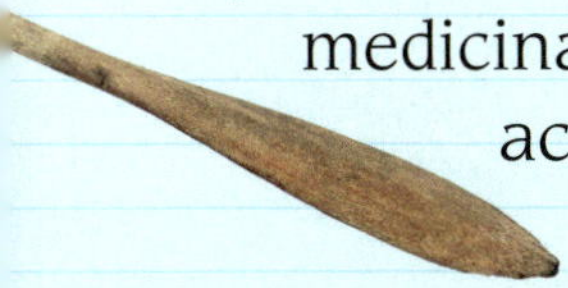

În urmă cu 3 m.a. ▸ 8000 î.e.n.

Cele mai vechi instrumente muzicale descoperite până acum sunt niște fluiere făcute în urmă cu mai bine de 40.000 de ani din oase de pasăre și fildeș de mamut.

790.000 î.e.n.

Prima întrebuințare a focului

Este posibil ca strămoșii noștri să fi știut cum să facă și să controleze focul chiar și în urmă cu 1,5 milioane de ani. Cele mai timpurii dovezi ale existenței focurilor casnice le reprezintă urmele de lemn ars de la situl Gesher Benot Ya'aqov din Israel, care datează din anul 790.000 î.e.n. Cu ajutorul focului oamenii puteau găti, hrănindu-se astfel cu mai multe feluri de mâncare.

400.000 î.e.n.

Vânătoarea cu sulițe

În această perioadă, primii vânători începeau să folosească bețe din lemn pe post de sulițe. Aceste unelte cu vârf ascuțit puteau fi înfipte în pradă sau chiar aruncate de la distanță. În jurul anului 200.000 î.e.n., sulițele aveau deja vârfuri de piatră, ceea ce le făcea mult mai eficiente.

Cele mai vechi sulițe din lemn au fost descoperite la Schöningen, în Germania.

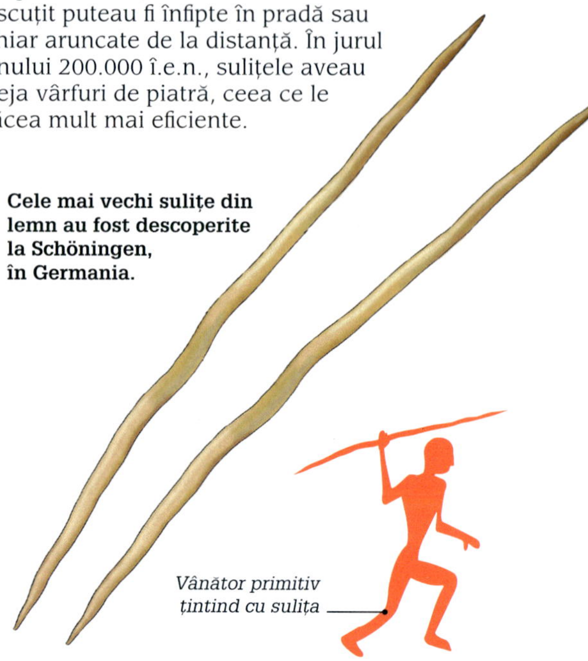

în urmă cu 3 m.a. | **400.000** | **125.000**

cca 2,6 m.a.–250.000 î.e.n. UNELTE DIN PIATRĂ

Primele obiecte făurite de strămoșii noștri au fost uneltele din piatră. Cele mai vechi au fost descoperite în Lacul Turkana din Kenya și datează din urmă cu 3,3 m.a. Meșteșugarii preistorici ciopleau o piatră lovind-o cu o altă piatră până ce căpăta o muchie ascuțită. Uneltele făurite în acest fel aparțin stilului numit *Oldowan*.

Unealtă Oldowan din piatră

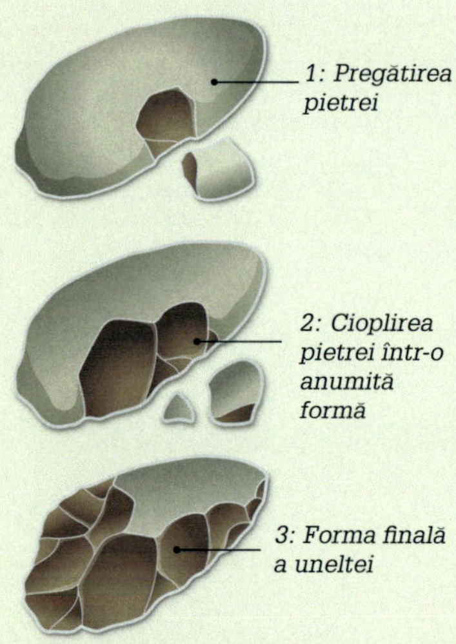

Topoare din piatră

Uneltele Oldowan din piatră erau destul de nefinisate, așa că, în urmă cu cca 1,76 m.a., a apărut o nouă metodă de prelucrare a pietrei, cunoscută sub denumirea de *Acheulean*. Aceasta constă în răzuirea unei pietre pe două părți pentru obținerea unei margini duble, urmată de cioplirea părții de dedesubt ca să fie ușor de apucat. Aceste unelte se numesc *toporiști*.

Toporișcă Acheulean

Tehnica Levallois

În urmă cu cca 325.000 de ani, meșteșugarii au început să folosească tehnica ce poartă astăzi denumirea de *Levallois*, care presupune cioplirea pietrei într-o anumită formă urmând un model stabilit dinainte.

71.000 î.e.n.

Arcuri și săgeți

Micile vârfuri de săgeți din piatră descoperite în Africa de Sud dovedesc că oamenii au învățat să facă arcuri și săgeți în jurul anului 71.000 î.e.n. Aceste arme erau mai eficiente decât sulițele deoarece omul putea lua la vânătoare foarte multe săgeți, reușind să doboare prada de la o distanță mai mare.

Vârf primitiv de săgeată

Răsucirea fibrelor de in le face mai rezistente.

34.000 î.e.n.

Primele fibre de in

Fibrele răsucite de in găsite într-o peșteră din Georgia, în regiunea caucaziană dintre Europa și Asia, sunt dovada că oamenii au învățat să folosească fibrele plantelor ca să obțină frânghii și funii în jurul anului 34.000 î.e.n. Unele dintre acestea au fost vopsite ca să fie mai colorate.

18.000 î.e.n.

Olăritul

Primele vase au fost făcute din lut. Oamenii le dădeau o formă și întăreau apoi lutul în cuptor. Vasele obținute se foloseau la gătit sau la păstrarea alimentelor. Cele mai vechi datează din jurul anului 18.000 î.e.n. și au fost descoperite în China. În anul 14.000 î.e.n., poporul japonez denumit Jōmon se ocupa deja de olărit la scară largă.

Vas Jōmon din Japonia

Muflonul, o specie veche de oaie sălbatică

8500 î.e.n.

Domesticirea animalelor

În loc să le vâneze pur și simplu, primii fermieri au început să strângă animalele în jurul gospodăriei și să le împerecheze. Primele specii domesticite în acest fel au fost oile și caprele, acestea oferind o sursă sigură de hrană.

35.000 — **8000**

Ace înguste cu vârfuri ascuțite pentru străpungerea pieilor de animale

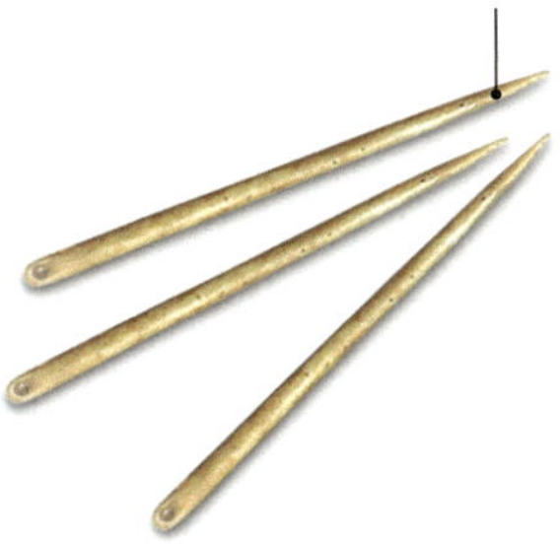

30.000 î.e.n.

Ace de cusut

În această perioadă au început să se răspândească acele din oase ascuțite, ceea ce sugerează că oamenii învățaseră deja să coasă. Există dovezi că acele simple din os erau folosite încă din anul 63.000 î.e.n. în China, Africa și anumite părți ale Europei, însă nu se cunoaște scopul exact al întrebuințării lor.

10.500 î.e.n.

Cultivarea plantelor

Plantele au început să fie cultivate când locuitorii așezării Abu Hureyra din Siria au început să semene secară sălbatică și alac (specie de grâu). Oamenii întrebuințau aceste cereale ca sursă suplimentară de hrană, acestea putând fi strânse fără să fie necesară o călătorie lungă.

Începutul agriculturii
Vezi paginile 10–11.

8000 î.e.n.

Prima barcă

Este posibil ca oamenii să fi ajuns cu bărcile în Australia în jurul anului 50.000 î.e.n., dar cea mai veche barcă păstrată până astăzi este o canoe care datează din anul 8000 î.e.n. și care a fost descoperită în Olanda. La fel ca numeroase alte ambarcațiuni primitive, a fost făcută dintr-un buștean cioplit în așa fel încât să se obțină o suprafață adâncită înăuntrul căreia ședeau oamenii.

> „De la terasă vede câmpurile plantate și culese, eleșteele și livezile."

***Epopeea lui Ghilgameș*, poem epic din Mesopotamia (astăzi – Irak), scris în jurul anului 2000 î.e.n.**

Bușteanul era cioplit astfel încât oamenii să se poată așeza înăuntru.

Bărcile primitive semănau foarte mult cu această canoe folosită în trecut de amerindieni.

Începutul agriculturii

În jurul anului 8500 î.e.n., oamenii din sud-vestul Asiei au început să cultive cereale în apropierea locuințelor lor, nemaifiind astfel nevoiți să petreacă mult timp în căutările lor. Aproximativ în aceeași perioadă, acești primi fermieri au început să domesticească porci, capre, oi și vaci, alegând cele mai bune exemplare ca să le înmulțească. Astfel, au obținut o sursă de carne, lapte și piele.

Domesticirea

Porumb mai mare și mai bun
În jurul anului 9000 î.e.n., locuitorii din America Centrală au început să crească o iarbă sălbatică denumită *teosinte*. Această plantă avea știuleți mărunți cu înveliș tare, care însă se zdrobeau la strângerea recoltei. Primii fermieri au ales plantele cu știuleți mai mari care nu se zdrobeau, iar astfel au obținut treptat porumbul de astăzi.

Teosinte, porumb sălbatic

Porumb din zilele noastre

Porc mistreț (sălbatic)

Porc domestic din zilele noastre

Porci mai blânzi
Primii crescători de porci au fost vânătorii din vestul Asiei. În jurul anului 7500 î.e.n., aceștia au început să țină în captivitate mistreții pe care îi prindeau. Înmulțindu-i de-a lungul timpului, au obținut porcul domestic, un animal mai mic și mai docil.

Cartofi mai gustoși
Strămoșii cartofilor din zilele noastre au început să fie cultivați în Peru cu cca 8000 de ani în urmă. La început aceștia erau amari, dar cultivarea repetată a diferitelor specii le-a îmbunătățit treptat gustul.

Cartofi sălbatici din Peru

Cartofi din zilele noastre

Răspândirea agriculturii
Creșterea plantelor și domesticirea animalelor a început aproape în același timp, însă în colțuri diferite ale globului pământesc: vestul și estul Asiei, America Centrală și de Sud, estul Americii de Nord, diferite părți ale Africii și India. Agricultura s-a răspândit apoi în întreaga lume.

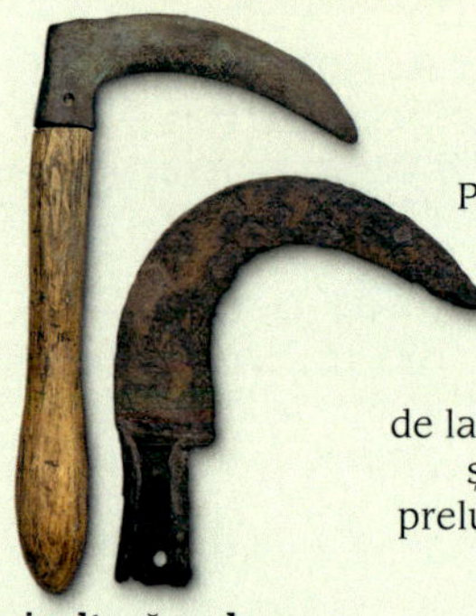
Unelte pentru agricultură cu lame din bronz (stânga) și fier (dreapta)

Unelte pentru strângerea recoltei
Pentru retezarea tulpinilor rezistente, fermierii foloseau diverse unelte, mai ales seceri cu lame curbate. Primele astfel de lame erau făcute din piatră șlefuită, dar pe măsură ce prelucrarea metalelor evolua, au început să apară cele din aramă, bronz și fier.

Evenimente importante

23.500–22.500 î.e.n.
Vânătorii-culegători din Orientul Mijlociu strângeau o plantă sălbatică denumită *emmer* (un soi de grâu primitiv), dar și orz, fistic și măsline. Aceștia mărunțeau cerealele cu ajutorul mojarului.

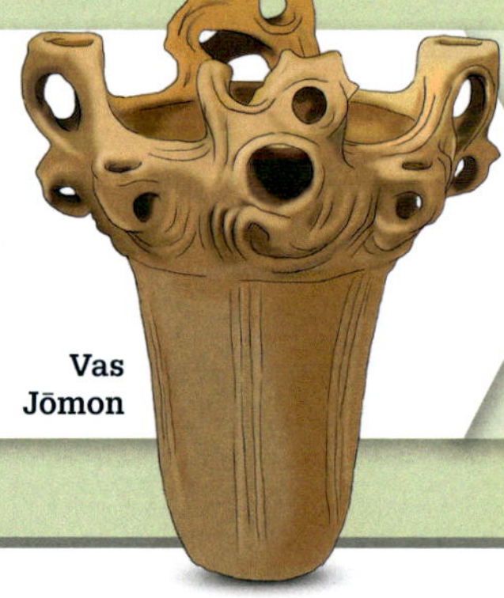
Vas Jōmon

14.000 î.e.n.
Vasele de lut întărite în cuptor, atât de importante pentru viitorii fermieri, au apărut pentru prima oară în China, însă în jurul anului 14.000 î.e.n., populația Jōmon din Japonia era deja lideră în producerea vaselor de înaltă calitate.

13.000 î.e.n.
Primul animal domesticit vreodată a fost lupul, acesta fiind strămoșul tuturor câinilor. Este foarte probabil ca domesticirea lupului să fi avut loc în mai multe locuri în același timp.

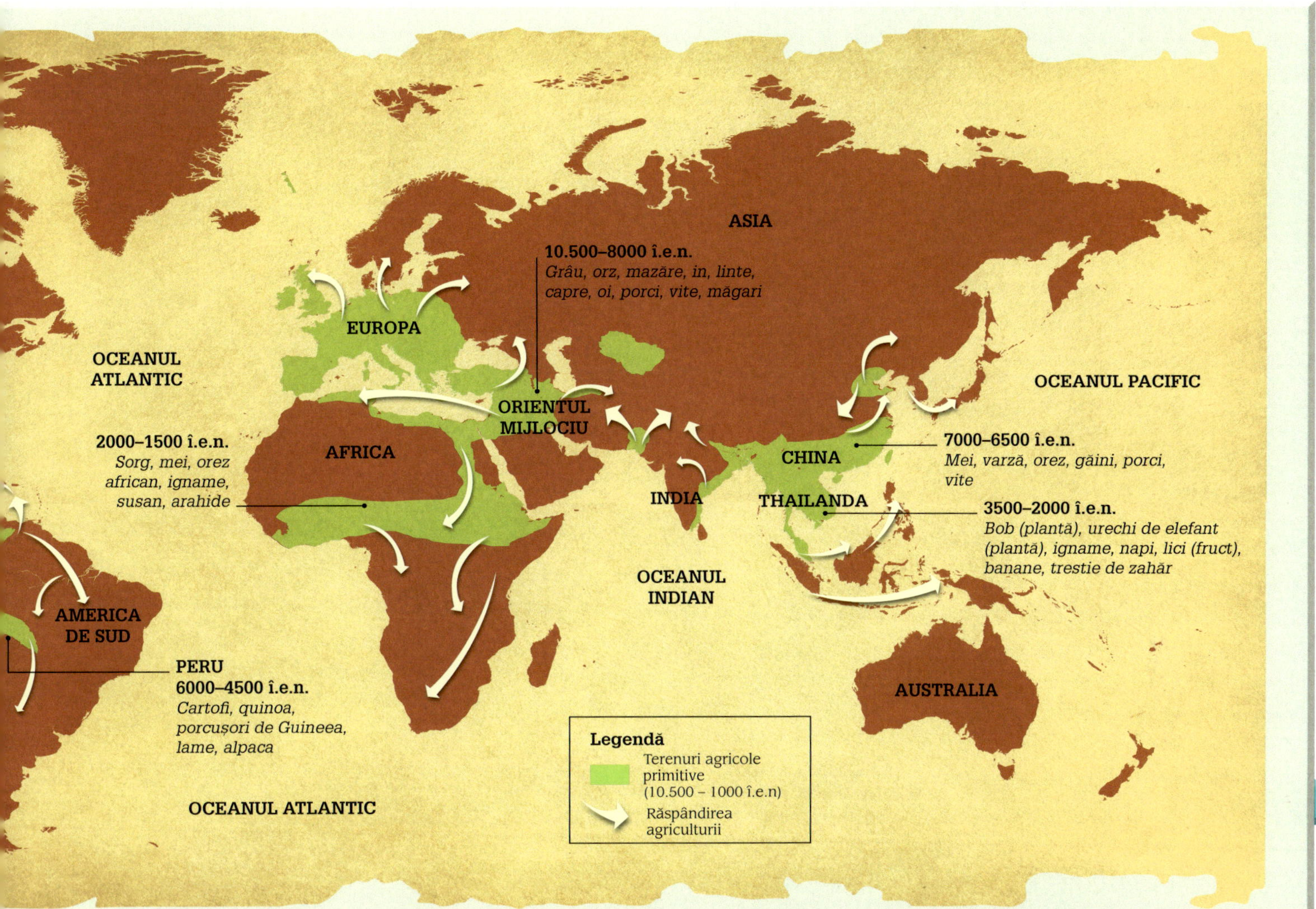

Fermieri sedentari
Datorită progreselor tehnicii în domeniul agriculturii, popoarele au renunțat la viața nomadă și s-au stabilit în așezări omenești. Sursele mai sigure de hrană oferite de plantele cultivate și de animalele domesticite au dus la creșterea populațiilor. Oamenii începeau astfel să își organizeze viața în funcție de ciclul anual al perioadelor de semănat și de strângere a recoltei.

10.000 î.e.n.

Bourii, bovine sălbatice de talie mare, au fost domesticiți în vestul Turciei pentru carne și lapte. De-a lungul timpului, împerecherea acestora a dus la apariția unor animale mai mici și mai docile, asemănătoare vitelor din zilele noastre.

8500 î.e.n.

Primii fermieri au semănat emmer și alac (specii de grâu sălbatic). La strângerea recoltei, aceștia păstrau cele mai bune semințe și le semănau în anul următor. De-a lungul timpului, recoltele lor au devenit din ce în ce mai bogate.

4300 î.e.n.

Primele lanuri inundate de orez au apărut în China, dar aceste plante erau deja cultivate de circa trei milenii.

3500 î.e.n.

Printre puținele animale din America de Sud a căror creștere era convenabilă se numărau lama și ruda sa apropiată, alpaca, dar și porcușorul de Guineea.

Lamă

8000 ▶ 3000 î.e.n.

Excavațiile de la situl Çatalhöyük au dus la descoperirea a 18 straturi de așezări omenești.

Arhitectura antică
Vezi paginile 26–27.

Cuptor de olărit
Cuptorul de olărit se folosea la întărirea vaselor din lut și a fost inventat în Mesopotamia (Irakul de astăzi). Într-un astfel de cuptor, lutul se așază departe de sursa de căldură. Acest lucru permite ca temperatura ridicată să fie menținută mai multă vreme, vasele fiind astfel mai rezistente decât cele arse prin metode mai primitive.

Reproducere a orașului Çatalhöyük pe baza excavațiilor

7400 î.e.n.

Primul oraș

Construit pe o movilă din sudul Turciei de astăzi, Çatalhöyük a fost primul oraș din lume, găzduind între 3500 și 8000 de locuitori, care trăiau în gospodării înghesuite din chirpici. Între case nu existau deloc cărări, iar oamenii se deplasau pe acoperișuri sau folosindu-se de scări.

8000 • • • 7000 • • • • 6000 •

6500 î.e.n.

Topirea cuprului

Obiectele din aramă, a căror formă se obținea prin lovirea cuprului cu un ciocan, erau deja destul de răspândite în această perioadă, fiindcă oamenii au început să prelucreze acest metal încă din jurul anului 9000 î.e.n. Primele dovezi ale topirii cuprului și amestecării acestuia cu alte substanțe au fost găsite în Turcia și datează din jurul anului 5500 î.e.n. (vezi pagina 18).

6000 î.e.n.

Plugul primitiv

Primii fermieri au lucrat pământul cu unelte manuale, folosind săpăligi cu lame ca să facă în pământ găuri în care să planteze semințe. Mai târziu, aceștia au fixat aceste săpăligi pe o scândură lungă cu o cormană, obținând primul plug primitiv din lemn, care permitea ararea și dezmiriștirea unor terenuri mult mai întinse. Prima astfel de unealtă a fost făcută în Mesopotamia.

Fusul
În jurul anului 6000 î.e.n., popoarele din Orientul Mijlociu au învățat să facă țesături trăgând și răsucind fire de lână sau de bumbac cu ajutorul unui bețișor lung și subțire denumit *fus*. Înțepenind capătul de jos într-o rotiță ca un disc, reușeau să toarcă mai repede.

Pictură dintr-un mormânt din Egiptul antic, cu un plug primitiv tras de boi

5500 î.e.n.

Primele canale de irigație

Fermierii care locuiau în așezarea Choga Mami din estul Irakului de astăzi au săpat canale ce conduceau apa râului Tigru pe câmpurile lor cultivate. Aceste canale de irigație făceau posibilă cultivarea plantelor în zone sărace în precipitații.

Machetă din lemn a unei bărci egiptene cu pânze

3000 î.e.n.

Primele bărci cu pânze

Primele bărci care înaintau mai degrabă datorită pânzelor decât vâslelor au apărut în Egipt. Cu toate că aveau încă vâsle ca să poată circula împotriva curenților sau când nu bătea vântul, aceste bărci se puteau deplasa iute datorită vântului care umflă pânzele. Primele astfel de ambarcațiuni erau făcute din scânduri legate între ele.

Prelucrarea metalelor
Vezi paginile 18–19.

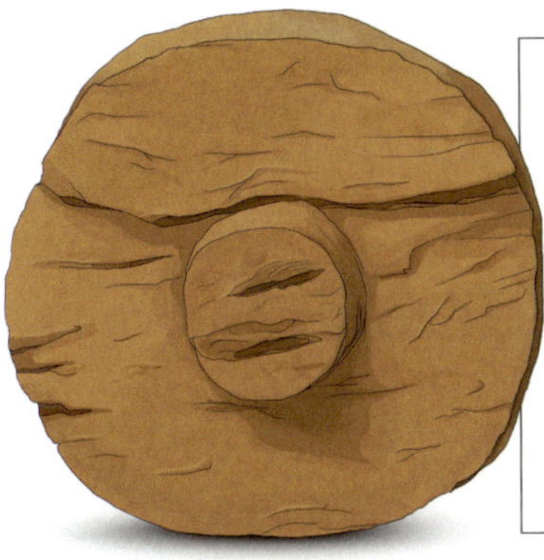

3500 î.e.n.

Inventarea roții

Este posibil ca roata să fi fost inventată dintr-un simplu buștean rotund. Roțile din lemn solid, asemănătoare celei din imaginea alăturată, au fost inventate în Polonia, în regiunea Balcanilor și în Mesopotamia. Acestea erau fixate pe căruțe cu ajutorul unei osii de lemn cu fusuri la cele două capete.

3200 î.e.n.

Prima obținere a bronzului adevărat

Din amestecul metalelor rezultă un aliaj, care este adesea mai rezistent decât cele două metale care intră în compoziție. Meșteșugarii din sud-vestul Asiei au amestecat cupru topit cu cositor, iar astfel a apărut bronzul, un metal mult mai dur decât cuprul, deci mai bun pentru realizarea armelor și armurilor.

5000 · 4000 · 3000

5000 î.e.n.

Megaliți în Europa

Popoarele din vestul Europei au început să construiască structuri uriașe din piatră, denumite *megaliți*. Cel mai probabil, acestea erau monumente funerare sau religioase. Cercurile de la Stonehenge (sudul Angliei), șirurile de la Carnac (Franța) și mormintele împrejmuite sau construite cu pietre de la Newgrange (Irlanda) – toate acestea sunt megaliți.

Șiruri de pietre de la Carnac, regiunea Bretania, Franța

4100 î.e.n.

Primele orașe

În jurul acestui an, micile sate și cetățile din Mesopotamia au început să se dezvolte, formând importante centre de administrație și de negoț. Uriașele palate și temple sunt vestigiile acestor orașe primitive și pot fi văzute în siturile de la Ur și de la Uruk, în Irakul de astăzi.

cca 3200 î.e.n. PRIMELE SCRIERI

Scrisul a apărut în jurul anului 3200 î.e.n., în Egipt și în Mesopotamia. Pe măsură ce orașele și cetățile deveneau din ce în ce mai dificil de administrat, scrisul le permitea funcționarilor oficiali să nu se mai bazeze doar pe memorie în păstrarea cu exactitate a datelor din acte.

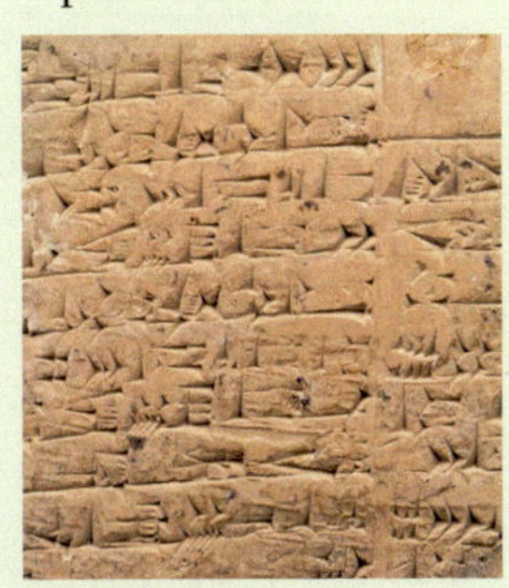

Scrierea cuneiformă

Sumerienii, vechiul popor al Mesopotamiei, au inventat scrierea cuneiformă. Aceasta constă în imagini și simboluri în formă de cuie sau ace, obținute prin apăsarea unei unelte ca un fel de peniță primitivă într-o tăbliță de lut moale.

Hieroglifele egiptene

Egiptenii au inventat un sistem complicat de scriere pe bază de simboluri denumite *hieroglife*. Acestea puteau fi sculptate în piatră, în lut sau pictate pe papirus (material asemănător cu hârtia, obținut dintr-o plantă acvatică asemănătoare trestiei).

ÎN URMĂ CU 9000 DE ANI, ÎN ARGENTINA

Pictură cu mâini de copii și adulți din Cueva de las Manos (Peștera mâinilor), Santa Cruz, Argentina

Picturile rupestre

Oamenii au început să picteze pe pereții peșterilor cel puțin în urmă cu 35.000–40.000 de ani, în timpul epocii de piatră. Acest exemplu vechi de 9000 de ani se află în Cueva de las Manos (în spaniolă – Peștera mâinilor) din Argentina. Artiștii străvechi puneau mâna pe perete, ca un șablon, și stropeau cu vopsea în jurul acesteia. Uneori, pe pereții mai moi ai peșterilor se sculptau imagini folosindu-se unelte de cremene. Pentru vopsele se foloseau pigmenți minerali: oxidul de fier – roșu, oxidul de mangan sau lignitul – negru, iar din alte minerale se obțineau culorile galben și maro. Printre tehnicile folosite la crearea picturilor rupestre se numără pictatul cu degetele sau cu ajutorul unor pensule obținute din păr de animal sau din fibre vegetale.

„Fie în picturi rupestre, fie în cele mai recente întrebuințări ale Internetului, ființele umane și-au povestit mereu istoriile și adevărurile prin parabole și fabule."

Beeban Kidron, regizoare engleză de film născută în anul 1961

3000 ► 2000 î.e.n.

3000 î.e.n.

Greutăți standard

Pe măsură ce orașele creșteau, se dezvolta și comerțul – atât cel local, cât și cel între alte orașe. În Mesopotamia (Irakul de astăzi) au apărut astfel greutățile standard, care împiedicau negustorii să înșele cumpărătorii. Acestea erau bazate pe grâu sau pe orz, cereale cu o greutate similară.

Tabletă a străduțelor din așezarea Nippur, cca 1500 î.e.n.

2500 î.e.n.

Prima hartă a unei așezări

Cea mai veche hartă cunoscută până în prezent a fost descoperită în Mesopotamia și înfățișează un teren dintre două dealuri. Tăblița de lut din această imagine este cea mai veche hartă stradală, înfățișând așezarea sumeriană Nippur și râul Eufrat, zidurile cetății, precum și un templu.

2500 î.e.n.

Cârmele

Ambarcațiunile din Egipt erau cârmuite cu una sau două vâsle fixate pe un pilon vertical. Mai târziu, aceste perechi de vâsle au fost unite printr-o bară, rezultând astfel prima cârmă propriu-zisă.

Mică machetă a unei vechi ambarcațiuni egiptene. Cea originală a fost dezgropată în apropiere de Marea Piramidă din Giza.

3000 • • • • 2800 • • • • 2600 • •

Egiptenii îi spuneau faianței *tjehnet*, ceea ce înseamnă *orbitor de sclipitor*.

2626 î.e.n.

Piramida în trepte a lui Djoser

Cele mai vechi morminte egiptene, cunoscute ca *mastabale*, erau structuri dreptunghiulare făcute din cărămizi de lut. Mormântul faraonului Djoser (2630–2611 î.e.n.) a fost construit din mai multe mastabale suprapuse, fiecare dintre acestea fiind ceva mai mică decât cea de dedesubt. Această structură în trepte a fost prima piramidă construită în Egipt.

2500 î.e.n.

Pietrele de la Stonehenge

Popoarele neolitice au ridicat cercul central din blocuri de piatră de la Stonehenge (vezi paginile 22–23) în sudul Marii Britanii. Cel mai probabil, acesta este un monument religios cu rol calendaristic. Importanța istorică a ansamblului Stonehenge este recunoscută de câteva sute de ani. Munca la acest monument a început în jurul anului 3100 î.e.n. cu înălțarea unor grinzi și blocuri de piatră în jurul unui banc de nisip.

cca 3000 î.e.n.

Faianța egipteană

Egiptenii au perfecționat tehnica obținerii faianței, o pastă făcută dintr-un amestec de cuarț și piatră de var. Atrăgătoarele sale culori – albastru și turcoaz – erau obținute prin adăugarea de oxizi ai anumitor metale. La căldură, faianța poate fi modelată la fel ca lutul, pentru obținerea unor statuete și alte obiecte. De asemenea, aceasta poate fi turnată peste alte materiale, obținându-se astfel smalțul.

Vechi colier egiptean din mărgele de faianță, anul 2000 î.e.n.

Mormântul faraonului Djoser

2550 Î.E.N. MARILE PIRAMIDE

În jurul anului 2550 î.e.n., ca morminte pentru faraoni, egiptenii au început să construiască piramide mult mai mari decât cele de până atunci. Spre deosebire de cele în trepte, acestea aveau laturile netede și erau alcătuite din milioane de blocuri de piatră acoperite cu un înveliș neted de calcar. Prima a fost Marea Piramidă din Giza, a faraonului Khufu. În următorii 300 de ani au fost construite în jur de 100 de piramide.

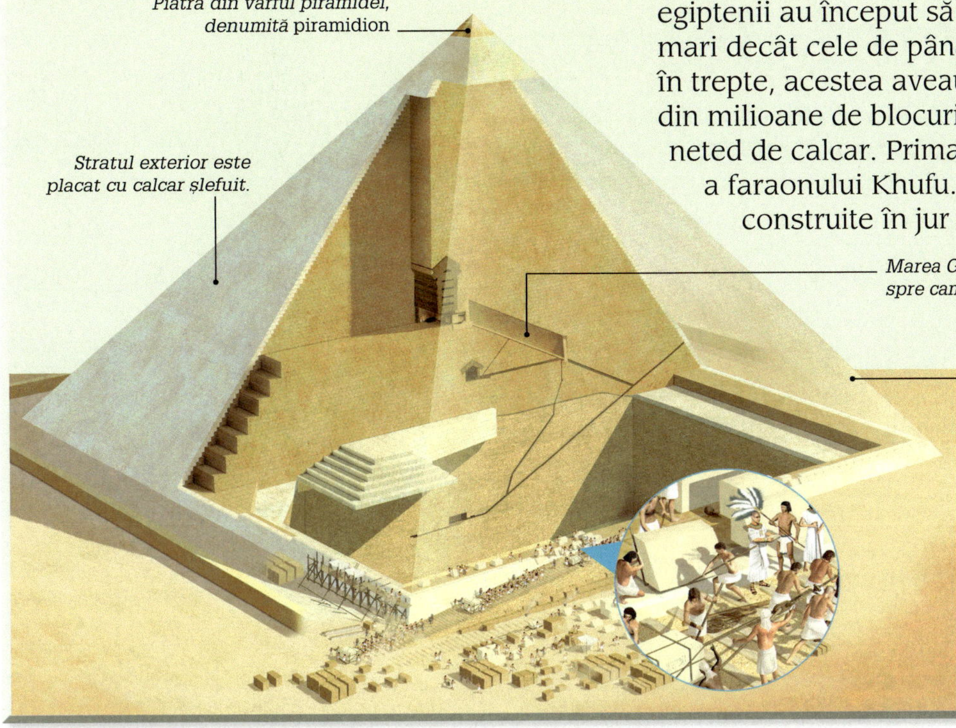

Construirea piramidei

Marea Piramidă din Giza este alcătuită din două milioane de blocuri de piatră, calcarul fiind extras din deșertul din apropiere. Pietrele au fost împinse până la Giza pe bușteni rotunjiți, iar piramida a fost construită nivel cu nivel. Cel mai probabil, pentru transportul blocurilor de piatră la nivelele superioare au fost folosite rampe.

2400 • • • • 2200 • • • • 2000

2400 î.e.n.

Inventarea cumpenei

Cumpăna, o unealtă de scos din fântână apa folosită la irigații, a fost inventată în Mesopotamia și folosită mai târziu și în Egipt. Aceasta era alcătuită dintr-un cadru vertical cu o prăjină la capătul căreia se fixa o găleată. Fermierii coborau prăjina pentru a scoate o găleată cu apă, apoi roteau cumpăna și goleau apa în uluce care o duceau de-a lungul canalelor de irigații.

Pictură pe zid înfățișând un țăran care scoate apă cu o cumpănă, cca 1200 î.e.n.

2100 î.e.n.

Apariția calendarului

Cel mai vechi calendar cunoscut până în prezent este cel din Umma, al regelui Shulgi, pus la punct de sumerieni (locuitori din sudul Irakului de astăzi). Avea 12 luni a câte 29 sau 30 de zile, deci 354 de zile în total. Ca să coincidă cu un calendar solar de 365,25 de zile, sumerienii adăugau câte o lună după câțiva ani.

Marele Zigurat de la Ur

2200 î.e.n.

Construirea ziguratelor

Mesopotamienii au construit primele zigurate: temple uriașe în formă de piramidă, alcătuite din mai multe nivele unite prin terase în trepte. Acestea găzduiau altare de închinare la zei, iar la construirea lor se foloseau cantități uriașe de materiale de construcție, dar și numeroși muncitori.

Prelucrarea metalelor

Din jurul anului 9000 î.e.n., oamenii au început să folosească minereuri de metale ca să facă unelte, înlocuind piatra, oasele și lemnul. Apoi, meșteșugarii au descoperit că pot topi metalul din roci la căldură mare. Prima dată au folosit cupru, apoi bronz (un amestec sau aliaj între cupru și cositor) și în cele din urmă fier. Pe măsura progresului tehnologiei, uneltele și armele au devenit mai rezistente și mai durabile decât înainte.

Taur ornamental din aur, găsit într-un cimitir din localitatea Varna, Bulgaria

Cap de topor din bronz ornat cu mască umană, dinastia Shang (secolele 12–11 î.e.n.), China

Primele prelucrări ale metalelor

Anumite metale, cum ar fi cuprul și aurul, pot fi găsite în natură sub formă de minereuri (roci). În jurul anului 9000 î.e.n., muncitorii au descoperit că pot obține fâșii subțiri prin lovirea metalelor și că acestea sunt suficient de rezistente pentru a fi transformate în obiecte simple, cum ar fi ornamentele.

Căldura topește metalele

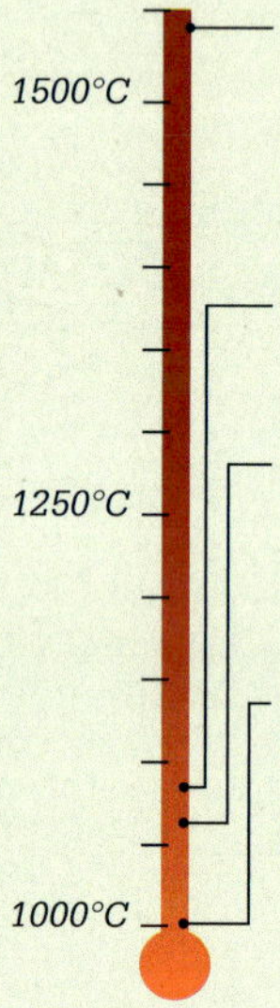

Fier
1540 °C, dar se poate topi și la 1200 °C dacă se adaugă cărbune

Cupru
1083°C

Aur
1063°C

Bronz
Deoarece conține 12% cositor, se topește la aproximativ 1000 °C

Topirea cuprului

În jurul anului 5500 î.e.n., oamenii extrăgeau deja cuprul din minereu (rocă ce are în componență metale) printr-un proces denumit *topire*. Aceștia încălzeau minereul de cupru într-un cuptor, la temperaturi ridicate. Metalul începea să curgă și, în timp ce se răcea, putea fi modelat în forma dorită.

Descoperirea bronzului

Meșteșugarii au descoperit că pot obține bronz dacă adaugă peste cupru un alt metal în timp ce acesta se topește la temperaturi mari. Acest aliaj este mai rezistent decât metalele care intră în compoziția sa. La început, în jurul anului 4200 î.e.n., bronzul se obținea adăugând arsenic în cupru, dar începând cu anul 3200 î.e.n., muncitorii foloseau un amestec ce conținea cositor (12%).

Muncitori egipteni încălzind cuprul

Creuzetul conține minereu de cupru, care este încălzit până se topește și începe să curgă.

Evenimente importante

cca 9000 î.e.n.
Prelucrarea la rece a cuprului și a aurului prin lovirea metalelor și obținerea unor fâșii subțiri a fost inventată în regiunea Balcanilor din sud-estul Europei.

cca 5500 î.e.n.
Procedeul topirii cuprului a fost descoperit în Balcani și în Anatolia, răspândindu-se apoi în Orientul Apropiat și în Egipt.

4200 î.e.n.
În cuprul topit a început să fie adăugat arsenic, obținându-se un tip de bronz.

3200 î.e.n.
În cuprul topit a început să fie adăugat cositor, obținându-se astfel bronzul, care este mai dur decât cuprul și din care se puteau face arme și armuri mai rezistente.

cca 2500 î.e.n.
Primul tip de fier obținut era moale și se putea modela ușor, însă din acesta nu se puteau face obiecte rezistente.

Pumnal și teacă de fier din Mesopotamia (Irakul de astăzi)

Fierul și oțelul

Deși fierul a început să fie topit în jurul anului 2500 î.e.n., abia mai târziu s-a descoperit că acesta devine mai dur dacă e încălzit la o temperatură mai ridicată și folosind cărbuni. Astfel a fost obținut oțelul (fier mai dur), acesta răspândindu-se în jurul anului 1200 î.e.n., în Anatolia (provincie din Turcia de astăzi). Noul procedeu a făcut posibilă făurirea unor arme și unelte mai rezistente.

> **„Argintul are zăcămintele lui de obârșie și aurul are locul lui de unde-l scoți și-l lămurești. Din pământ scoatem fierul și din stânca topită scoatem arama."**
>
> ***Vechiul Testament, Cartea lui Iov*, capitolul 28, versetele 1–2**

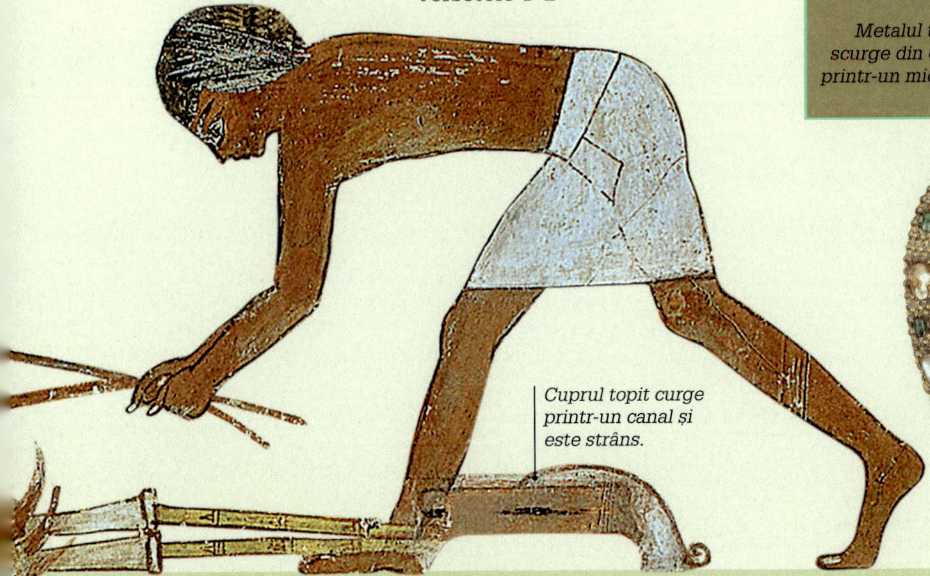

Cuprul topit curge printr-un canal și este strâns.

Turnarea metalelor

Cu ajutorul primelor cuptoare de ardere se obținea o masă poroasă de fier ce conținea impurități, acestea fiind apoi scoase prin lovire cu ciocanul. În jurul anului 900 î.e.n., în China au fost inventate cuptoarele care încălzeau minereul de fier la temperaturi mai ridicate, obținându-se fierul pur. Metalul astfel topit era turnat direct în matrițe, din care se scoteau apoi obiectele create.

Matriță din piatră pentru obținerea unor obiecte turnate din fier: arme și unelte

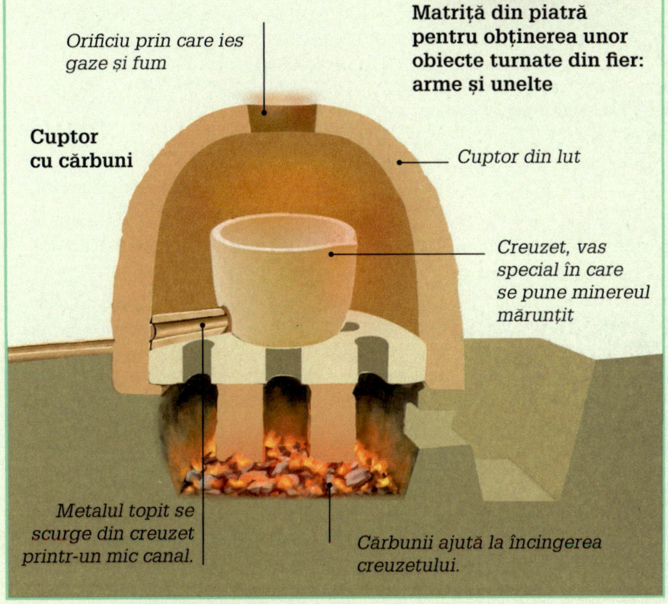

Cuptor cu cărbuni

Colier roman poleit și ornat cu pietre semiprețioase, cca secolul I e.n.

Poleirea

Poleirea, adică arta acoperirii obiectelor cu un strat subțire de metal prețios, a început să fie practicată încă din anul 3000 î.e.n. În secolul I e.n., bijutierii romani au început să facă un amalgam, adică o pastă din mercur și aur, care adera mai bine la suprafețele pe care era aplicată.

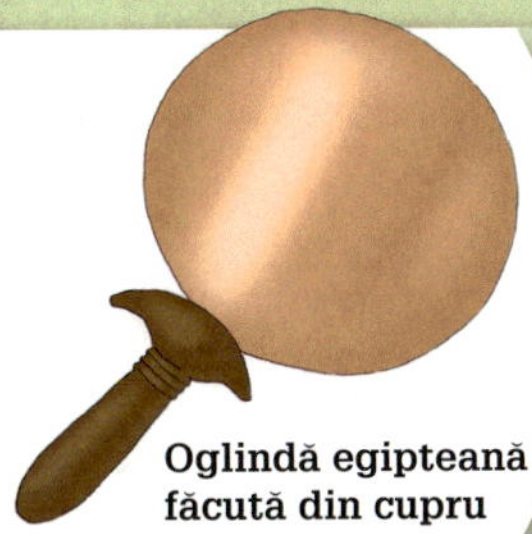

Oglindă egipteană făcută din cupru

cca 1400 î.e.n.

În Orientul Apropiat a fost inventat un aliaj de cositor, cupru, antimoniu și plumb, folosit mai ales pentru vase și tacâmuri.

cca 1300 î.e.n.

Fierarii au început să adauge carbon în fierul topit, obținând astfel oțelul, un metal mult mai dur și mai rezistent.

900 î.e.n.

Procedeul de turnare a fierului a fost inventat în China. Cu ajutorul acestuia erau create obiecte din metal prin turnarea fierului topit în anumite matrițe.

cca 100 î.e.n.

Muncitorii romani au creat amalgamul, un amestec de mercur și aur din care au obținut un material mai durabil în procedeul poleirii decât simpla foiță de aur.

2000 ▸ 1000 î.e.n.

1800 î.e.n.

Matematică babiloniană

Savanții din orașul mesopotamian Babilon (Irakul de astăzi) au creat un sistem matematic complex, pe care l-au transpus pe tăblițe de lut folosind scrierea cuneiformă (vezi pagina 13). Pe tăblița din stânga se poate vedea o versiune a teoremei lui Pitagora, iar textul arată rădăcina pătrată a lui 2, cu primele șase zecimale corecte.

Tăbliță de lut cu o versiune veche a teoremei lui Pitagora, cca 2000 î.e.n.

1800 î.e.n.

Primul alfabet scris

Minerii de turcoaz din deșertul Sinai (Egipt) au inventat cel mai vechi alfabet scris din întreaga lume. Acesta se bazează pe o versiune a hieroglifelor egiptene (vezi pagina 13), doar că fiecărui simbol îi corespunde un singur sunet. Alfabetul era format numai din consoane, iar astăzi acesta este cunoscut sub denumirea de *inscripții proto-sinaitice*.

Litera M, inscripție proto-sinaitică

Litera H, inscripție proto-sinaitică

2000 — 1800 — 1600

1800 î.e.n.

Arcul compus

Inventat probabil în Asia Centrală, arcul compus era alcătuit din corn, lemn și fâșii de tendoane de animale legate laolaltă. Pe lângă faptul că era mai rezistent decât arcurile făcute dintr-un singur material, le permitea arcașilor să tragă săgeți mai departe și cu mai multă forță.

1650 î.e.n.

Studiul planetei Venus

Cele mai vechi scrieri detaliate din domeniul astronomiei apar pe tăblița lui Venus a regelui babilonian Ammi-Saduqa și sunt scrise cu litere cuneiforme. Este menționată ora la care a răsărit și a apus planeta Venus de-a lungul unei perioade de 21 de ani.

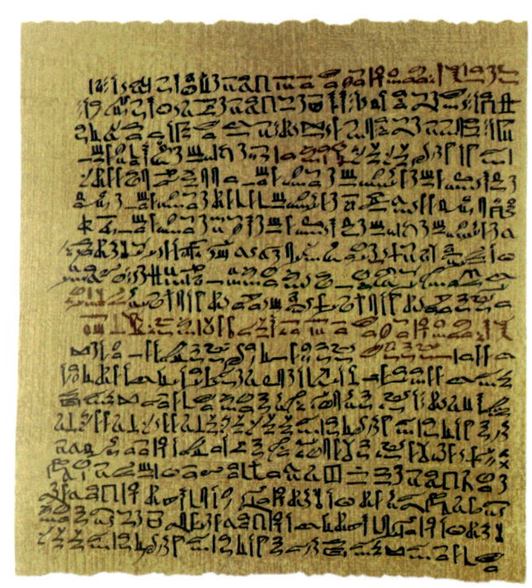

Sticlă în formă de pește pentru păstrarea unguentelor, cca 1370 î.e.n.

Obținerea sticlei

În jurul anului 1500 î.e.n., meșterii sticlari egipteni au descoperit cum să folosească vergele de fier pentru a înmuia o formă de lut și nisip în sticlă topită. După ce sticla se întărea, forma era scoasă, fiind obținute astfel primele vase de sticlă.

1560 î.e.n.

Papirusul Ebers

Fiind unul dintre cele mai vechi texte medicale, acest papirus din Egipt conține rețete de leacuri și descrie afecțiuni ca tumorile, depresia și tinitusul (țiuitul în urechi). Totodată, conține primele descrieri despre rolul inimii în circulația sângelui prin corp.

1500 î.e.n.

Oiștea cu jug

Pe măsura răspândirii vehiculelor cu roți în lumea antică, era nevoie ca animalele care le puneau în mișcare să fie folosite într-un mod cât mai eficient. Astfel a apărut jugul, un colac de lemn înfășurat în piele, legat de oiștea carului și pus la gâtul și pieptul animalelor. Acesta le permitea astfel să tragă greutăți mult mai mari. Totodată, noua invenție a dus la apariția carelor ușoare și rapide de luptă trase de cai, folosite inclusiv de egiptenii antici.

Doi cai trăgând un car de luptă cu ajutorul oiștei cu jug

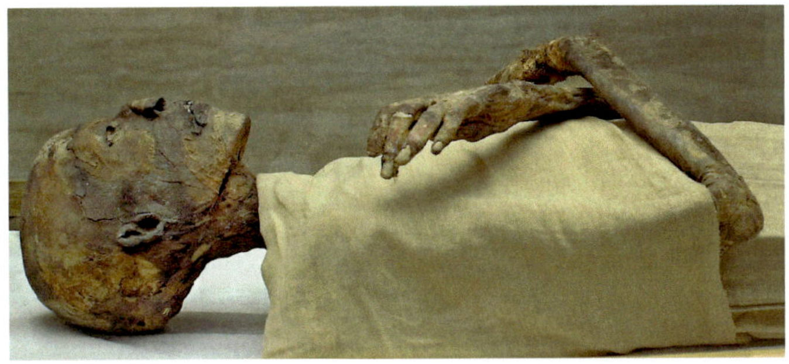

Rămășițele mumificate ale faraonului Ramses al IV-lea, care a murit în jurul anului 1150 î.e.n.

1000 î.e.n.

Mumificarea

Egiptenii au inventat mumificarea, o modalitate de conservare a unui cadavru prin înlăturarea organelor interne și înfășurarea trupului neînsuflețit în bandaje din pânză. Acest obicei a ajuns la apogeu în jurul anului 1000 î.e.n. De obicei, doar faraonii, nobilii și cei bogați își permiteau mumificarea.

1400 î.e.n.

Strungul

Strungul este o unealtă de prelucrare a lemnului inventată în Egipt. În primele sale versiuni, un meșteșugar rotea o bucată de lemn folosind o sfoară sau o funie, iar al doilea îi dădea forma dorită folosind o unealtă ascuțită sau o daltă.

1400 • **1200** • **1000**

1400–1300 î.e.n. TOPIREA FIERULUI

Topirea fierului – adică extragerea metalului din minereu prin încălzirea la o temperatură ridicată – a fost descoperită în Orientul Mijlociu în jurul anului 1400 î.e.n. și în India cu un secol mai târziu. Fierul astfel produs era mult mai dur și mai rezistent decât bronzul, fiind folosit la numeroase tipuri de unelte și arme.

Inventarea furnalelor

Apariția în perioada romană a furnalelor cu coș înalt a permis folosirea unor cantități tot mai mari de cărbune și minereu. Acestea erau amestecate și adăugate periodic prin partea de sus a furnalului, în timp ce pe partea de jos erau scoase fierul topit, zgura și cenușa.

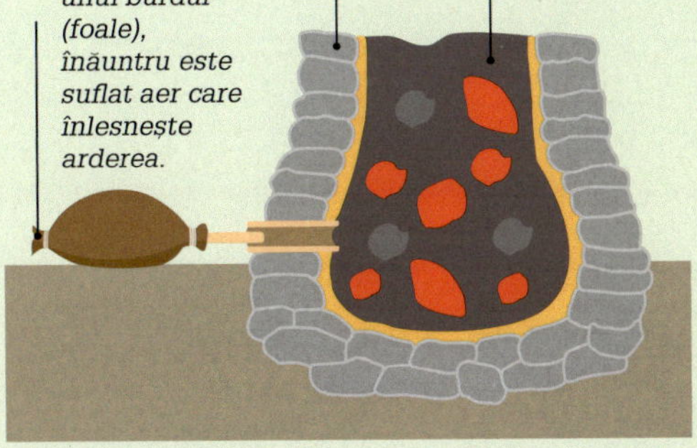

Extragerea metalului din minereu

Aerul suflat de foale încălzește amestecul de minereu de fier și cărbune până la 1100 °C, temperatură la care fierul se separă de amestec, rămânând în urmă o masă spongioasă de fier. Dacă este reîncălzită și bătută, aceasta se întărește.

ANUL 2500 Î.E.N., WILTSHIRE, ANGLIA

„De la Stonehenge încoace, arhitecții au lucrat mereu cu tehnologie de ultimă generație."

Norman Foster, arhitect britanic născut în anul 1935

Stonehenge

Ansamblul monumental de la Stonehenge a fost ridicat treptat cu începere din anul 3100 î.e.n., când în acel loc se găseau numai mici movile de pământ și țăruși. Construirea cercului din centru a început în jurul anului 2500 î.e.n. și a reprezentat o mare realizare inginerească pentru triburile neolitice de pe acele meleaguri. Blocurile uriașe din gresie cântăreau 20–30 de tone, fiind cel mai probabil trase pe butuci de la o distanță de 30 de kilometri, de la Wiltshire Downs. La modelarea blocurilor de piatră verticale și la netezirea buiandrugilor (pietrele orizontale așezate deasupra) au fost folosite baroase (ciocane mari și grele). Apoi au fost adăugate blocuri de circa patru tone fiecare, aduse cel mai probabil de la 200 de kilometri distanță, din dealurile Preseli (Țara Galilor). Acestea au fost transportate doar de oameni, fără a fi folosite animale de povară.

Vedere de sus a cercului din centrul monumentului Stonehenge din Wiltshire, sudul Angliei. Inițial, aproape fiecare pereche verticală de blocuri de piatră avea un alt bloc de piatră (buiandrug) așezat orizontal deasupra, însă multe dintre acestea s-au prăbușit.

1000 î.e.n. ▸ 1 e.n.

În jurul anului 450 î.e.n., Empedocle din Acragas (colonie grecească din Sicilia) a lansat ideea potrivit căreia toată materia este alcătuită din patru elemente de bază: pământ, aer, foc și apă.

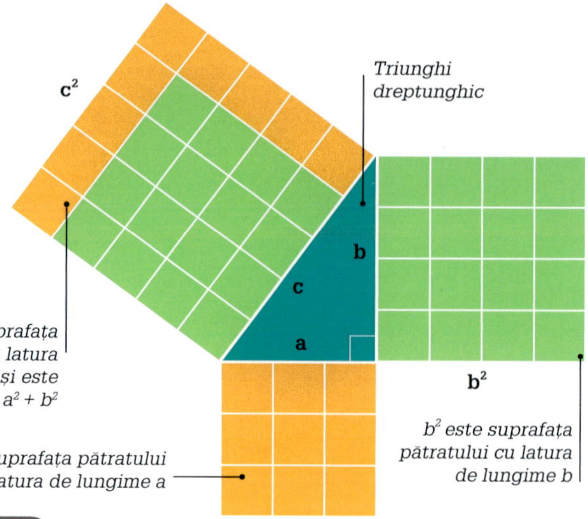

600 î.e.n.

Prima hartă a lumii

Cea mai veche încercare de a desena o hartă a lumii a fost făcută pe o tăbliță de lut, în Babilon (astăzi – Irak). Lumea era redată ca un disc plat înconjurat de un ocean. În centrul hărții se afla un dreptunghi (Babilonul) înconjurat de opt cercuri reprezentând alte opt orașe.

530 î.e.n.

Teorema lui Pitagora

Matematicianul grec Pitagora era pasionat de puterea mistică a numerelor. O versiune a teoremei ce a primit apoi numele său era deja cunoscută de egipteni și babilonieni, dar Pitagora a fost cel care a găsit explicația finală. Teorema sa spune că, în orice triunghi dreptunghic, suma pătratelor celor două laturi mai scurte (catete) este egală cu pătratul laturii mai lungi (ipotenuza).

▸▸ 1000 — 800 — 600

700 î.e.n. ȘURUBUL LUI ARHIMEDE

Acest mecanism spiralat a fost inventat, cel mai probabil, de asirieni (locuitori din nordul Mesopotamiei, astăzi – Irak), în jurul anului 700 î.e.n. Aceștia l-au folosit ca să transporte de la nivelele inferioare la cele superioare apa din grădinile regelui Sanherib, aflate în capitala Ninive. Câteva secole mai târziu, este foarte probabil ca matematicianul grec Arhimede să fi văzut mecanismul funcționând în Egipt, așa că a aplicat ce văzuse pentru a scoate apa de pe fundul corăbiilor. Astfel, acest tip de pompă a primit numele său.

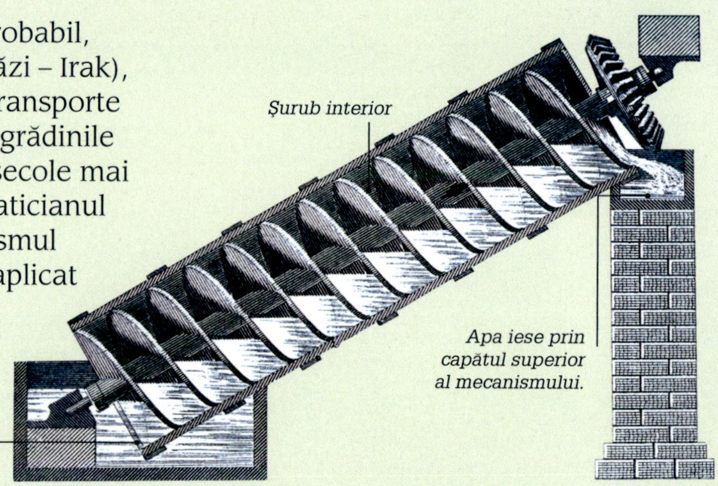

Arhimede din Siracuza

Arhimede (cca 287–212 î.e.n.) avea multe pasiuni. Nu a dezvoltat doar așa-zisul „șurub fără sfârșit", ci a studiat și geometria, demonstrând cum se calculează suprafața unui cerc. Se spune că tot el a inventat și așa-numita „rază a morții", focalizând razele soarelui cu ajutorul oglinzilor pentru a da foc corăbiilor inamice.

Cum funcționează șurubul

Apa intră în șurubul lui Arhimede prin capătul inferior. Când șurubul interior se învârte, apa este ridicată tot mai sus cu ajutorul acestuia, ieșind din pompă prin capătul superior.

Drum pavat în ruinele orașului roman Pompeii

În lucrarea sa intitulată *Elementele*, scrisă în jurul anului 300 î.e.n., matematicianul grec Euclid a pus bazele geometriei următorilor 2000 de ani.

420 î.e.n.

Denumirea atomilor

Primii filosofi și oameni de știință din Grecia au cugetat multă vreme la substanța de bază din care este alcătuit întregul Univers. Democrit din Abdera a fost cel care a spus că materia este formată în întregime din particule minuscule care nu se pot divide, numindu-le *atomi*, denumirea grecească a unui lucru care nu poate fi tăiat (vezi paginile 168–169).

312 î.e.n.

Primul drum roman

Romanii au construit o rețea uriașă de drumuri, începând cu Via Appia. Construcția acestei șosele, ce unea Roma de Capua (oraș din sudul Italiei de astăzi), a început în anul 312 î.e.n. Majoritatea drumurilor erau construite pe fundații de lut umplute cu pietriș, iar deasupra se punea piatră de pavaj. Înalta calitate a drumurilor romane a înlesnit comunicarea în cadrul Imperiului Roman.

50 î.e.n.

Sticla suflată

Sticlarii romani din provincia estică a Siriei au descoperit că, dacă suflă sticlă topită printr-un tub subțire, pot obține vase mai uniforme. Această inovație a creat sticlă mai rezistentă și de calitate mai bună, iar astfel vasele au devenit mai durabile, începând să fie realizate forme din ce în ce mai complexe.

Recipiente romane din sticlă maronie în formă de turturele, secolul I e.n.

400 — **200** — **1**

400 î.e.n.

Cele patru umori

Teoria conform căreia corpul are patru substanțe de bază sau umori îi aparține medicului Hippocrate. Acesta sunt: sângele, flegma, bila neagră și bila galbenă. Hippocrate credea că bolile sunt cauzate de un dezechilibru al umorilor, teorie care s-a dovedit a fi incorectă.

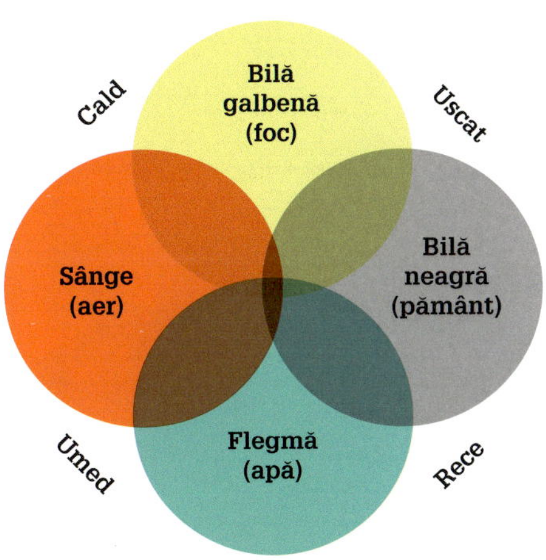

În trecut se spunea că sănătatea oamenilor depinde de echilibrul dintre aceste umori.

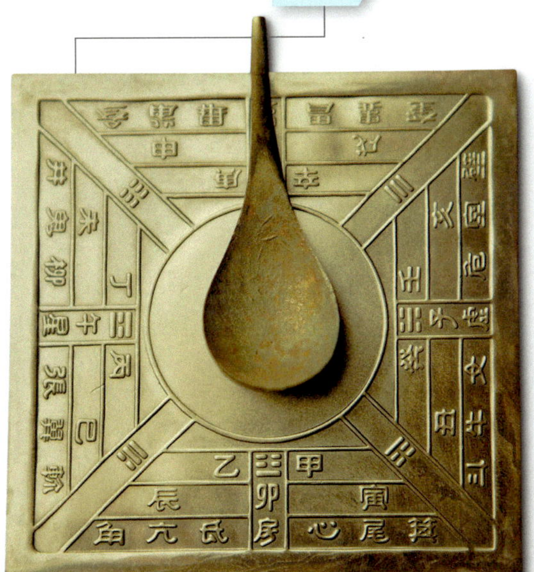

Dacă lingura acestei busole antice chinezești ar fi fost magnetică, ar fi indicat sudul (punctul din stânga busolei din această imagine).

200 î.e.n.

Magnetitul

Chinezii au fost primii care au descris proprietățile magnetitului, un magnet găsit în natură. Aceștia au observat că, dacă freacă de fier acest minereu, atunci fierul se magnetizează. Descoperirea i-a ajutat să creeze busole primitive, în care o lingură de fier indica sudul.

cca 100 î.e.n.

Mecanismul de la Antikythera

Mecanismul de la Antikythera este un dispozitiv antic complex cu roți dințate. A fost descoperit pe o epavă în anul 1900 și se bănuiește că are o vechime de peste 2000 de ani. Mecanismul are peste 30 de roți și este foarte probabil să fi fost folosit pentru a calcula poziția corpurilor cerești și pentru a prezice eclipsele de Soare și de Lună.

Rămășițele mecanismului de la Antikythera

Arhitectura antică

Strămoșii noștri construiau adăposturi primitive din lemn încă din anii 500.000 î.e.n. În jurul anului 9000 î.e.n., oamenii au învățat cum să ridice clădiri mai înalte din piatră. Până în anul 3000 î.e.n., arhitectura și ingineria avansaseră atât de mult, încât a devenit posibilă înălțarea unor structuri monumentale, cum ar fi piramidele, templele și palatele.

Primele materiale de construcție

Primii arhitecți au folosit materiale dintre cele mai diverse, în funcție de cât de ușor erau de găsit și cât de rezistentă era necesar să fie o construcție.

Chirpici
Construcțiile din chirpici aveau nevoie de multe reparații și renovări, fiind practice doar în zonele cu puține precipitații.

Lemn
Deși se găsea din belșug în zonele împădurite, lemnul se putea aprinde foarte ușor și nu era deloc potrivit pentru clădiri masive.

Piatră
Piatra era considerată un material durabil și rezistent pentru construcții uriașe, însă întrebuințarea sa depindea mult de tipurile disponibile în carierele din zonă.

Locuință din piatră de la Skara Brae

Primele construcții

În numeroase așezări primitive, cum ar fi Çatalhöyük din Turcia de astăzi (vezi pagina 12), au fost ridicate case din chirpici. Uneori, cetățile erau protejate cu ziduri de piatră, cum ar fi cele ale Ierihonului din Palestina de astăzi, construite în jurul anului 8000 î.e.n. Pe alocuri erau ridicate și case din piatră, cum ar fi cele din Skara Brae, o așezare neolitică ce a fost construită în jurul anului 3200 pe una dintre insulele arhipelagului Orkney din Scoția de astăzi.

Templul piramidal al inscripțiilor, Palenque, Mexic

Temple și piramide

În jurul anului 3000 î.e.n., arhitecții au devenit suficient de pricepuți încât să proiecteze clădiri uriașe. Știau că piramidele, răspândite deja în Egipt și America Centrală, aveau nevoie de o bază solidă. În plus, au învățat cum să proiecteze coloane care ofereau sprijin acoperișului unui templu uriaș, lăsând în același timp suficient spațiu dedesubt.

Zidul exterior era construit din travertin, o varietate de calcar, iar cel interior din ciment.

Evenimente importante

10.000 î.e.n.
A fost construit sanctuarul de la Göbekli Tepe (Turcia de astăzi), cea mai veche structură religioasă mare înălțată din piatră descoperită până acum.

cca 2575 î.e.n.
În Egipt a fost construită Marea Piramidă din Giza ca mormânt pentru faraonul Khufu. A fost cea mai mare construcție a lumii antice, fiind alcătuită din 2,6 milioane de metri cubi de piatră.

438 î.e.n.
Construit în Atena, Partenonul a fost un templu ridicat în cinstea zeiței Atena, construit mai ales în stil doric, cu tradiționalele sale coloane. A fost o adevărată capodoperă a arhitecturii grecești.

Partenonul, Grecia

Arcul

Arcul susține greutatea părții de clădire construite deasupra sa. Acest element de arhitectură a fost perfecționat de romani după anul 200 î.e.n., fiind înălțate astfel clădiri din ce în ce mai mari și mai ușoare, care foloseau mai puțină piatră și cărămidă.

Arcul de descărcare

Primele arcuri, cum ar fi cel de la Poarta Leilor de la Micene, Grecia (cca 1250 î.e.n.), erau arcuri de descărcare – două ziduri care se apropiau treptat până când se întâlneau în cele din urmă în vârf. Această așezare nu distribuia în mod egal greutatea, așa că acest tip de arc avea nevoie de buiandrugi (blocuri orizontale de sprijin) dedesubt sau de întărituri laterale.

Arcul triumfal

Odată ce au devenit experți în arta construirii arcurilor, romanii au început să construiască poduri mai lungi, apeducte și clădiri cu cupole, acestea din urmă având ca acoperiș un arc prelungit. Totodată, au înălțat arcuri de triumf care sărbătoreau victoriile împăraților romani. Arcul lui Titus (cca 82 î.e.n.) din Roma este unul dintre cele mai aspectuoase.

Cimentul

Romanii au descoperit cimentul în jurul anului 200 î.e.n., amestecând var cu puzzolană (un fel de cenușă vulcanică din preajma localității Pozzuoli) și observând că acest material se întărește ușor. Astfel, romanii puteau realiza construcții din ciment pentru care nu era nevoie de piatră, un material costisitor. Arhitecții romani au ridicat construcții masive din ciment, cum ar fi Colosseumul (72–80 î.e.n.) și Panteonul din Roma (118–125 î.e.n.).

Secțiune a unui drum roman

Colosseumul, Roma

Cele 80 de arcuri din ciment de pe fiecare nivel întăreau structura și înlesneau intrarea mulțimilor de spectatori.

Construirea drumurilor

Fiind ingineri iscusiți, romanii au construit o mare rețea de drumuri de înaltă calitate pentru a lega orașele imperiului. Construirea unui drum începea cu săparea unui șanț. Acesta era umplut cu un strat de pietriș și de pietre, deasupra adăugându-se apoi ciment și nisip. Cele mai importante drumuri erau apoi pavate cu piatră.

cca 60 e.n.

Pont du Gard este unul dintre cele mai importante apeducte romane, fiind construit pentru transportul apei în orașul Nemausus (astăzi – Nîmes, Franța). Era mai lung de 275 de metri și avea inițial 60 de arcuri de ciment dispuse pe trei nivele.

Pont du Gard, Franța

cca 126 e.n.

Panteonul a fost construit în Roma de împăratul Hadrian. Imensa cupolă înaltă de 43 de metri a acestei clădiri rămâne și astăzi cea mai mare cupolă nesprijinită din ciment.

683 e.n.

În Palenque din Mexicul zilelor noastre se află Templul inscripțiilor, monumentul funerar al conducătorului mayaș K'inich Janaab' Pakal și cea mai mare structură piramidală din America Centrală.

1–800 e.n.

cca 25–50 e.n.

Enciclopedia medicală

În primii ani ai Imperiului Roman s-au înregistrat mari progrese în domeniul medicinei. La începutul secolului I e.n., Aulus Cornelius Celsus a scris o enciclopedie importantă, intitulată *De Medicina*, care conținea informații la zi despre medicina acelor vremuri, printre care și o descriere a operației de îndepărtare chirurgicală a pietrelor de la rinichi.

Ediție latină a lucrării lui Soranus

127–141 î.e.n.

Astronomia lui Ptolemeu

Astronomul antic Ptolemeu a încercat să explice mișcarea planetelor alcătuind o schemă în care observa că unele dintre acestea par să se rotească în direcție opusă față de celelalte. Tot Ptolemeu a fost cel care a folosit o rețea asemănătoare paralelelor și meridianelor, care a servit la întocmirea unei hărți a lumii.

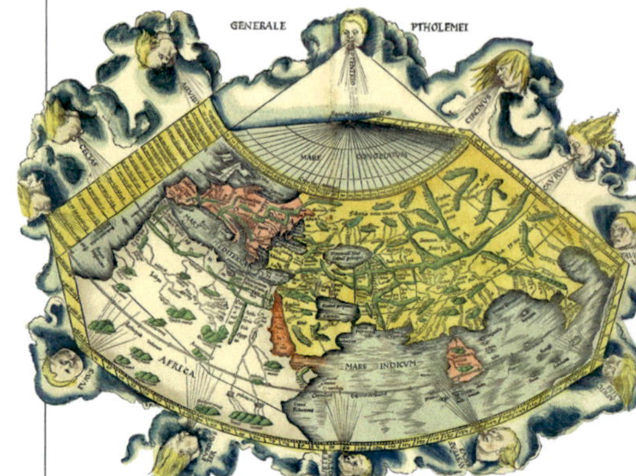

Harta lumii conform lui Ptolemeu (versiune din secolul al XIV-lea)

cca 100 e.n.

Obținerea hârtiei

În această perioadă a fost inventată hârtia așa cum o cunoaștem astăzi, deși anumite variante ale acestui material erau folosite deja de 200 de ani. Inventatorul acesteia a fost demnitarul chinez Tsai Lun, care a obținut-o amestecând țesături vechi cu lemn mărunțit din trunchi de copac. Pasta rezultată era întinsă și lăsată la uscat, iar pe fâșiile astfel obținute se putea scrie.

100 e.n.

Sănătatea femeilor

Soranus, un medic din vechiul oraș grecesc Efes, a scris prima carte importantă legată de sănătatea femeilor. Aceasta conținea subiecte precum nașterea sau îngrijirea nou-născuților și dădea detalii despre cum se fac biberoanele.

1 — 200

cca 50 e.n.

Turbina cu abur a lui Heron

Inginerul grec Heron a inventat multe dispozitive, printre care și o turbină primitivă pe bază de abur, pe care el o numea *eolipilă*. Aceasta folosea forța jeturilor de abur ca să învârtă o sferă metalică. Deși era o idee isteață, nu a fost niciodată aplicată practic.

132 e.n.

Primul detector de cutremure

Savantul chinez Zhang Heng a inventat primul seismoscop, un aparat care detectează cutremurele. Când pământul se mișca, în interiorul aparatului asemănător unui samovar din bronz oscila un pendul, punând în mișcare unul dintre cele opt capete de dragon din exteriorul vasului. Din gura dragonului cădea o bilă care indica direcția cutremurului.

Machetă în secțiune a seismoscopului lui Zhang Heng

cca 130–cca 210 e.n. GALENUS

Grecul Claudius Galenus din Pergam (astăzi – Turcia) a fost unul dintre cei mai importanți medici ai lumii antice și un adevărat expert în anatomie. Punând accent pe observarea directă a pacientului (inclusiv măsurarea pulsului), Galenus considera că sănătatea este echilibrul funcționării tuturor organelor din corp.

În anul 250 e.n., în lucrarea sa *Arithmetica*, Diofant din Alexandria a fost primul care a folosit litere și simboluri pentru rezolvarea ecuațiilor algebrice.

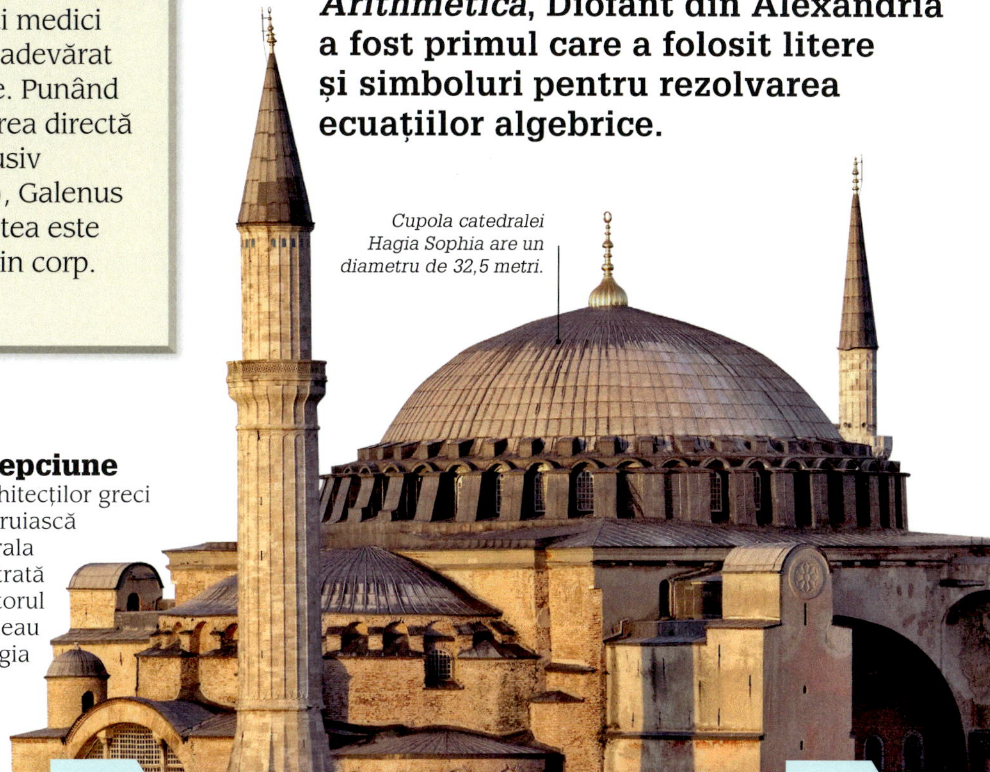

Cupola catedralei Hagia Sophia are un diametru de 32,5 metri.

532–537 î.e.n.

Construirea catedralei Sfânta Înțelepciune

Împăratul bizantin Justinian cel Mare le-a cerut arhitecților greci Anthemius din Talles și Isidorus din Milet să construiască în Constantinopol (astăzi – Istanbul, Turcia) catedrala Hagia Sophia (Sfânta Înțelepciune). Peste baza pătrată a clădirii, aceștia au așezat o cupolă uriașă cu ajutorul unor bolți trunchiate denumite *trompe*, care susțineau greutatea structurii. Timp de circa 1000 de ani, Hagia Sophia a rămas cea mai mare clădire cu cupolă construită vreodată.

600 — 800

475–499 e.n.

Calcularea valorii lui pi

Vreme de sute de ani, matematicienii au încercat în zadar să calculeze valoarea lui pi (raportul dintre circumferința unui cerc și diametrul acestuia, reprezentat prin simbolul π). În jurul anului 475 e.n., matematicianul chinez Zu Chongzhi a calculat corect primele șapte zecimale ale lui pi, iar în anul 499 e.n., matematicianul indian Aryabhata a aproximat că valoarea sa este 3,1416, foarte aproape de cea reală (3,14159).

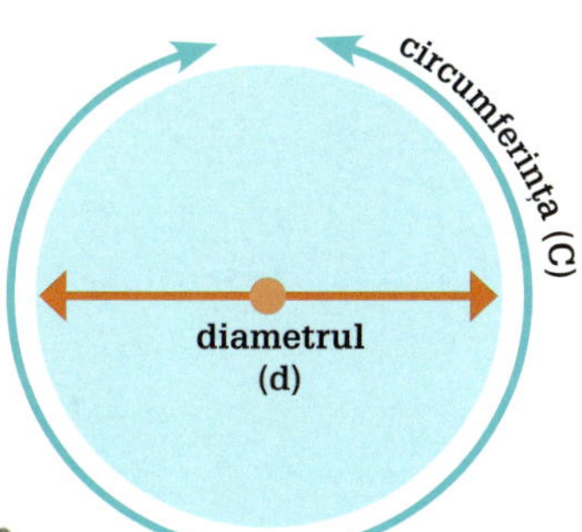

$$\pi = C/d$$

628 e.n.

Numerele negative

Matematicianul indian Brahmagupta a fost primul care a stabilit regulile folosirii în calcule a numerelor negative, printre care și cea conform căreia înmulțirea a două numere negative are ca rezultat un număr pozitiv.

750 e.n.

Prima lucrare scrisă despre astrolab

Inventat în jurul anului 100 î.e.n., astrolabul este un dispozitiv alcătuit din mai multe cercuri mobile, folosit de astronomii lumii antice pentru măsurarea mișcării Soarelui și a stelelor. În secolul VIII, acesta a fost perfecționat de astronomii arabi, iar unul dintre aceștia, Muhammad al-Fazari, a scris prima lucrare dedicată acestui instrument.

Majoritatea astrolabilor sunt portabili.

Cercul se putea regla pentru a înfățișa cerul într-un anumit moment al zilei.

Astrolab medieval arab din alamă, datând din jurul anului 1100

Aristotel

Unul dintre cei mai mari gânditori ai vremurilor sale, filosoful și omul de știință Aristotel (384–322 î.e.n.) a avut o influență majoră asupra lumii antice. Mai târziu, în perioada medievală, lucrările sale au devenit foarte importante pentru savanții arabi, prin intermediul cărora s-au răspândit apoi și în Europa. Domeniile studiilor lui Aristotel sunt uimitor de variate: logică, politică, matematică, biologie și fizică.

Tutorele lui Alexandru cel Mare
În anul 343 î.e.n., regele Filip al II-lea al Macedoniei (Grecia) l-a rugat pe Aristotel să se ocupe de educația fiului său, Alexandru (rămas în istorie cu numele de Alexandru cel Mare). Aristotel a fost mulți ani tutorele viitorului rege macedonean, care avea să poarte în toate bătăliile sale o copie a Iliadei dăruită de el.

„Omul este o ființă mai socială decât orice albină și orice ființă gregară.”

Aristotel, *Politica*

Primii filosofi

Cu mult înainte de Aristotel, filosofii greci – printre care și Anaximene din Milet, care a murit în anul 528 î.e.n. – au încercat să găsească explicații științifice pentru fenomenele din lumea înconjurătoare. De exemplu, întrebându-se care este elementul principal din care e alcătuit Universul, Anaximene susținea că acesta ar fi aerul.

Academia lui Platon

În adolescență, Aristotel a studiat în Atena, la academia înființată de filosoful grec Platon (427–347 î.e.n.), care fusese la rândul său studentul unui alt mare gânditor grec, Socrate (cca 470–399 î.e.n.). Multe dintre teoriile lui Platon, printre care și cele despre ce este real și ce este numai în mintea noastră sunt dezbătute și astăzi. Aristotel avea însă o perspectivă mai practică asupra lucrurilor, învățând cum să fie rațional. Printre numeroasele sale interese se numărau înțelegerea naturii și clasificarea viețuitoarelor în funcție de diferențele dintre acestea.

Politica și societatea

Aristotel era interesat și de domeniul politicii, spunând că oamenii sunt ființe sociale și că cel mai bine ar fi să nu fie solitari, ci să se organizeze în societăți, preferabil în orașe-state asemănătoare Atenei. Mai târziu, Aristotel și-a deschis în Atena propria sa școală, denumită *Lyceum*, și a ajuns un profesor de renume.

În centrul Universului imaginat de Aristotel se afla Pământul, care nu se mișca.

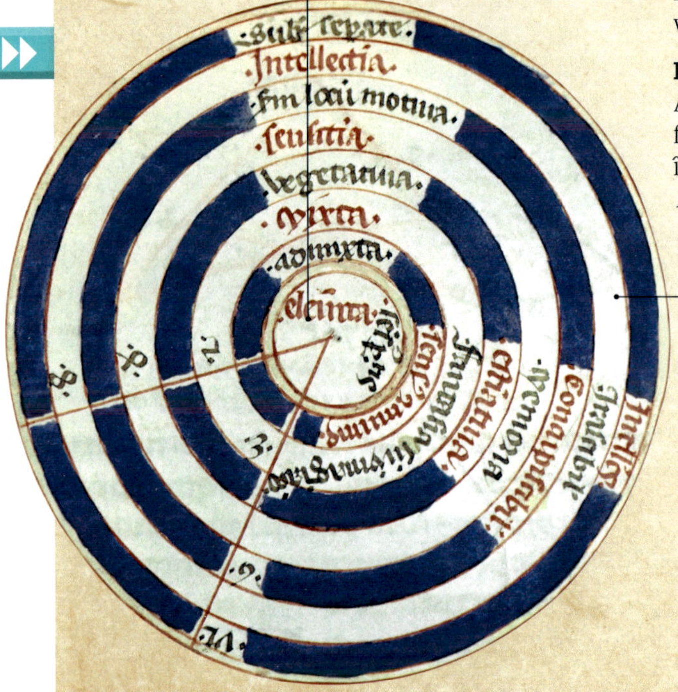

Se credea că fiecare planetă stă pe câte o sferă.

Machetă a Universului geocentric (cu Pământul în centru) imaginat de Aristotel

Teoria astronomică
Aristotel credea că Pământul se află în centrul Universului, sugerând că celelalte corpuri cerești, cum ar fi Soarele și planetele, se învârt în jurul acestuia pe sfere concentrice.

Moștenirea culturală lăsată de Aristotel
Lucrările lui Aristotel au fost redescoperite în vestul Europei în secolele XII–XIII. Ideile sale au influențat teologi (oameni care se ocupă cu studiul credinței și a lui Dumnezeu) precum Toma de Aquino, iar lucrările sale despre politică au ajuns foarte citite. Acest manuscris reprezintă o traducere în limba franceză a Politicii lui Aristotel, făcută de filosoful Nicole Oresme.

Pagină din *Politica* lui Aristotel, cu ilustrații ale unor muncitori pe ogor

Aristotel și Platon

Școala din Atena, *o frescă din Vatican a pictorului italian Rafael, înfățișează mulți filosofi de seamă ai Greciei antice – aici, Platon (stânga) în conversație cu elevul său, Aristotel (dreapta).*

> **„În apele mărilor există... obiecte... care cu greu pot fi încadrate în categoria plantelor sau animalelor. Unele au rădăcini și pot pieri odată ce sunt îndepărtate."**
>
> Aristotel, *Istoria animalelor*

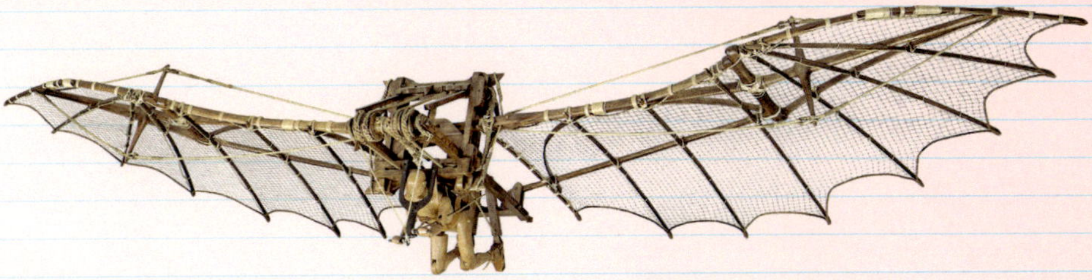

800–1545
Noi idei

În cea mai mare parte a perioadei medievale, China, India și lumea arabă au fost deschizătoare de drumuri în domeniile științifice, înregistrând progrese în matematică, medicină, inginerie și navigație. Europa a început să vină din urmă abia când traducerile lucrărilor antice grecești și romane, păstrate în bibliotecile arabe dar de mult pierdute în restul lumii, au ajuns în vest. În secolul al XV-lea, redescoperirea acestor cunoștințe a inspirat Renașterea, o perioadă în care a apărut din nou interesul pentru artele clasice și pentru gândire. Pe măsură ce ideile vechi erau aduse din nou în discuție și puse la îndoială, Europa făcea progrese din ce în ce mai importante în domeniile științifice.

800 ▸ 945

Adunare a învățaților în Casa Înțelepciunii din Bagdad

810

Casa Înțelepciunii

Bayt al-Hikma sau Casa Înțelepciunii a fost întemeiată în Bagdad (astăzi – capitala Irakului) la începutul secolului al IX-lea. Aceasta găzduia o bibliotecă enormă și un centru de traduceri în care înțelepții traduceau lucrări științifice din greacă în arabă.

868

Sutra de diamant

În secolul al IX-lea, chinezii au inventat o tehnică de imprimare a cărților care folosește o singură planșă gravată de lemn pentru fiecare pagină. *Sutra de diamant*, un text religios budist descoperit în anul 1907, este cea mai veche carte întreagă întocmită în acest fel. Pe una dintre paginile acesteia este menționată și data: 11 mai 868.

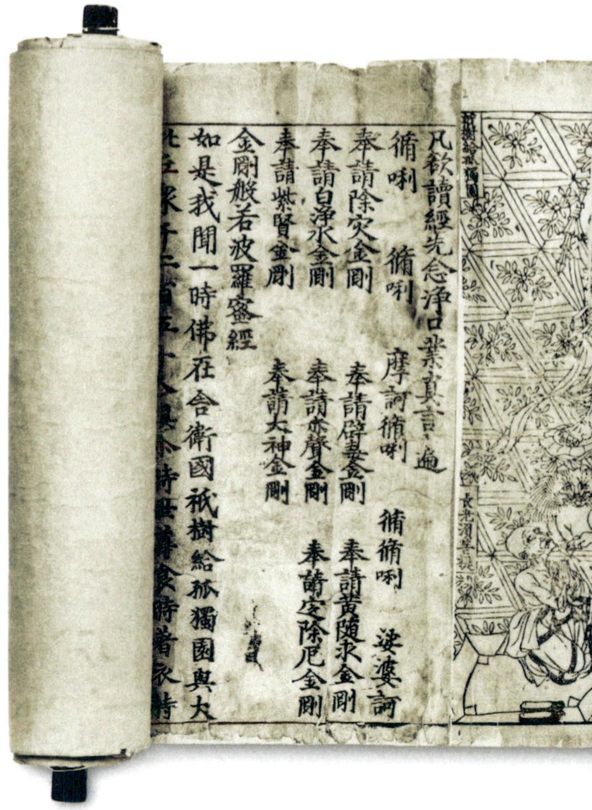

Pagină din *Sutra de diamant* tipărită cu tipar de lemn

800 · **845**

830

Începuturile algebrei

Matematicianul arab al-Khwarizmi a publicat o carte ce conținea o descriere a ramurii matematicii cunoscute astăzi sub denumirea de *algebră*. Cu toate că, spre deosebire de matematicienii moderni, nu folosea litere pentru reprezentarea necunoscutelor, al-Khwarizmi a venit cu o soluție interesantă pentru rezolvarea ecuațiilor.

850

Numerele lui al-Kindi

Abu Yusuf al-Kindi, un om de știință din Basra (astăzi – oraș din Irak), a scris sute de cărți, printre care și o lucrare despre sistemul de numerație indian, pe care se bazează cel modern. În plus, acesta a pus la punct noi tehnici de descifrare a mesajelor codificate și s-a ocupat de studiul dreptelor paralele.

Acest soldat chinez din lumea antică se pregătește să tragă săgeți propulsate cu ajutorul prafului de pușcă.

855

Descoperirea prafului de pușcă

La mijlocul secolului al IX-lea, alchimiștii chinezi încercau să obțină așa-zisul elixir al vieții cu ajutorul salpetrului. Așa au descoperit că, dacă acesta este amestecat cu sulf și cărbune, se obține o substanță explozivă. Astfel a apărut praful de pușcă.

În anul 843, teologul irlandez John Scotus Eriugena a sugerat că planetele Mercur, Venus, Marte și Jupiter se învârt în jurul Soarelui.

Statuie a lui al-Khwarizmi în Uzbekistan

cca 854–925 AL-RAZI

Al-Razi s-a născut în Rayy (astăzi – oraș în Iran) și a fost unul dintre cei mai importanți medici ai lumii arabe, fiind primul care a descris simptomele alergiilor și ale variolei. Spre deosebire de marea majoritate a medicilor din acele vremuri, al-Razi nu era adeptul teoriei conform căreia bolile erau provocate de un dezechilibru al fluidelor corpului (umori).

Al-Razi în laboratorul său, împreună cu un asistent

Clasificarea elementelor

Pasionat de alchimie (chimie medievală), al-Razi a creat un sistem de clasificare al elementelor, împărțind substanțele în alcooli, metale și minerale, și a observat ce se întâmplă cu acestea dacă sunt încălzite sau folosite în diverse procedee chimice.

890

945

876

Evoluția lui zero

Cu toate că matematicienii au rezolvat probleme în care aveau nevoie să folosească zero, până în secolul al IX-lea nu a existat niciun simbol pentru acesta. Prima folosire a unui simbol pentru zero datează din Gwalior, India, unde a fost utilizat în descrierea dimensiunilor unei grădini. Apariția acestuia a permis dezvoltarea unui întreg sistem zecimal pentru numere.

„Se cuvine să nu ne rușinăm să recunoaștem adevărul și să ni-l însușim, din orice sursă ar veni înspre noi.”

Al-Kindi, matematician și filosof arab, cca 800–873

Cercurile se mișcă pentru reglarea astrolabului și calcularea poziției corpurilor cerești.

Indicatorul stelar arată poziția unei anumite stele.

Inelul care reprezintă traseul Soarelui pe cer

Harta cerului

Cu ajutorul unui dispozitiv numit *astrolab*, astronomii lumii antice calculau poziția stelelor și a altor corpuri cerești. În jurul anului 920, astronomul arab al-Battani a rezolvat calculele complexe necesare utilizării astrolabului.

Anatomia

Practicarea disecției (tăierea cadavrelor în scopul cercetării) datează din jurul anului 300 î.e.n., perioadă în care medicii greci ai lumii antice au început să înțeleagă cu adevărat cum funcționează corpul uman. Studiul anatomiei a fost în declin după prăbușirea Imperiului Roman în secolul al V-lea. Un nou val de interes a fost stârnit abia în secolul al XV-lea. Una dintre primele cărți de anatomie bazate pe disecții îi aparține anatomistului flamand Andreas Vesalius, care a avut o mare influență asupra alcătuirii unei scheme a corpului uman.

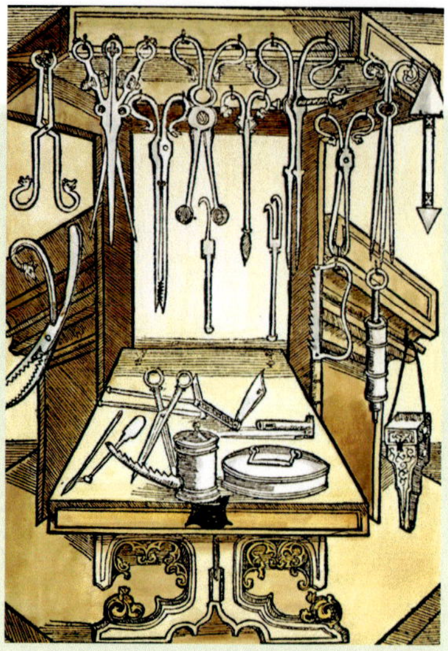

Această xilogravură (gravură în lemn) din *Cartea de chirurgie* a lui Brunschwig înfățișează instrumente chirurgicale, inclusiv foarfeci, forcepsuri și fierăstraie.

Instrumentele necesare

Până în epoca medievală, anatomiștii și chirurgii aveau deja nenumărate instrumente. Chirurgul german Hieronymus Brunschwig (cca 1450–1513) a scris *Cartea de chirurgie*, o lucrare intens studiată care oferea indicații despre realizarea tăieturilor chirurgicale și primele sfaturi despre tratarea rănilor de glonț.

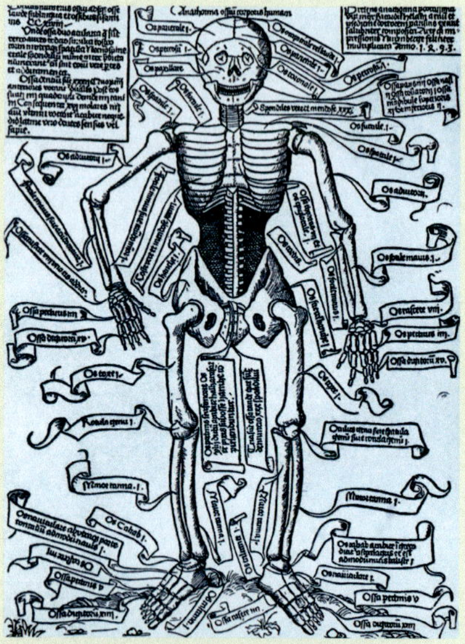

Primele planșe anatomice

Invenția tiparului a dus la o răspândire mai largă a imaginilor anatomice, cum ar fi această gravură în lemn din anul 1493, care îi aparține medicului francez Richard Helain și înfățișează un schelet uman cu mai multe greșeli: bazinul prea larg și prea mulți dinți.

Studierea corpului uman

Artistul italian Leonardo da Vinci (1452–1519) (vezi paginile 58–59) a fost deosebit de interesat de anatomie, făcând desene foarte exacte ale corpului uman. Pentru a dobândi cunoștințele necesare direct de la sursă, acesta participa la disecții publice, folosind ceea ce observa la desenarea unor schițe anatomice deosebit de detaliate.

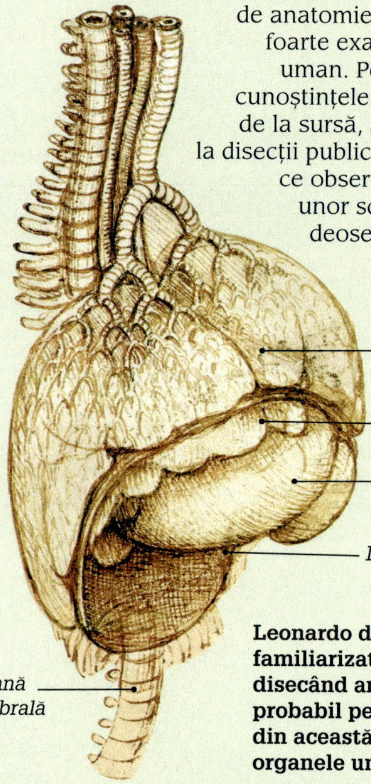

Leonardo da Vinci s-a familiarizat cu anatomia disecând animale, folosind probabil pentru studiul din această imagine organele unui porc.

Evenimente importante

500 î.e.n.

Medicul Alcmeon din Crotone a fost primul care a spus că centrul inteligenței se găsește în creier. Tot el a descoperit nervul optic și a făcut primele disecții pe animale.

300 î.e.n.

Cunoscut drept „părintele anatomiei", Herophilos din Calcedonia (astăzi în Istanbul, Turcia) a înțeles diferența dintre vene și artere și a făcut prima disecție publică pe un corp omenesc.

cca 50

Medicul roman Rufus din Efes a scris tratatul *Despre numirea părților corpului*, prima lucrare care prezenta o listă detaliată de părți anatomice din corp.

cca 175

Medicul grec Galenus (vezi pagina 29 a descris structura multor părți ale corpului, printre care creierul, sistemul nervos și inima. În plus, a demonstrat că prin artere circulă sânge.

Amfiteatre de anatomie

Munca medicului italian Mondino de' Luzzi la Universitatea din Bologna (cca 1270–1326) a deschis calea disecțiilor cu public, el fiind primul medic care a început să predea anatomie studenților, lucru care nu se mai practicase din antichitate. În cele din urmă au fost amenajate încăperi speciale de disecție, aceste amfiteatre regăsindu-se apoi în toate universitățile europene. Una dintre primele astfel de încăperi a fost construită în orașul Leiden din Olanda, în anul 1594.

În această gravură bizară de la începutul secolului al XVII-lea a amfiteatrului de anatomie de la Universitatea din Leiden, disecția este privită de... schelete.

Desenele lui Vesalius

Medicul și anatomistul flamand Andreas Vesalius (1514–1564) a studiat medicina la Universitatea din Padova, Italia, rămânând acolo ca să predea. Dându-și seama că multe dintre ideile anatomiștilor din perioada antică erau greșite, Vesalius a cercetat cu atenție corpul uman și a făcut multe desene superbe și corecte. Acestea au fost publicate în celebra sa carte *De humani corporis fabrica (Funcționarea corpului uman)*. Desenele anatomice ale lui Vesalius erau de o calitate mai înaltă decât oricare dintre lucrările anterioare, iar munca sa a pus bazele anatomiei moderne.

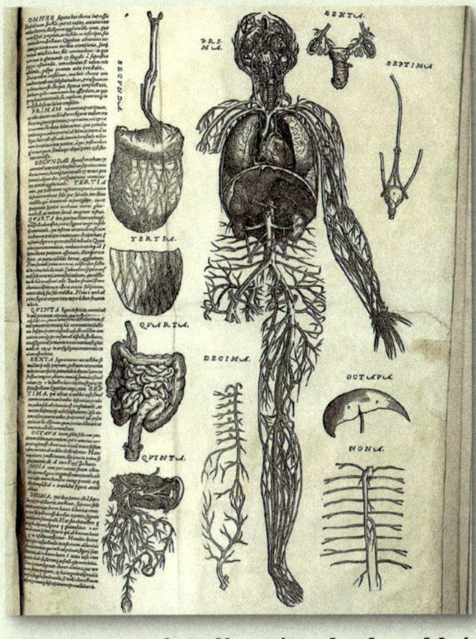

Această pagină din uriașul atlas al lui Vesalius despre corpul uman descrie diferite aspecte ale sistemului nervos.

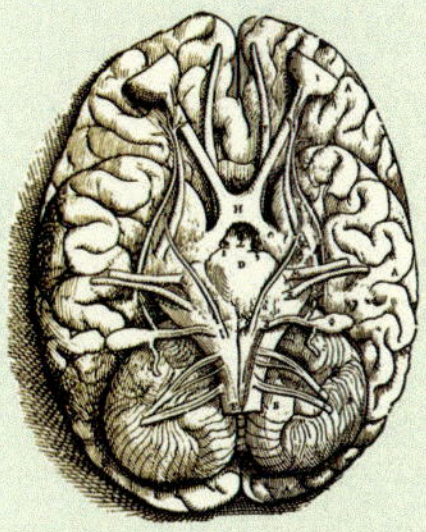

Multe detalii ale creierului desenate de Vesalius au fost ignorate până atunci de ilustratori.

cca 1250

Medicul arab Ibn al-Nafis a descoperit cum funcționează circulația pulmonară: sângele care ajunge în partea stângă a inimii trece întâi prin plămâni.

cca 1525

Jacopo Berengario da Carpi din Italia a descris atât două organe care produc hormoni – epifiza și timusul –, cât și structura creierului.

1543

Vesalius a publicat *De humani corporis fabrica*, primul atlas detaliat și complet de anatomie umană.

1628

Medicul englez William Harvey a fost primul care a descris corect rolul inimii în circulația sângelui prin corp.

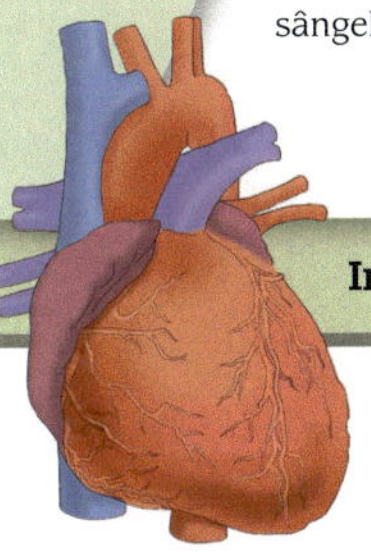

Inima și vasele de sânge

945 ▸ 1045

cca 980–1037 IBN SINA

Savantul arab Ibn Sina (cunoscut și ca Avicenna) a trăit în Asia Centrală, unde a scris peste 400 de cărți în domeniile filosofiei, medicinei, psihologiei, geologiei, matematicii și logicii. Din observațiile sale, a dedus că Venus se află mai aproape de Pământ decât Soarele și a dezvoltat o teorie a producerii cutremurelor și a rolului acestora în formarea munților.

Canonul medicinei
În perioada medievală, lucrarea lui Ibn Sina intitulată *Canonul medicinei* a fost una dintre cele mai importante cărți de medicină din Europa și Asia. În aceasta, medicul arăta cum ideea lui Aristotel conform căreia există patru cauze de declanșare a bolilor poate fi corelată cu teoria celor patru umori care alcătuiesc corpul uman.

979

Ceasul mecanic al lui Zhang Sixun

Astronomul chinez Zhang Sixun a creat un ceas mecanic avansat, care funcționa cu ajutorul unei roți hidraulice ce făcea o rotație completă la fiecare 24 de ore. La fiecare două ore, din interiorul mecanismului ieșea un cric mecanic cu două tăblițe care arătau oră.

982

Sheng Hui Fang

La începutul perioadei de domnie a dinastiei Song (962–1279), medicii chinezi au alcătuit numeroase manuale pentru rețete de medicamente. Unul dintre cele mai importante dintre acestea a fost *Sheng Hui Fang*. Acesta a fost făcut în urma unor ordine guvernamentale și conținea 16.834 de rețete medicinale.

945 — 965 — 985

Prima mărturie a folosirii numerelor cu zecimale în Europa a apărut în manuscrisul *Codex vigilanus*, scris de călugării francezi în anul 976. Cunoștințele despre zecimale se răspândiseră din lumea arabă.

984

Refracția luminii

Matematicianul persan Ibn Sahl a fost pasionat de refracția luminii (schimbarea direcției când trece dintr-un material în altul). Cantitatea de lumină care este refractată diferă la fiecare material în parte – aceasta a fost concluzia lui Ibn Sahl, publicată în lucrarea sa din anul 984, *Despre arderea oglinzilor și lentilelor*.

Abacul în Europa
În jurul anului 990, când era călugăr, savantul francez Gerbert d'Aurillac (devenit Papa Silvestru al II-lea) a introdus în Europa abacul. Fiind un instrument rapid de calcul, a fost util astronomilor, matematicienilor și negustorilor.

Acest abac modern arată foarte asemănător cu cel folosit în urmă cu 1000 de ani, îndeplinind și același rol.

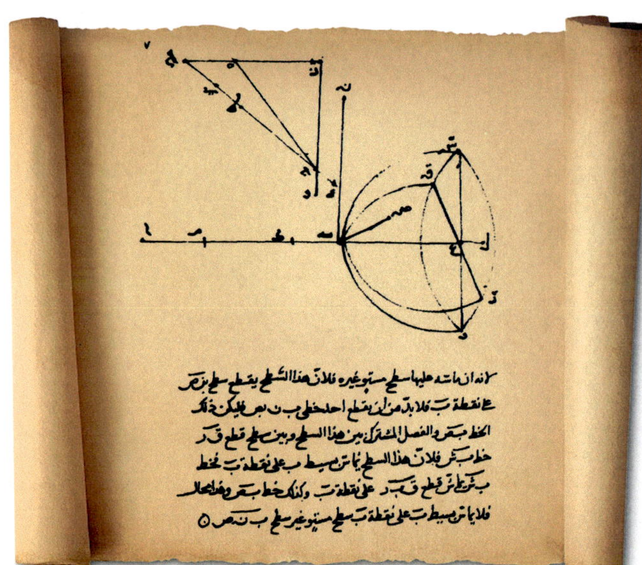

Pagină din manuscrisul lui Ibn Sahl, care ilustrează refracția luminii

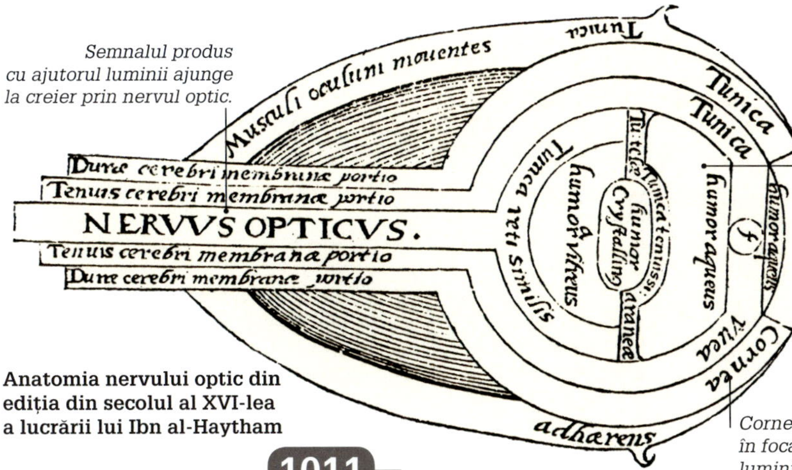

Anatomia nervului optic din ediția din secolul al XVI-lea a lucrării lui Ibn al-Haytham

1011

Optica lui Ibn al-Haytham

Savantul arab Ibn al-Haytham (sau Alhazen) a scris un tratat important de optică în șapte volume, intitulat *Kitab al-Manazir (Carte de optică)*, în care preciza că vederea are loc atunci când lumina de pe obiecte intră în ochi, nu atunci când ies raze de lumină din ochi, așa cum se crezuse până atunci.

1044

Busola primitivă chinezească

Deși chinezii știau de mult că magnetitul (un minereu al fierului) avea capacitatea de a magnetiza obiectele, busola – care avea un ac magnetizat ce indica sudul – a fost întrebuințată pentru prima dată abia în anul 1044. Busolele primitive erau alcătuite dintr-o fâșie subțire de metal care plutea în apă, la fel ca acest pește, care indică sudul.

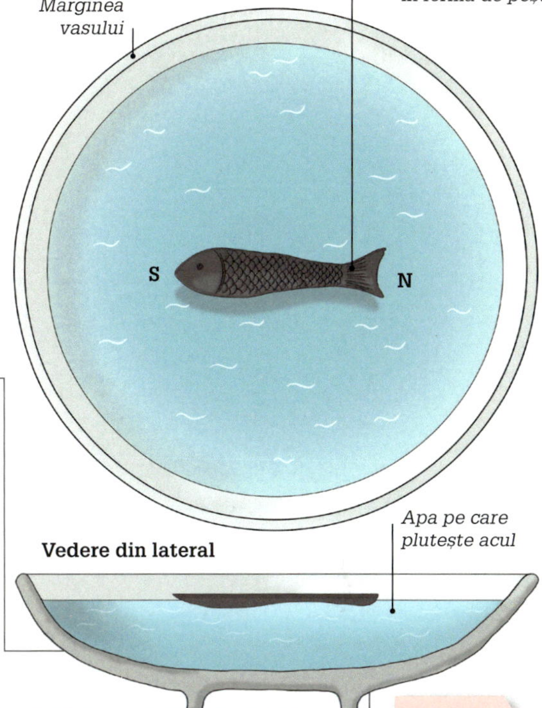

1005 · 1025 · 1045

cca 1040 LITERELE MOBILE

În jurul anului 1040, Bì Sheng, un chinez de rând despre care nu se cunosc prea multe date, a inventat o metodă de tipărire care folosea plăcuțe ceramice mobile cu litere și alte caractere ieșite în relief. Anterior, cărțile fuseseră tipărite folosind câte o plăcuță din lemn cioplit pentru fiecare pagină, acestea neputând fi modificate. Noua metodă permitea rearanjarea plăcuțelor pentru crearea de noi pagini, făcând ca tipărirea să fie mult mai rapidă.

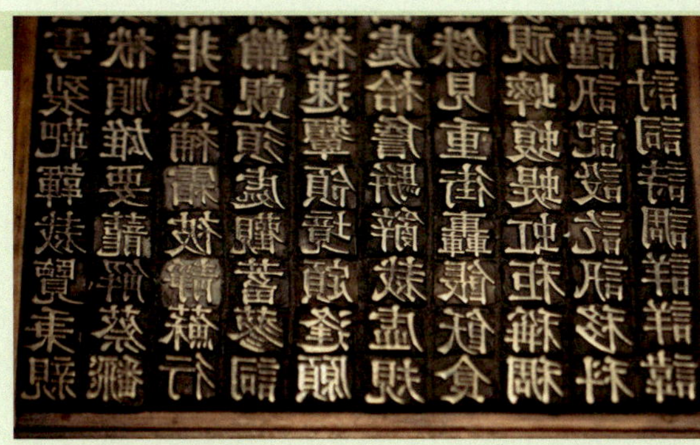

Plăcuțele cu caractere
Fiecare plăcuță a lui Bì Sheng conținea un caracter chinezesc. Plăcuțele din metal, mult mai durabile decât cele din ceramică sau din lemn, au apărut în jurul anului 1224, în Coreea. Imaginea de mai sus arată cum erau păstrate plăcuțele înainte de aranjarea lor în rama de tipar.

Fixarea caracterelor
Bì Sheng cocea caracterele de lut în foc ca să se întărească, apoi le așeza pe o placă de metal cu linii din fâșii de fier. Le fixa apoi cu o pastă din rășină de pin și ceară, iar la urmă le ungea cu cerneală și presa întreaga ramă pe hârtie.

> „Pentru tipărirea a sute sau chiar mii de copii, era incredibil de iute."
>
> **Shen Kuo despre literele mobile ale lui Bì Sheng, *Eseuri din rezervorul cu vise*, 1088**

ANUL 1224, MANUSCRIS, IRAK

Prepararea leacului din miere, o ilustrație din traducerea în arabă a cărții *De materia medica (Despre materiale medicale)*, în care medicul grec Dioscoride descrie sute de medicamente

Medicina medievală

Marea majoritate a cunoștințelor medicale antice s-a pierdut odată cu prăbușirea Imperiului Roman în secolul al V-lea, o mică parte a acestora păstrându-se în regiunile care au fost cucerite de arabi după secolul al VII-lea. Savanții arabi au tradus textele medicale clasice și le-au îmbogățit cu noi idei. În jurul anului 1050, aceste scrieri au început să ajungă în diverse centre universitare din Europa, cum ar fi Salerno în Italia și Toledo în Spania, răspândindu-se astfel tehnici legate de spălarea rănilor și de utilizarea primelor anestezice. În anul 1316, medicul italian Mondino de' Luzzi a scris prima carte de anatomie din Europa de la Imperiul Roman încoace.

„Niciunui subdiacon, diacon sau prezbiter nu i se permite să practice arta chirurgiei, să cauterizeze (să trateze țesutul deteriorat prin ardere) și să facă incizii."

Decizie de la Al Patrulea Consiliu de la Lateran prin care preoților creștini li se interzice să facă intervenții chirurgicale, anul 1215. (Foarte mulți clerici din perioada medievală practicau medicina, dar nu li se permitea vărsarea de sânge. Această regulă a fost inițial concepută pentru a-i împiedica să lupte în războaie).

1045–1145

Constantin „Africanul" predă un curs la școala din Salerno, Italia.

1066

Cometa Halley

Apariția cometei Halley chiar înainte de înfrângerea englezilor de normanzi în bătălia de la Hastings a fost considerată ulterior drept principala cauză a acestei catastrofe. Fiindcă pe atunci nu își puteau explica apariția cometelor, cei mai mulți oameni credeau că acestea sunt prevestiri rele.

Tapiseria de la Bayeux (cca 1080) înfățișează oameni care arată spre cometă.

1085

Răspândirea scrierilor medicale

În această perioadă, Constantin „Africanul" – un medic nord-african convertit la creștinism – a strâns manuscrise medicale arabe, cum ar fi *Arta completă a medicinii* a lui Haly Abbas, și a început să le traducă la școala medicală din Salerno, Italia, ajutând astfel la răspândirea cunoștințelor medicale arabe în Europa.

În anul 1211, filosoful Abu'l-Barakāt din Bagdad a enunțat teoria conform căreia cu cât unui obiect i se aplică o forță mai mare, cu atât mai mare va fi accelerația.

1045 — 1070 — 1095

Versiune a trunghiului lui Pascal aparținându-i matematicianului chinez Jia Xian

1050

Triunghiul lui Pascal

Matematicianul chinez Jia Xian a creat o versiune a binomului cunoscut astăzi ca *triunghiul lui Pascal*, în care fiecare număr reprezintă suma celor două numere de deasupra sa. Acesta și-a găsit ulterior întrebuințarea în calculele care implică probabilități.

1054

Nebuloasa Crabului

În data de 4 iulie, astronomii chinezi au observat o stea atât de strălucitoare încât era vizibilă cu ochiul liber și ziua. Au numit-o *steaua-oaspete*, dar ceea ce văzuseră ei era însă o supernovă (explozia unei stele provocată de forțe gravitaționale extrem de puternice) care a dus la nașterea unui nor de resturi, adică a ceea ce noi numim acum *Nebuloasa Crabului*.

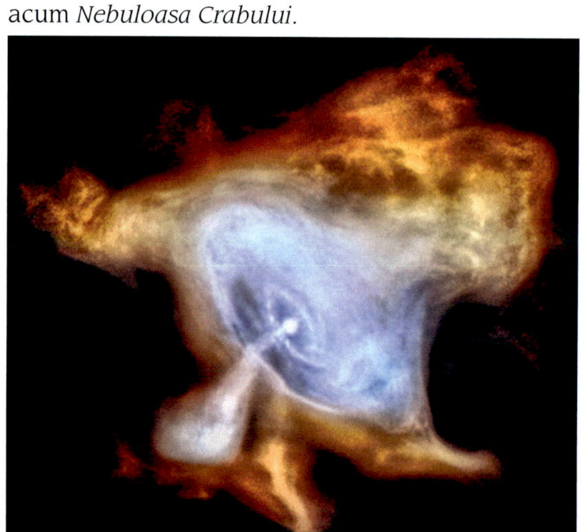

O imagine cu Nebuloasa Crabului rotindu-se cu viteză mare, obținută cu ajutorul observatorului de raze X Chandra al NASA

1085

Traducerea *Almagestei* lui Ptolemeu

Când Alfonso al VI-lea, regele creștin al Castiliei și Leonului (două state medievale din peninsula hispanică) a recucerit Toledo de la musulmani, orașul a devenit un adevărat centru de traducere în limba latină a lucrărilor științifice arabe. Una dintre cele mai importante a fost vechea lucrare de astronomie a lui Ptolemeu, intitulată *Almageste*.

1088

Descrierea busolei magnetice

Busolele pe bază de magnetit și cu ac în formă de lingură erau folosite în China încă din jurul anului 200 î.e.n. În anul 1088 e.n., savantul chinez Shen Kuo a descris pentru prima oară o busolă cu ac magnetizat, în lucrarea sa *Eseuri din rezervorul cu vise*, care mai conținea și discuții despre fosile. În secolul al XII-lea, navele chineze navigau deja cu ajutorul busolelor.

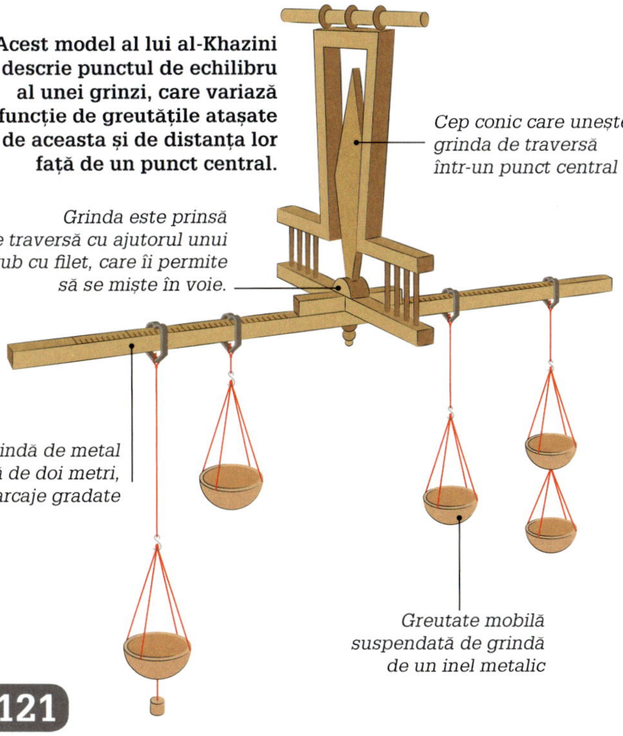

1121

Teorii ale echilibrului și gravitației

Savantul arab al-Khazini a publicat o lucrare despre stabilitate și echilibru. Acesta a întocmit o versiune a teoriei gravitaționale care susține că greutatea unui corp ceresc depinde de distanța acestuia față de centrul Universului.

1120 — 1145

1126

O traducere importantă

Filosoful englez Adelard din Bath a călătorit adesea în Sicilia, Italia, dar și în Orientul Mijlociu, familiarizându-se cu lucrările savanților arabi. A tradus tabelele astronomice ale celebrului matematician al-Khwarizmi, răspândindu-le astfel în vestul Europei.

1121

Hartă chineză cu caroiaj

O hartă cioplită pe o tablă de piatră găsită în regiunea Sichuan din China a fost prima care a folosit caroiajul cu grilaj cu pătrate, utilizat la indicarea proporțiilor. Cunoscută sub denumirea de *Yu ji tu*, aceasta conține în jur de 1400 de denumiri de locuri, fiind o dovadă a evoluției și sofisticării cartografiei chineze.

Călătorii prin lume
Vezi paginile 92–93.

„Văzând numeroasele cărți în arabă... a învățat limba arabă... ca să le traducă."

Viața lui Gerardo din Cremona (savant italian), cca secolul al XII-lea

cca 1048–1131 OMAR KHAYYAM

Poetul și filosoful persan Omar Khayyam a fost și un talentat matematician și astronom. Până la vârsta de 25 de ani, acesta a scris deja o lucrare importantă despre muzică și una despre algebră. Mai târziu, a ajuns celebru în vest datorită traducerilor versurilor sale, dar în lumea arabă era cunoscut ca om de știință. În anul 1073, sultanul persan Malik-Shah l-a invitat să construiască un observator astronomic în Isfahan. Acolo, Omar Khayyam a reușit să facă multe observații importante și a întocmit o serie de tabele astronomice.

Durata unui an

În timpul șederii la Isfahan, Omar Khayyam a calculat durata anului solar, obținând 365,24219858156 de zile, nimerind corect primele cinci zecimale. Având în vedere instrumentele astronomice disponibile la acea vreme, această măsurătoare este remarcabil de precisă.

Cartea despre algebră

În cartea sa despre algebră, Omar Khayyam a folosit metode geometrice ca să rezolve ecuații de gradele III și IV, bazându-se pe metoda intersecției secțiunilor conice cu cercul. Aceasta era foarte avansată pentru acele vremuri.

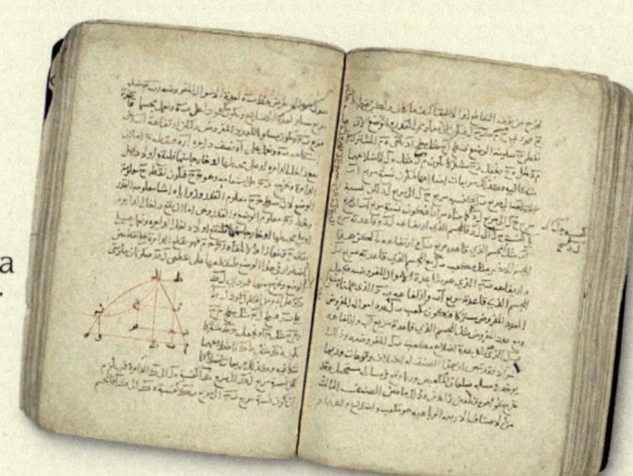

Astronomia

Multe dintre popoarele antice, printre care și mayașii din America Centrală, chinezii, indienii și babilonienii, au încercat să înțeleagă mișcarea stelelor și planetelor. Încă din secolul al IV-lea î.e.n., vechii greci au realizat machete ca să explice de ce planetele își schimbă poziția pe cer. Astronomii nu și-au dat seama decât în secolul al XVI-lea că Soarele se află în centrul Sistemului Solar, nu Pământul.

Ruinele anticului observator astronomic El Caracol (Melcul), Mexic

Observatoare antice

Civilizația maya, aflată la apogeu în perioada 250–900 e.n., a construit observatoare astronomice, cum ar fi El Caracol (Melcul, denumit după forma sa) din Chichén Itzá, Mexic. Acest popor a calculat corect durata unui an solar și a înregistrat mișcările planetei Venus.

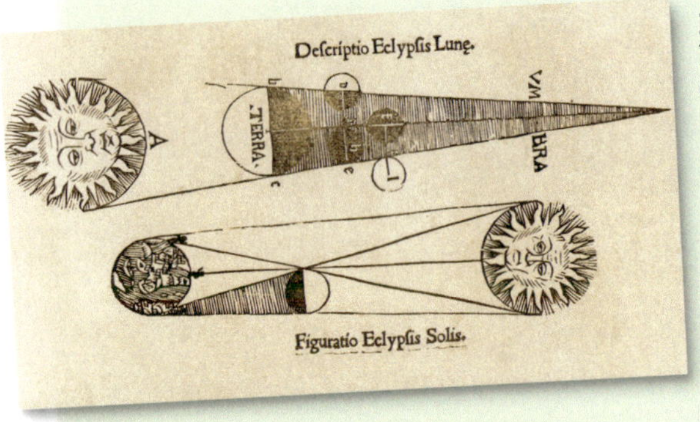

Eclipse de Soare și de Lună din tratatul lui Sacrobosco, intitulat *De sphaera mundi (Sfera lumii)*

Eclipsele

În secolul al XIII-lea, călugărul englez Johannes de Sacrobosco a reprodus calculele din secolul al II-lea făcute de astronomul Ptolemeu din Alexandria. Acestea arătau cum poziționarea Lunii în fața Soarelui produce o eclipsă.

Astronomi folosind astrolabi în cartea *Călătoriile lui Sir John Mandeville*, 1356

Evenimente importante

cca 500 î.e.n.

Astronomii babilonieni au inventat zodiacul, împărțind cerul în 12 zone egale prin care păreau să treacă Soarele și planetele.

cca 350 î.e.n.

Matematicianul grec Eudoxus din Knidos a alcătuit primul model al Sistemului Solar bazat pe sfere concentrice. A folosit 27 de sfere, mai multe pentru fiecare planetă, ca să explice orbitele neregulate.

cca 280 î.e.n.

Aristah din Samos a fost primul astronom care a spus că Pământul orbitează în jurul Soarelui, însă această idee nu a fost acceptată, fiind criticată de ceilalți învățați greci.

cca 240 î.e.n.

Eratostene din Cyrene (astăzi – în Libia) a măsurat corect circumferința Pământului comparând mai multe umbre ale unor obiecte în bătaia razelor de soare, în două regiuni diferite de pe glob.

Idei din Orient

Astronomii medievali din India au inventat dispozitive matematice sofisticate pentru măsurători astronomice. În jurul anului 525 î.e.n., matematicianul indian Aryabhata a enunțat teoria conform căreia Pământul se rotește în jurul propriei axe, explicând corect aparenta mișcare a stelelor pe cer. Multe dintre aceste idei au fost transmise generațiilor ulterioare de astronomi ai lumii arabe, care au îmbunătățit teoriile existente și măsurătorile mișcării planetelor. În plus, aceștia au perfecționat dispozitivul denumit astrolab, care le permitea să calculeze poziția Soarelui și a stelelor.

Sferă armilară de alamă făcută în Italia, 1554

Sistemul ptolemeic

Primii astronomi greci au explicat mișcarea planetelor sugerând că acestea se rotesc pe sfere concentrice solide în jurul Pământului, teorie enunțată în detaliu de Ptolemeu din Alexandria (cca 100–170 î.e.n.). Ca să explice ciudățeniile mișcării planetelor, Ptolemeu a folosit un sistem de epicicluri (mici cercuri) pe traseul cărora se deplasau planetele, suplimentar față de fiecare orbită în jurul Pământului. Pentru reprezentarea sistemului lui Ptolemeu s-au alcătuit modele mecanice complexe, denumite *sfere armilare*.

Universul copernician, gravură olandeză, secolul al XVII-lea

Universul copernician

Astronomul polonez Nicolaus Copernic (1473–1543) nu a fost de acord cu ideile lui Ptolemeu despre Univers, așa că a dezvoltat teoria heliocentrică: Pământul și planetele se rotesc pe orbite, iar Soarele este cel care se află în centrul Sistemului Solar, nu Pământul.

Telescopul refractor

În anul 1609, astronomul italian Galileo Galilei a construit un telescop. Deși nu l-a inventat, el a fost cel care a folosit pentru prima oară un telescop în scop astronomic. Faptul că acesta creștea mărimea corpurilor cerești i-a permis lui Galileo să descopere patru sateliți noi ai lui Jupiter și să studieze petele solare pentru prima oară.

Galileo Galilei cu telescopul său, cca 1620

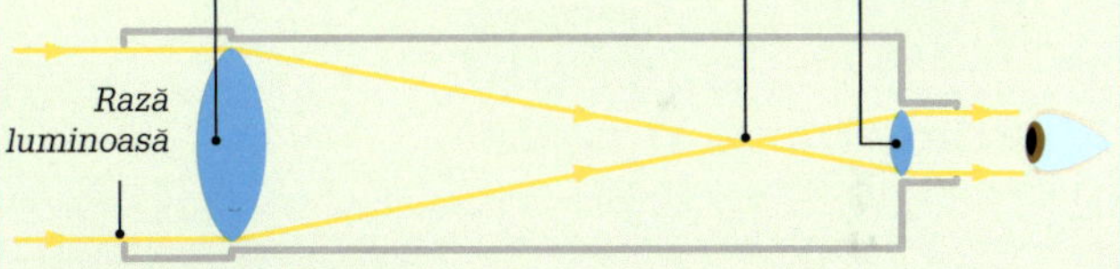

Cum funcționează

Galilei a folosit un telescop refractor, cu lentile care permit trecerea razelor luminoase pentru obținerea unei imagini mărite. Majoritatea telescoapelor moderne sunt alcătuite la fel ca în schema de mai sus și funcționează puțin diferit față de cel al lui Galilei. Acestea au la un capăt un obiectiv cu lentilă ce primește razele luminoase ieșite dintr-un obiect îndepărtat și le refractă (deviază) într-un punct focal, obținându-se o imagine. Lumina trece apoi printr-o lentilă numită *ocular*, care mărește imaginea.

cca 130 î.e.n.

Astronomul grec Hiparh din Niceea (astăzi – Iznik, Turcia) a întocmit prima hartă corectă a stelelor. Totodată, a folosit modelul lui Ptolemeu ca să prezică eclipsele lunare și solare.

Luna

cca 975

Llobet din Barcelona a scris o lucrare în care prezenta pentru prima oară astrolabul în Europa. Acest dispozitiv era deja cunoscut în lumea arabă și măsura poziția Soarelui și a stelelor.

1259

În Maragheh, Iran, a fost construit un observator astronomic care a ajutat astronomii arabi să facă măsurători foarte precise ale planetelor și stelelor. Aceștia au alcătuit apoi multe tabele și scheme.

1543

Copernic a publicat lucrarea *Despre mișcările de revoluție ale sferelor cerești*, dezvoltând modelul Sistemului Solar cu Pământul care se învârte în jurul Soarelui.

1145 ▸ 1245

1154

Ceasul acționat cu apă

În Damasc, Siria, inginerul arab Muhammad al-Sa'ati a construit primul ceas acționat cu apă, mecanism folosit de multe ceasuri primitive. În anul 1203, fiul său, Ridwan, a oferit o descriere amănunțită a mecanismului ceasului.

1154

Harta lumii

Savantul arab Muhammad al-Idrisi a primit poruncă de la regele Roger al II-lea al Siciliei să întocmească o hartă a lumii. Elaborarea acesteia a durat 15 ani, harta fiind inscripționată apoi pe un disc de argint masiv cu un diametru de doi metri. Aceasta era cea mai precisă cartografiere a acelor vremuri, fiind însoțită de o carte care oferea detalii despre meleagurile înfățișate.

Copie modernă a vechii hărți a lumii a lui al-Idrisi (Tabula Rogeriana)

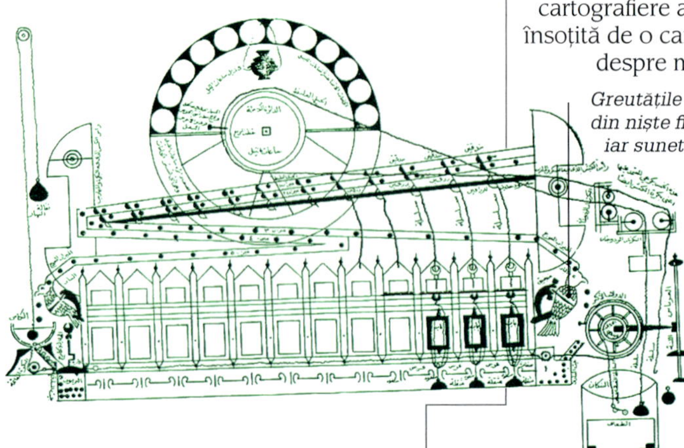

Greutățile cădeau în vase de metal din niște figurine în formă de șoimi, iar sunetul obținut marca ora.

Puterea apei întorcea frânghiile și scripeții care puneau în mișcare ceasul lui al-Sa'ati.

1180

Morile de vânt verticale

În Europa au fost introduse primele mori de vânt cu pânze ridicate pe un turn vertical. Rotirea palelor punea în mișcare o osie, aceasta acționând pietre de moară folosite la măcinarea grânelor. Primele mori de vânt fuseseră construite inițial în Persia (astăzi – Iran) și erau orizontale, cu pale dreptunghiulare care se roteau pe o osie verticală.

1145 · **1165** · **1185**

1160

Prima hartă tipărită

Prima hartă tipărită vreodată este *Shiwu guofeng dili zhi tu (Harta geografică a celor 15 state feudale)* și a apărut în jurul acestui an. A fost tipărită cu ajutorul unor plăcuțe din lemn și înfățișa regiuni din vestul Chinei și numele obiectivelor din zonă, inclusiv ale râurilor și ale celor 15 provincii. A fost publicată în *Liu jing tu*, o enciclopedie chineză.

În anul 1150, matematicianul indian Bhāskara al II-lea a dovedit că numerele au două rădăcini pătrate, una pozitivă și cealaltă negativă.

cca 1170–1250 FIBONACCI

Leonardo Bonacci zis Fibonacci a fost un negustor din Pisa, Italia, care a studiat intens matematica arabilor făcând comerț în nordul Africii. Cartea sa intitulată *Liber abaci* a introdus în Europa numerele arabe și notarea zecimalelor. Fibonacci a înregistrat progrese importante rezolvând diverse ecuații algebrice și lucrând cu șiruri de numere.

Șirul lui Fibonacci

Fibonacci a descris un șir care i-a primit mai târziu numele. Fiecare număr al acestuia reprezintă suma numerelor precedente (0, 1, 1, 2, 3, 5, 8, 13 ș.a.m.d.). Reprezentat geometric, șirul poate fi descris printr-o serie de căsuțe a căror suprafață corespunde numerelor. Unindu-le cu un arc de cerc am obține o spirală des întâlnită în natură, cum ar fi cea a cochiliei unui melc.

Șirul poate fi reprezentat printr-o serie de căsuțe.

Unind colțurile căsuțelor alăturate se obține o formă spiralată.

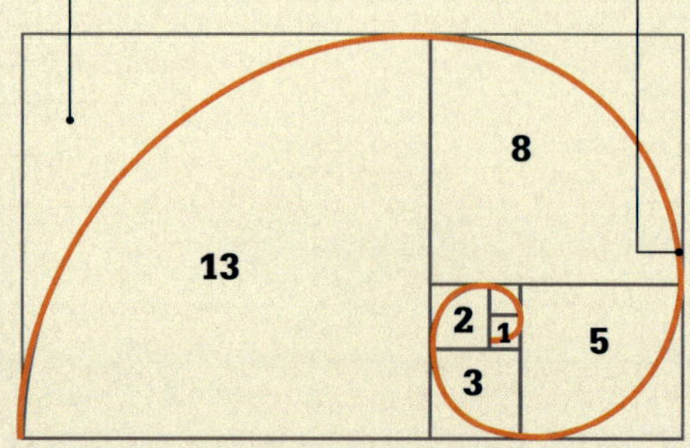

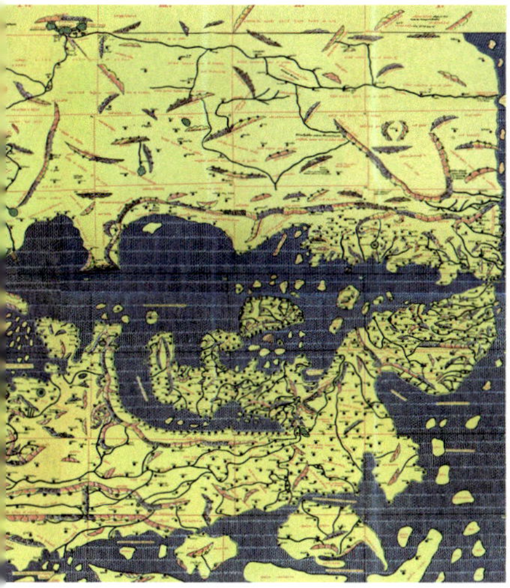

„Avea gravată o hartă a celor șapte climate, cu tărâmurile și regiunile lor."

Muhammad al-Idrisi, *Kitab Nuzhat al-Mushtaq fi ḫtiraq al-afaq (Cartea călătoriilor plăcute în țări îndepărtate)*, 1154

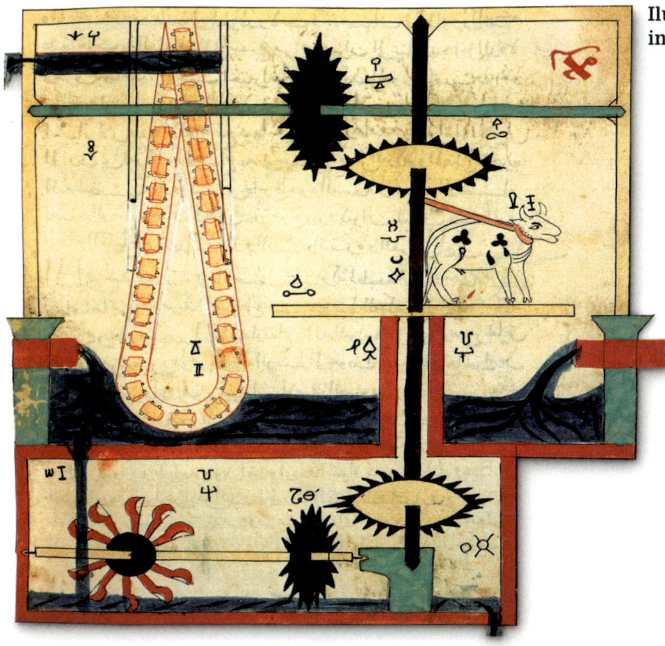

Ilustrație a pompei de apă inventată de al-Jazari

1206

Dispozitive mecanice

În lucrarea *Cartea cunoștințelor despre dispozitive mecanice*, inginerul arab al-Jazari descrie peste 50 de dispozitive și oferă instrucțiuni pentru construirea acestora. Printre acestea se numără și primul arbore cotit (care transformă mișcarea rectilinie în mișcare de rotație) și un ceas de doi metri în formă de elefant, acționat de apă.

1237

Carte medicală importantă pentru femei

Medicul chinez Chen Ziming a scris *Marele tratat al leacurilor prielnice pentru femei*, prima importantă lucrare medicală chineză despre tratarea femeilor, în care a descris 360 de probleme medicale feminine, precum și complicații legate de sarcină și naștere.

1205 — 1225 — 1245

Vindecarea bolnavilor
Vezi paginile 76–77.

1214

Întrebuințarea antisepticelor în Italia

Chirurgul italian Ugo de' Borgognoni din Lucca a descris cum vinul putea fi folosit ca antiseptic la spălarea rănilor și prevenirea infecțiilor. Până atunci, medicii crezuseră în mod eronat că, dacă lasă puroiul să se formeze, atunci rănile se vor vindeca mai repede.

În anul 1214, Robert Grosseteste a devenit primul cancelar al Universității din Oxford, Anglia.

Portret al episcopului Grosseteste din secolul al XIII-lea

1225

Ideile unui episcop

Episcopul de Lincoln (Anglia) Robert Grosseteste a încercat să pună de acord filosofia și cercetările științifice ale vechiului grec Aristotel (vezi paginile 30–31) cu ideile creștine. Grosseteste susținea că lumina umple și dă formă Universului. În plus, credea cu tărie că teoriile științifice trebuie dovedite prin experimente și că este necesar ca ideile care nu pot fi susținute de dovezi să fie respinse.

1232

Proiectile cu praf de pușcă

În timpul asediului orașului Kaifeng din nord-estul Chinei, chinezii au folosit aruncătoare de flăcări împotriva mongolilor. Mulți susțin că aceasta a fost prima întrebuințare militară a proiectilelor propulsate cu praf de pușcă. Aceste „săgeți zburătoare cu foc" erau alcătuite din tuburi de bambus umplute cu praf de pușcă și legate de o lance. Deși erau aruncate cu mâna și nu erau foarte precise, i-au făcut pe mongoli să abandoneze asediul și să fugă.

Roger Bacon

În secolul al XIII-lea, călugărul englez Roger Bacon (cca 1214–1292) a fost supranumit *doctor mirabilis (doctor-minune)* datorită pasiunii sale pentru numeroase domenii științifice. Într-o perioadă în care universitățile aveau o programă săracă și se predau foarte puține materii, Roger Bacon își dorea să introducă o formă diferită de educație.

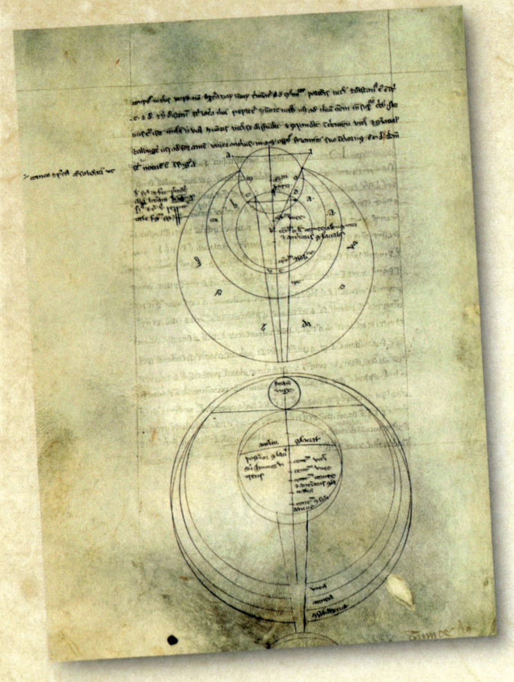

Opus majus
Această schiță a unui ochi face parte din scrierea lui Bacon intitulată Opus majus. Deși nu i s-a permis să o publice fără consimțământul călugărilor franciscani, Bacon a fost rugat de papa Clement al IV-lea să facă un rezumat al tuturor lucrurilor care, în concepția sa, era necesar să fie predate în universități. Bacon și-a terminat lucrarea abia în anul 1268, când papa Clement era deja mort.

Călugărul Bacon

Bacon a studiat la Universitatea din Oxford în perioada anilor 1230, iar apoi s-a mutat la Paris ca să predea. S-a întors în Oxford în anul 1247, începându-și acolo cercetările științifice. În anul 1257 a devenit călugăr al ordinului franciscan, dar traiul într-o comunitate religioasă cu reguli atât de stricte i-a îngreunat munca experimentală.

Reforma universităților

Studenții din universitățile medievale studiau mai ales teologia (studiul credințelor religioase), dar și materii precum gramatică, logică și retorică (arta de a vorbi frumos). Ca model erau folosiți autorii clasici latini și greci, cum ar fi Aristotel. În importanta sa lucrare *Opus majus*, Bacon explica de ce în universități este necesar să se studieze și optica, geografia, mecanica și alchimia (chimia medievală).

Optica

Bacon a introdus idei noi și despre vedere. Învățații greci credeau că vederea are loc când din ochi iese o rază luminoasă, dar Bacon era de părere că toate obiectele emit o undă. Odată ce aceasta ajunge la ochi, are loc vederea acelui obiect.

Anii următori

Când papa Clement al IV-lea, care încuraja munca lui Bacon, a murit în anul 1268, omul de știință și-a pierdut susținătorul. Foarte mulți călugări franciscani considerau că ideile lui Bacon erau împotriva învățămintelor Bisericii Catolice, fiind posibil ca savantul să fi fost chiar întemnițat o vreme, în Italia. În cele din urmă, Bacon s-a întors în Anglia, unde a scris noi lucrări, inclusiv una despre matematică. A murit în anul 1292.

Bacon ține o balanță ca să măsoare greutatea elementelor.

Celălalt vas conține foc și se află în echilibru cu vasul cu apă.

Vasul talerului conține apă.

Alchimistul
La fel ca foarte mulți savanți ai acelor timpuri, și Bacon practica alchimia. Alchimiștii credeau că totul era alcătuit din patru elemente – pământ, aer, foc și apă – și că pot transmuta chimic (transforma) metale ca plumbul în aur.

Profesor în Paris
Aici, Bacon este înfățișat prezentând una dintre lucrările sale cancelarului Universității din Paris. Din jurul anului 1240, Bacon a predat acolo vreme de zece ani. A cunoscut și alți savanți, printre care și pe Pierre de Maricourt, a cărui lucrare despre magnetism l-a făcut să aprecieze experimentele.

Observator al stelelor

Astronom avid, Bacon susținea că Universul este sferic. A calculat că distanța de la Pământ la stele este de 209 de milioane de kilometri, ceea ce astăzi știm că este fals, aceasta fiind mult mai mare.

„Nu putem cunoaște nimic din lucrurile acestei lumi dacă nu stăpânim matematica."

Roger Bacon,
Opus majus, 1267–1268

1245 ▸ 1345

În anul 1267, călugărul englez Roger Bacon a descris structura ochiului, folosirea lentilelor care măresc, cât și un tip primitiv de telescop.

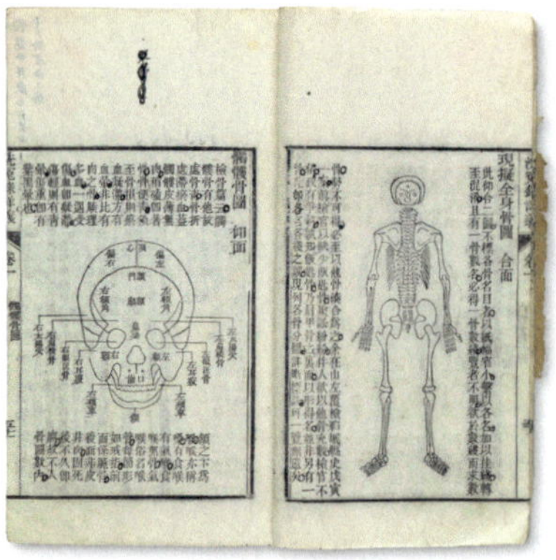

Primul manuscris al lucrării lui Song Ci din anul 1408, intitulat *Cum se spală nedreptatea.* Acest exemplu este din secolul al XIX-lea.

1247

Medicina legală

Judecătorul chinez Song Ci a scris *Cum se spală nedreptatea*, primul tratat publicat vreodată despre medicina legală (folosirea științei în investigarea crimelor). Scopul său era de a îmbunătăți dovezile aduse în cazurile legale, mai ales în cele de crimă. Song Ci a strâns informații despre cazuri deja închise, criticând testele făcute până atunci de oamenii legii, care nu puteau fi de încredere.

1286

Ochelarii

În secolul al XIII-lea, oamenii de știință au început să experimenteze cu lentile din sticlă ca să obțină imagini mărite. În anul 1286, călugărul italian Giordano da Pisa a descris pentru prima dată lentilele pentru ochelari. Primii ochelari corectau hipermetropia, ce reprezenta o mare problemă pentru călugării care erau nevoiți să scrie și să citească la lumina slabă a lumânărilor.

Un cleric francez folosind ochelari.

1245 — 1275

1260

Folosirea anesteziei

În revoluționarele sale scrieri medicale, chirurgul italian Teodorico de' Borgognoni a adus în discuție multe aspecte ale chirurgiei și ale tratării rănilor. Folosind o metodă primitivă de anesteziere, acesta își seda pacienții înainte de operații cu bureți înmuiați în soluție de semințe de mac (opiu) sau alte ierburi care provoacă somnolență.

1269

Forța magnetică

Savantul francez Pierre de Maricourt a descris liniile de forță ale unui câmp magnetic din jurul unui magnet. Totodată, a arătat că o busolă are doi poli și că polii magnetici încărcați cu sarcini opuse se atrag, în timp ce polii încărcați cu același tip de sarcină se resping.

Semințe de mac

Rădăcină de mătrăgună

Un burete era înmuiat într-o soluție preparată din semințe de mac sau rădăcină de mătrăgună și stors apoi în gura bolnavilor, ca să-i ajute să doarmă.

Vindecarea bolnavilor
Vezi paginile 76–77.

„Iar apoi, piatra pe care o ții în mână pare că se ferește de cealaltă."

Pierre de Maricourt despre repulsia magnetică, *Epistola de magnete*, 1269

Cadran gradat

Ac magnetizat

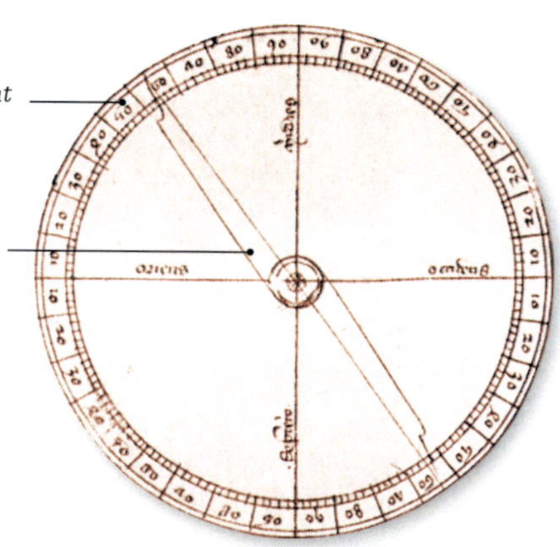

Diagrama unei busole cu ac din lucrarea lui Maricourt intitulată *Epistola de magnete (Scrisoare despre magneți)*

LENTILELE ȘI OCHIUL

Grecii antici credeau că vederea are loc când din ochi iese o undă ce se întoarce de pe un obiect aflat în apropiere. Însă până în secolul al XIII-lea, savanți precum Roger Bacon (vezi paginile 48–49) au înțeles că lucrurile stau de fapt invers: lumina emisă de un obiect ajunge în ochi, unde se formează imaginea.

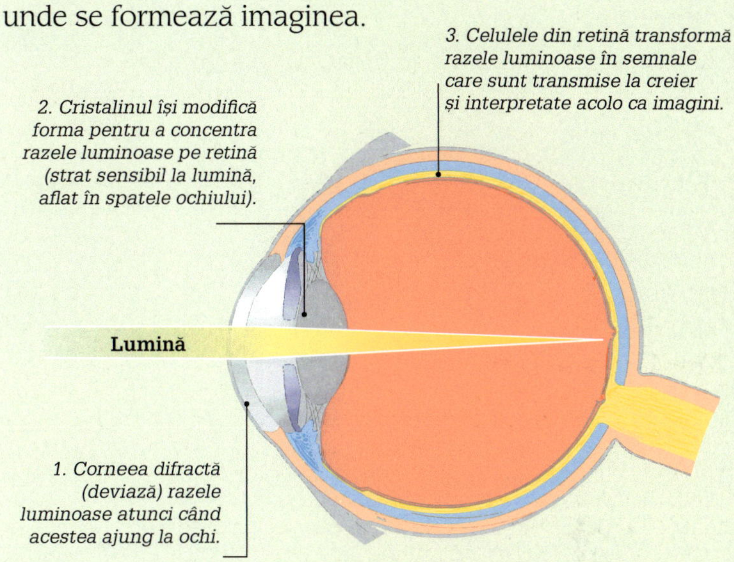

Ochi uman în secțiune

1300

Teoria curcubeului

Călugărul german Theodoric din Freiburg a folosit mici sfere umplute cu apă ca să arate că lumina care trece prin acestea este atât reflectată, cât și refractată (deviată). A ajuns la concluzia că la fel se întâmplă și cu lumina solară care trece prin vaporii de apă din nori, aceasta producând un curcubeu.

1305 — 1345

1315

Prima disecție publică

Medicul italian Mondino de' Luzzi a făcut prima disecție publică a unui cadavru în Bologna, Italia, acest lucru ajutând studenții și medicii să înțeleagă mult mai bine anatomia umană.

1323

Briciul lui Ockham

În cartea sa *Summa logicae (Compendiu de logică)*, călugărul englez William Ockham susținea că procesul de căutare a unei explicații pentru un anumit lucru poate fi simplificat prin eliminarea oricăror informații sau argumente care nu sunt necesare. Acest principiu a devenit cunoscut sub denumirea de *briciul lui Ockham*.

cca 1200–1280 ALBERT CEL MARE

Călugărul dominican german Albertus Magnus s-a inspirat din cercetările filosofului antic grec Aristotel (vezi paginile 30–31) pentru a întocmi o enciclopedie de cunoștințe filosofice și științifice. Acesta credea în descoperirea cauzelor fenomenelor cu ajutorul științei și este cel care a pus bazele științelor naturii ca nou domeniu de studiu. Opera sa acoperă domenii diverse: teologie (studiul religiilor), logică, zoologie și alchimie (chimie medievală). A fost un profesor extraordinar, printre elevii săi numărându-se și celebrul teolog Toma de Aquino.

Pagină din tratatul lui Albertus Magnus despre istorie naturală

ANUL 1390, MAHDIA, TUNISIA

Cruciații francezi folosesc tunuri într-o încercare de a dărâma zidurile orașului nord-african Mahdia, în anul 1390.

Istoria prafului de pușcă

Încă din secolul al IX-lea, chinezii au înțeles că praful de pușcă (amestec de salpetru, sulf și cărbune) explodează, așa că l-au folosit în scopuri militare, fabricând așa-numitele „săgeți de foc", dar și rachete și aruncătoare de flăcări. În jurul anului 1250, au construit primele tunuri, iar vestea despre armele cu praf de pușcă s-a răspândit spre vest, ajungând în Europa în jurul anului 1300. Astfel, în bătăliile europene au apărut curând și tunurile. După un secol au apărut și primele arme de foc de mână, dar tot artileria (tunurile mari) s-a dovedit cea mai eficientă în asedii, căci putea demola fortificații care cândva erau indestructibile. Francezii nu au avut însă succesul așteptat în așa-zisa cruciada de la Mahdia, ilustrată pe această pagină, deoarece tunurile lor nu au fost îndeajuns de puternice pentru a dărâma zidurile orașului.

„Făcea un asemenea zgomot, de parcă porniseră la drum toți diavolii iadului."

Jean Froissart, *Cronici*, despre folosirea tunurilor la bătălia de la Oudenaarde, în Flandra, anul 1382

1345 ▸ 1445

În anul 1357, filosoful francez Jean Buridan a elaborat teoria impetus-ului, adică a forței care face ca un obiect să se miște.

Anatomia
Vezi paginile 36–37.

1349

Mișcarea și forțele

Matematicianul francez Nicolas d'Oresme a găsit o nouă modalitate de reprezentare grafică a mișcării obiectelor. Aceasta a ajutat la explicarea relației dintre viteză, timp și distanța parcursă.

1368

Asociație a chirurgilor

Înființarea în Anglia a unei asociații a chirurgilor în anul 1368 a fost prima încercare de a impune anumite reguli și reglementări acestei profesii. Înainte, oricine putea să practice chirurgia, cel mai des făcând-o bărbierii.

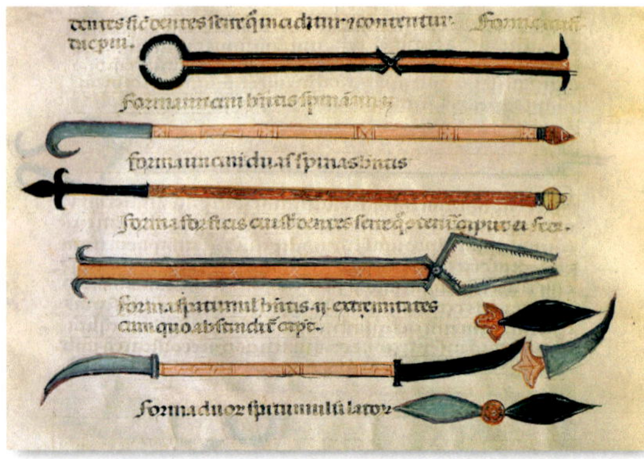

O seamă de instrumente chirurgicale ilustrate în manuscrisul *De chirurgia* (*Despre chirurgie*) a marelui medic arab al-Zahrawi

1380

Rachetele militare ajung în Europa

Rachetele militare sunt menționate pentru prima oară în Europa în bătălia navală de la Chioggia, dintre orașele italiene Veneția și Genova. Astfel de proiectile sunt greu de fabricat, iar întrebuințarea acestora în scop militar indică o dezvoltare uimitoare a tehnologiei armelor cu praf de pușcă.

1345 ▸ **1385**

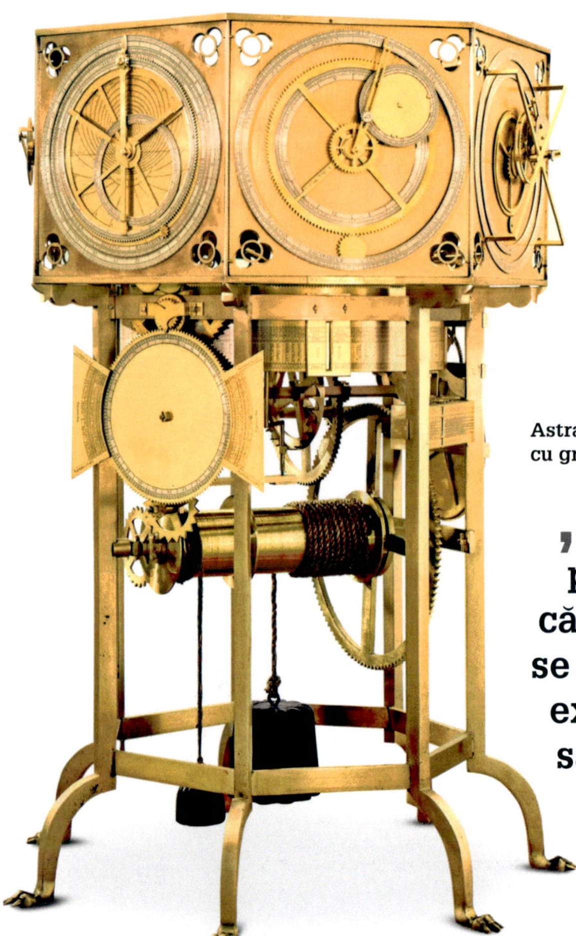

1364

Ceasul astronomic

Ceasornicarul italian Giovanni Dondi dell'Orologio a construit un astrarium – un ceas complex cu peste 100 de rotițe și cu cercuri ce indicau mișcarea Soarelui, a Lunii și a planetelor. Acesta nu numai că le permitea astronomilor să măsoare poziția obiectelor cerești, ci oferea și un calendar al sărbătorilor creștine.

Astrariumul avea șapte cercuri și un pendul cu greutate ce oscila în jur de 30 de ori pe minut.

„Din această cauză am putea să ne închipuim că Pământul este cel care se mișcă, nu Soarele, și nu există nicio dovadă care să susțină contrariul."

Nicolas d'Oresme despre rotația Pământului, *Livre du ciel et du monde*, 1377

1377

Un Pământ care se rotește

În lucrarea sa *Livre du ciel et du monde (Cartea cerului și a lumii)*, Nicolas d'Oresme susținea că nu este de acord cu celebrele teorii care situează Pământul nemișcat în centrul Sistemului Solar. În plus, sugera și că Pământul se rotește în jurul propriei sale axe, dar nu și-a putut imagina și că acesta se învârte în jurul Soarelui.

Nicolas d'Oresme așezat lângă o sferă armilară, o machetă a Sistemului Solar

cca 1400–1600 ARHITECTURA RENASCENTISTĂ

În perioada renascentistă – o mișcare culturală care a început la mijlocul secolului al XIV-lea în Italia – artiștii au redescoperit trecutul clasic. Luând ca model structurile grecești și romane, arhitecții foloseau coloane, arcuri și cupole. Arhitectul Filippo Brunelleschi din Florența a petrecut 16 ani construind remarcabilul Dom din Florența. Cu un diametru de 45 de metri și o înălțime de 114 metri, această catedrală a fost, la vremea construirii sale, cea mai mare clădire cu cupolă nesprijinită înălțată vreodată.

Domul din Florența
Construirea unei cupole de asemenea dimensiuni se credea a fi imposibilă. Brunelleschi însă a proiectat o cupolă interioară din materiale ușoare și una exterioară din piatră, care este mai grea. Cele două au fost apoi unite și sprijinite de grinzi de stejar așezate în inele. Construirea cupolei exterioare a fost mult mai ușoară deoarece materialele se puteau echilibra pe cupola interioară, care era deja terminată.

1405 — **1445**

1421

Primul brevet de invenție

Primul brevet de invenție, un act care acordă inventatorului drepturi exclusive asupra invenției, a fost acordat de conducerea orașului Florența arhitectului italian Filippo Brunelleschi, pentru o metodă de transport a sarcinilor grele pe râul Arno. Brevetul acorda monopol timp de trei ani, interzicând oricui altcuiva să copieze ideea.

Teoriile despre Univers ale lui Nikolaus von Kues, portretizat în această gravură, aveau să influențeze oamenii de știință în secolele următoare.

Nikolaus von Kues
Teologul german Nikolaus von Kues (1401–1464) susținea că toate lucrurile din Univers se află în mișcare, ajungând astfel la concluzia că Pământul nu este static, ci se mișcă în jurul Soarelui.

1436

Perspectiva în pictură

Artiștii romani știau să folosească perspectiva, un sistem matematic de creare a iluziei de adâncime pe o suprafață plană. Această tehnică a fost apoi uitată, fiind însă redescoperită în perioada renascentistă italiană. În anul 1436, arhitectul și savantul Leon Battista Alberti a descris-o în amănunțime în lucrarea sa intitulată *Despre pictură*.

Perspectiva oferă iluzia adâncimii. Artistul desenează obiectele tot mai mici și mai apropiate unele de altele, până când acestea formează un singur punct, cunoscut sub denumirea de *punct de fugă*.

1445 ▸ 1545

În anul 1490, Leonardo da Vinci a observat efectul de capilaritate: înăuntrul unui tub subțire, apa se deplasează în sus, în direcția opusă forței gravitaționale.

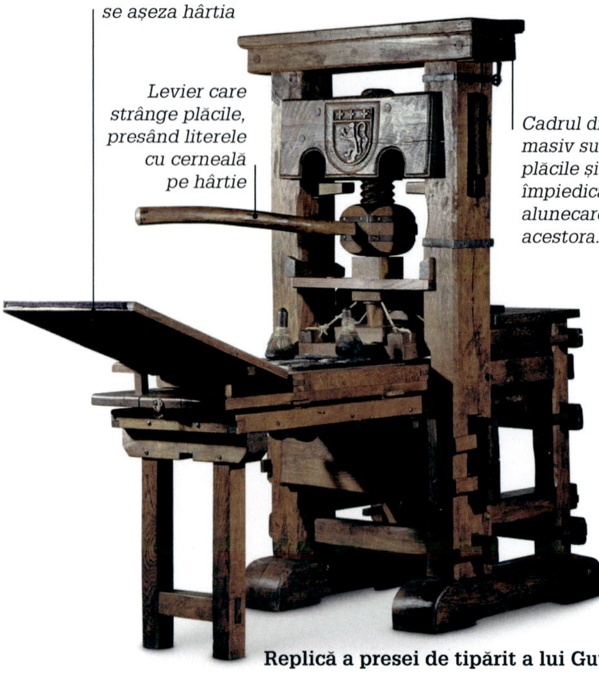

Replică a presei de tipărit a lui Gutenberg

1450

Presa de tipărit a lui Gutenberg

Johannes Gutenberg a construit prima presă de tipărit din Europa în Mainz, Germania. Aceasta folosea litere mobile care puteau fi rearanjate și refolosite pentru a alcătui diferite pagini de text. Astfel, producerea cărților a devenit mult mai ușoară, iar tehnica s-a răspândit iute pe întregul continent.

1489

Prima utilizare a simbolurilor + și –

Matematicianul german Johannes Widman a fost primul care a folosit simbolurile moderne pentru adunare *(+)* și scădere *(–)*. Anterior, matematicienii folosiseră alte semne, printre care și literele *p* și *m*. Simbolul = a ajuns să însemne *egal* ceva mai târziu, în anul 1557.

1464

Lucrare de trigonometrie

Matematicianul german Johannes Müller, cunoscut mai bine ca Regiomontanus (numele său latinizat) a scris *Despre triunghiuri*, prima lucrare de trigonometrie (studiul relației dintre laturile și unghiurile triunghiurilor).

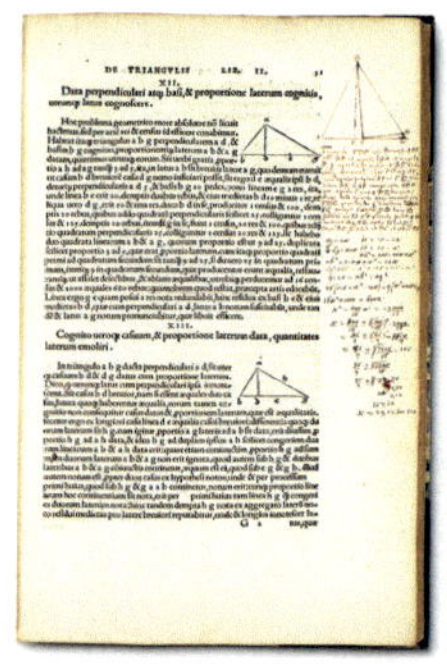

Pagină din lucrarea lui Regiomontanus intitulată *Despre triunghiuri*

1445 — 1465 — 1485

Model al parașutei schițate de Leonardo da Vinci

Parașuta lui da Vinci

În carnetele sale, Leonardo da Vinci (paginile 58–59) a făcut multe schițe de mașinării care aveau să fie inventate abia secole mai târziu. În anul 1481, artistul a desenat și a descris o parașută făcută din pânza unui cort.

1472

Descrierea unei comete

Pasiunea pentru astronomie l-a determinat pe Regiomontanus (Johannes Müller) să facă primele observații și descrieri detaliate ale unei comete. Pe baza unor tehnici de trigonometrie, acesta și-a dat seama care este metoda de măsurare a unei comete și a distanței acesteia față de Pământ.

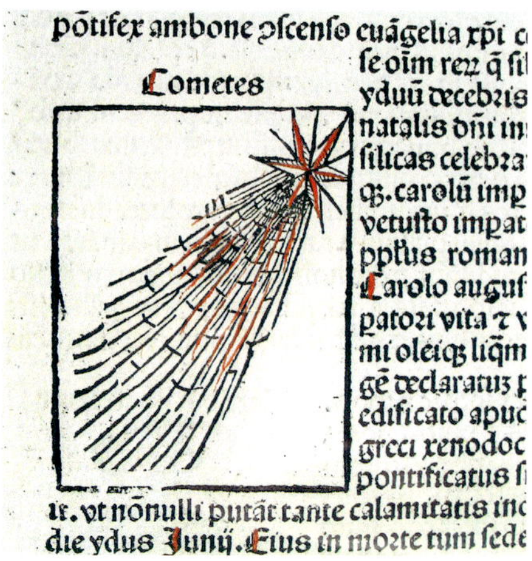

Gravură a unei comete în cartea *Cronica de la Nürnberg*, 1493

1492

Cristofor Columb descoperă America

Când navigatorul genovez Cristofor Columb a pornit din Spania într-o expediție către vest, spera să ajungă mai repede în Asia, însă a descoperit America, debarcând undeva în Antilele Mari. Călătoria sa a dus la colonizarea europeană a noilor tărâmuri, dar și la un schimb de recolte (și de boli) între Europa și Americi.

Machetă a vasului *Santa Maria*, nava amiral a lui Columb din prima expediție

Primul glob pământesc

Primul glob pământesc păstrat până astăzi a fost făcut în anul 1492 de cartograful Martin Behaim, pentru orașul său natal (Nürnberg din Germania). Pe acesta se regăsește harta lumii, fiind însă îmbogățit cu multe ilustrații ornamentale.

1473–1543 NICOLAUS COPERNIC

Deși s-a născut în Polonia, Copernic a studiat astronomia, matematica, dreptul și medicina în Italia. Acesta a cercetat sistemul de sfere cerești al lui Ptolemeu, vechi de 1500 de ani, căruia i-a găsit nenumărate defecte. În plus, i s-a cerut să facă parte dintr-un comitet pentru reformarea calendarului.

Cosmosul copernician

Copernic nu a dezmințit ideea lui Ptolemeu conform căreia planetele se rotesc stând pe sfere concentrice, dar a corectat alte teorii ale astronomului grec. Cea mai importantă modificare este aceea că plasa Soarele în centrul Universului, nu Pământul, așa cum își imaginase Ptolemeu.

Ilustrație a cartografului Andreas Cellarius cu Universul heliocentric al lui Copernic, 1660

1505 1525 1545

1527

Clasificarea substanțelor chimice

Chimistul german Theophrastus von Hohenheim (cunoscut și ca Paracelsus) a făcut o clasificare a substanțelor chimice pe baza proprietăților acestora, divizându-le în săruri, compuși pe bază de sulf și compuși pe bază de mercur.

1543

Anatomie ilustrată

Anatomistul flamand Andreas Vesalius a publicat *De humani corporis fabrica (Funcționarea corpului uman)*, carte care a rămas secole întregi manualul anatomic de bază. Datorită noilor tehnici de tipărire, anatomia ilustrată a corpului uman putea fi redată color și mai amănunțit decât în oricare altă lucrare apărută până atunci.

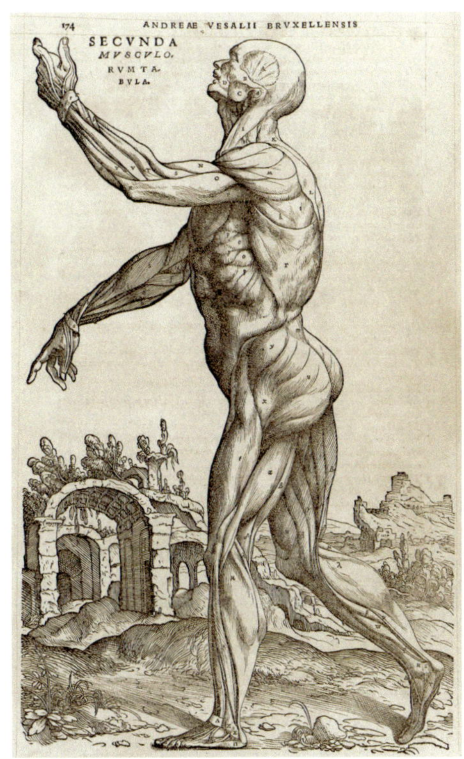

Diagramă a mușchilor din lucrarea *De humani corporis fabrica*

Până în anul 1500, presele de tipărire ajunseseră deja în 282 de orașe și tipăriseră în jur de 28.000 de cărți.

Artistul

Din întreaga operă artistică a lui Leonardo da Vinci, numai 15 picturi s-au păstrat până în zilele noastre, dintre care câteva neterminate. Acestea sunt însă capodopere, precum Mona Lisa *și* Adorația magilor*. Artistul a lăsat însă în urmă și mii de schițe, printre care și autoportretul său.*

MARI OAMENI DE ȘTIINȚĂ

Leonardo da Vinci

Artistul italian Leonardo da Vinci (1452–1519) a fost și un om de știință foarte iscusit. Pe lângă faptul că a pictat *Mona Lisa*, una dintre cele mai celebre picturi din toate timpurile, da Vinci a studiat domenii ca anatomia, geologia, geografia și optica. A fost totodată și un inginer priceput, făcând schițe ale unor submarine, parașute și dirijabile cu multe secole înainte de apariția tehnologiei necesare pentru construirea acestora.

Florența renascentistă

În Italia secolului al XIV-lea, oamenii au început să fie interesați din nou de învățăturile uitate de secole întregi ale grecilor și romanilor. Până la finalul secolului al XV-lea, Florența – orașul natal al lui Leonardo da Vinci – era deja inima a ceea ce astăzi numim *perioada renascentistă*, o mișcare de reînnoire culturală. De la artă la medicină și de la arhitectură la inginerie, savanți din toate domeniile au reînvățat vechi tehnici, descoperind astfel altele noi.

Inginerul

Dorința de a înțelege cum funcționează lucrurile și talentul la desen tehnic au trezit în da Vinci o pasiune față de mașinării și inginerie. Astfel, artistul a schițat pârghii complexe, scripeți și arcuri de asamblare. Da Vinci a fost și un inginer militar talentat, sfătuindu-i în anul 1500 pe venețieni cum să se apere de atacurile turcilor. Una dintre sugestii a fost chiar folosirea unui fel de submarin pentru scufundarea navelor inamice. Invențiile lui da Vinci nu s-au bucurat de prea mult succes în timpul vieții artistului, însă astăzi, importanța științifică a acestora este recunoscută.

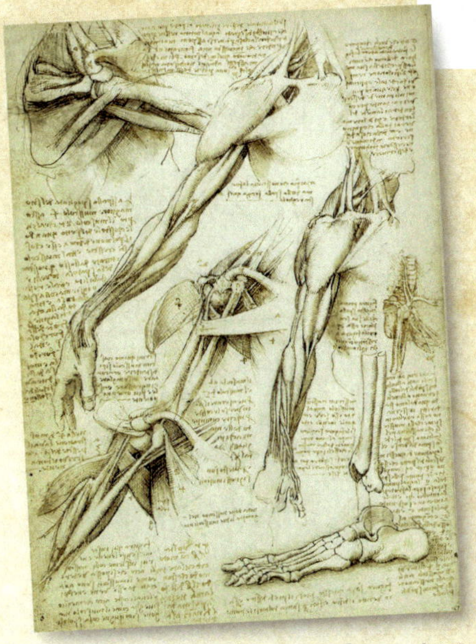

Anatomistul
Da Vinci a început să studieze anatomia în jurul anilor 1490. Pentru a se familiariza cu structura internă a corpului, artistul a disecat animale și a participat la disecții publice de cadavre omenești. Astfel, a reușit să facă o serie de schițe anatomice foarte detaliate.

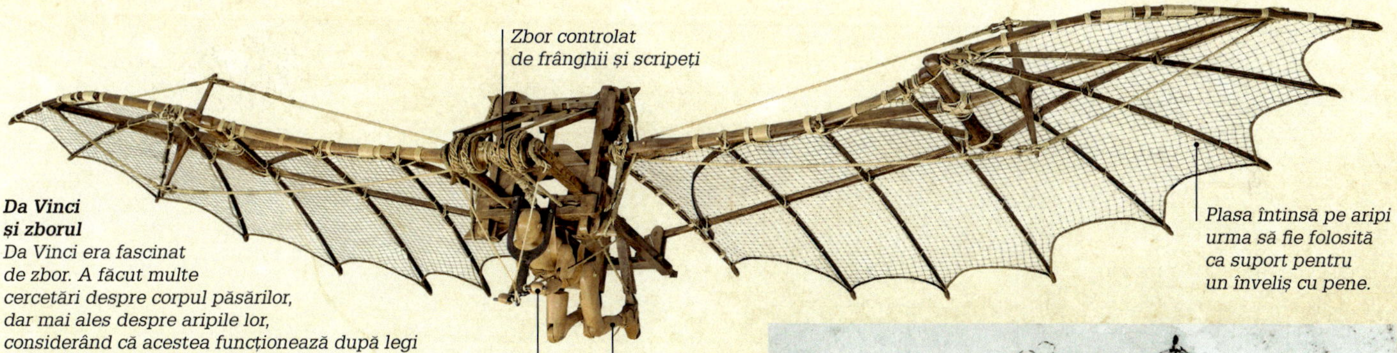

Da Vinci și zborul
Da Vinci era fascinat de zbor. A făcut multe cercetări despre corpul păsărilor, dar mai ales despre aripile lor, considerând că acestea funcționează după legi matematice pe care le-ar putea folosi să creeze aparate de zbor. Cu toate că a schițat aripi mecanice controlate de scripeți și frânghii, da Vinci nu a construit niciodată o astfel de mașinărie.

Invențiile lui da Vinci
Acest vehicul asemănător cu un tanc avea ca scop dărâmarea fortificațiilor și este doar una dintre numeroasele mașinării ingenioase proiectate de da Vinci, printre care se mai numără și o parașută, o dragă și un cavaler mecanic care putea apuca obiecte, precum și să-și închidă și să-și deschidă fălcile.

„Nu există nicio cercetare umană care să poate fi numită știință dacă nu se poate demonstra matematic."

Leonardo da Vinci,
Trattato della Pittura (*Tratat despre pictură*)

The DREBBEL

1545–1790 Epoca descoperirilor

În secolul al XVI-lea, noile informații științifice au înlocuit vechile mentalități. Invenția microscopului și cea a telescopului au stimulat cercetările din domeniile anatomiei și astronomiei. Lungile călătorii pe calea apelor au dus la apariția unor metode mai precise de măsurare a distanței și a timpului. Pentru toate aceste beneficii era nevoie de calcule complexe, înregistrându-se astfel progrese și în domeniul matematicii. Oamenii de știință, cărora pe atunci li se spunea *filosofi ai naturii*, nu se mai bazau pe doctrinele tradiționale, ci au început să testeze ideile și teoriile cu ajutorul observațiilor, cercetărilor și experimentelor. Descoperirile lor stau la baza științelor moderne.

1545 ▸ 1570

Toată platina extrasă vreodată de oameni ar încăpea într-o sufragerie medie.

1551

Măsurarea distanțelor

Matematicianul englez Leonard Digges a inventat un teodolit primitiv (dispozitiv de măsurare cu precizie a distanțelor). Cu ajutorul acestuia se puteau calcula unghiurile orizontale și verticale, însă spre deosebire de instrumentele moderne, acesta nu avea lunetă.

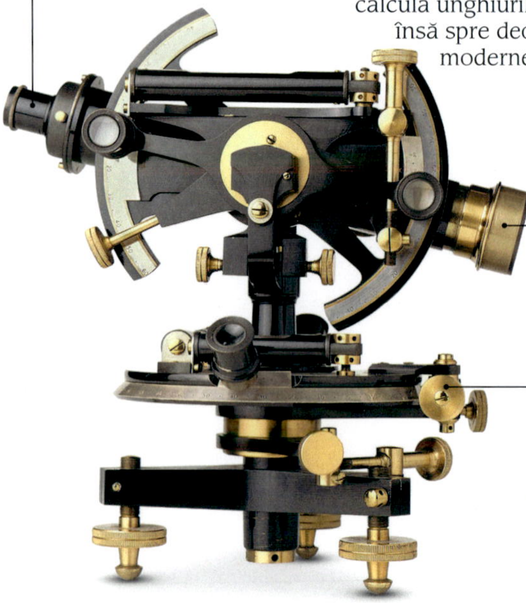

Teodolit modern

Minereu de platină

1551

Inventator prolific

Omul de știință Taqi al-Din a scris o lucrare în care a descris cum funcționează o turbină cu abur. În plus, tot el a inventat și primul ceas astronomic cu greutăți, ceasuri care măsurau minutele și secundele și un telescop primitiv.

1557

Metal rar

În acest an, savantul italian Julius Caesar Scaliger amintește că exploratorii spanioli din Mexic au găsit un metal care nici nu ruginește, nici nu poate fi topit la temperaturi ridicate. Aceasta a fost prima mențiune în scrierile europene a platinei, unul dintre dintre cele mai rare metale de pe Pământ.

1545 ▸ 1550 ▸ 1555

1551

Magia animalelor

Naturalistul elvețian Conrad Gesner a inventariat toate viețuitoarele Pământului într-o lucrare în cinci volume, intitulată *Historiae animalium (Istoria animalelor)*, una dintre primele cărți de zoologie publicate vreodată. Cu toate că ilustrațiile sale colorate sunt renumite pentru acuratețe, Gesner a inclus în opera sa și creaturi fantastice, cum ar fi unicornii.

1557

Simboluri matematice

Matematicianul galez Robert Recorde a scris prima carte despre algebră în limba engleză: *The Whetstone of Witte*. Tot el a fost cel care a răspândit utilizarea simbolurilor matematice + *(plus)* și – *(minus)*, fiind și inventatorul semnului = *(egal)*.

Ilustrație a lui Gesner cu o cămilă bactriană (cu două cocoașe)

Călătorii prin lume Vezi paginile 92–93.

1560

Prima societate științifică

Giambattista della Porta a fost un dramaturg și polimat (expert în mai multe domenii) italian care a fondat în Napoli, Italia, ceea ce se crede că a fost prima societate științifică din lume. Aceasta se numea *Academia secretorum naturae (Academia misterelor naturii)* și primea ca membru pe oricine făcea o nouă descoperire științifică.

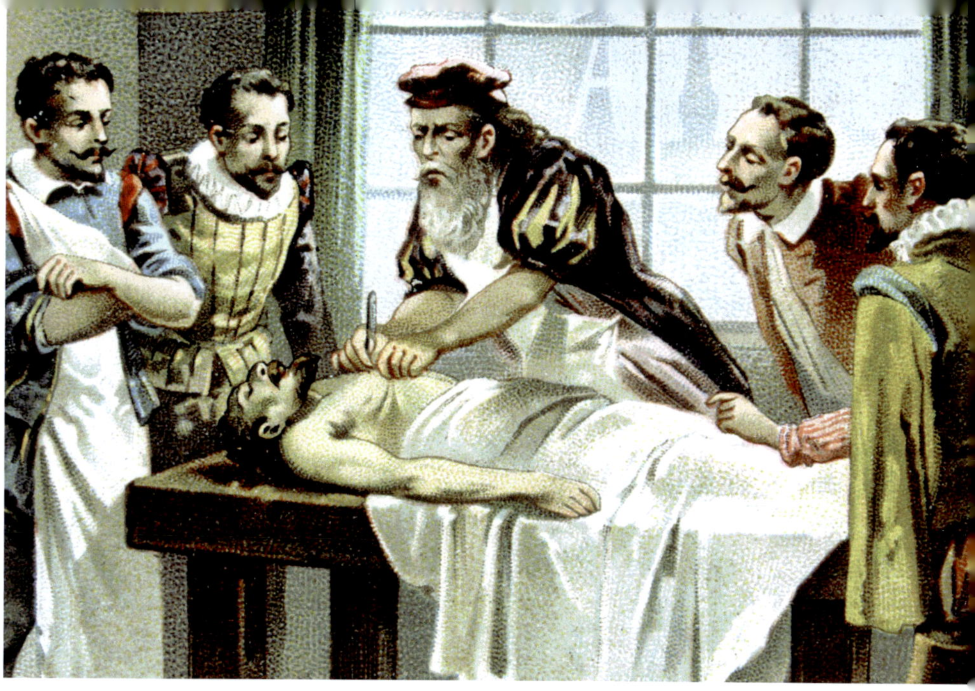

Copie foto din secolul al XIX-lea înfățișându-l pe Ambroise Paré operând un pacient

1561

Descoperire anatomică

Gabriele Falloppio, anatomist italian și profesor de chirurgie la catedra Universității din Padova, Italia, a publicat o descriere a organelor sistemului reproducător uman. Acesta a descoperit că femelele mamiferelor au o pereche de trompe prin care ovulele ajung în uter. În limba română se numesc *trompe uterine*, însă în multe alte limbi, acestea poartă denumirea omului de știință italian *(trompe falopiene)*.

1564

Chirurgie și compasiune

Chirurgul francez Ambroise Paré a scris o lucrare bazată pe experiența sa de tratare a amputațiilor de pe câmpurile de bătălie. Aceasta stă la baza chirurgiei moderne deoarece, cu mult înaintea altora, Paré a scris că pentru o intervenție chirurgicală reușită sunt necesare ameliorarea durerilor, vindecarea și o bună îngrijire a pacientului.

1560 — 1565 — 1570

1550–1570 ABILITĂȚI DE CARTOGRAFIERE

Progresele în navigație și explorare din perioada anilor 1500 au dus la îmbunătățirea metodelor de cartografiere. Inima acestei ocupații se afla pe atunci în orașul Antwerp (astăzi – în Belgia), pe atunci un important centru de comerț internațional. Colecțiile tipărite de hărți i-au familiarizat pe europeni cu noile tărâmuri descoperite în America și în Asia.

Primul atlas

Cartograful flamand Abraham Ortelius a publicat primul atlas modern al lumii. Acesta conținea 70 de hărți diferite tipărite pe 53 de coli, înfățișând toate țările și continentele cunoscute la acea vreme.

Gerard Mercator

În anul 1569, cartograful flamand Gerardus Mercator a publicat o nouă hartă a lumii, în care a proiectat globul terestru pe o suprafață plană folosind o rețea de linii drepte pentru a indica direcția. Aceasta le-a fost de mare ajutor navigatorilor.

Măsurători

În perioada antică erau folosite ca unități de măsură diferite părți ale corpului, anumite sisteme întrebuințând și astăzi piciorul pentru lungime. Primele greutăți folosite vreodată erau cantități fixe de grâne, aceste unități de măsură tradiționale fiind folosite milenii întregi. Apoi, odată cu primele experimente științifice, a apărut nevoia unor metode mult mai precise de măsurare.

Măsurarea distanțelor scurte

Pentru măsurarea lungimilor sau a distanțelor scurte, inginerii și nu numai folosesc un instrument cu două brațe, denumit *șubler*. Cea mai simplă variantă a acestuia constă doar într-un compas, dar acest model mai elaborat este un șubler de artilerie, folosit la măsurarea calibrului (diametru interior) unui tun și a circumferinței ghiulelelor.

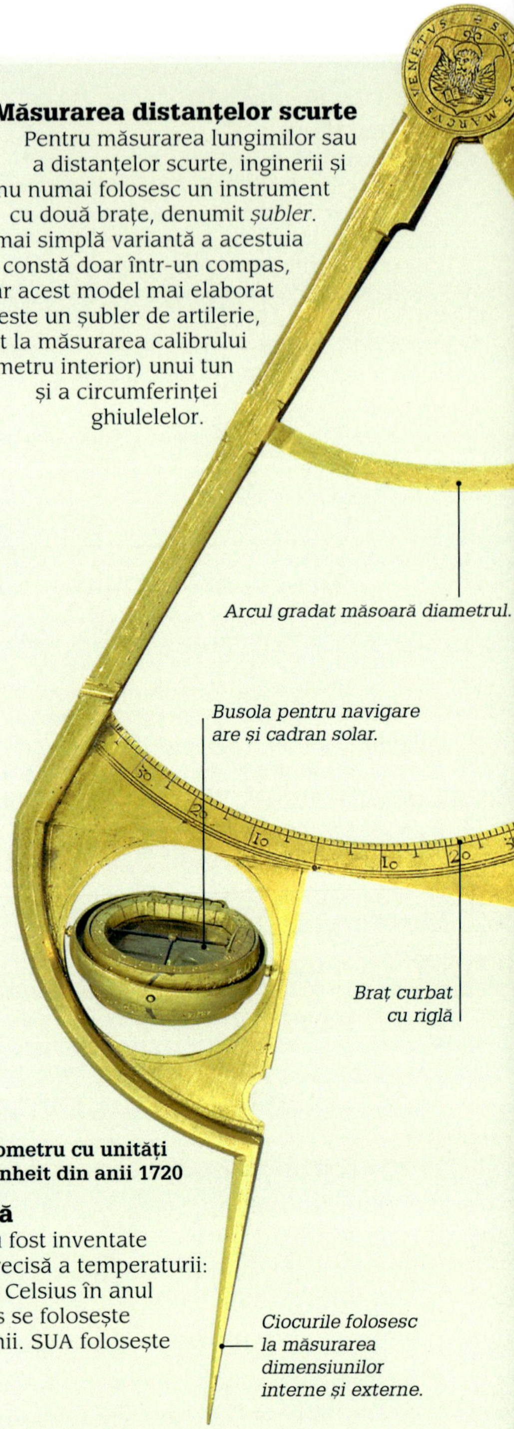

Primele greutăți și măsurători

Astăzi, lungimea, greutatea și volumul se măsoară pe baza unui sistem internațional de unități, dar în trecut aceste unități erau locale, fiecare oraș sau țară fiind libere să și le aleagă. De exemplu, în Anglia medievală, un inch era echivalentul a trei boabe de orz puse cap la cap.

Riglă egipteană regală de măsurare cu lungimea de un cot

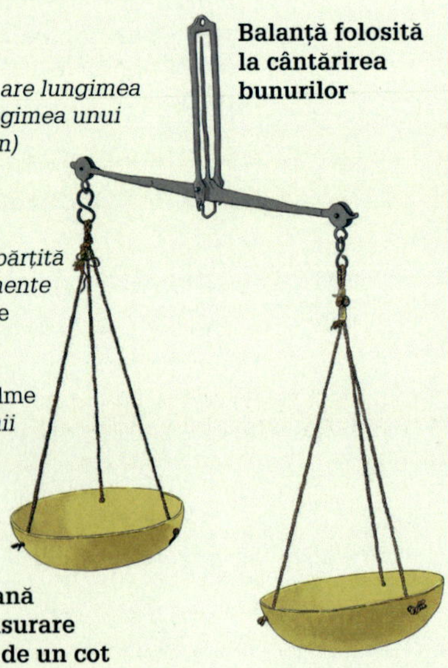

Balanță folosită la cântărirea bunurilor

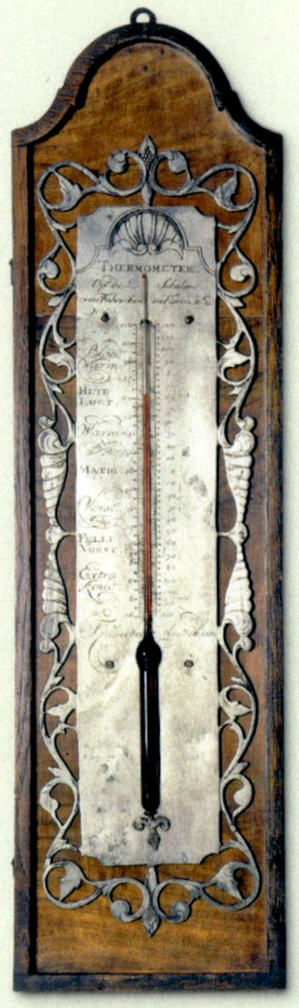

Termometru cu unități Fahrenheit din anii 1720

Grade de temperatură

În perioada anilor 1700 au fost inventate două scări de măsurare precisă a temperaturii: Fahrenheit în anul 1724 și Celsius în anul 1742. Astăzi, scara Celsius se folosește aproape în toate țările lumii. SUA folosește încă scara Fahrenheit.

Evenimente importante

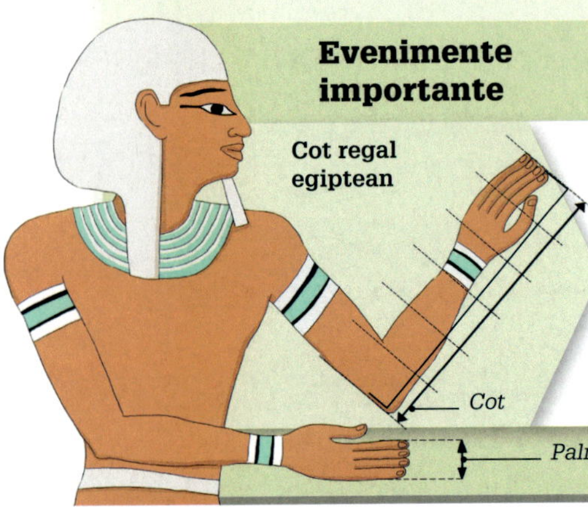

cca 3000 î.e.n.

Cotul regal era o unitate standard de măsură în Egiptul antic și se baza pe lungimea unui antebraț, cu începere din vârful degetului mijlociu până la cot.

1631

Matematicianul francez Pierre Vernier a inventat un șubler cu cursor pentru măsurarea precisă a lungimilor mai mici decât cea mai mică unitate a unui instrument cu scală gradată. Șublerul cu vernier se folosește și astăzi.

1724

Fizicianul german Daniel Gabriel Fahrenheit a introdus scara termometrică ce i-a primit numele. Pe aceasta, apa îngheață la 32 °F și fierbe la 212 °F.

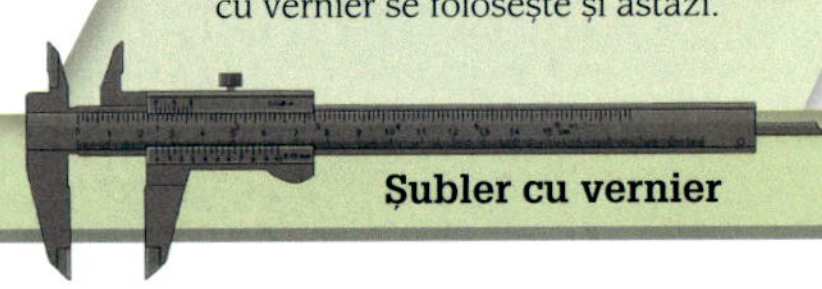

Șubler cu vernier

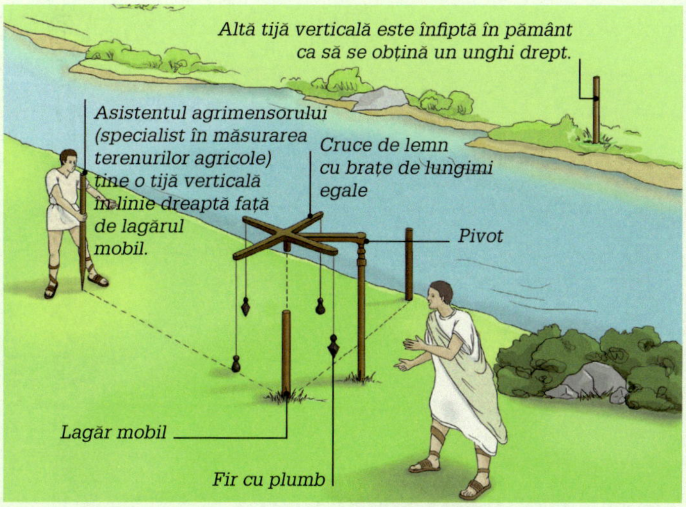

Instrument de topografie

Romanii erau constructori și topografi pricepuți. Aceștia foloseau un instrument de măsurare a unghiurilor drepte denumit *gromă*, care consta într-o cruce de lemn cu brațe orizontale la capătul cărora erau atârnate fire cu plumb. Agrimensorul urmărea fiecare fir în așa fel încât să obțină unghiuri drepte.

Sistemele metric și imperial

Sistemul metric a fost introdus pentru prima oară în Franța și este astăzi sistemul standard de măsurare în majoritatea țărilor lumii. Sistemul imperial a fost cândva folosit pe întreg cuprinsul Imperiului Britanic, dar SUA este singura mare națiune care îl mai folosește oficial și astăzi. Deși ambele sisteme sunt astăzi în uz, valorile unităților de măsură echivalente nu sunt egale.

Sistem metric	Sistem imperial
Centimetru (cm)	Inch (in)
Metru (m)	Picior (ft)
Kilometru (km)	Milă (m)
Kilometru pe oră (km/h)	Milă pe oră (mph)
Gram (g)	Uncie (oz)
Kilogram (kg)	Livră (lb)
Litru (l)	Galon (gal)
Celsius (°C)	Fahrenheit (°F)

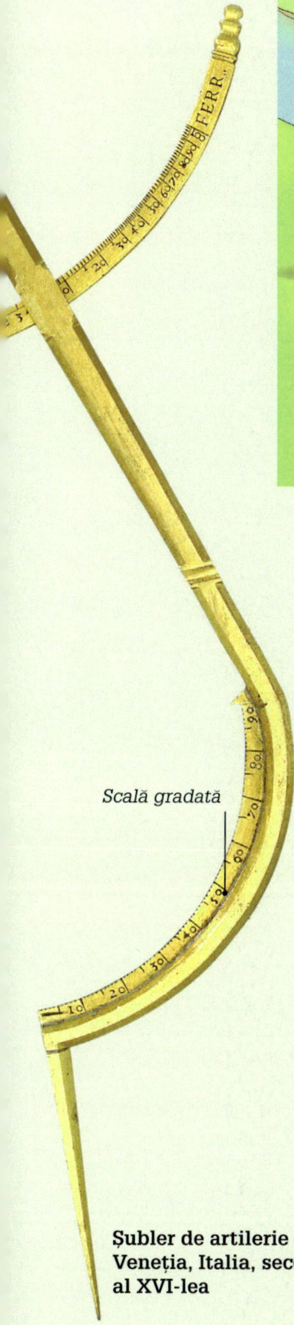

Șubler de artilerie din Veneția, Italia, secolul al XVI-lea

Tabacheră de navigator

Calendar perpetuu gravat pe capac

Instrument cu scop dublu

Capacul acestei mici tabachere (cutie pentru tutun) care a aparținut, cel mai probabil, unui navigator din secolul al XVIII-lea, era gravat cu un calendar perpetuu (valabil pentru mulți ani). Navigatorul știa mereu ce zi din săptămână este, iar dacă folosea împreună cu lochul navei tabelele matematice din josul cutiei, putea măsura viteza vasului.

1875

La Convenția Metrului de la Paris, reprezentanții a 17 țări au semnat un act prin care stabileau ca sistemul internațional de unități de măsură să fie bazat pe metru și pe kilogram.

1960

A fost adoptat numele actual de *Sistem Internațional de Unități*, cu abrevierea SI. Acesta este și în prezent cel mai răspândit sistem de măsură.

Leica DISTO D3 este un LDM.

1993

A apărut telemetrul cu laser (LDM). Acesta emite un impuls laser către un obiect aflat la distanță și măsoară timpul care trece până când acesta se reflectă și ajunge înapoi.

1570 ▸ 1590

Cât e ceasul? Vezi paginile 80–81.

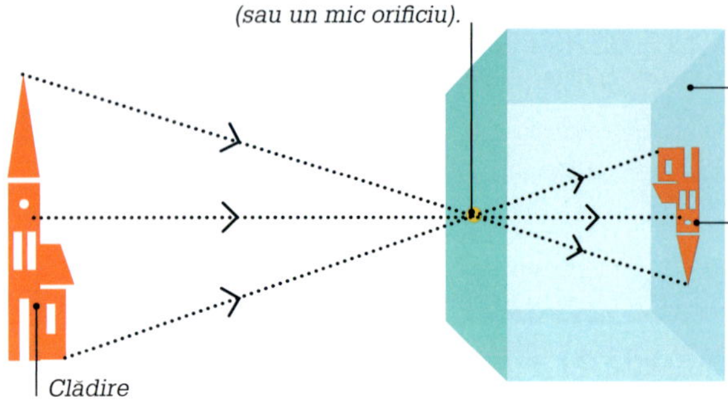

Replică din secolul al XIX-lea al ceasului astronomic din Strasbourg

1570

Camera obscură

Savantul italian Giambattista della Porta a îmbunătățit camera obscură, un dispozitiv optic care proiectează imaginea unui obiect pe o suprafață plană printr-un mic orificiu. Dar în locul acestui orificiu, della Porta a folosit o lentilă convexă (vezi pagina 137), inovație care imită rolul cristalinului în ochiul uman.

1574

Orologiu complex

La Catedrala Notre-Dame din Strasbourg (astăzi – în Franța) a fost construit un ceas astronomic de 18 metri înălțime, alcătuit dintr-un glob al boltei cerești, un astrolab, un cadran cu calendar și mai multe figurine mobile care reprezentau cele mai recente idei din domeniile matematicii, astronomiei și ceasornicăriei.

1570 · 1575

Astronomi la muncă în observatorul lui Taqi al-Din din Istanbul

1577

Observatorul lui Taqi al-Din

Omul de știință Taqi al-Din a construit un observator astronomic în Istanbul (astăzi – în Turcia), dotat cu cele mai performante instrumente de măsurare a poziției planetelor și altor corpuri cerești. Din păcate, al-Din a prezis incorect că sultanul va câștiga o bătălie împotriva persanilor. Când a pierdut, conducătorul otoman a poruncit ca observatorul să fie distrus.

Febra tifoidă

În anul 1576, medicul italian Girolamo Cardano a scris prima descriere clinică a simptomelor febrei tifoide. Această boală deosebit de contagioasă a omorât mulți oameni.

Ilustrație botanică a unei păpădii

1546–1601 TYCHO BRAHE

Nobilul danez Tycho Brahe a fost unul dintre cei mai mari astronomi ai vremurilor sale. Ca protejat al regelui Frederic al II-lea al Danemarcei și Norvegiei, acesta a construit un observator astronomic uriaș pe insula Hven, unde a studiat stelele și planetele. Fiindcă telescopul încă nu se inventase, era nevoit să facă observații doar cu ochiul liber. Când era student, și-a pierdut o parte din nas în urma unui duel, iar apoi a purtat toată viața o proteză dintr-un aliaj de aur și argint.

Noua stea a lui Brahe
În anul 1572, Brahe a observat o stea nouă și strălucitoare în constelația Cassiopeia (sus, marcată cu *I* pe harta sa). Telescoapele moderne au dezvăluit că aceasta era de fapt o supernovă (explozia unei stele).

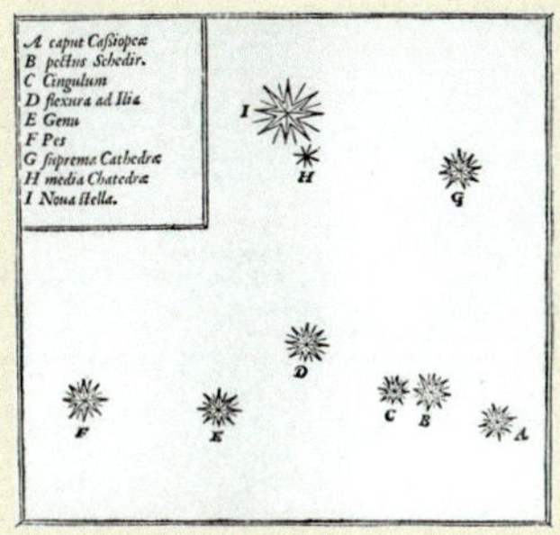

Harta constelației Cassiopeia, pe care Brahe a marcat noua stea.

Imagine modernă cu SN 1572, despre care se bănuiește că era supernova lui Brahe.

1583

Studierea plantelor

În lucrarea sa *De plantis libri XVI (Cartea plantelor XVI)*, botanistul italian Andrea Cesalpino a avut ideea de a grupa plantele cu flori în funcție de fructe, semințe și rădăcini.

1585 **1590**

1582

Un nou calendar

Papa Grigore al XIII-lea a propus un nou tip de calendar care să-l înlocuiască pe cel iulian, folosit în Europa încă din vremea romanilor. Cunoscut sub denumirea de *calendar gregorian*, acesta calculează mai precis data sărbătorii Paștelui. Deși în primă instanță a fost adoptat numai de țările catolice, calendarul gregorian este acum folosit de multe țări din întreaga lume.

Papa Grigore al XIII-lea în Roma, conducând întrunirea în care a propus reformarea calendarului.

Marea Britanie a adoptat calendarul gregorian abia în anul 1752.

1589

Prima mașină de tricotat

Inventatorul englez William Lee a inventat prima mașină de tricotat ciorapi de lână și de mătase. Când i-a arătat reginei Elisabeta I a Angliei cum funcționează, aceasta s-a temut că invenția va lăsa țesătorii manuali fără locuri de muncă. Fiindcă nu a primit brevetul de invenție în Anglia, William Lee s-a mutat în Franța.

Replică a mașinii de tricotat a lui William Lee

MARI OAMENI DE ȘTIINȚĂ

Galileo Galilei

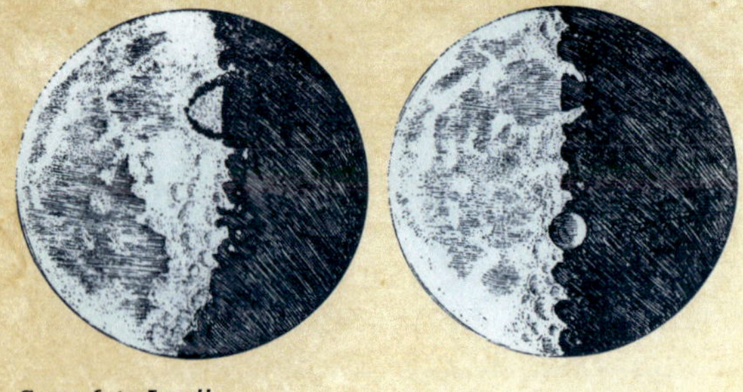

Suprafața Lunii
Galilei a fost unul dintre primii oameni care au îndreptat un telescop către cer, făcând apoi nenumărate observații importante pe care le-a scris în lucrarea Mesagerul stelar. *Până atunci, oamenii crezuseră că Luna era un disc plat argintiu, dar desenele bazate pe observații ale lui Galilei au scos la iveală faptul că este o sferă cu suprafață neregulată, plină de munți și de cratere. Această carte l-a făcut repede faimos pe omul de știință italian.*

„Luna oferă privirii o imagine frumoasă și încântătoare.”

Galileo Galilei,
Mesagerul stelar, 1610

Omul de știință italian Galileo Galilei s-a născut în anul 1564, în apropierea orașului Pisa din Italia. Deși a studiat inițial medicina, a fost mult mai pasionat de matematică. Pe vremea studenției, a observat un candelabru al catedralei din Pisa mișcându-se înainte și înapoi. Folosindu-și pulsul ca să măsoare intervalele de timp, Galilei și-a dat seama că fiecare oscilație a candelabrului dura la fel de mult, fără să fie influențată de lungimea pendulațiilor.

Profesor de matematică

Galilei nu a devenit niciodată medic, dar a fost profesor de matematică la Universitatea din Pisa de la vârsta de 25 de ani. A început să studieze fizica, mai ales mișcarea, dar și ingineria. S-a transferat apoi la Universitatea din Padova, îndreptându-și atenția către astronomie, după ce a construit primul său telescop în anul 1609.

Susținere pentru Copernic

În anul 1614, Galilei a precizat public că susține teoria lui Copernic potrivit căreia planetele, inclusiv Pământul, se rotesc în jurul Soarelui. Aceasta însă contrazicea învățămintele Bisericii Catolice, care plasau Pământul în centrul Universului. Lui Galilei i s-a poruncit să înceteze cu propagarea unor astfel de idei, iar devotamentul său față de catolicism l-a făcut să tacă, deși era convins că teoria lui Copernic este cea reală.

Ultimii ani

Galilei a continuat să facă experimente științifice, dar în anul 1633 a fost arestat și acuzat de negarea învățămintelor Bisericii Catolice. Și-a petrecut tot restul vieții în arest la domiciliu, în satul Arcetri de lângă Florența, unde a scris *Două noi științe*, ultima sa lucrare din domeniul fizicii. Aceasta conținea, printre altele, și legea căderii libere a corpurilor. Galilei a murit în anul 1642.

Levierul fixat de pendul oprește și deblochează roata cu știfturi la fiecare oscilație înainte și înapoi.

Oscilația pendulului cu greutate

Ceasul cu pendul
De-a lungul vieții, Galilei a studiat și pendulele. Chiar înainte să moară, acesta a avut ideea unui ceas care funcționează pe baza oscilațiilor regulate ale unui pendul. Însă cum deja își pierduse de tot vederea, i-a descris mecanismul fiului său, Vincenzo, care l-a și schițat. Deși a început să-l construiască, acesta nu l-a terminat niciodată. Această machetă este bazată pe schița lui Vincenzo.

Procesul lui Galilei
Procesul lui Galilei a avut loc într-un tribunal catolic aglomerat din Roma. Acuzat de erezie și amenințat cu pedeapsa prin tortură sau moarte, Galilei a negat public că Pământul se învârte în jurul Soarelui. Totuși, se spune că ar fi șoptit sfidător „Eppur si muove” („Și totuși, se mișcă.”)

Galilei la bătrânețe

Acest portret al lui Galilei a fost pictat în anul 1636, când acesta locuia deja la Arcetri. Cu mâna dreaptă ține un telescop, cu toate că în această perioadă începuse deja să orbească.

„Matematica este limbajul cu care Dumnezeu a scris Universul.”

Galileo Galilei

1590 ▸ 1610

Privind îndeaproape
Vezi paginile 84–85.

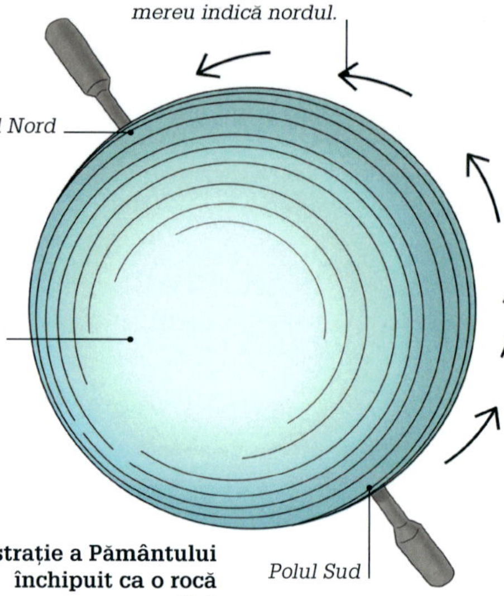

Ilustrație a Pământului închipuit ca o rocă magnetică

1600

Un magnet gigantic

Omul de știință englez William Gilbert era de părere că Pământul are un magnet gigantic în interiorul său deoarece busolele de navigație indică mereu nordul. Acesta a alcătuit machete ale Pământului din rocă magnetică și a descoperit că acele busolelor ținute prea aproape de această rocă indicau nordul machetei, comportându-se exact ca acele busolelor reale față de Pământ.

1590

Inventarea microscopului

Inventarea microscopului compus i se atribuie unui fabricant olandez de ochelari pe nume Zacharias Janssen. Acesta a introdus într-un tub două lentile și a privit printr-unul dintre capete, văzând obiectele mici de la celălalt capăt mărite de nouă ori.

Replică a microscopului lui Janssen

1600

Ars pe rug

Călugărul și matematicianul italian Giordano Bruno a fost ars pe rug ca eretic de Biserica Catolică. Influențat de ideile lui Copernic despre mișcarea de rotație a Pământului în jurul Soarelui, Bruno a susținut că Soarele nu se află în centrul Universului deoarece Universul este infinit, și că este puțin probabil ca Pământul să fie singura planetă locuită.

1590 1595

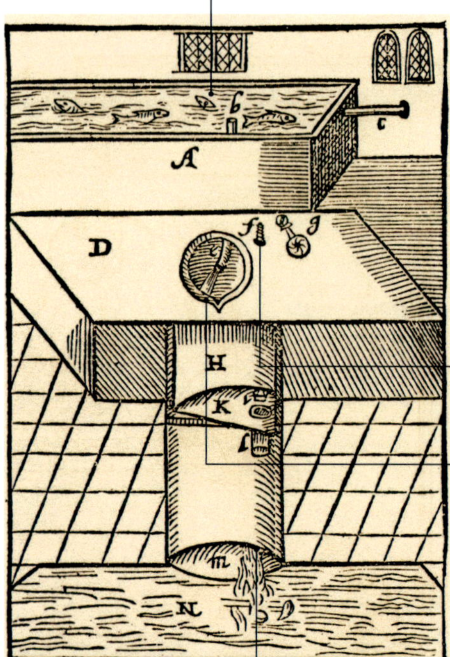

Ilustrație a closetului cu apă inventat de Harington, 1596

1596

Closetul cu apă

Sir John Harington, un nobil de la curtea reginei Elisabeta I a Angliei, a inventat closetul cu apă denumit *Ajax*. Acesta funcționa în mod similar cu o toaletă modernă, cu excepția faptului că apa ducea conținutul vasului direct într-o groapă denumită *fosă*. Din păcate, această invenție nu a început să fie utilizată decât după trei secole.

„Ar îndulci locurile dezagreabile și le-ar curăța pe cele murdare."

Sir John Harington, descriere a closetului său cu apă

1596

Un puzzle de continente

Observând că liniile de coastă ale continentelor par să se potrivească asemenea unor piese de puzzle, cartograful flamand Abraham Ortelius a sugerat că Africa și Americile erau cândva unite. Această idee urma să fie confirmată de teoria derivei continentelor, enunțată de geofizicianul german Alfred Lothar Wegener în anul 1915.

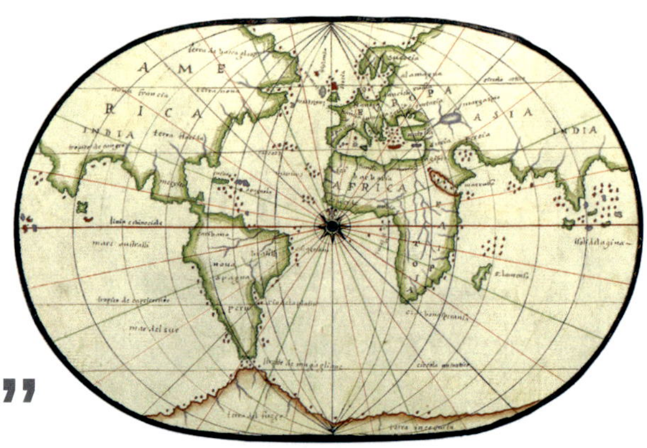

Teoria lui Ortelius ar putea fi inspirată de această hartă a lumii din anul 1590 și de alte hărți similare.

1608 TELESCOPUL

Hans Lippershey a fost un optician german care a lucrat în Olanda, pe atunci un veritabil centru al industriei optice. Este considerat primul inventator al telescopului (în anul 1608), deși la construirea acestuia s-ar putea să fi contribuit și Zacharias Janssen. Un telescop refractor folosește două lentile care primesc razele luminoase și le refractă (deviază), făcând ca obiectele aflate la distanță să pară mai aproape decât sunt cu adevărat. Invenția lui Lippershey mărea de trei ori obiectele aflate la distanță. Este foarte probabil ca opticianul să-și fi dorit să folosească telescopul pe mare sau pe câmpul de luptă.

Model aurit

Tubul este alcătuit din fâșii de lemn învelite în piele.

Telescopul lui Galileo
Auzind despre telescopul lui Lippershey, Galileo Galilei și-a construit propriul său telescop în anul 1609, acesta putând mări de opt ori obiectele îndepărtate. Mai târziu, Galilei a construit un telescop care putea mări de 30 de ori obiectele.

Experimentele cu lentile ale lui Lippershey

1605 — 1610

1604 Obiecte căzătoare

Galileo Galilei a elaborat o lege care descrie căderea liberă a obiectelor sub influența gravitației. Pe atunci, majoritatea oamenilor de știință credeau în teoria filosofului grec Aristotel, conform căreia cu cât un obiect este mai greu, cu atât cade mai repede. Galileo și-a dat însă seama că toate obiectele ar trebui să cadă în același ritm și să aterizeze deodată, dar că rezistența aerului influențează mai mult căderea anumitor obiecte. Se spune chiar că omul de știință a testat această idee aruncând ghiulele cu greutăți diferite din Turnul din Pisa, Italia, dar istoricii contestă această informație.

Ghiulele cu greutăți diferite

Galilei aruncând ghiulele din Turnul din Pisa

1609 Mișcarea planetelor

Astronomul german Johannes Kepler a publicat o lucrare în care confirma teoria lui Copernic potrivit căreia Soarele se află în centrul Sistemului Solar. Acesta a demonstrat matematic că planetele se rotesc pe orbite eliptice în jurul Soarelui și că viteza acestora nu este constantă, ci crește cu cât se apropie mai mult de Soare.

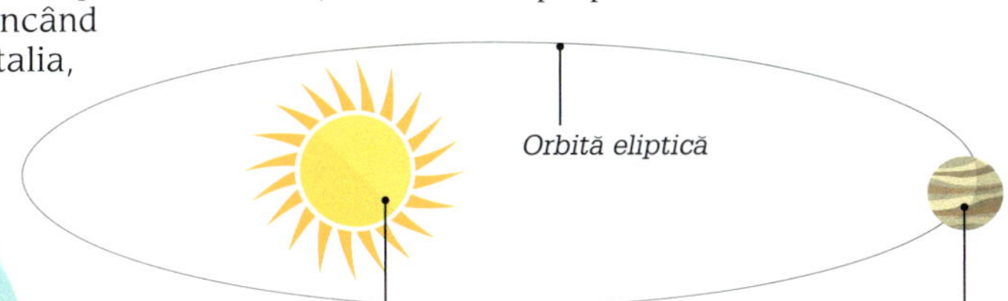

Orbită eliptică

Soarele nu se află în centrul Universului.

Planetele se deplasează cu atât mai încet cu cât se află mai departe față de Soare.

Trageri mai iuți
Armele de foc cu cremene au fost folosite pentru prima oară în Franța, în anul 1608. Mecanismul cu arc permitea o cadență (număr de focuri trase de o armă) mai mare, crescând totodată siguranța muschetelor și a pistoalelor. Acest mecanism a fost folosit timp de peste 200 de ani.

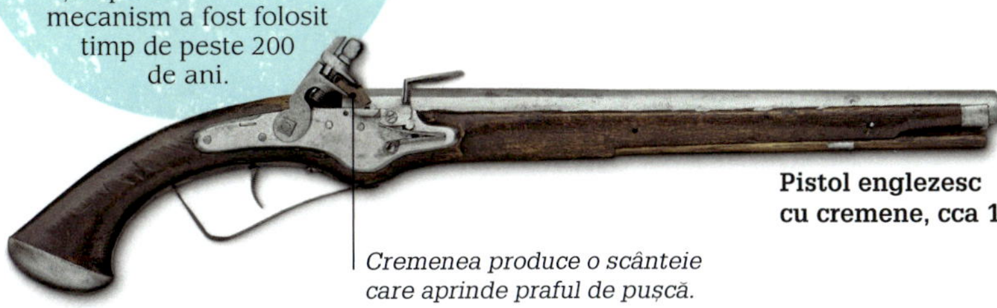

Pistol englezesc cu cremene, cca 1650

Cremenea produce o scânteie care aprinde praful de pușcă.

Orbite circulare
Nicolaus Copernic a fost primul astronom european care a susținut că Soarele se află în centrul Sistemului Solar. Acesta era convins că Pământul și celelalte planete se învârt în jurul Soarelui pe orbite circulare. Copernic a publicat aceste idei revoluționare chiar înainte să moară, în anul 1543.

Schița lui Copernic cu planetele și Soarele în centru

Căi pe cer

Astronomii nu știau de ce planetele rămân pe orbite, dar omul de știință englez Isaac Newton a descoperit că acest lucru se întâmplă datorită unei forțe denumită *gravitație*. Aceasta este aceeași forță care determină căderea obiectelor pe Pământ și care împiedică devierea planetelor de la traseul lor circular. Planetele „cad" de fapt spre Soare, însă această cădere nu este drept spre acesta, ci într-o direcție laterală față de el (orbita). Dacă această mișcare s-ar opri, planetele s-ar prăbuși în Soare.

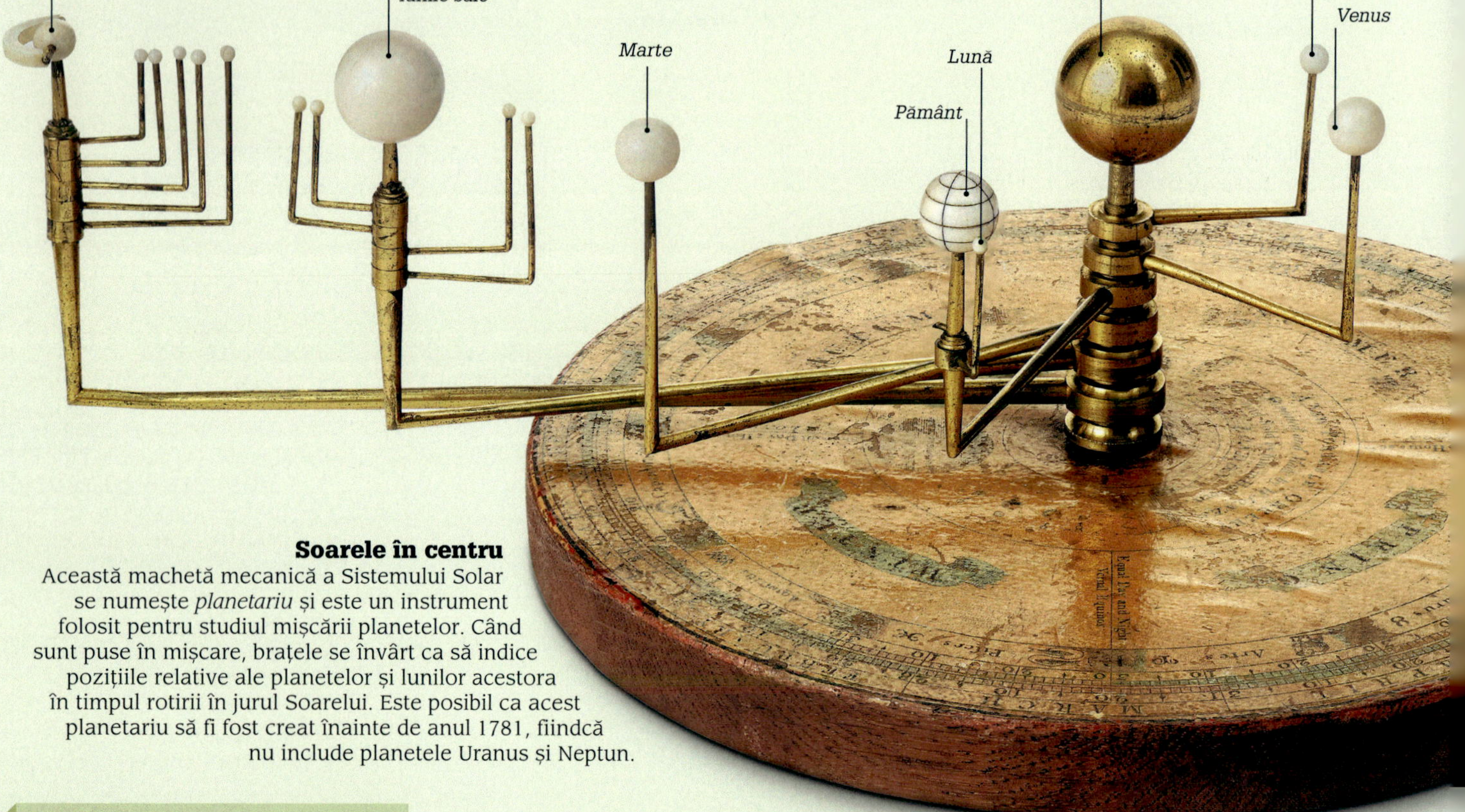

Soarele în centru
Această machetă mecanică a Sistemului Solar se numește *planetariu* și este un instrument folosit pentru studiul mișcării planetelor. Când sunt puse în mișcare, brațele se învârt ca să indice pozițiile relative ale planetelor și lunilor acestora în timpul rotirii în jurul Soarelui. Este posibil ca acest planetariu să fi fost creat înainte de anul 1781, fiindcă nu include planetele Uranus și Neptun.

Evenimente importante

140 î.e.n.

Matematicianul grec Ptolemeu a spus că Pământul este static și se află în centrul Universului. Ideea sa nu a fost contrazisă vreme de 1400 de ani.

1543

Nicolaus Copernic a publicat o lucrare în care sugera că Pământul și celelalte planete se învârt în jurul Soarelui pe orbite circulare.

1609

Johannes Kepler a demonstrat matematic în cele trei legi care descriu mișcările planetelor că acestea se deplasează pe căi eliptice.

1610

Întrebuințând un telescop, omul de știință italian Galileo Galilei a descoperit patru luni ale lui Jupiter, demonstrând că nu toate obiectele cerești se învârt în jurul Soarelui.

Europa, una dintre lunile lui Jupiter

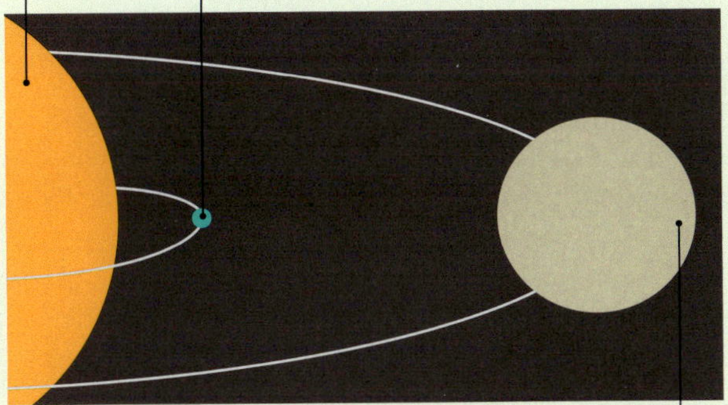

Descoperirile lui Kepler

Astronomul german Johannes Kepler a vrut să demonstreze că teoria lui Copernic care plasează Soarele în centrul Sistemului Solar este corectă. A descoperit că planetele nu se învârt în jurul Soarelui în cercuri, ci în elipse (trasee de formă ovală), și că distanța unei planete față de Soare influențează durata unei rotații complete în jurul acestuia: cu cât e mai îndepărtată, cu atât durează mai mult.

Imagine realizată de un artist cu sistemul solar Kepler-444

Planete de dincolo de Sistemul Solar

În zilele noastre se știe că există mii de planete – denumite *exoplanete* – care se învârt în jurul stelelor de dincolo de Sistemul Solar. Telescopul spațial Kepler, lansat de NASA în anul 2009, a fost capabil să detecteze orbitele exoplanetelor măsurând cât se reduce luminozitatea unei stele când o planetă trece prin dreptul acesteia. Sistemul solar Kepler-444 descoperit de acest telescop este format din cinci planete care se învârt în jurul unei stele în mai puțin de zece zile.

Legea atracției universale

Astronomii nu au putut să explice de ce planetele se mișcă pe orbite eliptice înainte ca marele fizician englez Isaac Newton să găsească răspunsul (vezi pagina 88). Forța gravitațională, cea care face ca un măr să cadă din pom, este aceeași care menține planetele pe orbitele lor în jurul Soarelui. Fiecare particulă de materie atrage alte particule. Forța gravitațională este mai mare cu cât masa unui obiect este mai mare și scade odată cu creșterea distanței.

Orbite eliptice

Legea lui Newton anticipează din punct de vedere matematic care este forța gravitațională a unui obiect, întrucât atracția dintre două obiecte depinde de masa acestora și de distanța la care se află unul față de celălalt. Newton a calculat forța gravitațională a planetelor, iar din ecuația rezultată și-a dat seama că orbitele acestora sunt eliptice, exact așa cum observase și Kepler.

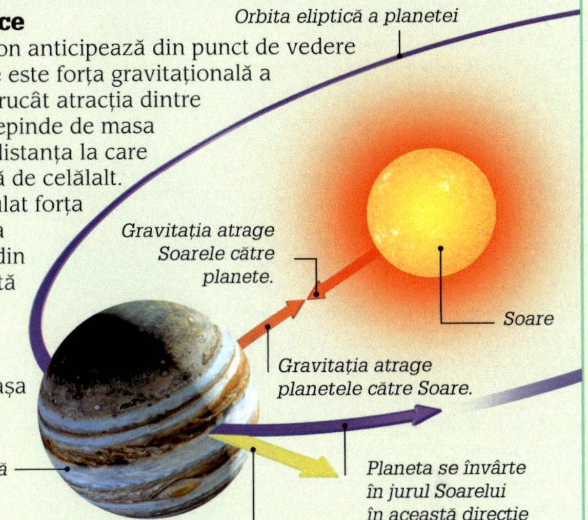

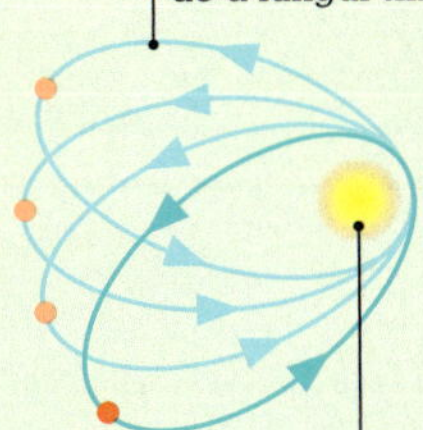

Deviația orbitei lui Mercur

De-a lungul timpului, orbita planetei Mercur se tot schimbă câte puțin, o curiozitate pe care nici Newton nu a reușit s-o explice. În anul 1915, fizicianul Albert Einstein a dezlegat misterul enunțând teoria relativității (vezi pagina 173). Orbita lui Mercur deviază fiindcă traversează o zonă în care spațiul este curbat de masa imensă a Soarelui.

> **„Ne învârtim în jurul Soarelui, ca orice altă planetă.”**
>
> **Nicolaus Copernic**

1687
Isaac Newton a enunțat legea atracției universale și a explicat de ce forța gravitațională menține planetele pe orbite eliptice în jurul Soarelui.

1781
Astronomul germano-britanic Frederick William Herschel a descoperit planeta Uranus dincolo de Saturn. Din epoca antică și până atunci, oamenii nu mai descoperiseră nicio altă planetă.

1846
Calculele matematice au anticipat existența unei noi planete înainte ca ea să fie descoperită cu telescopul. Aceasta a primit mai târziu numele de Neptun.

2009
NASA a lansat în spațiu telescopul Kepler cu scopul de a descoperi planete de mărimea Pământului, care se învârt însă în jurul altor stele. Până în anul 2016, acesta a descoperit 21 de astfel de planete.

1610 ▸ 1630

Mașini de calcul
Vezi paginile 124–125.

1610

Lunile lui Jupiter

Cercetând cerul nopții cu telescopul construit de el însuși, Galileo Galilei (vezi paginile 68–69) a observat trei corpuri cerești care își schimbă poziția de-a lungul timpului, în apropierea planetei Jupiter. Dându-și seama că este vorba despre luni sau sateliți naturali care se învârt în jurul planetei, Galilei a mai descoperit ulterior încă una. Aceste patru luni sunt cele mai luminoase dintre sateliții lui Jupiter, fiind deseori numite *sateliți galileeni*. Observațiile lui Galilei contraziceau învățămintele Bisericii Catolice, care susținea că toate corpurile cerești din Univers se rotesc în jurul Pământului.

Io

Europa

Ganymede

Callisto

1614

Înmulțirea și împărțirea

Matematicianul scoțian John Napier a introdus logaritmii, care se folosesc la înmulțirea și împărțirea numerelor foarte mari, o metodă deosebit de utilă în astronomie. În anul 1617, acesta a avut o altă contribuție la calcule, inventând un set de rigle împărțite în secțiuni și inscripționate cu cifre, dispozitiv care a ajuns cunoscut sub denumirea de *oasele lui Napier*.

Set de rigle mobile inscripționate cu cifre, folosite la înmulțiri și împărțiri

Coloană fixă cu cifre de la 1 la 9

Oasele lui Napier

1610 · 1615 · 1620

1620

Primul submarin

Inventatorul olandez Cornelis Drebbel a trăit în Anglia, unde a construit primul submarin. Acesta era alcătuit dintr-un cadru de lemn acoperit cu piele și se deplasa cu ajutorul unor vâsle. Submarinul a fost testat în fluviul Tamisa, în care a stat scufundat trei ore. Nu se știe cum respirau vâslașii aflați înăuntru.

Rigla de calcul

Un alt mare ajutor în matematică a fost rigla de calcul, inventată de matematicianul englez William Oughtred în anul 1622. Riglele de buzunar au fost întrebuințate până la sfârșitul secolului XX, când au fost înlocuite de calculatoarele de buzunar.

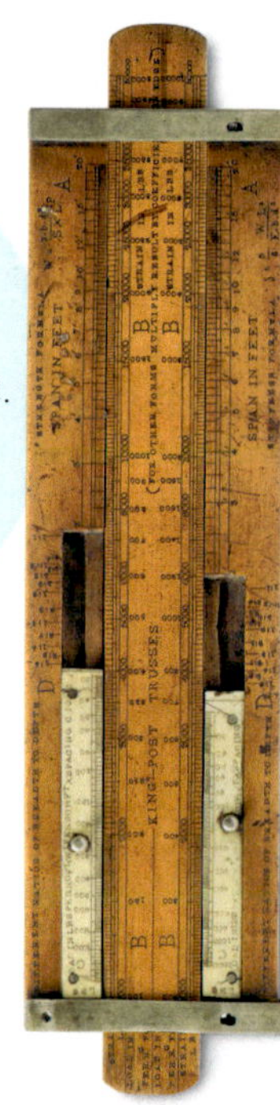

Replica a submarinului lui Drebbel

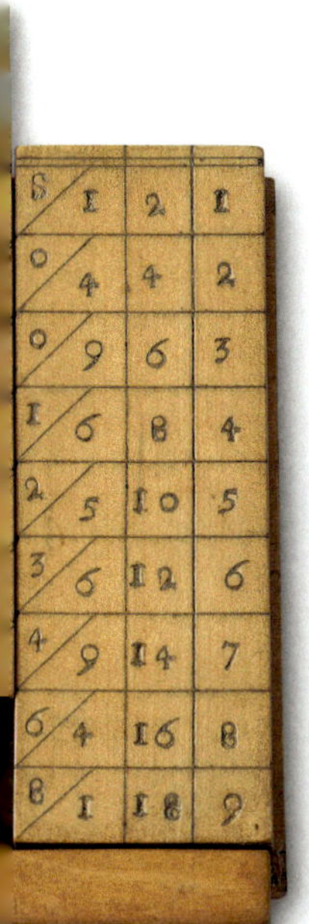

Ilustrație înfățișând termometrul clinic al lui Santorio

1626

Temperatura corpului

Fiziologul italian Santorio Santorio a fost primul care a folosit un termometru pentru măsurarea temperaturii corpului. Totodată, acesta a fost și deschizător de drumuri în studiul metabolismului (totalitatea proceselor chimice din corp esențiale pentru viață).

1625 — **1630**

1626

Moarte cauzată de frig

Se spune că Sir Francis Bacon, o figură importantă în istoria științelor, ar fi murit de pneumonie după ce a încercat să conserve carnea unui pui umplând carcasa acestuia cu zăpadă. Bacon era celebru deoarece susținea că oamenii de știință ar trebui să-și demonstreze teoriile prin experimente.

1629

Un bizar motor cu abur

Inventatorul italian Giovanni Branca a publicat schița unui motor cu abur cunoscut sub denumirea de *eolipilă*, susținând că acesta ar putea acționa mojare cu pistil pentru pisarea medicamentelor. Dispozitivul nu a fost construit niciodată și există îndoieli asupra utilității sale practice.

1578–1657 WILLIAM HARVEY

Medicul englez William Harvey a fost cel care a demonstrat că inima pompează sânge și că prin corp circulă continuu o cantitate fixă de sânge. Înainte de descoperirea sa, medicii vremurilor credeau că sângele este produs încontinuu în ficat.

Medic al coroanei

După încheierea studiilor la universitățile din Cambridge (Anglia) și Padova (Italia), Harvey s-a întors în Anglia, unde a devenit medicul regelui Iacob I. Apoi, a îngrijit victimele Războiului Civil Englez (1642–1651).

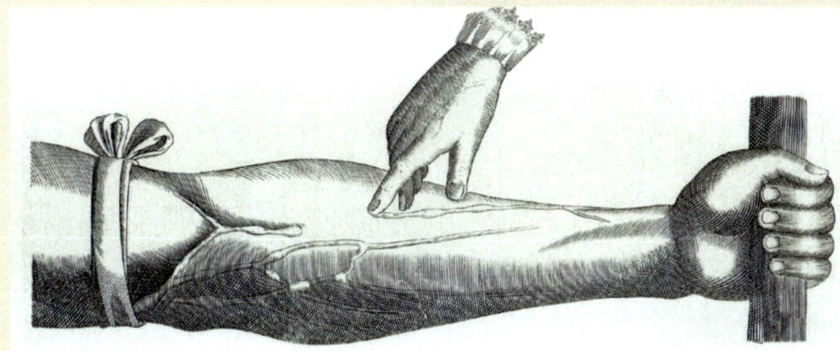

Circulație într-un singur sens

Arterele transportă sângele din inimă, iar venele îl aduc înapoi la inimă. Această descoperire importantă pentru sistemul circulator a fost descrisă în lucrarea lui Harvey *De motu cordis (Cercetare anatomică despre mișcarea inimii și a sângelui la animale)*, în care medicul ilustrează în vena antebrațului o valvă care împiedică sângele să circule înapoi în mână.

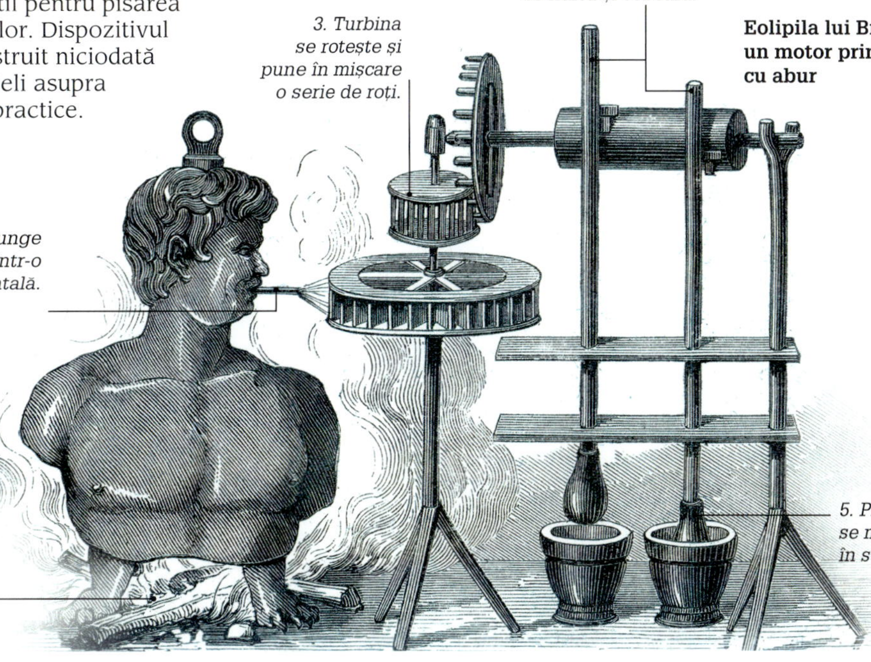

Eolipila lui Branca, un motor primitiv cu abur

Vindecarea bolnavilor

În trecut, tratarea bolnavilor se făcea cu ajutorul leacurilor tradiționale pe bază de ierburi. Primii care au studiat cauzele bolilor au fost grecii antici, cunoștințele dobândite de aceștia fiind ulterior transmise medicilor romani și arabi. Medicina ca studiu științific a reapărut apoi în vestul Europei abia în anii 1600, ducând la apariția unor mijloace mai eficiente de diagnosticare, prevenție și tratament.

Cunoștințele medicale ale arabilor
În perioada medievală, traducerea lucrării intitulate *Canonul medicinei* a savantului Ibn Sina (Avicenna) a făcut cunoscute vestului cunoștințele medicale ale grecilor și ale arabilor. Această pagină ilustrată dintr-o ediție din anul 1440 înfățișează o farmacie și diferite practici medicale din acele vremuri.

> **„Medicul nu este decât asistentul naturii."**
>
> **Galenus, medic și chirurg roman**

Medicină alternativă

Acest termen se referă la orice practică de vindecare ce nu se încadrează în tradiția „vestică" a medicinei bazate pe știință. Deși sunt vechi de mii de ani, aceste metode au milioane de adepți răspândiți în întreaga lume.

+ Ayurveda
Avându-și originile în India antică, medicina ayurvedică se referă la echilibrul dintre minte, corp și spirit, bazându-se pe modificări ale dietei, leacuri ierboase și masaje.

+ Acupunctura
Această practică chinezească se referă la introducerea unor mici ace în anumite zone din piele ca remediu pentru diverse afecțiuni.

+ Homeopatia
Bazându-se pe zicala *cui pe cui se scoate*, homeopatia tratează afecțiunile prin administrarea unor doze mici din anumite substanțe.

Sângerarea terapeutică
Sângerarea bolnavilor a fost practicată milenii întregi. Se credea că prin scoaterea sângelui unei persoane bolnave se echilibrează fluidele corpului și că astfel se vindecă aproape orice afecțiune. O metodă de scoatere a sângelui consta în așezarea unor lipitori (viermi paraziți care sug sânge) pe piele. Uneori, lipitorile se mai folosesc chiar și astăzi la curățarea rănilor.

Femeie punându-și lipitori pe braț, gravură din anul 1638

Sfigmomanometru de măsurare a tensiunii arteriale, cca 1883

Evenimente importante

460 î.e.n.
S-a născut Hipocrate, medic grec din perioada antică și primul care a investigat cauzele bolilor. Astăzi este privit ca părintele medicinei moderne.

1543
Medicul flamand Andreas Vesalius a publicat *De humani corporis fabrica (Funcționarea corpului uman)*, lucrare care a revoluționat cunoștințele de anatomie umană.

1628
Medicul englez William Harvey a descris circulația sângelui la animale, demonstrând că inima pompează sânge prin corp într-un singur sens.

1816
Medicul francez René Laënnec a inventat stetoscopul, un instrumen folosit la ascultarea zgomotelor din pieptul pacienților ca ajutor în stabilirea unui diagnostic.

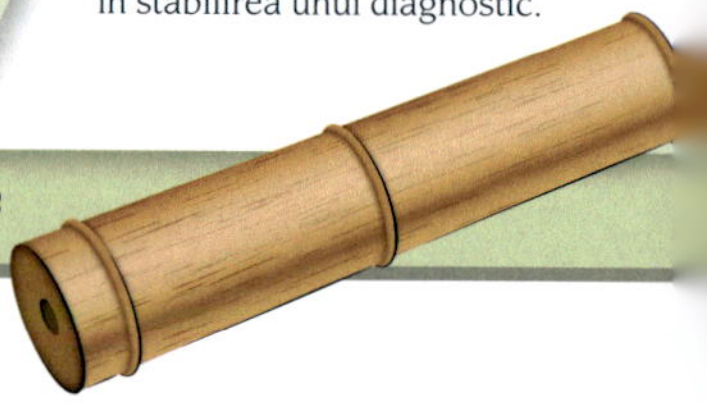

Stetoscopul lui Laënnec

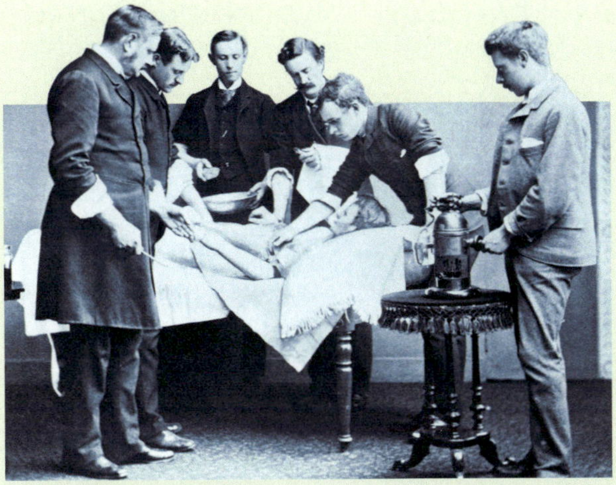

Spray cu antiseptic folosit în timpul unei operații, cca 1870

Îngrijirea bolnavilor
În trecut, spitalele își desfășurau activitatea în locuri murdare și aglomerate. Cei care au ajutat la schimbarea acestui lucru au fost chirurgul britanic Joseph Lister (vezi pagina 114), care a introdus antisepticele și a sporit astfel siguranța intervențiilor chirurgicale, și infirmiera britanică Florence Nightingale, care a demonstrat că spitalele curate previn apariția infecțiilor și grăbesc vindecarea bolnavilor.

„Cea mai importantă necesitate într-un spital este ca acesta să nu le facă mai mult rău bolnavilor."

Florence Nightingale, *Observații privind îngrijirea bolnavilor*, 1860

Instrumente medicale
Pensele și bisturiele (cuțitașe foarte ascuțite), precum și alte instrumente medicale folosite astăzi de medici există încă din perioada antică. De-a lungul secolelor, pe măsură ce cunoștințele medicale au avansat, a crescut și nevoia utilizării de instrumente mai complicate, cum ar fi endoscoapele și aparatele de măsurare a tensiunii arteriale, cu ajutorul cărora se identifică mai ușor simptomele pacienților.

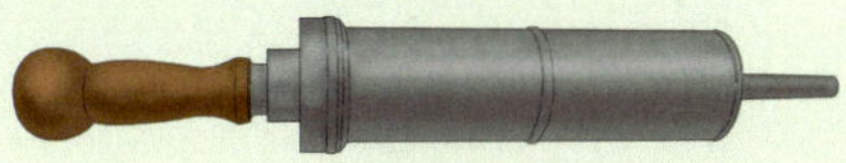

Seringă din lemn și cositor, sfârșitul anilor 1700

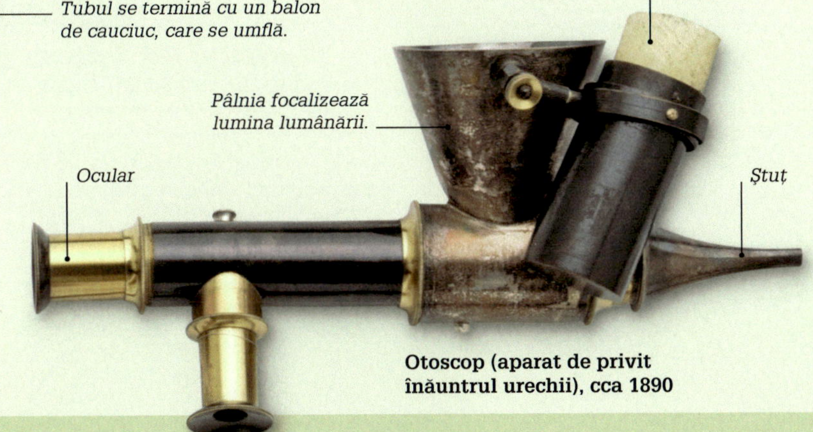

Otoscop (aparat de privit înăuntrul urechii), cca 1890

Boli mortale

În cea mai mare parte a lumii, oamenii trăiesc astăzi mult mai mult decât în urmă cu 500 de ani, când speranța de viață era, în medie, de 40 de ani. Cu ajutorul vaccinurilor și antibioticelor, medicii pot acum preveni și vindeca multe boli contagioase care ar fi ucis în trecut mii de bolnavi.

+ Variola
Cândva un ucigaș de temut, astăzi variola a fost înlăturată datorită vaccinurilor existente la nivel global.

+ Poliomielita
De această boală virală foarte contagioasă se îmbolnăvesc mai ales copiii, dar este tratată la nivel mondial cu ajutorul vaccinurilor.

+ Ciuma
Ciuma bubonică (numită și *Moartea neagră*) a ucis milioane de oameni în Europa anilor 1300. Mai apar epidemii și astăzi, dar boala se poate trata cu antibiotice.

Gravură cu un medic care poartă o mască cu cioc ca să se protejeze de ciumă, 1656

1865
Joseph Lister a introdus noi standarde de igienă și curățenie pentru amfiteatrele de operație și spitale. Acestea aveau să salveze mii de vieți.

1895
Fizicianul german Wilhelm Conrad Röntgen este autorul primei radiografii și cel care a descoperit radiațiile X. Acestea penetrează pielea și țesuturile pentru a arăta osul și au un rol important în medicină.

1928
Biologul scoțian Sir Alexander Fleming a descoperit penicilina, vestind începerea epocii antibioticelor. Aceasta a început să fie folosită eficient ca medicament abia în anii 1940.

1977
A fost întrebuințată pentru prima dată imagistica prin rezonanță magnetică (IRM). Aceasta alcătuiește mai multe imagini ale corpului fără să-l expună la radiații dăunătoare.

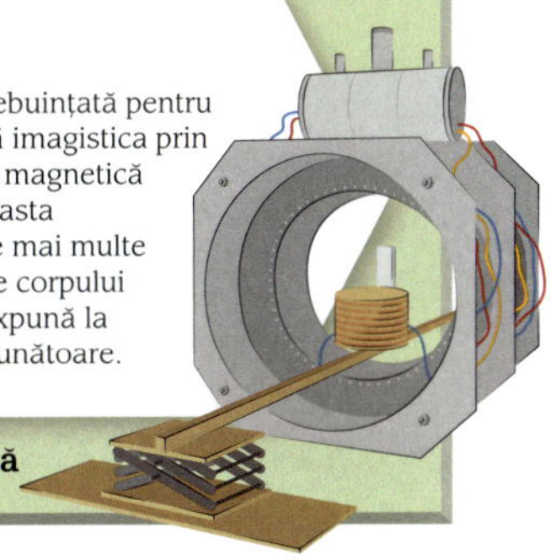

Primul aparat cu rezonanță magnetică

1630 ▸ 1650

1637
Discursul lui Descartes
Filosoful francez René Descartes a publicat *Discurs asupra metodei*, una dintre cele mai importante lucrări din istoria filosofiei și a științelor. În aceasta, filosoful susținea că pentru a ajunge la adevăr trebuie ca totul să fie pus la îndoială.

1637
Dilemă matematică
Matematicianul francez Pierre de Fermat a schițat o teoremă (propoziție matematică) pe marginea unei cărți vechi, susținând că avea dovezi că aceasta era adevărată, dar că nu o putea demonstra fiindcă... nu avea suficient loc să scrie. Teorema lui Fermat a fost demonstrată matematic abia în anul 1995.

„Nu este suficient sa ai o minte bună. Esențial este să o folosești bine.”

René Descartes,
Discurs asupra metodei

Scoarță și frunze de chinină

1631
Medicamentul-minune
Agostino Salumbrino, un călugăr misionar italian care a trăit în Peru, a observat că indienii quechua folosesc la tratarea febrei scoarța mărunțită a arborelui de chinină. O mică mostră a fost trimisă astfel la Roma, unde a fost folosită cu succes la tratarea malariei, pe atunci o boală foartă răspândită în ținuturile mlăștinoase ale Europei. Acum se știe că din arborele de chinină se extrage un medicament folositor.

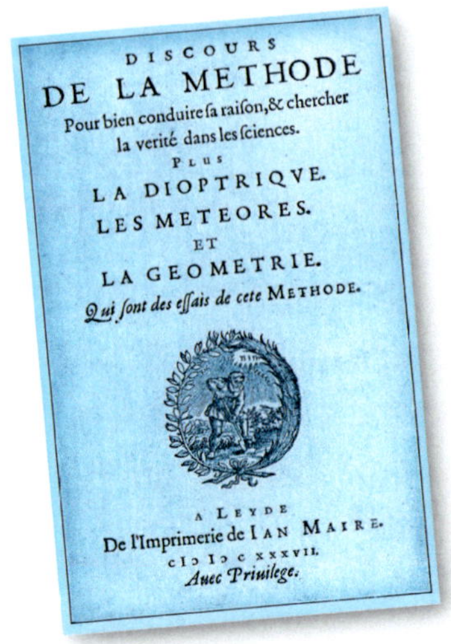

DISCOURS
DE LA METHODE
Pour bien conduire sa raison, & chercher la verité dans les sciences.
PLUS
LA DIOPTRIQVE.
LES METEORES.
ET
LA GEOMETRIE.
Qui sont des essais de cete METHODE.
A LEYDE
De l'Imprimerie de IAN MAIRE.
CIϽ IϽ C XXXVII.
Avec Privilege.

Lucrarea lui Descartes *Discurs asupra metodei*

Pierre de Fermat

1630 — 1634 — 1638

1633
Procesul lui Galilei
Astronomul italian Galileo Galilei a fost acuzat la Roma de erezie deoarece a publicat o lucrare în care nu era de acord cu învățămintele Bisericii Catolice conform cărora Pământul se află în centrul Universului. El îi dădea mai degrabă dreptate astronomului polonez Nicolaus Copernic, care considera că în centru se află Soarele. Temându-se de moarte sau de tortură, Galilei și-a renegat convingerile în fața tribunalului.

Galileo Galilei Vezi paginile 68–69.

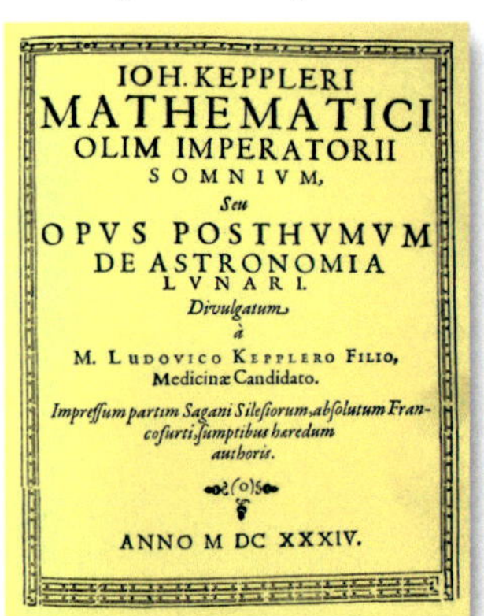

IOH. KEPPLERI
MATHEMATICI
OLIM IMPERATORII
SOMNIVM,
Seu
OPVS POSTHVMVM
DE ASTRONOMIA
LVNARI.
Divulgatum
a
M. LUDOVICO KEPPLERO FILIO,
Medicinæ Candidato.
Impressum partim Sagani Silesiorum, absolutum Francofurti, sumptibus hæredum authoris.
ANNO M DC XXXIV.

Pagina de titlu a poveștii *Somnium*

1634
Prima poveste SF
Astronomul german Johannes Kepler a scris o poveste despre un băiat islandez răpit de demoni și dus pe Lună. Aceasta a fost publicată la un an după moartea autorului (1633). Scrisă în latină, se intitula *Somnium (Visul)* și este considerată prima poveste științifico-fantastică.

1639
Tranzitul lui Venus
Astronomul englez Jeremiah Horrocks a anticipat corect că Venus se va afla între Pământ și Soare și va umbri astfel discul solar, fenomen rar, cunoscut sub denumirea de *tranzitul lui Venus*. Ca să-l observe, Horrocks a proiectat imaginea Soarelui printr-un telescop pe o coală de hârtie.

O fereastră rotundă a unui vitraliu înfățișează observarea lui Horrocks a tranzitului lui Venus.

1643

Primul barometru

Când fizicianul italian Evangelista Torricelli a răsturnat un tub lung de sticlă umplut cu mercur într-o cuvă cu mercur, a văzut că nivelul mercurului din tub a scăzut, lăsând deasupra vid. Acesta și-a dat seama că fenomenul are loc datorită presiunii atmosferice (greutatea aerului). Descoperirea lui Torricelli a dus la inventarea barometrului, care măsoară presiunea aerului pentru a prezice vremea.

Replică a barometrului lui Torricelli

Cum funcționează un barometru

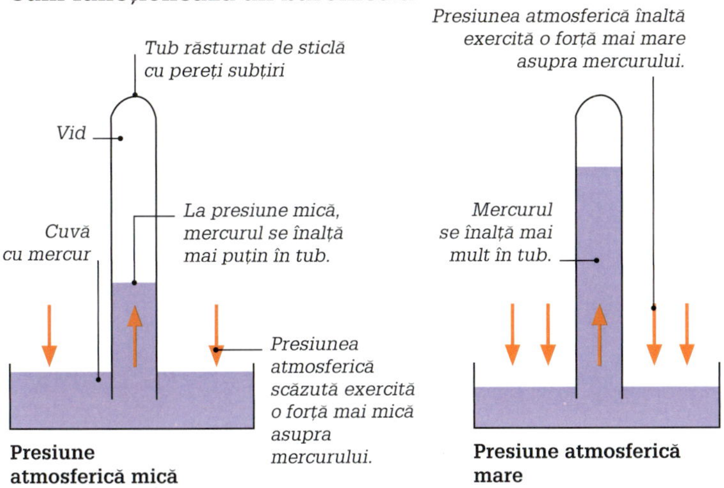

Una dintre hărțile lunare ale lui Hevelius

1647

Atlasul Lunii

Astronomul polonez Johannes Hevelius a publicat primul atlas al suprafeței Lunii. Deși era berar de meserie, Hevelius și-a construit propriul său observator astronomic. Hărțile sale detaliate care înfățișau munții și craterele Lunii au fost rezultatul a patru ani de observații.

1642 · 1646 · 1650

1642

Mașina de calcul

La numai 19 ani, Blaise Pascal a inventat un calculator mecanic ca să-l ajute pe tatăl său, care strângea taxe pentru regele Franței. Dispozitivul putea face adunări, scăderi, înmulțiri și împărțiri. Pascal a ajuns unul dintre cei mai importanți matematicieni și filosofi ai acelor vremuri.

Mașini de calcul Vezi paginile 124–125.

De-a lungul vieții, omul de știință Blaise Pascal a construit în jur de 20 de calculatoare.

Primul calculator al lui Pascal

Cât e ceasul?

Primii oameni care au încercat să fie la curent cu noțiunea timpului au folosit dispozitive simple, cum ar fi cadranele solare, care urmăreau mișcarea Soarelui pe cer. Ceasurile mecanice aveau să apară în Europa mult mai târziu, abia în urmă cu 700 de ani. Comunicațiile mai rapide din secolul al XIX-lea au dus la stabilirea unui standard al noțiunii timpului pe întreg cuprinsul lumii.

Ac indicator al orei

Soarele poleit cu aur marchează poziția astrului nostru în zodiac.

Inițial erau indicate și fazele Lunii.

Primele noțiuni ale timpului

Cadranele solare
Cadranele solare măsoară timpul în funcție de poziția Soarelui, cu ajutorul umbrei unei tije verticale numite *gnomon*.

Cadran solar în nordul Irlandei, secolul al IX-lea

Ceasurile cu apă
Aceste ceasuri funcționează cu ajutorul unui vas umplut cu apă, aceasta scurgându-se treptat ca să indice cât timp a trecut.

Clepsidrele
Nisipul trece treptat dintr-un bulb de sticlă în celălalt printr-un tub îngust. De obicei, scurgerea acestuia durează o oră.

Ceasuri cu bețișoare parfumate
În China și Japonia, arderea treptată a bețișoarelor parfumate era folosită la măsurarea trecerii timpului.

Ceasuri cu lumânări
Lumânările de ceară erau marcate la distanțe egale cu linii numerotate. Acestea se topeau și indicau trecerea orelor.

Când tot nisipul s-a scurs în bulbul de jos, clepsidra poate fi întoarsă.

Clepsidre din secolul al XVII-lea

Turnul cu ceas și detalii ale cadranului (sus) în Piața San Marco din Veneția

Ceasurile astronomice
Primele ceasuri mecanice din Europa funcționau pe baza unei greutăți atârnate de un lanț care punea în mișcare o serie de roți (vezi chenarul de la pagina 81). Cadranul avea 24 de ore, dar și informații despre Soare, Lună și stele. Aspectul lor elaborat era completat adesea de figurine mișcătoare, care dansau sau băteau clopote în anumite momente ale zilei.

Evenimente importante

1500 î.e.n.
În urmă cu mii de ani, cadranele solare au fost folosite pentru prima oară în Egipt și Mesopotamia (astăzi – Irak). Dezavantajul acestora era că se putea afla cât e ora numai în timpul zilei.

1088
În China, Su Song a construit un ceas cu mecanism pe bază de apă ca să urmărească mișcarea stelelor și a planetelor.

Ceasul cu apă al lui Su Song

1656
Inventatorul olandez Christiaan Huygens a construit primul ceas cu pendul. Acesta funcționa pe baza oscilațiilor constante ale unui pendul cu greutate, fiind deosebit de precis și având o eroare de doar câteva secunde pe zi.

1759
Ceasornicarul englez John Harrison a inventat cronometrul marin, un ceasornic cu arc spiralat care își păstra multă vreme precizia, fiind util navigatorilor pentru calcularea longitudinii (vezi pagina 93).

Cum funcționează un ceas cu pendul

Ceasul cu pendul este foarte precis fiindcă durata dintre oscilații poate fi controlată. În interiorul ceasului, pendulul reglează perioada de rotire a tamburului cu ajutorul unei ancore de pe roata de eșapament. O greutate desfășoară frânghia din jurul tamburului și învârte roțile la care sunt legate acele indicatoare pentru minute și oră. Durează opt zile ca greutatea să desfășoare complet frânghia, apoi aceasta trebuie reînfășurată (trasă) cu ajutorul unei chei.

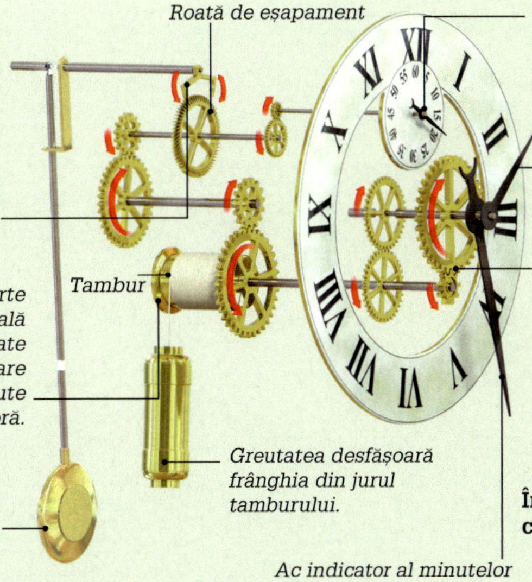

În interiorul unui ceas cu pendul

Primul ceas atomic cu cesiu, 1955

Ceasurile atomice

Ceasurile atomice reprezintă cele mai precise mecanisme de măsurare ale timpului cunoscute până în prezent. Acestea numără undele de frecvență înaltă emise de atomii încărcați ai unor elemente chimice, cum ar fi cesiul. Un ceas cu cesiu nu va întârzia nici măcar o secundă într-un milion de ani.

Fusurile orare

În anul 1884 a fost stabilit un standard al timpului în întreaga lume, globul pământesc fiind împărțit în 24 de fusuri orare. Timpul este dat de ora Greenwich (GMT), iar fiecare zonă este cu una sau mai multe ore înainte sau în urmă față de GMT. De exemplu, New York este cu cinci ore în urmă față de GMT, iar Tokyo este cu nouă ore înainte.

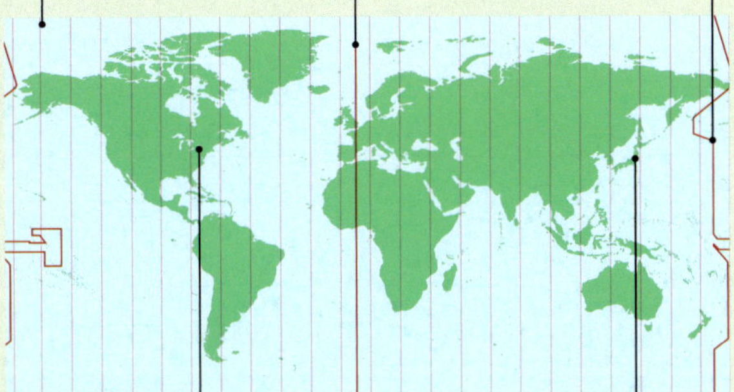

Ceasurile moderne

Ceasurile de mână au ajuns la modă la începutul anilor 1900. Astăzi, acestea folosesc cristale de cuarț și funcționează cu ajutorul unei baterii sau chiar cu energie solară. Afișajul se face în mod analog (ca pe un cadran tradițional) sau digital, în funcție de preferința celui care îl poartă.

Ceas digital din anii 1970

1884
Ora Greenwich a devenit standard global de măsurare a timpului în urma unei conferințe internaționale care a adoptat meridianul Greenwich din Marea Britanie ca prim meridian (linia de 0° longitudine).

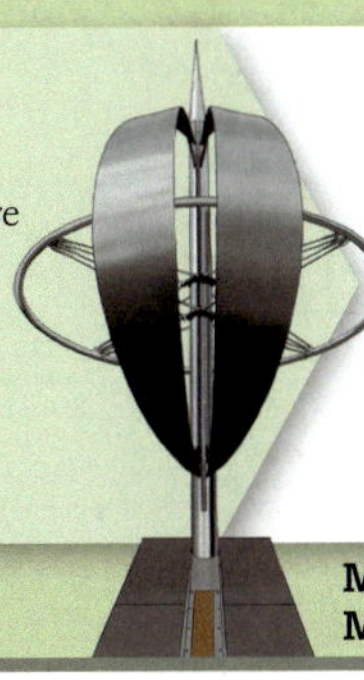

Marcaj al liniei de prim meridian din Greenwich, Marea Britanie

1927
Primul ceas electronic, care folosește electricitatea reglată de un cristal de cuarț ce generează un semnal, a fost construit în Laboratoarele Bell din New York, SUA.

1949
Primul ceas atomic a fost construit în Washington DC, SUA. În anul 1967, secunda a fost redefinită ca perioada de 9.192.631.770 de cicluri ale radiației ce corespund dezintegrării radioactive a atomului de cesiu-133.

Anii 1970
În locul cadranului analog tradițional, ceasurile au început să aibă afișaj digital folosind dioda emițătoare de lumină (LED) sau cristalele lichide (LCD).

1650 ▸ 1670

Von Guericke a construit o mașină electrică primitivă care producea electricitate statică pe bază de frecare.

1654

Demonstrație de forță

Ca să-și etaleze cunoștințele despre vid, inventatorul german Otto von Guericke a făcut două emisfere de cupru, le-a unit, iar apoi a scos aerul din ele cu o pompă inventată tot de el. A pus apoi două echipe a câte opt cai să le tragă în încercarea de a le separa. Totul a fost în zadar, căci presiunea aerului din exterior care le ținea unite era prea puternică.

Von Guericke în timpul experimentului său din Magdeburg, Germania

1650 · 1655

1629–1695 CHRISTIAAN HUYGENS

Christiaan Huygens a fost un fizician, astronom, matematician și inventator olandez. Cunoscut mai ales pentru teoria conform căreia lumina este alcătuită din unde, savantul a făcut descoperiri importante în multe domenii științifice. Totodată, el a călătorit mult prin Europa, făcând cunoștință cu mulți dintre cei mai importanți oameni de știință ai acelor vremuri.

Descoperiri astronomice

Huygens a învățat singur cum să facă lentile pentru telescoapele pe care le-a construit. Cu ajutorul unui astfel de telescop, lung de 3,7 metri și care putea mări obiectele de până la 50 de ori, savantul a descoperit inelele lui Saturn (vezi pagina 87) și cea mai mare lună a acestei planete, denumită mai târziu Titan.

Pendulul oscilează la intervale regulate de timp.

DATE IMPORTANTE

1654 *Împreună cu fratele său pe nume Constantijn, Huygens a început să contribuie la îmbunătățirea telescoapelor.*

1656 *A alcătuit o schiță pentru un ceas cu pendul.*

1678 *A sugerat că lumina este alcătuită din unde.*

1689 *L-a întâlnit pe Isaac Newton în timpul unei vizite în Anglia.*

Ceasul cu pendul

Huygens a construit un ceas cu pendul care măsura timpul cu o eroare de doar câteva secunde pe zi, o mare îmbunătățire față de celelalte ceasuri de până atunci.

1662

Legea lui Boyle

Omul de știință anglo-irlandez Robert Boyle a enunțat o lege prin care arată că volumul unui gaz scade odată cu creșterea presiunii și viceversa. Boyle a făcut multe experimente cu o pompă de aer inventată chiar de el și este considerat părintele chimiei moderne, fiind cel care a spus că elementul chimic este o substanță care nu poate fi descompusă în alte substanțe.

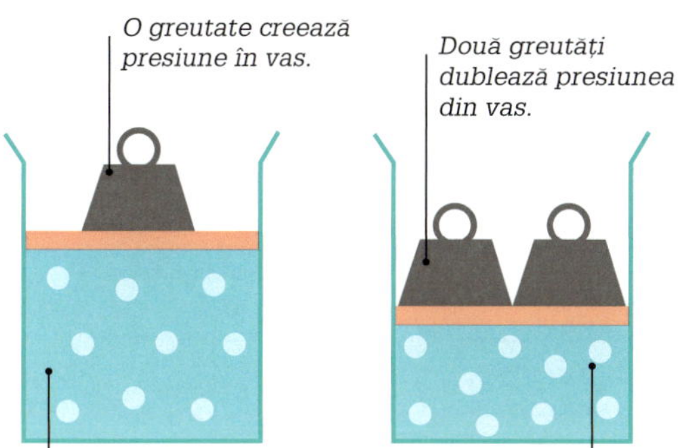

Pasăre dodo imaginată de un ilustrator

Pasărea dodo

Dodo era o pasăre mare care trăia în insula Mauritius din Oceanul Indian și nu putea să zboare. Specia a dispărut în anul 1662, fiind vânată pentru carne de navigatorii europeni.

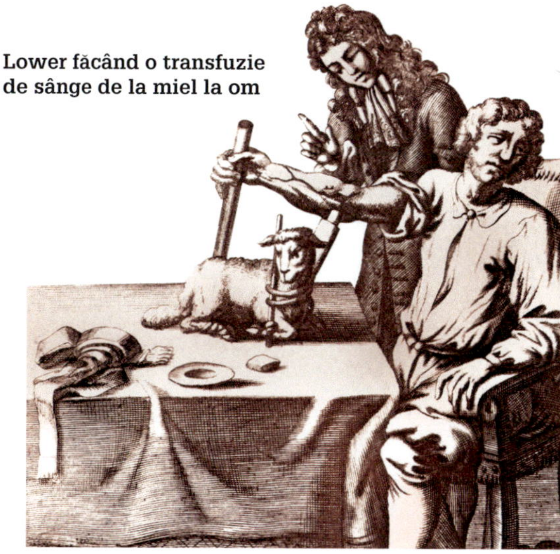

Lower făcând o transfuzie de sânge de la miel la om

1666

Transfuzia de sânge

Medicul englez Richard Lower a efectuat cu succes o transfuzie de sânge între doi câini. Un an mai târziu, acesta a injectat o cantitate mică de sânge de miel în venele unui om, care se zvonește că ar fi supraviețuit în ciuda riscului unei reacții alergice de mare amploare.

1665

1670

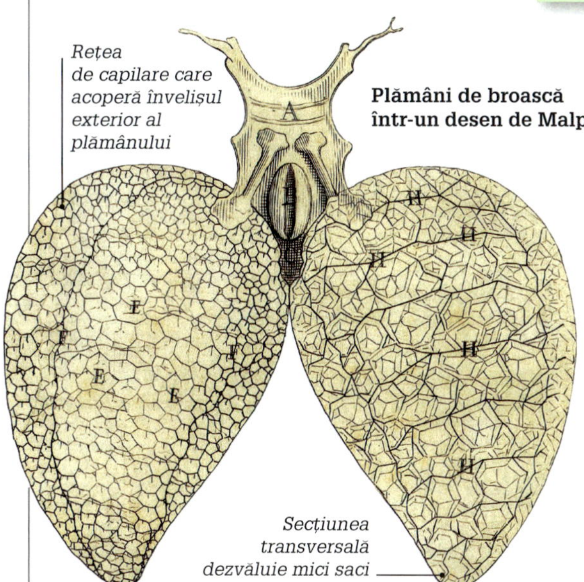

Plămâni de broască într-un desen de Malpighi

1661

Descoperiri microscopice

Biologul italian Marcello Malpighi a folosit microscopul ca să studieze structura plămânilor și a descoperit capilarele, micile vase de sânge care unesc venele cu arterele. William Harvey sugerase cu 30 de ani înainte că acestea ar exista (vezi pagina 75).

1669

Fosile în roci

Geologul danez Niels Stensen a explicat că din sedimente se formează de-a lungul timpului straturi orizontale de roci. Pe măsura formării straturilor superioare, rămășițele animalelor din fiecare strat se fosilizează treptat. Astfel, fosilele mai vechi se află mereu mai adânc față de cele noi.

1669

Un nou experiment

În căutarea pietrei filosofale, obiectul mitic care putea transforma orice metal în aur, alchimistul german Hennig Brand a pus la fiert reziduuri de urină umană, descoperind accidental elementul numit *fosfor*, care în întuneric emite o lumină verzuie.

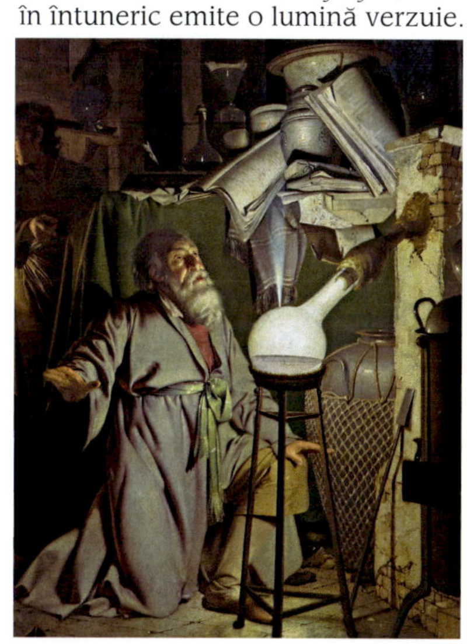

Hennig Brand în laboratorul său

Se spune că Hennig Brand ar fi folosit 5670 de litri de urină umană pentru experimentele sale.

Privind îndeaproape

Inventarea microscopului a scos la iveală o lume cu totul nouă. Pentru prima oară, oamenii de știință puteau să privească obiecte prea mici ca să poată fi văzute cu ochiul liber. Pe măsura studierii structurii celulelor și descoperirii existenței microorganismelor, cercetătorii au început să înțeleagă elementele care stau la baza vieții pe Pământ. Cu ajutorul microscoapelor moderne se pot vedea atomii chiar și individual.

Microscopul compus al lui Hooke

Bestseller științific

Micrographia, lucrare publicată de Robert Hooke în anul 1665, a adus lumea microscopică în atenția publicului larg. Cartea a ajuns un adevărat bestseller, fiind alcătuită din uimitoare ilustrații detaliate ale obiectelor observate la microscop, printre care și purici, fire de păr, chiar și un ochi de muscă.

Ilustrație a unui purice făcută de Hooke

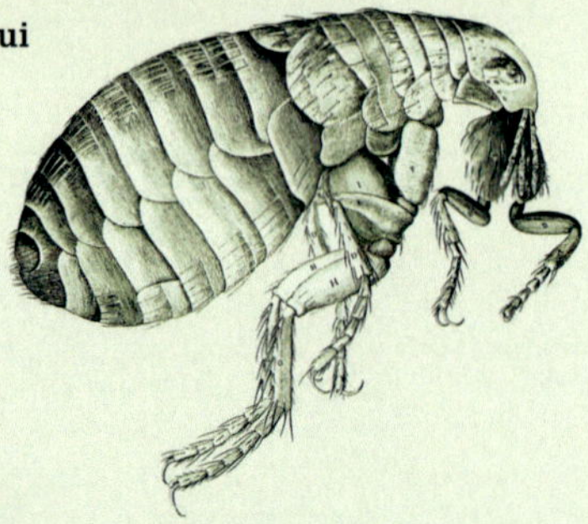

Ilustrație din secolul al XIX-lea în cinstea lui Janssen și a inventării microscopului

Descoperirea celulelor

Robert Hooke, un important om de știință englez, a fost supraveghetorul experimentelor Societății Regale din Londra, Anglia. Acesta a construit un microscop compus, care folosea o sferă umplută cu apă ca să focalizeze pe probă lumina unei lămpi cu petrol. Privind la microscop o bucată de plută, Hooke a observat structuri asemănătoare micilor camere de locuit ale călugărilor, fiind primul care a folosit termenul de *celulă* ca să le descrie.

Primul microscop

În anii 1590, fabricanții olandezi de ochelari știau deja să facă microscoape fixând două lentile într-un tub. Aceștia au descoperit că lumina refractată de două lentile face ca obiectele să pară mai mari decât cu ajutorul unei singure lentile. Se spune că primul microscop ar fi fost inventat de unul dintre acești fabricanți de ochelari, pe numele său Zacharias Janssen.

Evenimente importante

1590

Zacharias Janssen este cel despre care se spune oficial că ar fi inventat primul microscop.

1661

Biologul italian Marcello Malpighi a văzut celulele roșii ale sângelui la microscop și le-a denumit *particule*.

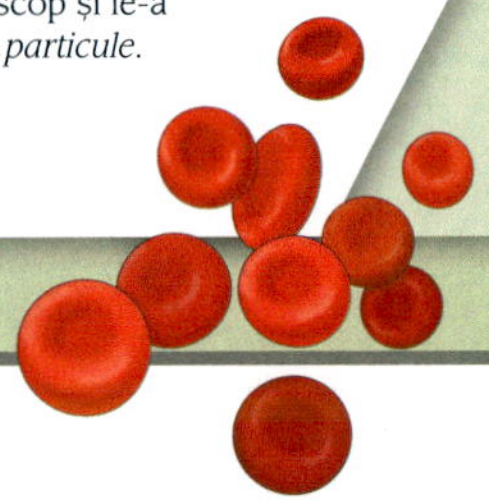

1665

Robert Hooke a publicat *Micrographia*, carte alcătuită din ilustrații ale obiectelor minuscule pe care savantul le-a privit la microscop.

1674

Anton van Leeuwenhoek a construit un microscop cu o singură lentilă ce putea să mărească obiectele de până la 270 de ori.

1860

Chimistul francez Louis Pasteur a folosit microscop în scopul cercetării microb purtători de boli.

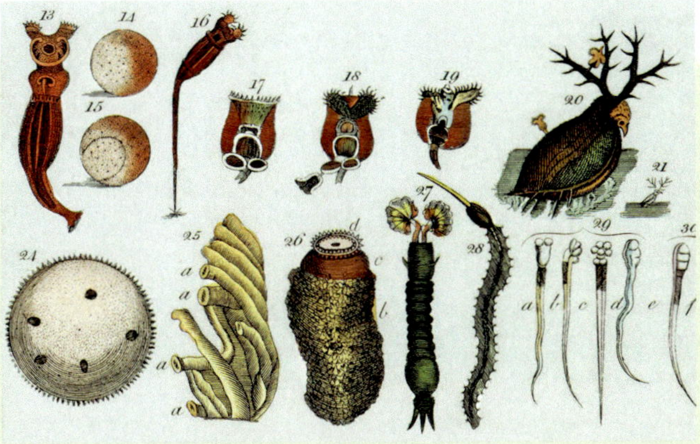

Desene ale lui Leeuwenhoek înfățișând organisme microscopice

Microscop cu o singură lentilă

Omul de știință danez Anton van Leeuwenhoek a reușit să obțină imagini și mai mari ale obiectelor cu microscopul său cu o singură lentilă decât obținuse Robert Hooke cu microscopul compus. Leeuwenhoek își șlefuia chiar el lentilele, unele dintre acestea fiind cât gămălia unui ac.

Cum funcționează un microscop compus

Acest tip de microscop folosește cel puțin două lentile. Lumina de dedesubt se reflectă în sus prin proba vizualizată și ajunge în lentila-obiectiv, care produce prima mărire a imaginii. Apoi, lentila ocularului mărește și mai mult imaginea.

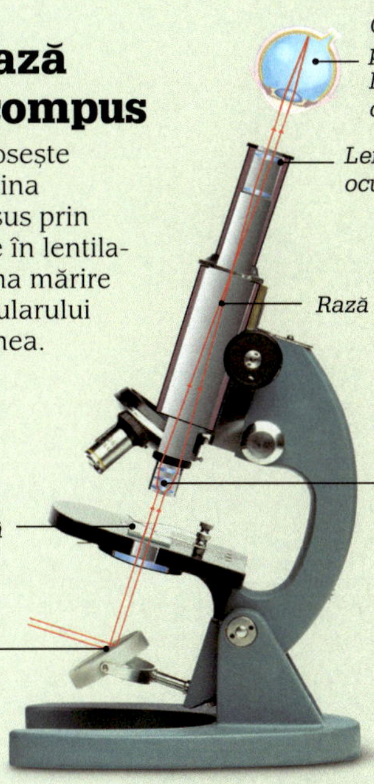

O lume mărită

În zilele noastre există trei tipuri mai importante de microscop. Cercetătorii folosesc microscoapele optice sau cu lumină ca să vizualizeze diverse probe biologice, cum ar fi celulele și țesuturile. Microscoapele electronice, printre care și cel cu scanare prin efect tunel, folosesc electroni pentru iluminarea probelor. Prin acestea se pot vedea foarte amănunțit lucruri deosebit de mărunte.

2000 de ori

Acest microscop optic din secolul al XIX-lea poate mări obiectele de până la 2000 de ori. Lentilele sale acromatice oferă o imagine mai clară prin focalizarea lungimilor de undă a mai multor culori.

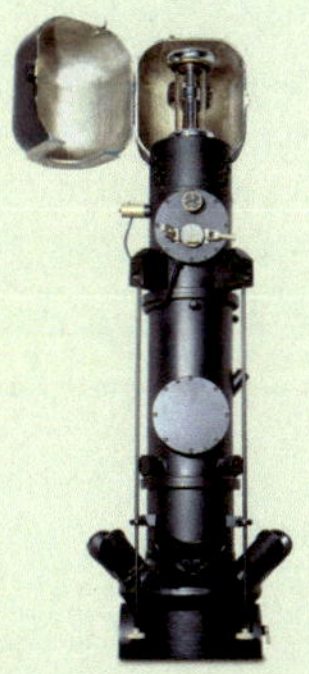

10 milioane de ori

Microscoapele electronice folosesc electronii pentru a lumina o probă ținută în vid. Acest exemplu din anul 1946 a fost unul dintre primele produse la scară largă. Versiunile moderne pot mări imaginea obiectelor de până la 10 milioane de ori.

1 miliard de ori

Microscopul cu scanare prin efect tunel (STM) folosește o sondă ascuțită de metal ca să scaneze suprafața unui obiect la nivel atomic, permițându-le oamenilor de știință să vadă individual atomii. Microscopul cu forță atomică funcționează în mod similar.

Anii 1800

Lucrând pentru inginerul german Carl Zeiss, opticianul german Ernst Abbe a adus multe îmbunătățiri microscopului.

1882

Bacteriologul german Robert Koch a pus bazele unei noi tehnici de colorare cu vopsea violet a bacteriilor, pentru a le face mai vizibile la microscop.

1903

Chimistul german Richard Zsigmondy a construit ultramicroscopul, care îi permitea să vadă obiecte ce nu erau vizibile cu un microscop optic obișnuit.

1931

Fizicianul german Ernst Ruska a inventat primul microscop electronic cu scanare (SEM), care folosea electronii pentru iluminarea probelor.

1981

Microscopul cu scanare prin efect tunel a fost primul instrument care le-a permis cercetătorilor să vadă obiecte minuscule, de un nanometru (un miliard dintr-un metru).

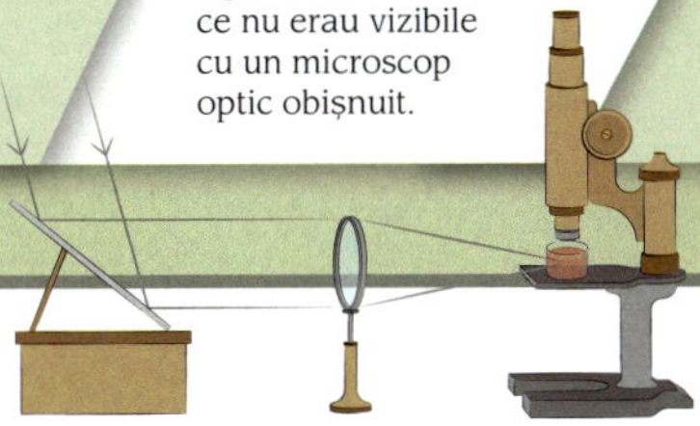

Ultramicroscopul lui Zsigmondy

1670 ▸ 1690

1672
Culorile curcubeului
Fizicianul englez Isaac Newton (vezi paginile 88–89) a publicat o lucrare despre lumină, în care a descris un experiment pe care l-a făcut folosind două prisme ca să demonstreze că lumina albă este compusă din cele șapte culori ale curcubeului.

Schița lui Newton a experimentului său cu prisme

1672
Analiză matematică
Matematicianul german Gottfried Leibniz a construit un calculator mecanic capabil să extragă rădăcini pătrate. În anul 1674, omul de știință a pus bazele analizei matematice (calcule infinitezimale, adică foarte mici). Isaac Newton (vezi paginile 88–89) enunțase deja într-o anumită formă aceste principii, dar există totuși controverse despre care dintre cei doi le-ar fi enunțat primul.

Mașini de calcul
Vezi paginile 124–125.

1678
Legea lui Hooke
Omul de știință englez Robert Hooke a observat că forța necesară alungirii unui arc spiralat este proporțională cu lungimea alungirii. Dacă forța este dublată, și lungimea se dublează, dar există un punct dincolo de care arcul nu se mai alungește, ci se rupe.

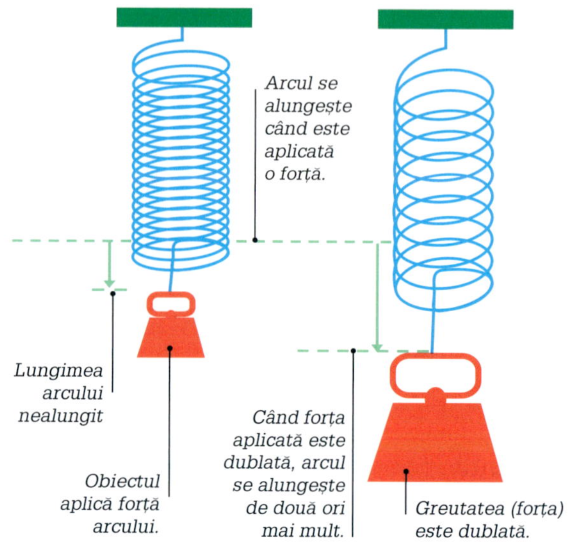

1670 · 1675

1675
Astronomul regal
Regele Carol al II-lea al Angliei l-a numit pe John Flamsteed primul astronom regal și i-a dat pe mână un nou observator astronomic în Greenwich, Londra, care avea să devină mai târziu primul meridian (0° longitudine), separând emisfera estică de cea vestică.

Observatorul Regal din Greenwich, Marea Britanie

1679
Fierbător cu abur
Inventatorul francez Denis Papin a obținut o mașină termică ce folosea aburul produs la presiune mare ca să extragă grăsimea din oase. Precursor al autoclavei moderne, fierbătorul lui Papin era alcătuit dintr-o supapă de eliberare a aburului și un piston, dezvoltarea acestuia ducând în timp la apariția motorului cu abur.

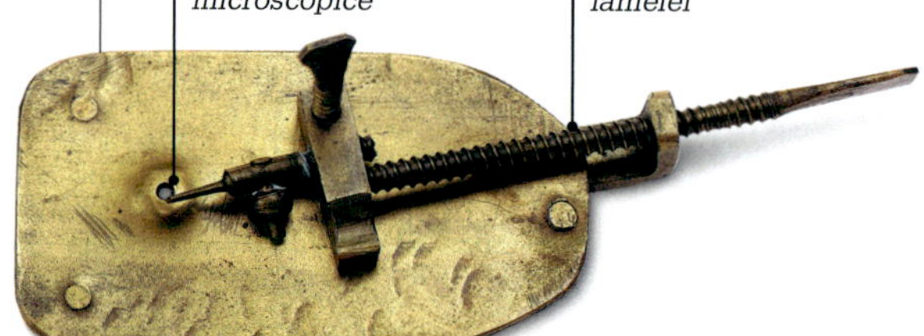

Microscopul lui Leeuwenhoek

1676
Viața miniaturală
Biologul danez Anton van Leeuwenhoek își construia propriile sale microscoape, cu ajutorul cărora observa creaturile mărunte care înotau într-o picătură de apă, pe care le-a numit „mici animacule”. Acestea erau, de fapt, protozoare unicelulare denumite *amibe*.

1625–1712 GIOVANNI CASSINI

Născut în Italia, astronomul Giovanni Cassini s-a mutat în anul 1669 în Franța, unde a fost numit director al Observatorului din Paris. Printre numeroasele sale contribuții în domeniul astronomiei se numără calcularea distanței dintre Pământ și Marte și a celei dintre Marte și Soare. Rezultatele sale au fost foarte apropiate de estimările actuale. Cassini a descoperit patru dintre lunile lui Saturn – Iapetus, Rhea, Tethys și Dione – și furtuna de pe Jupiter numită Marea Pată Roșie, împărțind meritele descoperirii acesteia cu omul de știință englez Robert Hooke.

Inelele lui Saturn

În anul 1675, Cassini a identificat un spațiu care părea să împartă în două secțiuni inelele lui Saturn. Sugestia acestuia conform căreia inelele sunt alcătuite din nenumărate particule mici s-a dovedit adevărată.

Spațiul dintre inelele lui Saturn este cunoscut ca Diviziunea Cassini.

Isaac Newton s-a născut în 1642, anul morții lui Galilei.

Igiena dentară

Una dintre primele cărți despre stomatologie a fost publicată în anul 1685. În aceasta se recomanda perierea dinților doar o dată pe săptămână. Deloc surprinzător, majoritatea oamenilor aveau dinți stricați, fiind necesară scoaterea acestora cu forța.

1685 — 1690

1686

Un nou termen

În *Historia plantarum*, o carte în trei volume despre istoria plantelor, naturalistul englez John Ray folosește termenul *specie* pentru a descrie un grup de plante sau de viețuitoare cu aceleași caracteristici, care se pot împerechea între ele. A fost prima utilizare biologică a acestuia și a impus *specia* ca unitate standard de taxonomie (clasificare a organismelor vii). Cartea lui Ray conținea descrieri pentru 18.600 de specii.

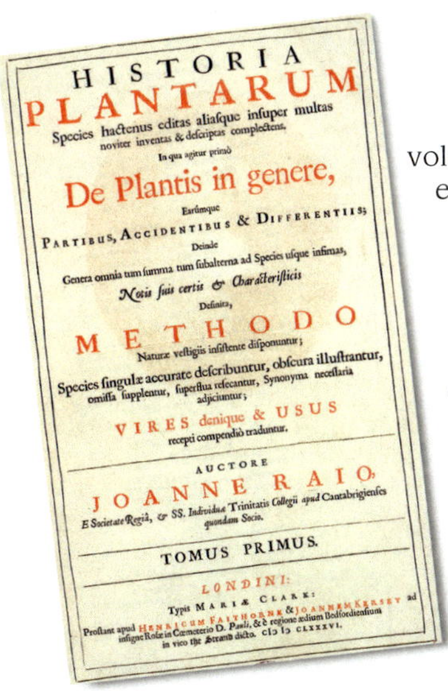
HISTORIA PLANTARUM

Species hactenus editas aliasque insuper multas noviter inventas & descriptas complectens.

De Plantis in genere,

METHODO

VIRES denique & USUS

AUCTORE JOANNE RAIO

TOMUS PRIMUS.

LONDINI:

Pagină de titlu a cărții lui John Ray intitulată *Historia plantarum*

Isaac Newton Vezi paginile 88–89.

„Din sămânța unei specii nu va răsări niciodată o altă specie, nici viceversa."

John Ray, *Historia plantarum*, 1686

Legea atracției universale enunțată de Newton

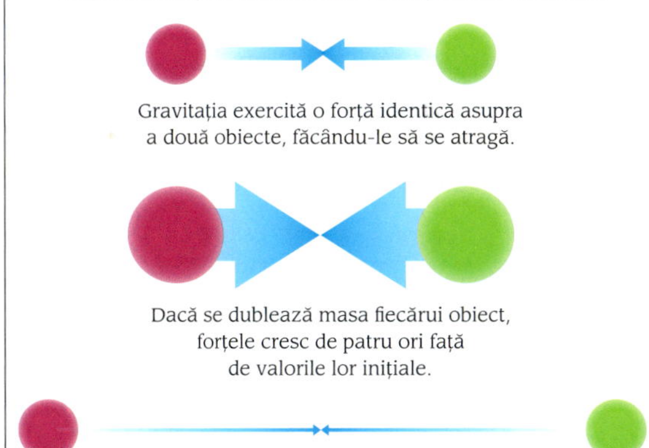

Gravitația exercită o forță identică asupra a două obiecte, făcându-le să se atragă.

Dacă se dublează masa fiecărui obiect, forțele cresc de patru ori față de valorile lor inițiale.

Dacă se dublează distanța dintre obiecte, forțele scad de patru ori.

1687

Știință revoluționară

Isaac Newton a publicat o lucrare intitulată *Philosophiae naturalis principia mathematica*, ce conține cele trei legi ale mișcării corpurilor și legea atracției universale. Aceasta din urmă susține că, pe măsură ce masa a două corpuri crește, crește și forța lor de atracție, aceasta scăzând însă când crește distanța dintre ele. Împreună, toate aceste legi constituie bazele mecanicii (știința forțelor și a modului în care se mișcă obiectele).

Isaac Newton

Omul de știință britanic Isaac Newton s-a născut în satul Woolsthorpe din Anglia, în anul 1642, fiind una dintre mințile luminate ale revoluției științifice din secolul al XVII-lea. Este cunoscut pentru enunțarea legii atracției universale, care explică ce ține laolaltă Universul.

Elev și student

Pasiunea lui Newton pentru domeniul științific, îndeosebi pentru mecanică, a fost evidentă încă de la o vârstă fragedă. Observându-i abilitățile, un unchi l-a încurajat să-și continue studiile la universitate. Astfel, în anul 1661, Newton a devenit student la Colegiul Trinity din cadrul Universității din Cambridge, Anglia.

Fuga de ciumă

În anul 1665, când în Cambridge a izbucnit o epidemie de ciumă, Newton s-a retras la Woolsthorpe, unde se spune că a enunțat legea atracției universale după ce ar fi văzut în livadă un măr căzând din pom. Deși aceasta s-ar putea să fie doar o poveste inventată, este adevărat că ideile despre gravitație și primele experimente cu lumina au avut loc în timpul șederii la Woolsthorpe.

Profesor la Cambridge

Când s-a întors în Cambridge, a fost numit profesor lucasian de matematică la vârsta de numai 26 de ani. În anul 1687, a publicat *Philosophiae naturalis principia mathematica* (de obicei intitulată doar *Principia mathematica*), una dintre cele mai importante lucrări din istoria științei, care conține cele trei legi ale mișcării corpurilor.

Anii următori

În anul 1689, Newton a devenit membru al Parlamentului și s-a mutat la Londra. A fost numit și directorul Monetăriei Regale, pe care a reformat-o luând măsuri drastice împotriva falsificării monedelor. A fost ales președinte al Societății Regale în anul 1703 și a primit titlul de cavaler în anul 1705. A murit în anul 1727, fiind înmormântat la abația Westminster.

3. Privitorul poate vedea imaginea pe această oglindă printr-un obiectiv îngust.

2. Oglinda concavă reflectă imaginea înapoi în telescop, pe o oglindă mică, înclinată.

1. Razele luminoase pătrund în tubul telescopului.

Replică a telescopului reflector al lui Newton, cca 1672

Telescopul reflector
În timp ce studia optica, Newton a construit primul telescop reflector, folosind două oglinzi ca să reflecte și să focalizeze lumina. Rezultatul a fost mult mai bun decât cel oferit de tradiționalul telescop refractor.

„Dacă am văzut mai departe decât alții, asta este fiindcă stăteam pe umerii giganților."

Isaac Newton, 1675, într-o scrisoare adresată lui Robert Hooke, în care se presupune că recunoștea munca anterioară a altor oameni de știință.

Principia mathematica

Cea mai celebră lucrare a lui Newton a fost publicată cu ajutorul altui om de știință, pe nume Edmond Halley. În această carte, Newton enunță legea atracției universale (vezi pagina 87) și cele trei legi ale mișcării obiectelor (vezi mai jos).

Legile mișcării obiectelor

1. Un obiect rămâne în repaus sau continuă să se miște în linie dreaptă atâta timp cât asupra sa nu acționează o forță.

2. Cu cât este mai mare masa unui obiect, cu atât mai mare trebuie să fie forța care îl accelerează.

3. Pentru fiecare acțiune există o reacțiune egală și de aceeași direcție.

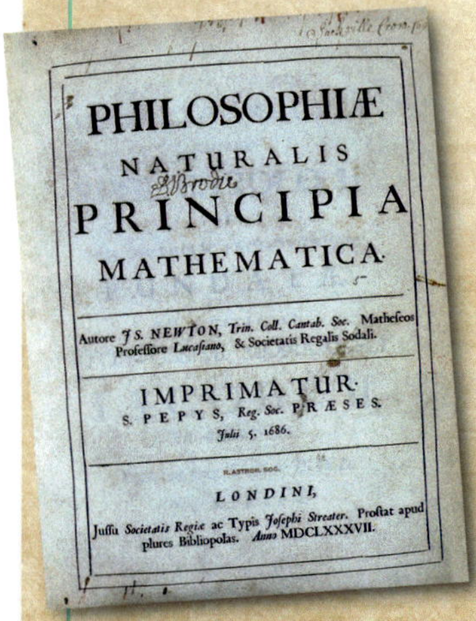

PHILOSOPHIÆ
NATURALIS
PRINCIPIA
MATHEMATICA.

Autore J S. NEWTON, Trin. Coll. Cantab. Soc. Matheseos Professore Lucasiano, & Societatis Regalis Sodali.

IMPRIMATUR.
S. PEPYS, Reg. Soc. PRÆSES.
Julii 5. 1686.

LONDINI,
Jussu Societatis Regiæ ac Typis Josephi Streater. Prostat apud plures Bibliopolas. Anno MDCLXXXVII.

Pagină de titlu a lucrării *Principia mathematica*

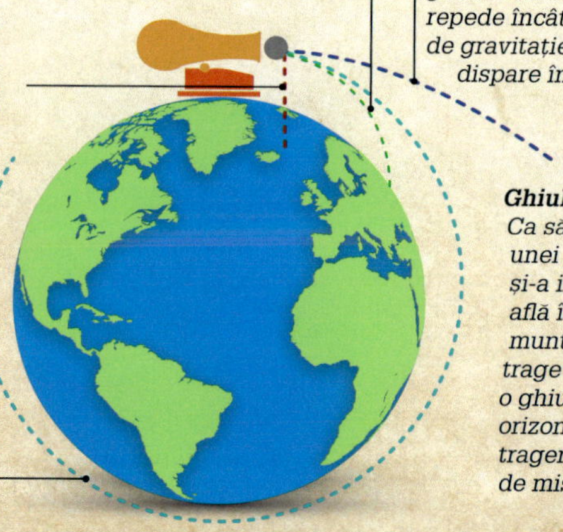

2. Dacă are viteză, ghiuleaua are o vreme o traiectorie curbă, înainte ca gravitația să o atragă înapoi pe Pământ.

4. La o viteză și mai mare, ghiuleaua se mișcă atât de repede încât scapă de forța de gravitație a Pământului și dispare în spațiul cosmic.

1. Dacă nu are viteză ca să fie propulsată înainte, gravitația face ca ghiuleaua să cadă.

3. Dacă viteza crește, ghiuleaua intră pe orbită în jurul Pământului, deoarece planeta se rotește în sens invers față de aceasta și cu aceeași viteză cu care ghiuleaua cade spre Pământ.

Ghiuleaua lui Newton
Ca să explice orbita unei planete, Newton și-a imaginat că se află în vârful unui munte înalt, de unde trage cu tunul câte o ghiulea în plan orizontal. La fiecare tragere, va mări viteza de mișcare a ghiulelei.

Studiul luminii

Newton a studiat intens lumina. În lucrarea sa intitulată Optica *și publicată în anul 1704, acesta a descris lumina ca o înșiruire de particule mărunte care călătoresc cu viteză. În plus, a demonstrat că lumina albă este alcătuită din toate culorile curcubeului.*

„(...) mie mi se pare că sunt doar un băiat care se joacă pe malul mării (...), în timp ce marele ocean al adevărului se întinde necunoscut în fața mea."

Isaac Newton

1690 ▸ 1710

În anul 1699, naturalistul galez Edward Lhuyd a publicat primul catalog ilustrat al fosilelor britanice.

Ricinul, planta studiată de Camerarius

1694

Secretul florilor

Botanistul german Rudolf Camerarius a dovedit științific că plantele cu flori se reproduc sexual. Acesta a arătat că polenul, un praf produs de stamine (organele bărbătești ale florii), este necesar pentru fertilizarea celulelor germinative sau ovulelor (organele femeiești ale florii). Când a îndepărtat staminele, floarea nu a mai făcut semințe.

Comparație între dimensiunile creierului

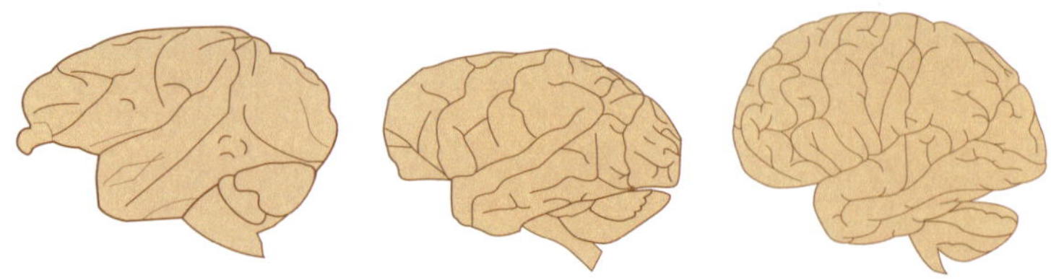

1699

Studierea cimpanzeilor

Medicul și anatomistul englez Edward Tyson a disecat cadavrul unui cimpanzeu, pe care l-a numit *orang-outang*, adică *om al pădurilor*. Acesta a fost adus din Africa la Londra pe un vas și a murit la scurt timp. Tyson a ajuns la concluzia că anatomia acestuia, mai ales a creierului, este mai asemănătoare cu cea a omului decât cu cea a maimuțelor.

1690 — 1695

1697

Teorie greșită

Chimistul german Georg Stahl susținea că, în urma unei arderi, în aer este eliberată o substanță numită *flogistic*, iar materialul ars care pierde flogisticul devine *calx* (cenușă). Această teorie a fost acceptată până când a fost contrazisă de chimistul Antoine Lavoisier (vezi pagina 107).

1698

Pompa cu abur

Inventatorul englez Thomas Savery a construit o pompă cu abur cu scopul de a scoate apa din minele de cărbune. Aceasta funcționa creând vid prin condensarea aburilor. Pe măsură ce pompa se umplea cu aer, presiunea atmosferică obliga apa să se ridice din mină. Întregul proces era controlat de un sistem de valve.

Model al pompei cu abur a lui Savery

Călător în jurul lumii

Exploratorul englez William Dampier a navigat de trei ori în jurul lumii, făcând una dintre cele mai timpurii expediții de cercetare științifică în New Holland (astăzi – Australia). A scris o carte despre călătoriile sale, aceasta devenind bestseller.

Dampier a desenat această pasăre în timpul călătoriei sale în New Holland, în anul 1699.

Mulțimea admiră trecerea cometei Halley, vizibilă în anul 1835.

„ Mă aventurez să prezic că se va reîntoarce în anul 1758. ”

Edmond Halley, *Synopsis astronomia cometicae*, 1705

Termometrul cu mercur al lui Fahrenheit, cca 1718

1705

Predicția lui Halley

Astronomul englez Edmond Halley a prezis corect că o cometă pe care o observase în anul 1682 va fi din nou vizibilă de pe Pământ în anul 1758. Cometa se poate vedea o dată la cca 75 de ani și astăzi poartă numele astronomului.

1709

Termometru ușor de folosit

Fizicianul german Daniel Gabriel Fahrenheit a trăit în Olanda și a construit primul termometru modern și compact. Acesta era marcat cu gradații și umplut cu alcool colorat, care se înălța odată cu creșterea temperaturii. În versiunile ulterioare s-a folosit mercur. Fahrenheit a introdus scara termometrică ce a fost denumită după el în anul 1724.

1705 — 1710

1701

Expert în agricultură

Fermierul englez Jethro Tull a inventat semănătoarea mecanică, o mașinărie care punea semințele în pământ pe brazde aflate la distanțe egale fără să le împrăștie și să piardă prea multe, așa cum se întâmpla prin metoda tradițională a semănatului de mână. Deși invenția lui Tull nu a prea fost întrebuințată la început, a ajuns să aibă un rol important în modernizarea agriculturii.

Ca să producă mai multă carne, speciile de ovine și de bovine erau crescute prin selecție artificială.

1708

Descoperirea porțelanului

Porțelanul, un material ceramic alb și translucid, devenise foarte căutat în Europa. Era importat doar din China și nimeni nu știa cum să-l obțină. După 20 de ani de experimente, omul de știință german Ehrenfried Walther von Tschirnhaus a descoperit secretul: o pastă alcătuită din caolin (argilă albă și fină), cuarț și feldspat.

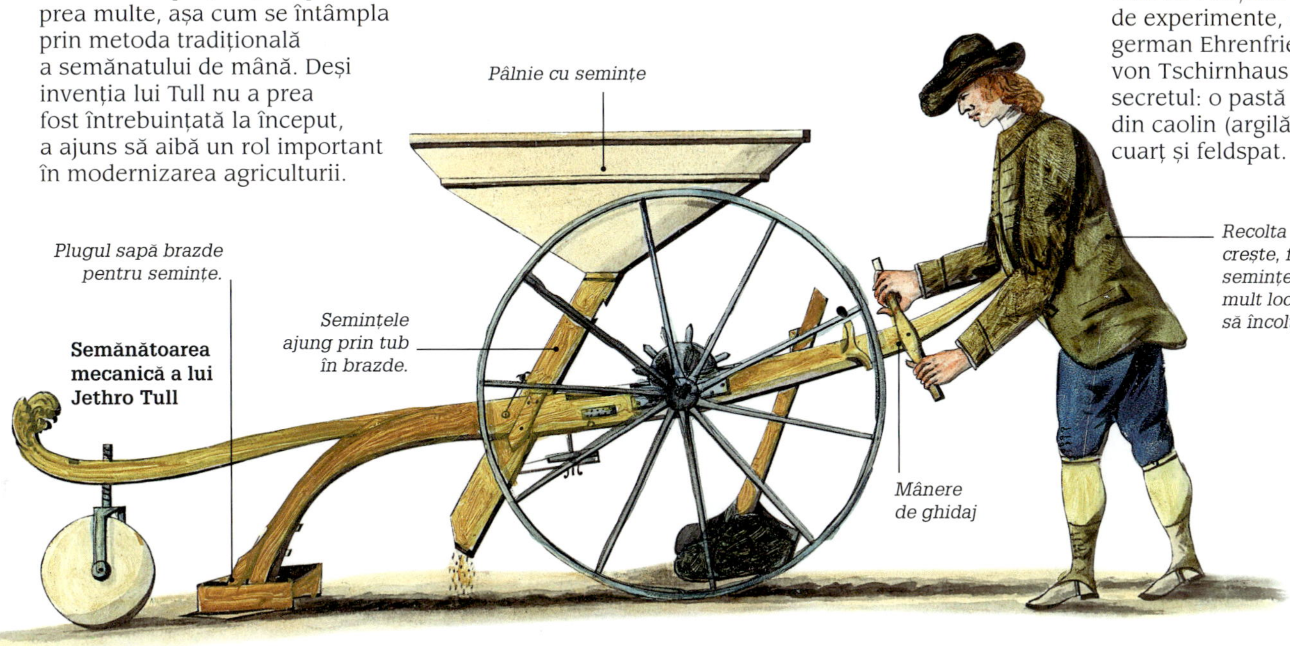

Semănătoarea mecanică a lui Jethro Tull

Călătorii prin lume

Termenul *navigare* însemna inițial găsirea drumului pe mare. Vreme de secole întregi, navigatorii cârmeau foarte aproape de țărm, folosind repere geografice și cunoștințe despre curenții locali și vreme ca să poată înainta. Mai târziu, aceștia au început să folosească busole care le indicau direcția de navigare, construind și alte dispozitive care să-i ajute să calculeze unde se află. Acum, termenul *navigare* înseamnă găsirea drumului oriunde ai fi.

Busolă marinărească primitivă, cca 1500–1700

Portulan al Golfului Mexic, 1547

Navigație cerească

Sextantul a fost un instrument foarte precis folosit la determinarea latitudinii (la nord sau la sud de ecuator) prin măsurarea unghiului dintre linia orizontului și Soare pe timp de zi sau dintre Lună, planete și stele pe timp de noapte. Inventat în secolul al XVIII-lea, a rămas instrumentul principal de navigație până la apariția navigării prin satelit.

Primele hărți de navigație

Acest portulan (hartă de navigație costală) este ilustrat „cu susul în jos" (cu sudul în partea de sus). Locurile aflate de-a lungul coastei sunt marcate și denumite cu atenție, iar cele aflate mai în interiorul uscatului conțin scene ilustrate. Busolele „înflorite" indică direcția. Căpitanul pregătea cursul navei urmărind liniile care pornesc din busole.

Evenimente importante

1000

Vikingii foloseau un instrument denumit *busolă solară* (un disc de lemn cu marcaje de direcție) ca să-i ajute să navigheze cu ajutorul Soarelui.

Busolă solară vikingă

1300

În Europa au ajuns vești despre busola magnetică, aceasta fiind folosită deja în China de cel puțin un mileniu.

1400

Alături de busole, navigatorii europeni au început să folosească hărți costale denumite *portulane* ca să plănuiască un curs de navigare dintr-un port în altul.

1569

Proiecția cartografică Mercator, în care liniile de latitudine și de longitudine se intersectează formând unghiuri drepte, a înlesnit navigația pe mare.

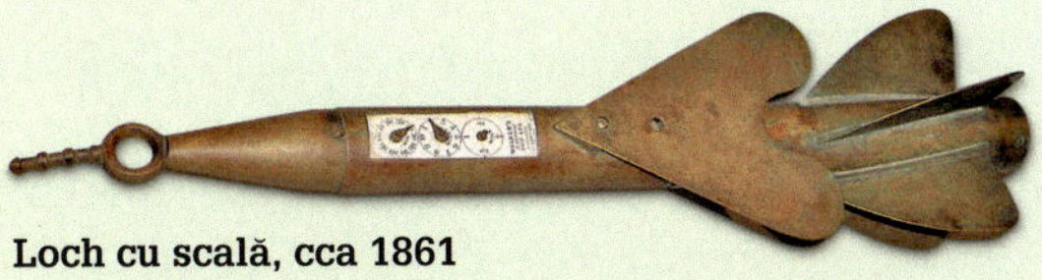

Loch cu scală, cca 1861

Măsurarea vitezei

Viteza pe mare se măsoară în noduri. Marinarii obișnuiau să lege o sfoară cu noduri la capătul ambarcațiunii, lăsând-o să se deșire pe măsură ce înaintau o anumită perioadă de timp măsurată cu o clepsidră. Apoi, aceștia numărau câte noduri au trecut ca să calculeze viteza ambarcațiunii. Mai târziu, a început să se folosească un loch cu scală.

Cronometrul marin

În anii 1700, navele obișnuiau să se rătăcească pe mare deoarece căpitanii nu aveau cum să știe pe ce longitudine se află (cât de departe a călătorit nava spre est sau spre vest). Pentru acest lucru, aveau nevoie de un ceas precis, care să indice mereu ora portului din care porniseră și s-o compare cu cea locală. Acest lucru era dificil de realizat la bordul unei nave în mișcare. După mulți ani în care a încercat să rezolve această problemă, John Harrison a construit primul cronometru marin precis.

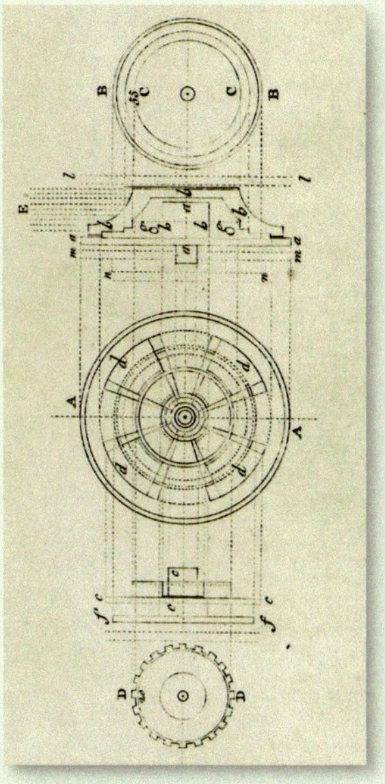

Schițele originale ale cronometrului lui Harrison. Acesta era cam de dimensiunea unui ceas mai mare de buzunar.

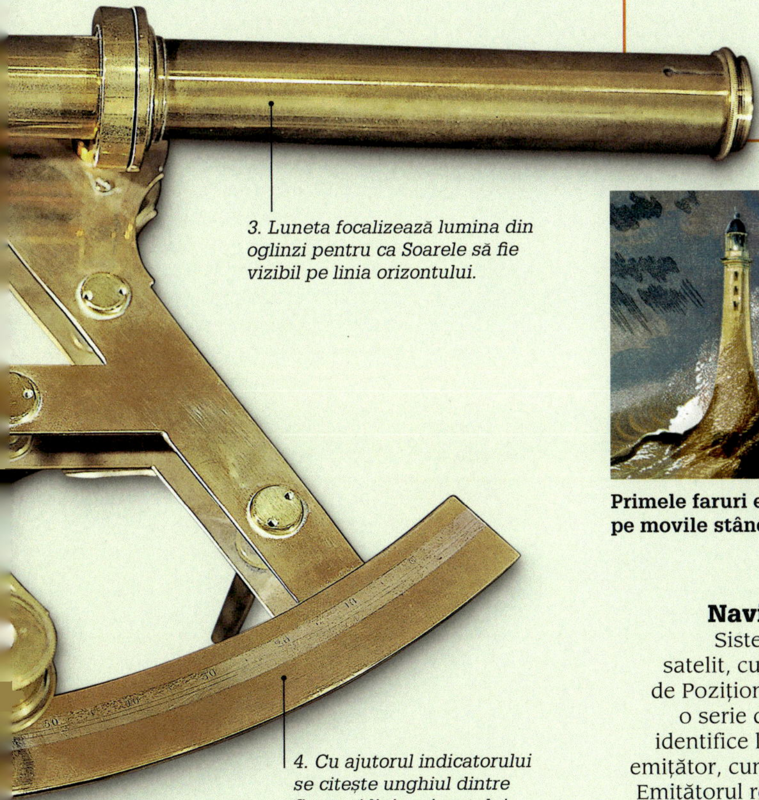

3. Luneta focalizează lumina din oglinzi pentru ca Soarele să fie vizibil pe linia orizontului.

4. Cu ajutorul indicatorului se citește unghiul dintre Soare și linia orizontului.

Sextant, secolul al XVIII-lea

Primele faruri erau adesea construite pe movile stâncoase.

Farurile

Romanii au fost primii care au construit faruri la intrările în porturi. Farurile moderne datează abia de la începutul anilor 1800, fiind construite pentru a împiedica eșuarea navelor. Acestea luminează puternic ca să le avertizeze de pericole cum ar fi recifurile stâncoase.

Navigarea prin satelit

Sistemele de navigare prin satelit, cum ar fi GPS-ul (Sistem de Poziționare Globală), folosesc o serie de sateliți globali ca să identifice locul în care se află un emițător, cum ar fi un smartphone. Emițătorul recepționează semnale de la cel puțin patru sateliți ca să calculeze instant poziția și viteza (vezi pagina 232).

1750

A început să fie folosit sextantul, un instrument de navigație întrebuințat la măsurarea latitudinii cu ajutorul Soarelui sau al Lunii. Navigatorii îl puteau utiliza atât ziua, cât și noaptea.

1759

John Harrison a construit un cronometru marin de mare precizie ca să calculeze longitudinea pe mare.

1935

A fost inventat radarul, care localizează obiectele nevăzute cu ajutorul undelor electromagnetice care se lovesc de acestea. A fost folosit pe nave ca să se identifice linia de coastă și alte ambarcațiuni.

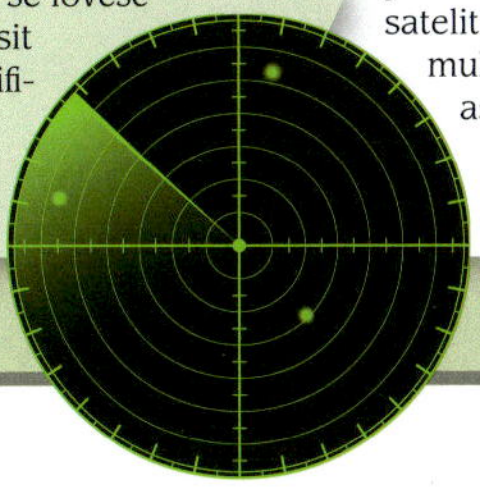

Ecran de radar

1990

A început să fie folosit GPS-ul, primul sistem de navigare prin satelit, acesta înlocuind rapid multe alte instrumente asemănătoare.

1710 ▸ 1730

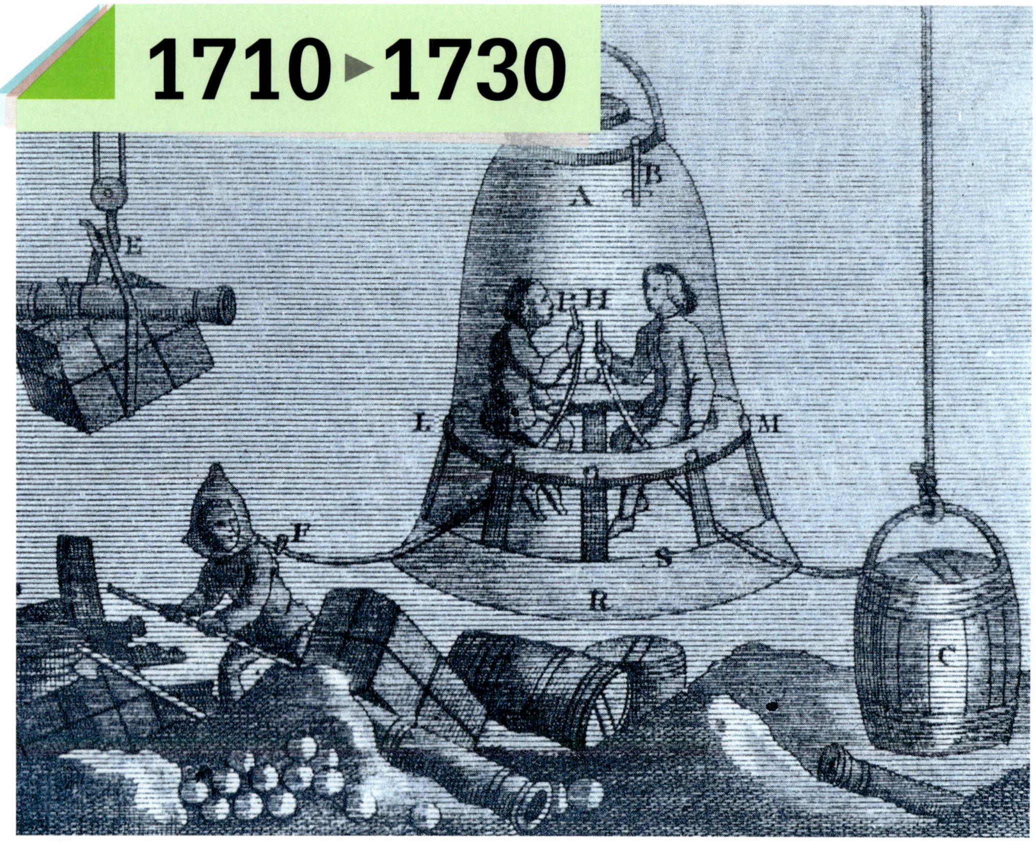

Ilustrație dintr-o enciclopedie din secolul al XIX-lea înfățișând clopotul de scufundare al lui Halley

„În toată încăperea clopotului nu era nici urmă de apă, așa că m-am așezat pe o bancă... cu toate hainele pe mine."

Edmond Halley despre scufundarea în clopot, 1715

1715

Clopotul de scufundare al lui Halley

Omul de știință englez Edmond Halley a inventat clopotul de scufundare. Alături de acesta era legat un butoi umplut cu aer, care alimenta constant clopotul printr-un furtun. Halley s-a scufundat cu clopotul la o adâncime de 18 metri și a rămas sub apă 90 de minute. Clopotele de scufundare erau folosite la recuperarea bunurilor din navele scufundate.

1710 — **1715**

1712

Primul motor funcțional cu abur

Inginerul englez Thomas Newcomen a construit primul motor funcțional cu abur, folosit la pomparea apei din mine. Creșterea cererii de cărbune a dus la săparea unor tunele de mină tot mai adânci, iar inundarea acestora devenise o problemă gravă.

Diagramă a motorului cu abur proiectat de Newcomen

1716 **MALARIA**

Medicul italian Giovanni Maria Lancisi a susținut că țânțarii, insecte care se împerechează în mlaștini, sunt responsabili de răspândirea malariei. Puțini l-au crezut la acea vreme, dar în anul 1894 s-a dovedit că avea dreptate.

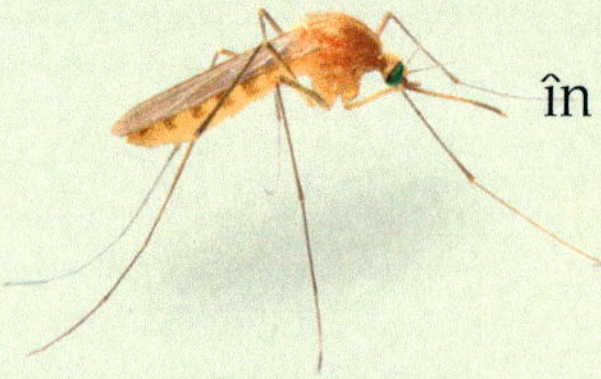

Femelă de țânțar Anopheles

Ciclul malariei

Malaria se transmite la om prin înțepătura unei femele infectate de țânțar Anopheles. Mici paraziți din saliva acesteia intră în sângele victimei și se reproduc în ficat, cauzând febră puternică.

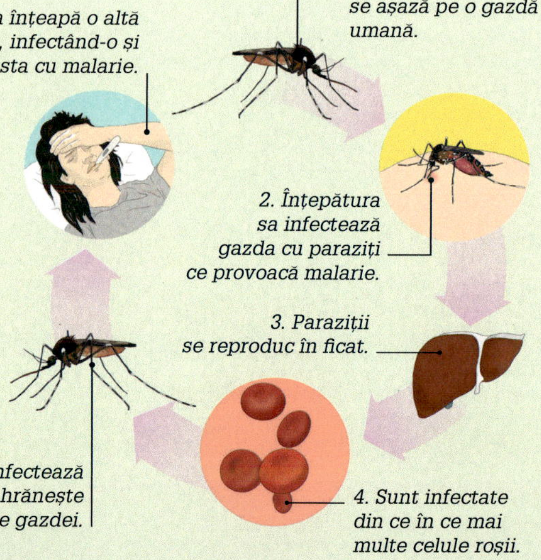

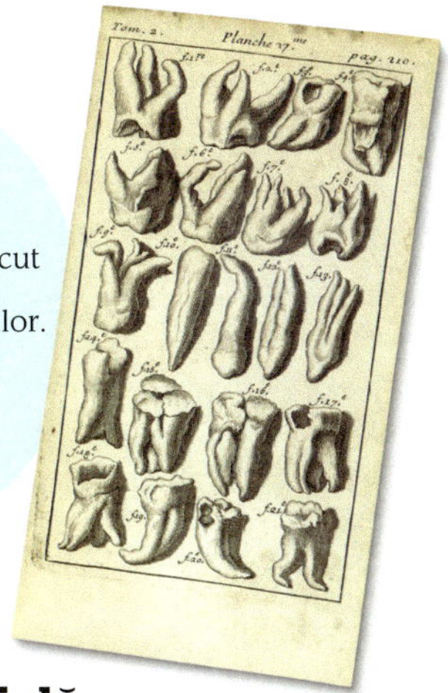

Ilustrație din *Chirurgul dentist*, lucrare publicată în anul 1728

Dulciuri dăunătoare

Medicul francez Pierre Fauchard a fost prima persoană din lume care a făcut legătura dintre consumul de zahăr și deteriorarea dinților. În lucrarea sa intitulată *Chirurgul dentist*, acesta îndemna oamenii să renunțe la consumul de dulciuri cu zahăr.

1729

Experimente electrice

Omul de știință și autodidactul Stephen Gray a fost unul dintre primii pionieri din domeniul electricității, pe care el o obținea prin frecare. A reușit să conducă o sarcină electrică pe o distanță de sute de metri, de-a lungul unui fir textil desfășurat prin casă și prin grădină. Mai târziu, Gray a demonstrat și publicului larg cum funcționează electricitatea statică, prin experimentul băiatului zburător.

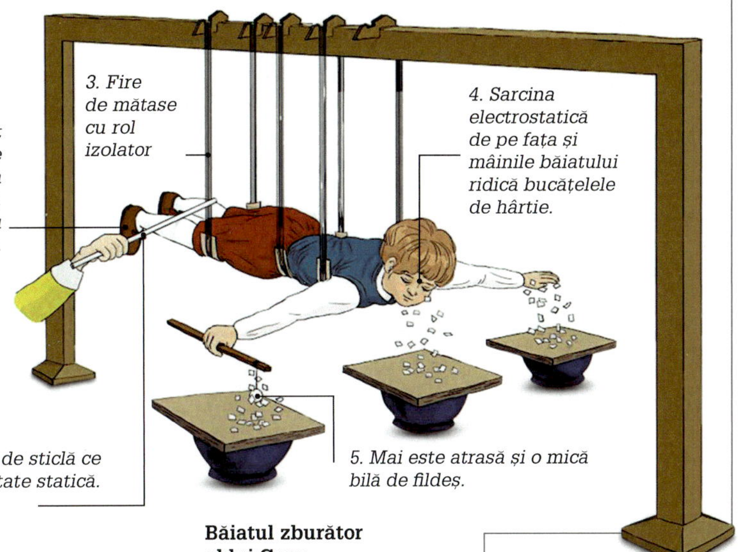

Băiatul zburător al lui Gray

1721

Protecție față de variolă

Variolizarea a fost o metodă de protejare a populației sănătoase față de infectarea cu variolă. Pielea persoanelor sănătoase era zgâriată cu material provenit din pustulele sau crustele celor infectați. Metoda a devenit celebră după ce a fost adoptată de membrii familiei regale britanice.

Instrument folosit la străpungerea pielii în timpul variolizării

1725 — 1730

1725

Țesere mai rapidă

Basile Bouchon, un expert francez al industriei textile, a inventat primul război de țesut semiautomat. A reușit să grăbească procesul de țesere folosind role de hârtie perforată ca să controleze ridicarea firelor de urzeală de pe gherghef. Invenția sa este strămoșul altor mașinării programabile, cum ar fi computerul.

Cât e ceasul? Vezi paginile 80–81.

1727

Observator astronomic indian

Maharajahul Jai Singh al II-lea, conducătorul regatului Jaipur din India, a construit observatorul astronomic Jantar Mantar, alcătuit dintr-o serie de monumente masive din cărămidă și piatră, printre care se numără și cel mai mare cadran solar din lume, Samrat Yantra.

Cadranul solar Samrat Yantra

Samrat Yantra, unul dintre cadranele solare Jantar Mantar, are o înălțime de 27 de metri.

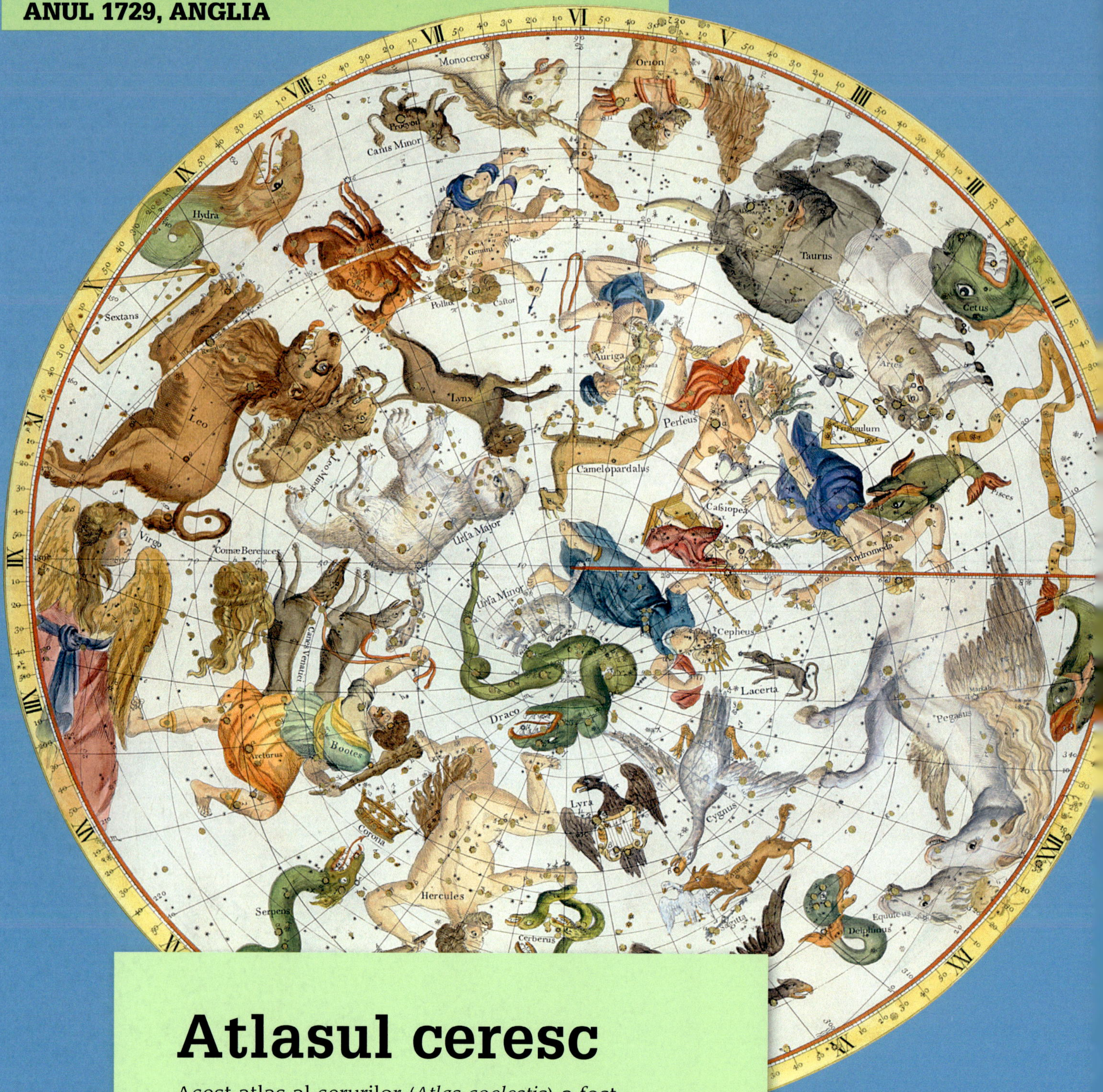

Atlasul ceresc

Acest atlas al cerurilor (*Atlas coelestis*) a fost publicat în anul 1729, la un deceniu după moartea autorului său John Flamsteed, primul astronom regal al Marii Britanii. Lucrarea se bazează pe observarea în detaliu a 2935 de corpuri cerești vizibile cu telescopul de la Observatorul Regal din Greenwich. *Atlas coelestis* a fost unul dintre primele atlase de importanță majoră bazate pe observații făcute cu ajutorul telescopului, fiind mult mai precis decât atlasele stelare de până atunci.

Constelații din emisferele nordică și sudică ilustrate în *Atlas coelestis*

„Trebuie să rectifici cu sârg și grijă deosebită locurile stelelor imobile."

Instrucțiuni date de regele Carol al II-lea al Angliei lui John Flamsteed în momentul în care l-a numit astronom regal, 1675

1730 ▸ 1750

Unde seismice
Vezi pagina 164.

1731
Descoperire cutremurătoare
Inventatorul Nicholas Cirillo a folosit un pendul ca să măsoare cutremurele din Napoli, Italia. Amplitudinea oscilațiilor pendulului (lungimea mișcărilor înainte și înapoi) era un bun indicator al locului unde mișcările pământului erau cele mai intense. Acest dispozitiv a fost primul seismograf.

Laura Bassi

1731
Prima femeie profesor universitar
Laura Bassi s-a născut în Italia și este cunoscută ca prima femeie care a primit titlul de profesor universitar, fiind numită membră a catedrei de anatomie la Universitatea din Bologna, Italia. Un an mai târziu, a început să predea și filosofia.

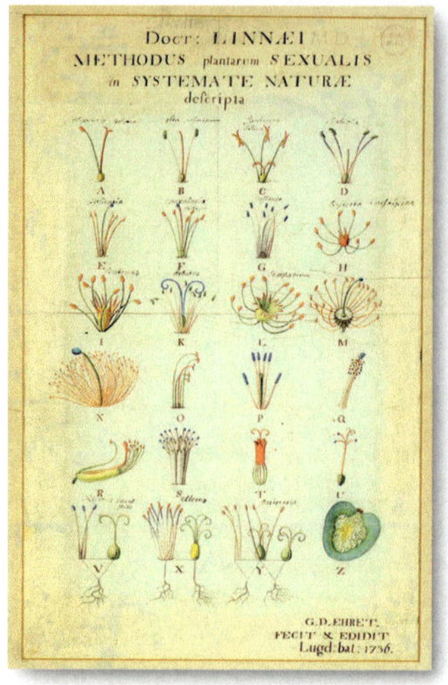

Pagină din lucrarea lui Linnaeus intitulată *Systema naturae*

1735
Clasificări în mediul înconjurător
Botanistul suedez Carl Linnaeus a sugerat că mediul înconjurător poate fi clasificat în trei regnuri: animal, vegetal și mineral. În lucrarea sa intitulată *Systema naturae*, acesta a introdus sistemul binomial (două nume), care clasifica plantele și viețuitoarele în funcție de gen și de specie. Acest sistem se folosește și astăzi.

Substanță elastică
Într-o expediție în pădurea tropicală amazoniană, exploratorul francez Charles Marie de La Condamine a descoperit cauciucul, care se obține din seva secretată de arborele *Hevea brasiliensis*, și a trimis mostre în Europa.

Incizie făcută în scoarța copacului

Este colectată seva arborelui de cauciuc, denumită latex.

1730 · 1734 · 1738

1733
Suveica zburătoare
Inventată de englezul John Kay, suveica zburătoare era un dispozitiv simplu care a revoluționat industria textilă. La războiul de țesut, suveica trage firul prin urzeală (țesătură verticală). Folosind suveica zburătoare a lui Kay, care se afla într-o cutie fixată de o sfoară, țesătorul putea să execute mișcări mult mai rapide de-a lungul și de-a latul războiului de țesut.

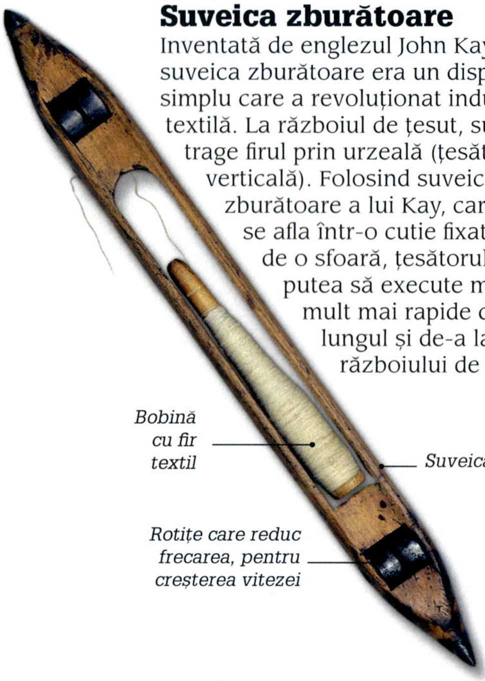

Bobină cu fir textil

Suveică

Rotițe care reduc frecarea, pentru creșterea vitezei

Bornit, un minereu care conține și cobalt

1735
Spirit rău
Chimistul suedez Georg Brandt a identificat elementul denumit *cobalt*, care se găsește în scoarța terestră alături de alte minerale. Denumirea acestuia provine de la cuvântul german *kobold (spirit rău)*.

1738
Legea lui Bernoulli
Matematicianul elvețian Daniel Bernoulli a afirmat că pe măsură ce crește viteza unui fluid aflat în mișcare (lichid sau gazos), presiunea sa scade. Acest principiu explică faptul că o aeronavă se ridică, deoarece aerul se mișcă mai repede deasupra aripilor și mai lent dedesubt.

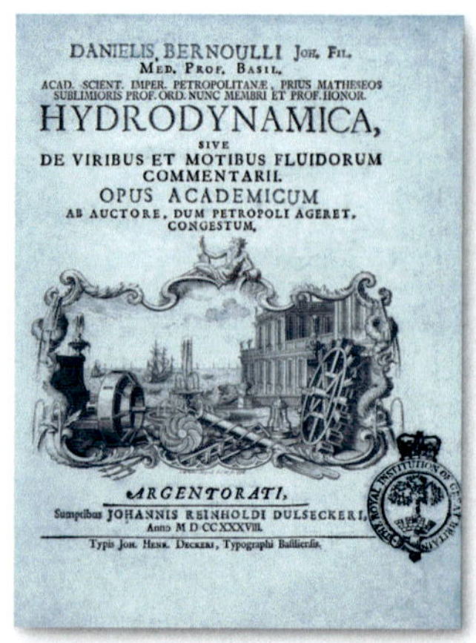

DANIELIS BERNOULLI Joh. Fil.
Med. Prof. Basil.
ACAD. SCIENT. IMPER. PETROPOLITANÆ, PRIUS MATHESEOS SUBLIMIORIS PROF. ORD. NUNC MEMBRI ET PROF. HONOR.
HYDRODYNAMICA,
SIVE
DE VIRIBUS ET MOTIBUS FLUIDORUM COMMENTARII.
OPUS ACADEMICUM
AB AUCTORE, DUM PETROPOLI AGERET, CONGESTUM.
ARGENTORATI,
Sumptibus JOHANNIS REINHOLDI DULSECKERI,
Anno M DCC XXXVIII.
Typis Joh. Henr. Deckeri, Typographi Basiliensis.

Bernoulli a publicat principiul său într-o lucrare intitulată *Hydrodinamica*.

Inventate în anul 1732 pentru măsurarea vitezei de curgere a râurilor, tuburile Pitot se folosesc și astăzi pentru măsurarea vitezei relative a aeronavelor față de aer.

1745 STOCAREA ELECTRICITĂŢII

Butelia de Leyda a fost primul dispozitiv care a permis acumularea sarcinii electrice obținute cu ajutorul unui generator electrostatic, fiind capabil și ca ulterior să o elibereze. Fiindcă nu producea sarcină electrică, nu poate fi considerată o baterie, ci doar un simplu dispozitiv de stocare a electricității. Benjamin Franklin a folosit butelii de Leyda pentru experimentele sale (vezi pagina 100).

Cunaeus (stânga) și van Musschenbroek (dreapta) la muncă

Inventarea buteliei de Leyda
Omul de știință Ewald Georg von Kleist a inventat butelia de Leyda în Germania. Independent față de acesta, a fost construită și de Pieter van Musschenbroek și Andreas Cunaeus. Denumirea invenției provine de la orașul olandez Leiden.

Butelia de Leyda
Recipientul de sticlă era căptușit la exterior și în interior cu o foiță de staniol. Sarcina electrică era stocată între armătura exterioară (foița de staniol) și cea interioară, aflată la capătul dopului prin care trece o bară cuplată printr-un fir sau lanț de căptușeala interioară.

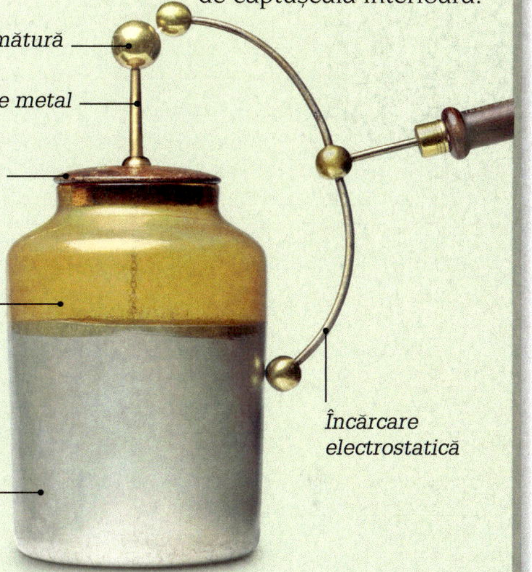

1742 · 1746 · 1750

Vaca de mare a lui Steller (sus) împreună cu foci urecheate și o vidră de mare (dreapta jos)

1741

Expediție arctică

Exploratorul danez Vitus Bering a murit când nava sa a eșuat în largul coastelor Alaskăi, dar naturalistul aflat la bord, pe nume Georg Steller, a supraviețuit și a descoperit șase noi specii de viețuitoare. Printre acestea se numără și vaca de mare a lui Steller, o specie mare de mamifer marin care a dispărut în anul 1767.

1742

Scara Celsius

Astronomul și matematicianul suedez Anders Celsius a inventat o scară de temperatură în care sunt 100 de grade între punctul de fierbere și cel de îngheț ale apei. Aceasta a devenit scara Celsius modernă. În versiunea inițială, 100 °C era temperatura de îngheț și 0 °C cea de fierbere, exact invers față de cum se consideră astăzi.

Ciocănitoare din lucrarea *Istoria naturală* a lui Buffon

1749

Studiu despre viețuitoare

Naturalistul francez Georges Buffon a început să publice lucrarea intitulată *Istoria naturală*, care avea să se întindă pe parcursul a 44 de volume. Buffon a fost unul dintre primii experți care și-au dat seama că planeta noastră are o vârstă foarte înaintată și că au dispărut multe specii de viețuitoare de la formarea acesteia până în prezent.

1750 ▸ 1770

„Căldura care dispare atunci când apa se transformă în abur nu se pierde."

Joseph Black despre căldura latentă

1753

Leac din citrice

Scorbutul este o boală oribilă care a omorât mii de marinari în călătorii lungi pe mare. Chirurgul naval James Lind a dovedit că aceasta putea fi prevenită prin consumul de suc de lămâie sau de limetă. Astăzi se cunoaște că scorbutul este cauzat de un deficit de vitamina C, care se găsește în toate citricele.

Suma tuturor cunoștințelor

În anul 1751, filosofii francezi Denis Diderot și Jean d'Alembert au început să publice *Enciclopedia*, o lucrare vastă al cărei scop era să conțină toate cunoștințele acumulate până atunci de omenire. Cei doi și-au încheiat munca abia după 20 de ani.

***Enciclopedia* este alcătuită din 28 de volume și conține 71.808 de articole și 3129 de ilustrații.**

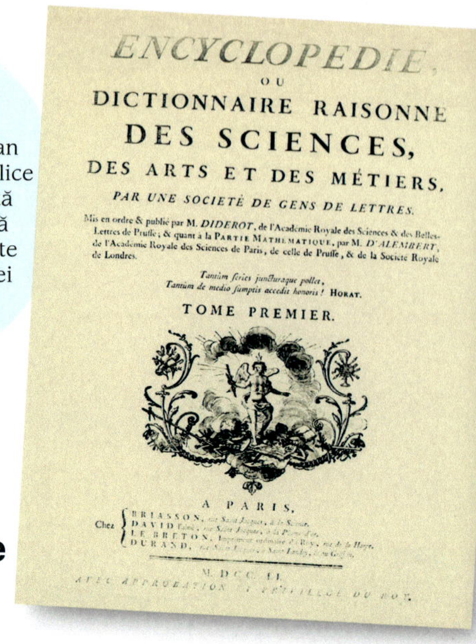
ENCYCLOPÉDIE,
OU
DICTIONNAIRE RAISONNÉ
DES SCIENCES,
DES ARTS ET DES MÉTIERS,
PAR UNE SOCIÉTÉ DE GENS DE LETTRES.
TOME PREMIER.
A PARIS,
M. DCC. LI.

Pagină de titlu al primului volum al *Enciclopediei*

1750 — 1754 — 1758

1752

Scântei strălucitoare

Viitorul diplomat american Benjamin Franklin și-a riscat viața pentru a dovedi că fulgerele sunt descărcări electrice. Împreună cu fiul său, a înălțat un zmeu în timpul unei furtuni legând o cheie de fier de sfoară. Când fulgerul a lovit zmeul, pe cheie s-au putut observa scântei.

1754

Gaz dens

Chimistul scoțian Joseph Black a descoperit un gaz mai dens decât aerul și l-a numit *aer fix*, fiind însă vorba despre dioxidul de carbon. Mai târziu, Black a descoperit și căldura latentă (energia absorbită sau eliberată când o substanță chimică trece din stare solidă în stare lichidă sau invers).

Cronometrul cu numărul 4 al lui Harrison, 1759

Cronometrul marin

Ceasornicarul englez John Harrison a construit un cronometru care s-a dovedit foarte util pentru navigație. Acesta se folosea pe mare la măsurarea precisă a longitudinii (vezi paginile 92–93).

1760–1870 REVOLUŢIA INDUSTRIALĂ

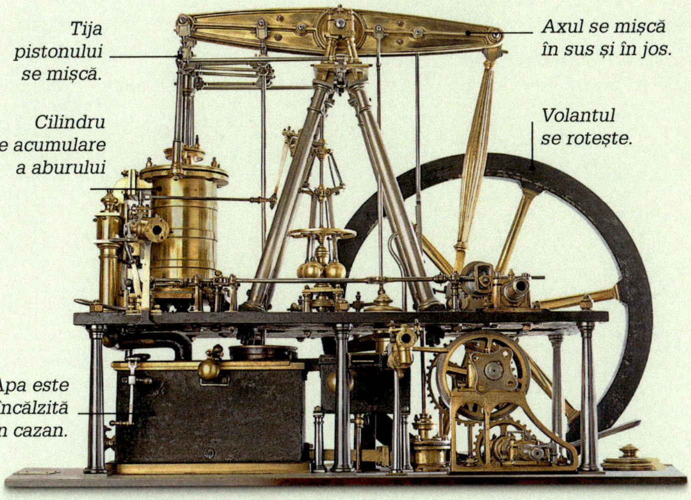

Abur mai eficient
În anul 1775, inginerul scoțian James Watt a construit un motor cu abur (vezi paginile 130–131) mult mai eficient și mai rapid decât cele anterioare. Datorită acestor îmbunătățiri, motoarele cu abur nu mai erau folosite doar la scoaterea apei din mine, ci și la punerea în mișcare a mașinăriilor din mori și din fabrici, precum și la acționarea navelor cu abur și a locomotivelor.

Dezvoltarea de noi tehnologii a avut ca rezultat o perioadă de schimbare socială și economică denumită *Revoluția Industrială*, în care lumea s-a schimbat pentru totdeauna odată cu creșterea numărului de fabrici, mine, canale și (mai târziu) căi ferate. Tot mai mulți oameni părăseau satele ca să-și găsească locuri de muncă în noile orașe industriale.

Fabrici de textile
Inventarea noilor tehnologii de toarcere și de țesere au dus la începerea producției de materiale textile la scară largă. Mii de femei și copii munceau numeroase ore pe zi în noile fabrici, în condiții foarte dificile.

Fete și femei muncind într-o fabrică de bumbac

1762 · 1766 · 1770

Metrosideros collina, ***una dintre plantele strânse de Joseph Banks în timpul călătoriei sale***

1769

Expediție științifică
La bordul navei Endeavour, căpitanul James Cook a navigat prin Oceanul Pacific cu scopul de a observa tranzitul lui Venus (momentul când planeta se află între Pământ și Soare) de pe insula Tahiti. În anul 1770, acesta avea să descopere coasta de est a Australiei. La bordul navei se afla și botanistul Joseph Banks, care a strâns mii de plante din Golful Botanic din Sydney, Australia. La întoarcerea acasă, veștile despre această expediție au stârnit mult interes în toată Europa.

1769

Mașina cu abur
Inginerul francez Nicolas-Joseph Cugnot a construit un vehicul propulsat cu ajutorul aburului, al cărui scop era de a transporta armament greu. Acesta avea trei roți și un cazan mare de cupru așezat înaintea roții din față. Din păcate, vehiculul s-a dovedit a fi atât de greoi, încât era imposibil de pus în mișcare.

În anul 1766, fizicianul britanic Henry Cavendish a descoperit că hidrogenul, căruia îi spunea *aer inflamabil*, este un element diferit față de celelalte gaze.

Cum va fi vremea?

Știința care studiază vremea se numește *meteorologie*, un cuvânt grecesc care se referea inițial la studierea obiectelor cerești. Oamenii au încercat dintotdeauna să înțeleagă și să prezică vremea. Inventarea instrumentelor care măsoară presiunea atmosferică, temperatura și umiditatea ne permit să prezicem cu mai multă precizie cum va fi vremea.

Forma concavă pune în mișcare cupa la cel mai mic curent de aer.

Cupa se rotește punând în mișcare un ax vertical.

Măsurarea vitezei vântului

Monitorizarea vitezei vântului reprezintă o parte importantă a meteorologiei. Experții folosesc un instrument denumit *anemometru* (în limba greacă, *anemos* înseamnă *vânt*). Cel mai comun tip de anemometru a fost inventat în anul 1846 și este alcătuit din trei sau patru cupe sferice, prinse de brațe orizontale care se rotesc în bătaia vântului.

Axul se rotește cu atât mai rapid cu cât vântul bate mai puternic.

Cadranul gradat cu indicator afișează viteza vântului.

Anemometru cu cupe sferice, cca 1846

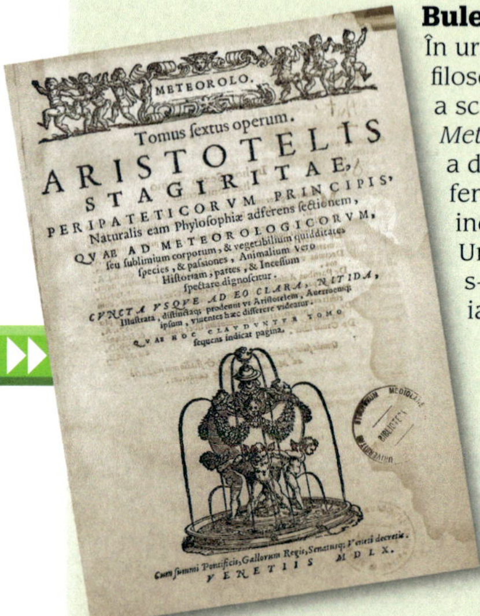

Buletin meteo primitiv

În urmă cu circa 2400 de ani, filosoful antic grec Aristotel a scris o lucrare intitulată *Meteorologica*, în care a descris numeroase fenomene meteorologice, inclusiv furtuni și musoni. Unele dintre teoriile sale s-au dovedit a fi adevărate, iar altele incorecte.

Ediție în limba latină a tratatului lui Aristotel intitulat *Meteorologica*, 1560

În bătaia vântului

Girueta este un instrument fixat de obicei în vârful clopotnițelor bisericilor sau altor clădiri înalte, fiind întrebuințat de mii de ani cu scopul indicării direcției vântului – informație foarte importantă pentru fermieri, pescari și marinari.

Săgeata indică direcția în care bate vântul.

Evenimente importante

1450

Arhitectul italian Leon Battista Alberti a făcut prima descriere scrisă a unui anemometru mecanic, instrument folosit la măsurarea vitezei vântului.

1643

Experimentele cu mercur ale fizicianului italian Evangelista Torricelli au dus la dezvoltarea barometrului, instrument care măsoară schimbările presiunii atmosferice.

1686

Omul de știință englez Edmond Halley a publicat o hartă cu direcțiile vânturilor oceanice și ale musonilor. Aceasta este adesea considerată prima hartă meteorologică.

1806

Francis Beaufort, amiral în Marina Regală Britanică, a elaborat o scală de măsurare a vitezei vântului folosită chiar și în zilele noastre.

Torricelli creează primul barometru cu mercur.

Barometrele

Barometrul este instrumentul care măsoară presiunea atmosferică (greutatea aerului în atmosferă). Până nu demult, existau doar două tipuri de barometre: cel cu mercur (vezi pagina 79), inventat în anul 1643 de Evangelista Torricelli (sus) și cel mecanic, inventat în anul 1844. Astăzi, majoritatea barometrelor sunt electronice.

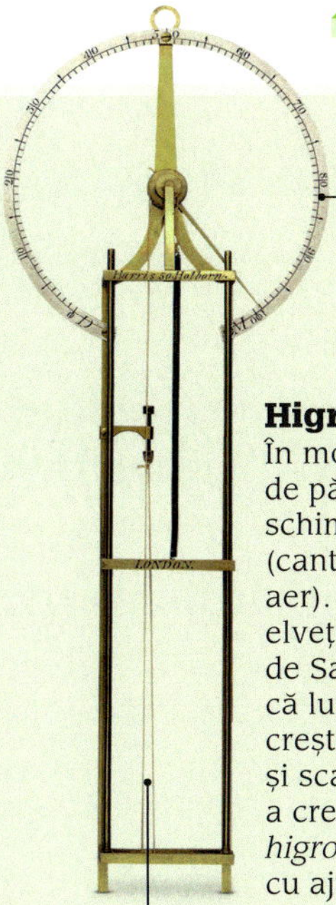

Higrometrul cu păr

În mod uimitor, un fir de păr uman poate măsura schimbările de umiditate (cantitatea de umezeală din aer). În anul 1783, fizicianul elvețian Horace Bénédict de Saussure a observat că lungimea unui fir de păr crește în zilele mai umede și scade în cele uscate. Astfel, a creat un instrument denumit *higrometru*, care funcționa cu ajutorul unui fir de păr.

Termometrul

Termometrul este instrumentul folosit pentru măsurarea temperaturii. Acest termometru italian din secolul al XVIII-lea se bazează pe o invenție a lui Galileo Galilei. Cele șase tuburi umplute cu alcool conțin și mici sfere de sticlă goale pe dinăuntru. Când crește temperatura, alcoolul se dilată și densitatea sa scade, iar astfel sferele se scufundă.

Denumirea norilor

Denumirile pe care le folosim astăzi când vorbim despre diferite tipuri de nori se datorează clasificării făcute de farmacistul londonez Luke Howard. Fiind pasionat de meteorologie, acesta a alcătuit în anul 1802 o listă cu diverse tipuri de nori, dându-le denumiri latine în funcție de caracteristici.

Cirrus (filament)
Nori înalți, subțiri și fibroși alcătuiți din cristale de gheață, care pot indica schimbări ale vremii.

Stratus (strat)
Nori de altitudine joasă care alcătuiesc o pătură plată ce produce înnorări sau precipitații slabe.

Cumulus (grămadă)
Nori pufoși asemănători conopidei, care se înalță și pot provoca furtuni.

Imagine din satelit cu uraganul Andrew, 1992

Despre uragane

Astăzi, sateliții strâng și monitorizează informațiile meteo. Această imagine a unui uragan care urmează să lovească țărmul Floridei (SUA) a fost creată cu date de la un satelit meteo al NASA. Meteorologii folosesc imaginile oferite de sateliți și computere ca să avertizeze oamenii de pericole.

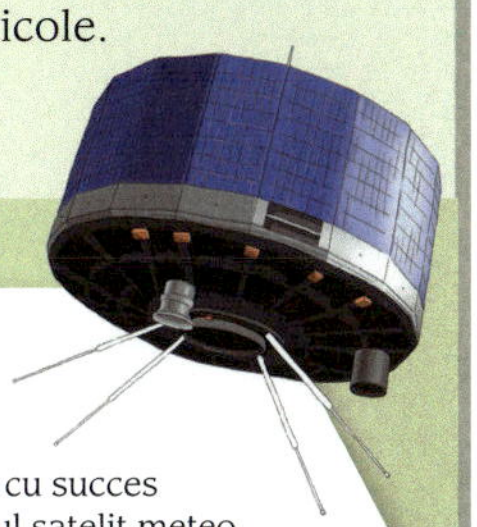

TIROS-1

1849

Institutul Smithsonian a creat o rețea de observare meteorologică pe întreg cuprinsul SUA. Sute de voluntari ofereau rapoarte telegrafice lunare.

1929

A fost lansată prima radiosondă – un aparat cu o cutiuță de instrumente legată de un balon cu aer, care strânge date meteorologice la mari altitudini.

1953

Centrul Național de Uragane al SUA a început să atribuie nume de persoane furtunilor tropicale din Oceanul Atlantic.

1960

NASA a lansat cu succes TIROS-1, primul satelit meteo care putea prezice foarte precis cum va fi vremea bazându-se pe observații obținute în spațiu.

ANII 1683–1684, LONDRA, ANGLIA

„Mica eră glaciară (...) a constituit un dezechilibru de schimbări climatice rapide, provocate de interacțiuni complexe și încă foarte puțin înțelese între atmosferă și ocean.”

Brian Fagan,
Mica eră glaciară: cum a făcut istorie clima, 2001

Această pictură înfățișează un târg ținut pe fluviul Tamisa, care a înghețat complet în iarna dintre anii 1683 și 1684.

Mica eră glaciară

În perioada dintre anii 1300 și 1850, pe Pământ a avut loc o scădere bruscă a temperaturii, cauzată de expansiunea ghețarilor pe întreg cuprinsul globului. Astăzi, climatologii o numesc *Mica era glaciară*, dar pe atunci oamenii nu înțelegeau ce se întâmplă, deslușind misterul abia în secolul al XIX-lea. Până atunci se credea că fiecare regiune din lume are o climă stabilă, dar astăzi este cunoscut faptul că schimbările climatice au loc în cicluri și pot fi influențate de factori cum ar fi creșterea activității vulcanice, modificările curenților oceanici și scăderea cantității de energie solară care ajunge pe Pământ. Iarna dintre anii 1683 și 1684 a fost deosebit de grea în nordul Europei, fluviul Tamisa din Londra înghețând pur și simplu vreme de două luni. Când stratul de gheață era foarte gros, pe fluviu a fost organizat chiar și un târg.

1770 ▸ 1790

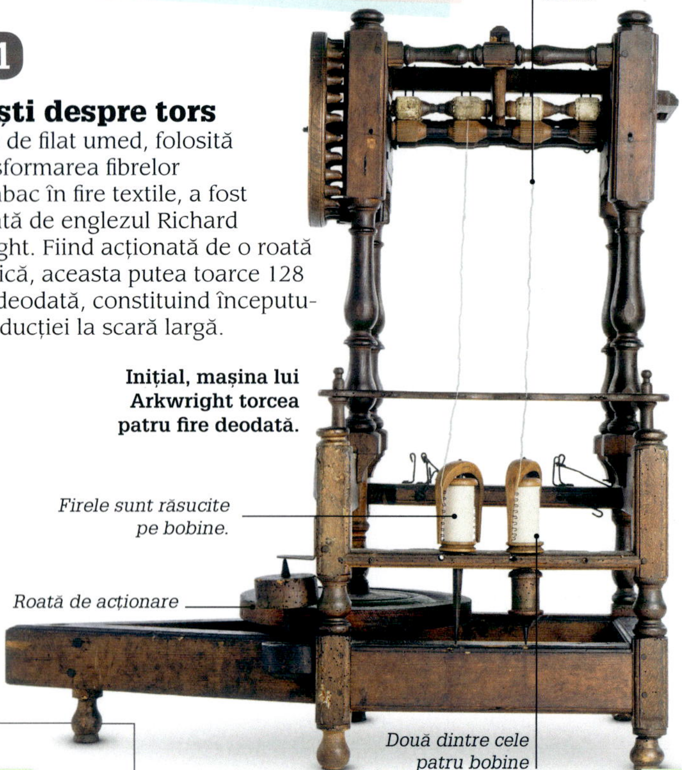

Inițial, mașina lui Arkwright torcea patru fire deodată.

1771

Povești despre tors

Mașina de filat umed, folosită la transformarea fibrelor de bumbac în fire textile, a fost inventată de englezul Richard Arkwright. Fiind acționată de o roată hidraulică, aceasta putea toarce 128 de fire deodată, constituind începuturile producției la scară largă.

Balonul fraților Montgoflier este gata de înălțare

1770 ▸ 1775

1772

Descoperirea oxigenului

Încălzind un amestec de diferiți compuși chimici, chimistul suedez Carl Wilhelm Scheele a descoperit un gaz pe care l-a denumit *aer de foc*, cunoscut astăzi ca *oxigen*. Independent față de acesta, omul de știință englez Joseph Priestley a descoperit același gaz în anul 1774, demonstrând că lumânările nu pot să ardă fără oxigen.

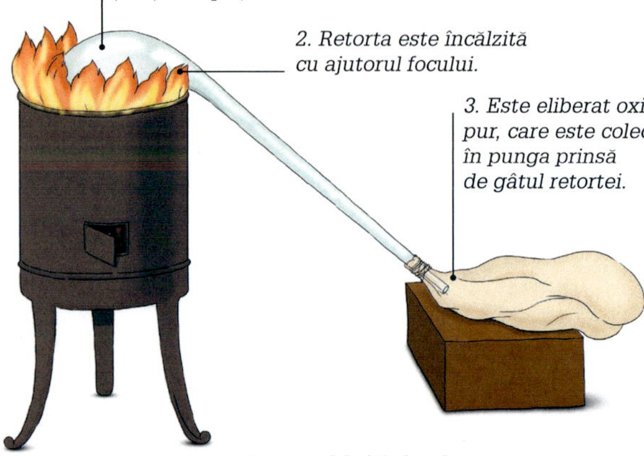

Aparatul lui Scheele de extragere a oxigenului

1776

Atac cu submarinul

Inventatorul nord-american David Bushnell a construit un submarin numit *The Turtle (Țestoasa)*, cu ajutorul căruia plănuia să fixeze bombe pe navele britanice în timpul Războiului de independență al SUA (1775–1783). Acesta nu a avut însă succesul scontat.

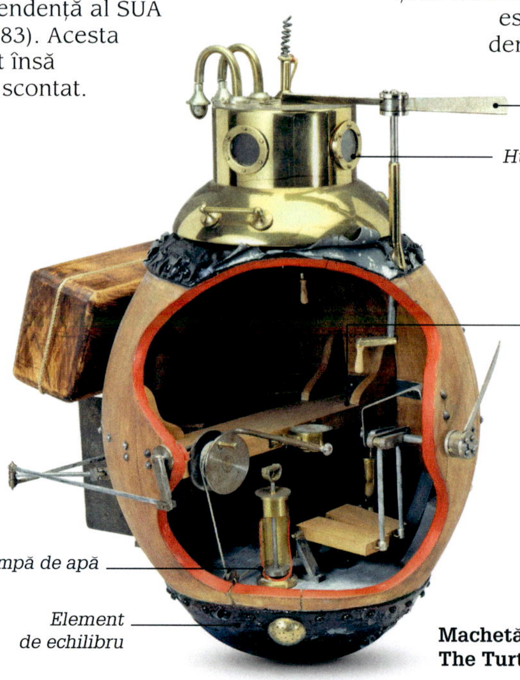

Machetă a submarinului The Turtle

1778

Cum își produc plantele hrana

Biologul olandez Jan Ingenhousz a descoperit că plantele au nevoie de lumină ca să-și producă hrană și că elimină oxigen. Acest proces este cunoscut astăzi sub denumirea de *fotosinteză*.

1783
Înălțarea balonului
Frații Montgolfier au construit un balon cu aer cald făcut din hârtie. Mulțimea strânsă la Paris a fost uimită să constate că acesta s-a înălțat 900 de metri în aer. Inventatorii și-au dat seama că atunci când aerul cald este reținut într-un recipient ușor, acesta din urmă se înalță, deoarece aerul cald este mai puțin dens decât cel rece.

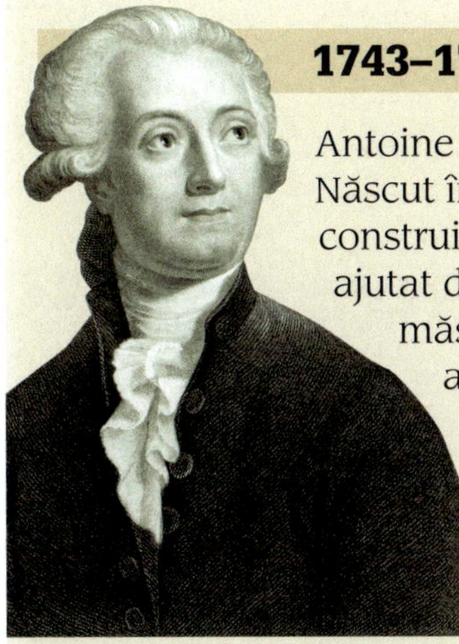

1743–1794 ANTOINE LAVOISIER

Antoine Lavoisier este privit ca părintele chimiei moderne. Născut într-o familie înstărită din Paris, Franța, acesta și-a construit un laborator în care să poată face experimente ajutat de soția sa și de câțiva asistenți. Cunoscut pentru măsurătorile sale precise și îngrijite, Lavoisier a descoperit rolul oxigenului în procesul de oxidare (ruginire), combustie (ardere) și respirație.

Om de știință experimental
La fel ca în eforturile depuse ca să înțeleagă cum se comportă oxigenul, Lavoisier a demonstrat că materia nici nu se creează și nici nu se distruge în timpul schimburilor chimice. Lavoisier a fost executat în timpul Revoluției franceze deoarece lucrase ca inspector financiar al regelui.

Elemente de chimie
Lavoisier a publicat lucrarea intitulată *Elemente de chimie*, care a pus bazele chimiei ca știință. Aceasta conținea o listă de 33 de elemente (substanțe care nu mai pot fi descompuse) și a introdus denumirile chimice moderne, cum ar fi *oxigenul* și *hidrogenul*.

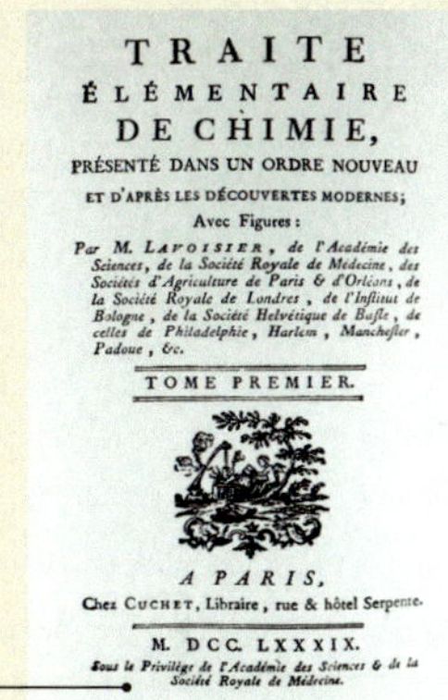

TRAITE
ÉLÉMENTAIRE
DE CHIMIE,
PRÉSENTÉ DANS UN ORDRE NOUVEAU
ET D'APRÈS LES DÉCOUVERTES MODERNES;
Avec Figures:
Par M. LAVOISIER, de l'Académie des Sciences, de la Société Royale de Médecine, des Sociétés d'Agriculture de Paris & d'Orléans, de la Société Royale de Londres, de l'Institut de Bologne, de la Société Helvétique de Basle, de celles de Philadelphie, Harlem, Manchester, Padoue, &c.
TOME PREMIER.
A PARIS,
Chez CUCHET, Libraire, rue & hôtel Serpente.
M. DCC. LXXXIX.
Sous le Privilège de l'Académie des Sciences & de la Société Royale de Médecine.

Elemente de chimie a fost publicată în 1789, anul începerii Revoluției franceze

1785 · 1790

1781
A șaptea planetă
Astronomul germano-britanic Frederick William Herschel a descoperit o nouă planetă cu ajutorul unui telescop pe care îl construise în grădina din spatele casei sale. Aceasta a primit numele Uranus (echivalentul latin al lui Ouranos, zeul grec al cerului). Opt ani mai târziu, a fost descoperit un nou element chimic. Acesta a fost denumit *uraniu* după numele planetei.

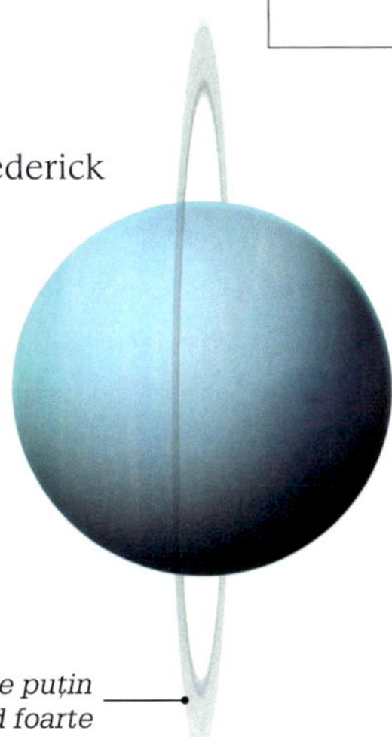

Axa lui Uranus are o înclinație de puțin peste 90 de grade, această planetă fiind foarte diferită față de celelalte în această privință.

1785
Peisaje în schimbare
Geologul scoțian James Hutton a sugerat că peisajele se află într-o continuă schimbare datorită proceselor naturale lente, cum ar fi eroziunea. Potrivit acestei viziuni, vârsta Pământului este de milioane de ani, ceea ce s-a dovedit a fi corect, cu toate că această idee era contrazisă pe atunci de creștini, care susțineau că Pământul are numai 6000 de ani.

> „Pământul suferă cele mai mari schimbări din cele mai mici motive."
>
> James Hutton, 1795

1781
Broasca săltăreață
Omul italian de știință Luigi Galvani a atins nervii expuși ai unei broaște moarte cu un fir de metal în timpul unei furtuni. Astfel, la fiecare fulger, picioarele broaștei tresăreau. Experimentele sale macabre au reprezentat un pas important în înțelegerea electricității și au inspirat romanul *Frankenstein*.

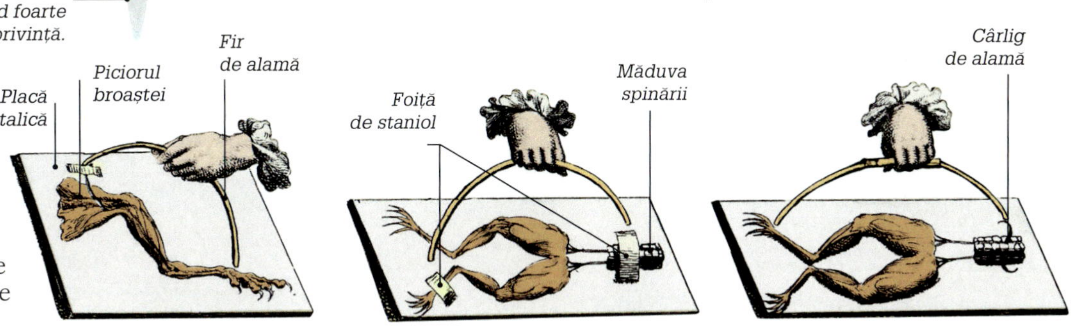

Experimentele lui Galvani constau în întinderea picioarelor broaștei pe plăcuțe metalice și atingerea lor cu diferite metale.

1790–1895
Descoperiri revoluționare

În secolul al XIX-lea, totul s-a schimbat datorită dezvoltării mașinilor cu abur, care au industrializat rapid întreaga lume. Aceasta nici nu mai părea atât de mare, căci și comunicațiile erau mai rapide datorită inventării telegrafului, telefonului și radioului, dar și datorită călătoriilor mai rapide pe recent apărutele căi ferate. Casele și orașele au început să fie iluminate electric. O mai bună înțelegere a bolilor a îmbunătățit considerabil sănătatea popoarelor vestice, în vreme ce oamenii de știință erau mereu în căutare de inovații tehnice care să schimbe viețile oamenilor. Dar cea mai mare descoperire revoluționară a fost conștientizarea faptului că viața a apărut pe Pământ datorită unui lung proces de evoluție.

1790 ▸ 1805

„Eu mă voi strădui să aflu cum interacționează forțele naturii.”

Alexander von Humboldt, 1799

1792

Totul este iluminat

Inginerul scoțian William Murdoch a inventat iluminatul cu gaz. Acesta încălzea cărbune care producea gaz inflamabil, pe care îl folosea apoi la iluminatul casei sale din Cornwall, Anglia. Aceste lămpi ofereau o lumină mult mai puternică decât cele cu petrol, așa că noua metodă de iluminat a început să fie folosită atât în fabrici, cât și pe străzi.

Lămpile cu gaz au început să fie folosite în Londra în anul 1809.

Călătorii prin natură
Vezi paginile 112–113.

Expediție științifică

Naturalistul german Alexander von Humboldt este considerat întemeietorul ecologiei – studiul modului în care organismele interacționează între ele și cu mediul înconjurător – ca domeniu științific. Între anii 1799 și 1804, acesta a explorat Africa de Sud.

Printre viețuitoarele descoperite se numără și maimuța lânoasă a lui Humboldt.

1790 — 1795

1793

Mașina de egrenat bumbacul

În SUA, inventatorul Eli Whitney a construit mașina de egrenat bumbacul, un dispozitiv mecanic care îndepărta semințele din fibre înainte de tors, acțiune făcută înainte cu mâna. Producția de fibre de bumbac a crescut considerabil odată cu apariția mașinii de egrenat.

Bumbac curățat

Fibre de bumbac cu semințe

1796 PRIMUL VACCIN

Medicul englez Edward Jenner a adus o inovație revoluționară în lumea medicală odată cu primul vaccin. Acesta a infectat un băiat sănătos cu variola vacii, o boală similară dar mult mai blândă decât variola umană. După ce Jenner i-a injectat acești germeni, băiatul nu s-a îmbolnăvit de variolă, fiindcă sistemul său imunitar a fost astfel întărit, protejându-l de virus. Cu toate acestea, mulți oameni au rămas neîncrezători în această metodă.

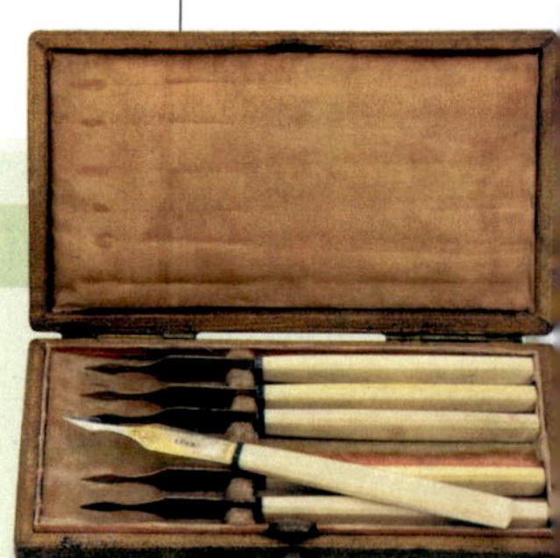

Cuțite folosite la vaccinare

Această caricatură a vremii înfățișează oameni cărora după vaccinare le creșteau capete de vaci.

În anul 1801, Jean-Baptiste Lamarck a inventat termenul *nevertebrate* ca să descrie viețuitoarele lipsite de coloană vertebrală.

1804

Prima călătorie pe cale ferată

Inginerul englez Richard Trevithick a construit un motor cu abur de înaltă presiune și l-a fixat pe roți. Locomotiva obținută a remorcat cinci vagoane cu 70 de pasageri și zece tone de cărbune pe o distanță de 14 kilometri, cu o viteză maximă de 8 km/h.

Gay-Lussac și Biot în prima ascensiune

Pila voltaică

1800

Prima baterie electrică

Inventatorul italian Alessandro Volta a descoperit că poate obține curent electric dacă așază unele peste altele discuri de zinc, cupru și hârtie îmbibată în soluție salină. Acest dispozitiv este cunoscut sub denumirea de *pilă voltaică* și a fost prima baterie creată vreodată. Adăugarea mai multor discuri ducea la creșterea cantității de curent electric generat.

1804

Sus în aer

Oamenii de știință francezi Joseph Louis Gay-Lussac și Jean-Baptiste Biot au reușit să urce într-un balon cu aer cald la o înălțime record de 7016 metri, cu scopul de a studia atmosfera Pământului.

1800 — **1805**

1801

Război de țesut Jacquard

Inventatorul francez Joseph-Marie Jacquard a construit un război de țesut capabil să realizeze țesături elaborate, cum ar fi brocartul, după un „program" înscris pe o serie de cartele perforate. Războiul de țesut Jacquard l-a inspirat pe Charles Babbage să folosească cartele perforate la realizarea unui prototip de computer: mașina analitică (vezi pagina 124).

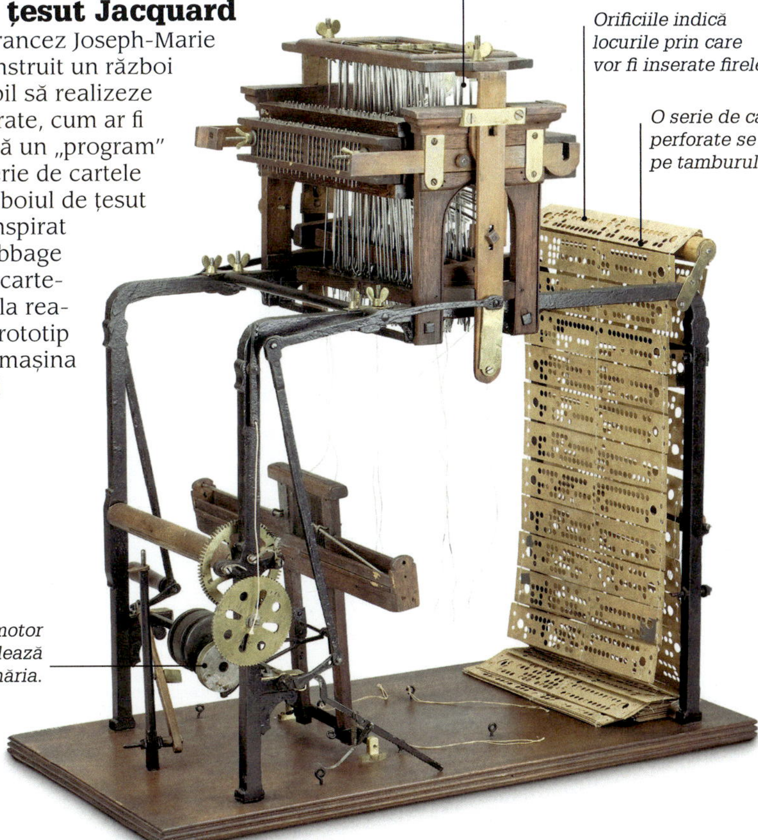

1803

Teoria atomică

Într-o prelegere ținută în fața unui auditoriu din Manchester, chimistul englez John Dalton a sugerat că toată materia este alcătuită din atomi și că atomii aceluiași element sunt identici. Tot el a alcătuit și primul tabel al elementelor bazat pe greutățile lor atomice.

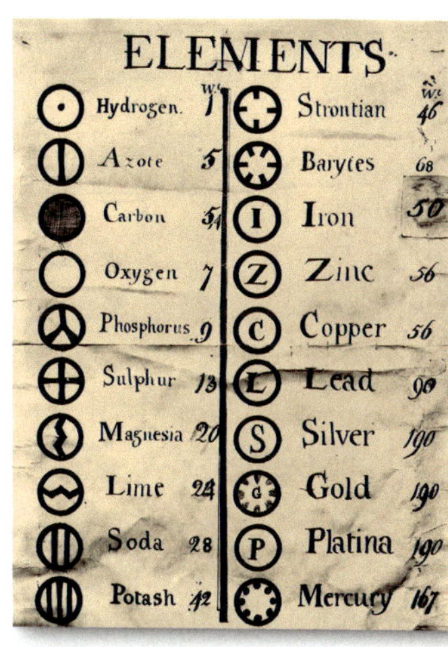

Tabelul lui Dalton

„Natura oferă fără încetare cele mai noi și mai fascinante preocupări de studiu."
Alexander von Humboldt

Această ilustrație dintr-o carte de Humboldt înfățișează o plută pe un râu din Guayaquil, Ecuador. Humboldt și-a petrecut 20 de ani din viață scriind despre călătoriile sale.

Călătorii prin natură

În anul 1799, naturalistul german Alexander von Humboldt a pornit să exploreze râurile și munții Americii de Sud, din Venezuela până la Ecuador și Peru. Acesta a călătorit pe o distanță de peste 9600 de kilometri, a strâns mii de probe naturale, s-a cățărat pe un vulcan și s-a luptat cu un țipar electric. Naturalistul a studiat cum interacționează geologia, clima și distribuția plantelor și viețuitoarelor în anumite regiuni, fiind considerat întemeietorul ecologiei (studiul relației dintre organismele vii și mediul înconjurător).

1805 ▸ 1815

Nava cu abur Clermont

1807

Navă cu abur
Inginerul american Robert Fulton a construit nava cu abur Clermont, care a transportat pasageri din New York City până în Albany, SUA, pe cursul râului Hudson. Ambarcațiunea avea două roți cu zbaturi și a străbătut cei 240 de kilometri în puțin peste 30 de ore.

Exploratorii Meriwether Lewis și William Clark au ajuns pe coasta Pacificului din SUA în anul 1806. În timpul expediției lor de-a lungul Americii de Nord, au descoperit noi plante și viețuitoare.

1810

Prima cutie de conserve
Negustorul britanic Peter Durand a inventat o metodă de conservare a cărnii prin păstrarea acesteia într-un recipient de fier cositorit pentru a preveni formarea ruginii. În anul 1818, Marina Regală Britanică deja consuma într-un an 24.000 de cutii de conserve de carne. Astăzi, cutiile de conserve sunt făcute numai din oțel inoxidabil, deși în celelalte aspecte procesul de fabricare s-a modificat foarte puțin.

1805 — 1810

1809

Prima lampă electrică
Chimistul britanic Humphry Davy a legat două bețe de carbon la o baterie mare, obținând un curent electric continuu care producea o lumină foarte puternică. Invenția sa a fost denumită *lampă cu arc*, aceasta fiind prima lampă electrică din lume. Davy a avut și alte contribuții științifice importante, printre care și descoperirea clorului și a iodului.

1809

Cum și-a căpătat girafa gâtul
Biologul francez Jean-Baptiste Lamarck a sugerat una dintre primele teorii despre evoluția vieții pe Pământ, susținând că speciile se schimbă în timp odată cu trăsăturile pe care le dobândesc de-a lungul vieții. De exemplu, girafele au gâtul lung deoarece generații întregi s-au înălțat ca să ajungă la cele mai înalte ramuri din copaci.

Înțelegerea evoluției
Vezi paginile 120–121.

Scara de duritate Mohs

1812

Scara de duritate Mohs

Mineralogul german Friedrich Moss a inventat o scară de clasificare a unor materiale în funcție de duritate. Aceasta este formată din zece materiale standard, diamantul fiind cel mai dur și talcul cel mai puțin dur. Această scară este folosită și astăzi.

1815

1813

Se dă drumul la aburi

Locomotivele cu abur care se puteau deplasa au început să fie folosite la remorcarea încărcăturilor grele din mine și cariere. Puffing Billy (Billy Pufăitorul) este cea mai veche locomotivă cu abur păstrată până în zilele noastre. A fost construită în anul 1813 ca să remorcheze vagoane cu cărbune dintr-o mină din nordul Angliei și a rămas în funcțiune până în anul 1865. Acum, este păstrată în cadrul Muzeului de Știință din Londra.

Puffing Billy

Povestea motoarelor
Vezi paginile 130–131.

1799–1847 MARY ANNING

Mary Anning a fost fiica unui tâmplar și a trăit în Lyme Regis, oraș de pe coasta sudică a Angliei, așa-numita „coastă jurasică", o zonă bogată în fosile. La numai 11 ani, a descoperit și a scos din pământ un schelet întreg de ihtiozaur, o reptilă marină de pe vremea dinozaurilor.

DATE IMPORTANTE

1823 *Anning a descoperit prima sa fosilă de plesiozaur, care i-a adus faimă mondială.*

1828 *A descoperit scheletul unui pterozaur, o reptilă zburătoare.*

1838 *A primit o bursă anuală de la Asociația Britanică pentru Progresul Științei.*

Vânătoarea de fosile

Anning era lipsită de educație, căci la acea vreme femeile nu aveau acces la studii. Totuși, ea stăpânea foarte bine cunoștințele din domeniul care o pasiona. Ideea de specii dispărute era pe atunci revoluționară, iar Anning și-a câștigat traiul ca vânător de fosile, vânzând ce descoperea atât colecționarilor privați, cât și muzeelor. Munca sa putea însă fi periculoasă, căci stâncile abrupte unde căuta fosile erau instabile și puteau oricând să se prăbușească.

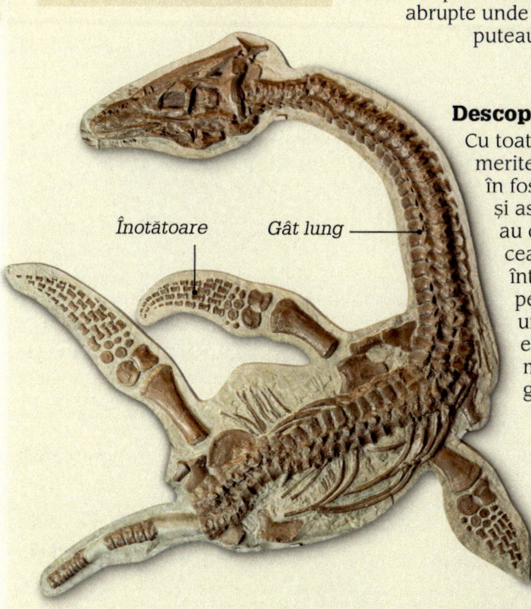

Descoperiri uimitoare

Cu toate că îi lipsea educația, meritele lui Anning ca expert în fosile sunt recunoscute și astăzi. Descoperirile sale au o importanță semnificativă, cea mai celebră fiind scheletul întreg al unui plesiozaur, care pe atunci se credea că este un „dragon de mare". Acesta era de fapt o reptilă marină mare, cu corp solid și plat, gât lung și patru înotătoare.

Fosilă de plesiozaur descoperită de Mary Anning

> **„Fiica tâmplarului și-a câștigat un renume, și a meritat să-l dobândească."**

Scriitorul Charles Dickens într-un articol despre Mary Anning, 1865

Studierea fosilelor

Fosilele reprezintă rămășițele plantelor și viețuitoarelor conservate în straturi de roci vreme de milioane de ani. Oamenii de știință au început să se întrebe cum se formează fosilele în anii 1600, paleontologia (studiul fosilelor) fiind recunoscută ca domeniu științific abia în secolul al XIX-lea. Astăzi, paleontologii au capacitatea de a studia ADN-ul (vezi paginile 198–199) anumitor fosile ca să ne ofere informații mai precise despre viața pe Pământ.

Cum se formează fosilele

De obicei, atunci când un organism viu moare, rămășițele sale putrezesc și dispar. Ca acestea să se transforme în fosilă trebuie să fie îndeplinite anumite condiții. De exemplu, este de mare ajutor dacă planta sau viețuitoarea trăiește într-un mediu umed, ca după moarte să se scufunde iute în noroi sau nisip.

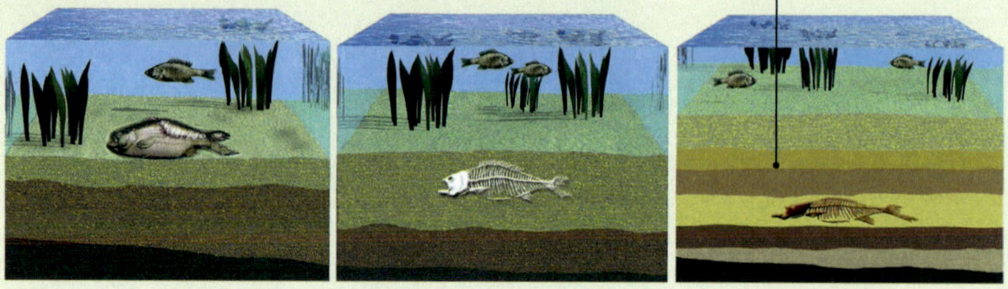

1. Cadavrul unui pește cade pe fundul mării, scufundându-se iute în mâl sau nisip.

2. Părțile moi ale corpului putrezesc, lăsând în urmă oasele tari. Sedimentele oceanice acoperă oasele.

3. Scheletul peștelui se dizolvă, fiind înlocuit de minerale care se întăresc. Sedimentele din jurul său se pietrifică.

Tipuri de fosile

Există mai multe tipuri de fosile. Fosilele de corp se formează din părțile dure ale plantelor sau viețuitoarelor: colți, cochilii, dinți sau oase. Urmele fosilizate sunt doar rămășițe lăsate în urmă de viețuitoare: ouă, excremente sau urme de picioare.

Insectă în chihlimbar

Captiv în chihlimbar

În urmă cu milioane de ani, acest păianjen a devenit captiv în rășină, o substanță vâscoasă și lipicioasă secretată de scoarța anumitor copaci. Rășina fosilizată a devenit chihlimbar, păstrând intact corpul păianjenului.

Fosilă de amonit

Prefăcut în piatră

Majoritatea fosilelor de corp sunt copii sau matrițe ale unui organism. Pe măsură ce oasele – sau cochilia, în cazul acestui amonit – se dizolvă, în spațiul lăsat în mâl sau nisip se acumulează minerale, care se pietrifică treptat.

Urmă de dinozaur

Urmă de dinozaur

Această urmă de dinozaur a fost lăsată în nisip în urmă cu cca 140 de milioane de ani, fiind acoperită de alte straturi de nisip care i-au protejat conturul. Pentru paleontologi, urmele fosilizate reprezintă adevărate indicii despre comportamentul dinozaurilor.

Evenimente importante

1669

Geologul danez Niels Stensen a sugerat că fosilele sunt rămășițele unor creaturi de odinioară depozitate în straturi de roci sedimentare formate treptat de-a lungul timpului.

1796

Zoologul francez Georges Cuvier a demonstrat că fosila unui schelet enorm din Argentina aparține unei specii înrudite cu leneșul zilelor noastre. A denumit viețuitoarea *Megatherium* *(lighioană uriașă)*.

1858

Zoologul american Joseph Leidy a descoperit scheletul aproape întreg al unui dinozaur în New Jersey, SUA. Denumit *Hadrosaurus*, a fost prima specie de dinozaur găsită în America de Nord.

Megatherium

Roy Chapman Andrews (dreapta) cercetează ouă de dinozaur.

Ouă de dinozaur

În anul 1925, la o vânătoare de fosile condusă de naturalistul american Roy Chapman Andrews în Mongolia, Asia, au fost găsite ouă de dinozaur. Acestea au dovedit că dinozaurii erau reptile care se înmulțeau prin ouă. Se spune că Andrews ar fi inspirat personajul cinematografic Indiana Jones.

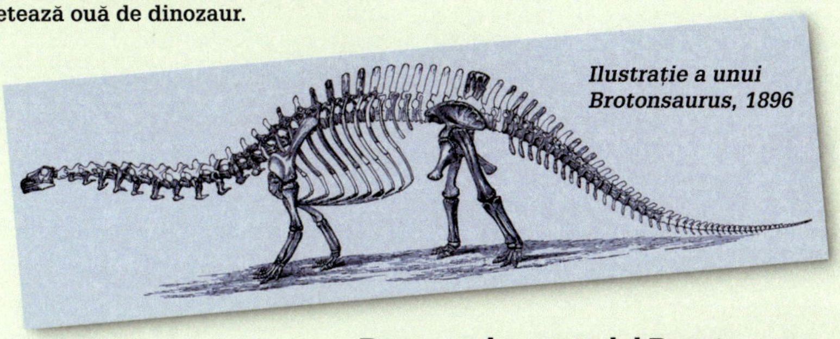

Ilustrație a unui Brotonsaurus, 1896

Descoperirea speciei Brontosaurus

La sfârșitul anilor 1800, în SUA au fost descoperite peste 130 de specii de dinozauri, printre care și Brontosaurus (deasupra), descris pentru prima dată în anul 1879 și subclasat apoi speciei Apatosaurus. Astăzi se cunoaște faptul că cele două reprezintă specii diferite. *Brontosaurus* înseamnă *șopârlă-trăsnet*, iar acest dinozaur era erbivor.

Paleontologia

Paleontologia nu studiază doar dinozaurii, ci și rămășițele fosilizate ale altor organisme dispărute (ciuperci, bacterii, organisme unicelulare etc.). Acestea oferă informații despre cum era viața pe Pământ în urmă cu mii de milioane de ani, dar și indicii despre motivele care au dus la extincții în masă.

Ce spun rocile

Excavarea fosilelor reprezintă doar o parte a muncii paleontologilor. Aceștia studiază și alcătuirea fosilelor, analizând informațiile în laboratoare și muzee.

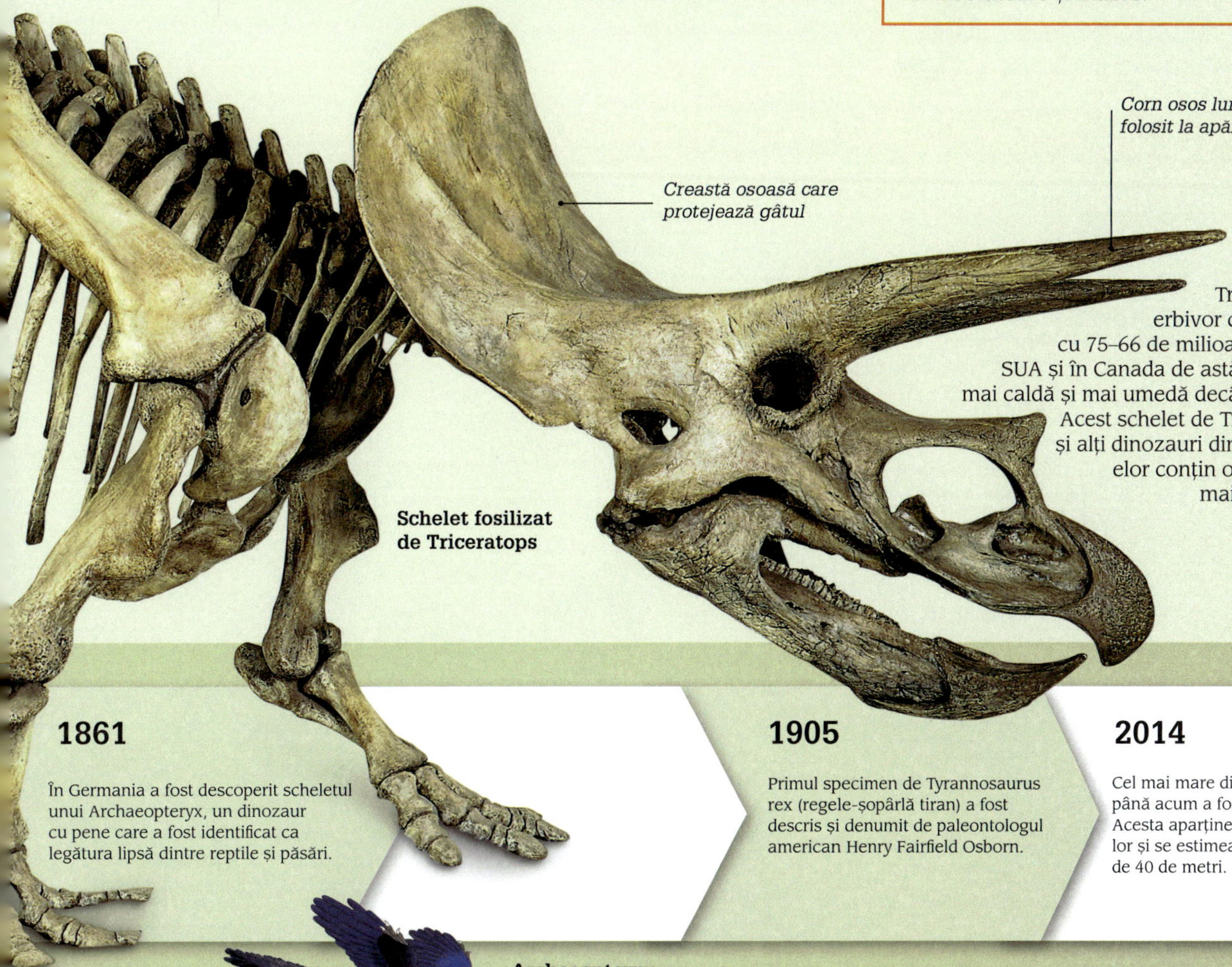

Schelet fosilizat de Triceratops

Schelet de Triceratops

Triceratops a fost un erbivor care a trăit în urmă cu 75–66 de milioane de ani în vestul SUA și în Canada de astăzi, unde clima era mai caldă și mai umedă decât în zilele noastre. Acest schelet de Triceratops, precum și alți dinozauri din expozițiile muzeelor conțin oase fosilizate de la mai multe specimene.

1861

În Germania a fost descoperit scheletul unui Archaeopteryx, un dinozaur cu pene care a fost identificat ca legătura lipsă dintre reptile și păsări.

1905

Primul specimen de Tyrannosaurus rex (regele-șopârlă tiran) a fost descris și denumit de paleontologul american Henry Fairfield Osborn.

2014

Cel mai mare dinozaur descoperit până acum a fost găsit în Argentina. Acesta aparținea grupului titanozaurilor și se estimează că avea o lungime de 40 de metri.

Archaeopteryx

1815 ▸ 1825

Mașina de alergat
În anul 1817, baronul german Karl Drais a inventat un vehicul cu două roți care era lipsit de pedale, cel care îl conducea fiind nevoit să-l împingă cu ajutorul picioarelor. Mai era denumit batjocoritor și *dandy horse* (*calul filfizonilor*).

Aparatul lui Blundell de transfuzie de sânge

1818

Transfuzia de sânge

Medicul londonez James Blundell a salvat o femeie de la moarte cauzată de sângerare excesivă luând sânge din brațul unui donator și injectându-l în brațul acesteia. A fost prima transfuzie reușită de sânge de la om la om. Blundell a mai făcut și altele, dar procedura nu a fost niciodată sigură până la descoperirea grupelor de sânge.

1815

1815

Siguranța în mine

În adâncul minelor de cărbune, minerii își riscau viața de fiecare dată când aprindeau o lumânare, fiindcă cea mai mică scânteie putea provoca o explozie. Inventatorul Humphry Davy a rezolvat această problemă punând flacăra sub o sită cilindrică din plasă de sârmă. Acest lămpaș de siguranță pentru mineri a salvat mii de vieți omenești.

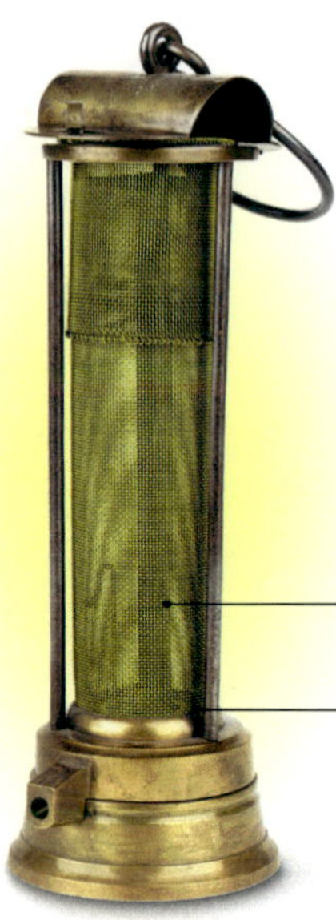

Lămpaș de siguranță pentru mineri, cca 1815

1816

Tub de ascultare

Medicul francez René Laënnec a inventat stetoscopul ca să asculte bătăile inimii și plămânii pacienților, fiindcă se simțea stânjenit când era nevoit să-și lipească urechea de pieptul femeilor. Primul stetoscop era doar un tub de lemn gol pe dinăuntru, acesta dezvoltându-se treptat în instrumentul folosit astăzi de medici la cercetarea simptomelor.

Laënnec examinează un copil cu ajutorul stetoscopului.

Vindecarea bolnavilor
Vezi paginile 76–77.

1820 ELECTROMAGNETISMUL

Fizicianul danez Hans Christian Ørsted a descoperit că un fir de sârmă prin care trece curent electric face ca acul magnetic al unei busole să se miște. Acest lucru l-a inspirat pe fizicianul francez André-Marie Ampère să continue experimentele cu magneți și electricitate și să enunțe o lege a electromagnetismului.

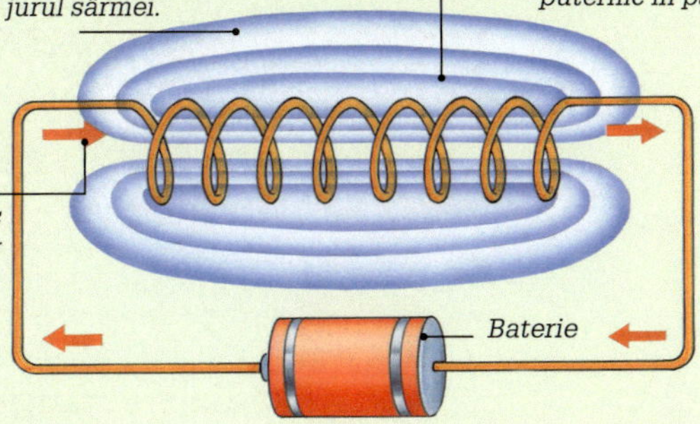

Electromagnetul

În anul 1822, Ampère a descoperit că o sârmă răsucită prin care trece curent electric produce un câmp magnetic, la fel ca un magnet în formă de bară. Adăugarea în sârmă a unei bare de fier intensifică efectul, iar un întrerupător îl poate opri sau porni. În anul 1829, omul de știință american Joseph Henry a creat electromagneți foarte puternici adăugând mai multe straturi de sârmă răsucită și strânsă mai puternic.

1823

Lumină pe mare

Inginerul francez Augustin-Jean Fresnel a inventat un nou tip de lentilă pentru farurile maritime. Aceasta îi poartă numele și este alcătuită din cercuri concentrice în trepte, care concentrează toată lumina într-o rază îngustă și foarte puternică. Aceasta putea fi văzută de navele aflate la o distanță de 32 de kilometri, împiedicându-le să se împotmolească în nisip sau să lovească țărmurile stâncoase.

Lentilă Fresnel într-un far

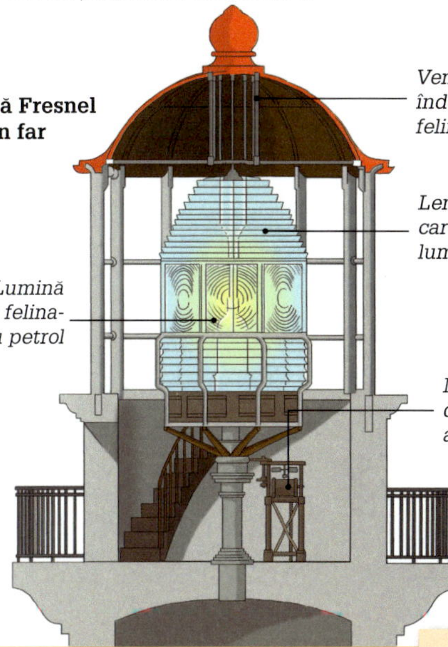

1825

Prima traversare... cu abur

SS Savannah a fost prima navă propulsată parțial de aburi care a traversat Oceanul Atlantic. Aceasta a părăsit portul Savannah din Georgia, SUA, în 22 mai 1819 și a ajuns în Liverpool, Anglia, 18 zile mai târziu.

Timbru poștal cu SS Savannah

Povestea motoarelor
Vezi paginile 130–131.

1824

Șopârlă uriașă

Naturalistul britanic William Buckland a identificat câteva oase fosilizate ca aparținând unei reptile dispărute, pe care a denumit-o *Megalosaurus (șopârlă-gigant)*. Aceasta reprezintă prima descriere științifică a unui dinozaur.

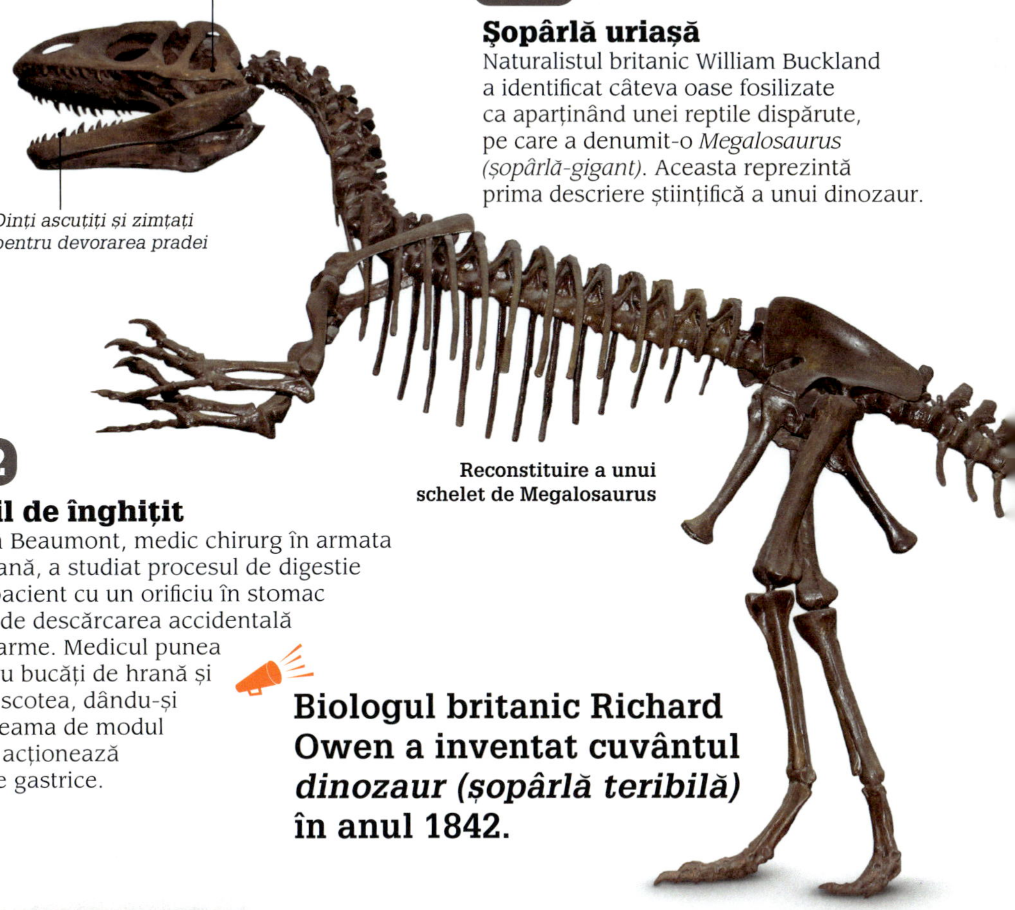

Reconstituire a unui schelet de Megalosaurus

1822

Dificil de înghițit

William Beaumont, medic chirurg în armata americană, a studiat procesul de digestie pe un pacient cu un orificiu în stomac cauzat de descărcarea accidentală a unei arme. Medicul punea înăuntru bucăți de hrană și apoi le scotea, dându-și astfel seama de modul în care acționează sucurile gastrice.

Biologul britanic Richard Owen a inventat cuvântul *dinozaur (șopârlă teribilă)* în anul 1842.

Înțelegerea evoluției

Din studierea fosilelor, oamenii de știință din anii 1800 au ajuns la concluzia că viața pe Pământ s-a schimbat treptat, evoluând pe parcursul a miliarde de ani dintr-un strămoș unic în milioanele de specii care există astăzi. Naturalistul englez Charles Darwin (vezi paginile 134–135) a sugerat că acest lucru a fost posibil printr-un proces numit *selecție naturală*. Genetica a dovedit că acesta avea dreptate, explicând mecanismele biologice care stârnesc evoluția speciilor.

Selecția sexuală

Selecția nu se face mereu pe baza unei trăsături care ajută o viețuitoare să supraviețuiască, ci uneori constă în simplul mod de atragere a unui partener. De exemplu, un păun își desfășoară ca un evantai uimitoarea sa coadă atunci când curtează o femelă, iar femelele aleg partenerul cu cel mai impresionant și mai viu colorat penaj. Astfel, păunul cu cele mai frumoase pene își transmite mai departe genele unui număr mai mare de pui, ceea ce duce în timp la apariția unor păsări din ce în ce mai colorate.

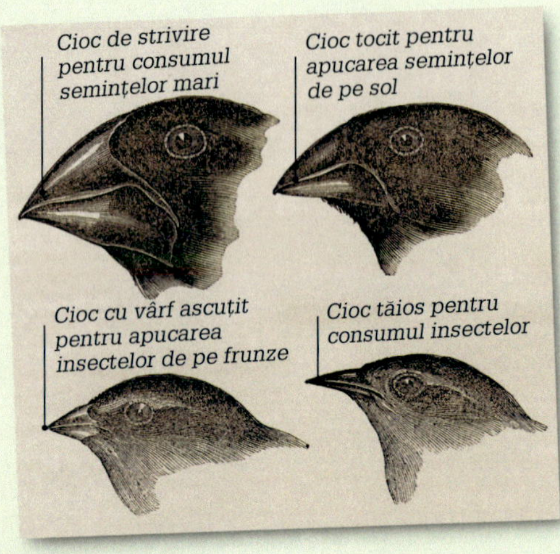

Cintezele lui Darwin

În vizita sa din Arhipelagul Galápagos (grup insular din largul coastelor Ecuadorului în America de Sud), Charles Darwin a observat diversele specii de cinteză de pe mai multe insule. Ciocurile acestora aveau forme și mărimi diferite, iar naturalistul a concluzionat astfel că, deși au un strămoș comun, păsările au evoluat în specii distincte de-a lungul a numeroase generații deoarece au avut la dispoziție surse diferite de hrană pe fiecare insulă.

Evoluția umană

Oamenii au evoluat din maimuțele care trăiau în copaci. Strămoșul nostru este comun cu cel al gorilelor, cimpanzeilor și urangutanilor. Strămoșii noștri au început să pășească pe două picioare în urmă cu cca patru milioane de ani. Omul este singurul membru al grupului numit *Homo*, denumirea speciei din care facem parte fiind *Homo sapiens*.

***Proconsul africanus*, în urmă cu 23–14 milioane de ani**

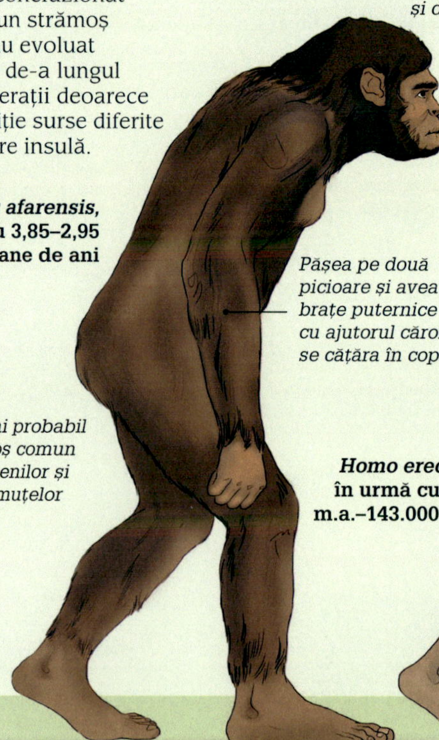

***Australopithecus afarensis*, în urmă cu 3,85–2,95 milioane de ani**

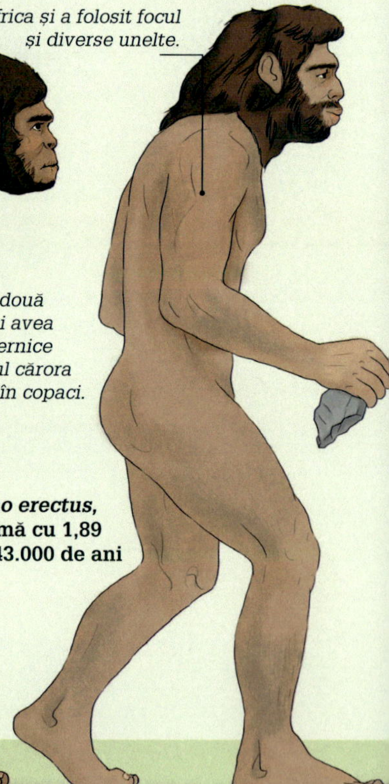

***Homo erectus*, în urmă cu 1,89 m.a.–143.000 de ani**

Evenimente importante

1809

Naturalistul francez Jean-Baptiste Lamarck a sugerat că ființele vii pot transmite urmașilor trăsături dobândite.

1830

Geologul scoțian Charles Lyell a demonstrat că Pământul a trecut prin mai multe perioade geologice pe parcursul a milioane de ani, fiind deschizător de drumuri pentru teoria evoluționistă a lui Darwin.

1858

În mod independent față de Charles Darwin, naturalistul și exploratorul englez Alfred Russel Wallace a dezvoltat idei similare despre procesul de selecție naturală.

Alfred Russel Wallace

1859

Darwin a publicat *Originea speciilor*, lucrare în care explică în detaliu teoria evoluționistă prin selecție naturală.

Selecția naturală

Este mai probabil ca o plantă sau o viețuitoare care dispune de o trăsătură ce o ajută să supraviețuiască în mediul înconjurător să transmită genetic această trăsătură generațiilor următoare. De-a lungul timpului, din ce în ce mai mulți indivizi din aceeași specie vor avea aceeași trăsătură.

Camuflarea
În acest peisaj înzăpezit, vulturii găsesc și ucid iepurii maronii. Cei albi se camuflează perfect în mediul înconjurător, așa că sunt mai dificil de observat.

Noi indivizi
În zăpadă încep să supraviețuiască din ce în ce mai mulți iepuri albi. După multe generații, gena care dă blănii culoarea albă ajunge să fie dominantă.

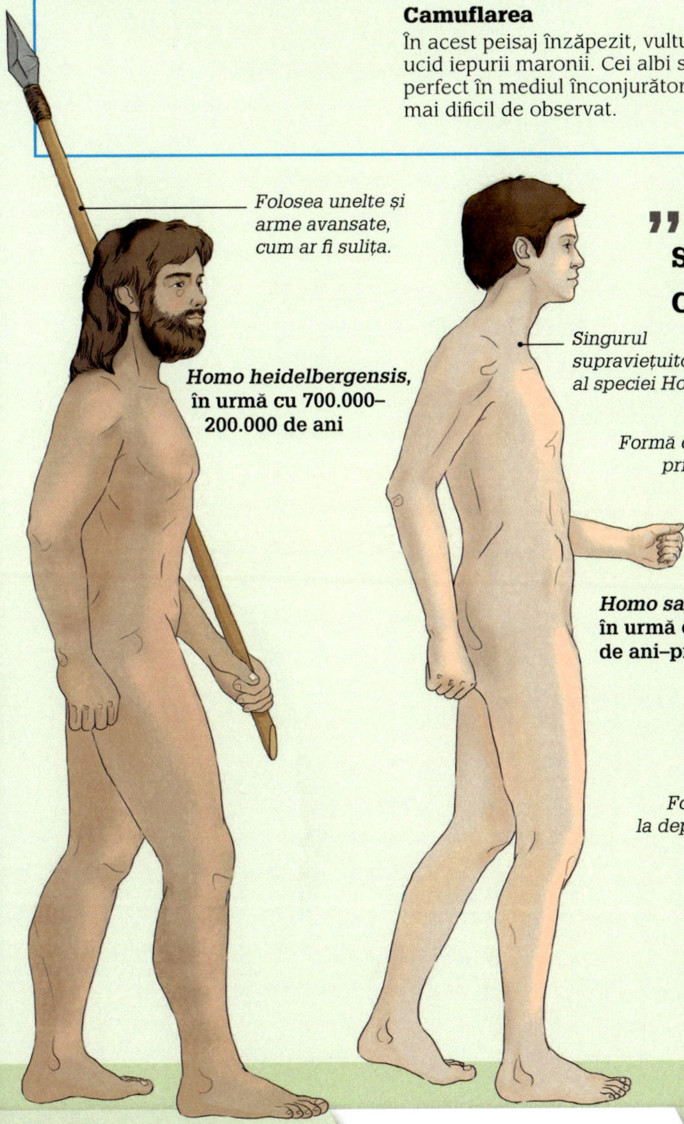

„Pe măsura formării unor noi specii prin selecție naturală, altele vor deveni din ce în ce mai rare, până vor dispărea.”

Charles Darwin, *Originea speciilor*

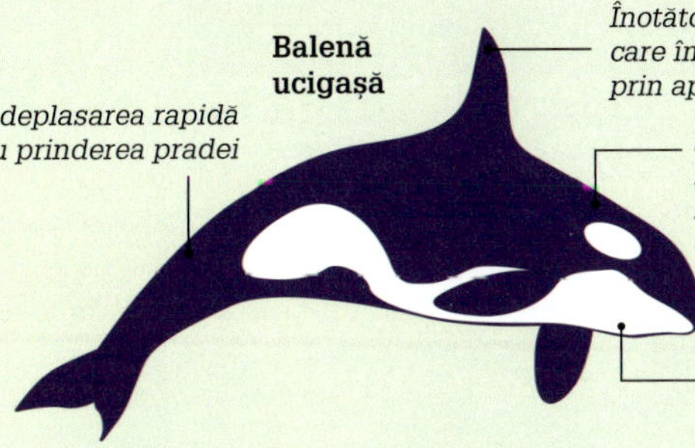

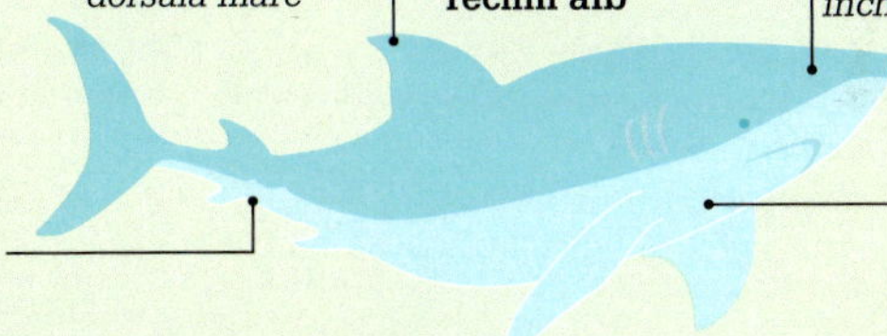

Diferiți, și totuși asemănători
Cu toate că balena ucigașă (mamifer) și marele rechin alb (pește) fac parte din specii total diferite, aceștia au dezvoltat trăsături destul de similare deoarece îndeplinesc aproape același rol în mediul oceanic. Biologii numesc acest proces *evoluție convergentă*.

1866

Botanistul austriac Gregor Mendel a publicat un studiu despre planta de mazăre, în care demonstra că anumite caracteristici se transmit de la o generație la alta.

1909

Botanistul danez Wilhelm Johannsen a fost primul care a folosit termenul *genă* pentru a descrie unitatea de bază a eredității din studiul lui Mendel.

1953

Americanul James Watson și britanicul Francis Crick au demonstrat că materialul ADN, care transportă informație genetică (vezi paginile 198–199), are o structură în spirală dublă.

2003

A fost publicată întreaga secvență de trei miliarde de perechi de bază care alcătuiesc genomul uman (setul complet de gene).

1825 ▸ 1835

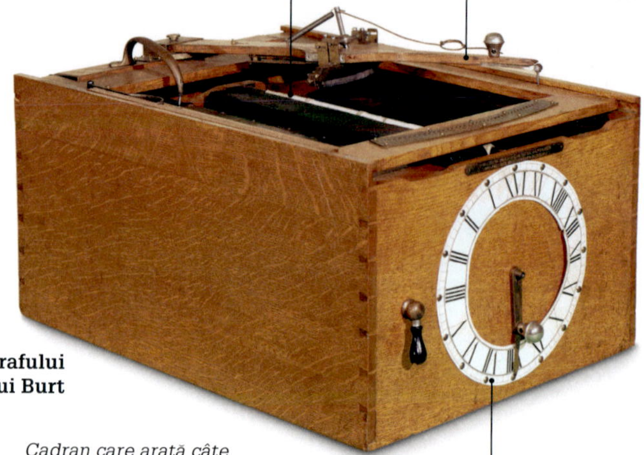

Replică a tipografului lui Burt

1826

Prima fotografie

Inventatorul francez Joseph Nicéphore Niépce a făcut cea mai veche fotografie păstrată până în zilele noastre. A fixat o placă de cositor pe zidul din spate al unei camere obscure (vezi pagina 66), folosind-o ca să surprindă vederea de la fereastra sa. Placa avea un înveliș subțire dintr-un amestec de bitum, un material fotosensibil asemănător cu smoala, iar expunerea a durat câteva ore bune.

Fotografia lui Niépce, intitulată *Vedere de la fereastra din Le Gras*

„Obiectele sunt înfățișate cu o claritate uimitoare, până la cel mai mic detaliu."

Niépce descrie fotografia într-o scrisoare adresată fratelui său.

1829

Prima mașină de scris

Inventatorul american William Burt a patentat un dispozitiv pe care l-a denumit *tipograf*, acesta fiind considerat prima mașină de scris din lume. Era destul de dificil de întrebuințat, iar tipărirea unei litere dura mai mult timp decât dacă ar fi fost scrisă de mână.

1825

1825

Catastrofal

Naturalistul francez Georges Cuvier a sugerat că pe Pământ au avut loc mai multe catastrofe naturale, care au provocat dispariția a numeroase specii de viețuitoare. Teoria elaborată de acesta explică existența fosilelor unor specii necunoscute și poartă denumirea de *catastrofism*.

1828

Atracția animalelor

Societatea zoologică londoneză a înființat o grădină zoologică în Regent's Park din Londra. Aceasta avea ca scop cercetarea științifică a viețuitoarelor și inițial era deschisă doar membrilor societății. Cu toate acestea, în anul 1847, grădina zoologică și-a deschis porțile și pentru publicul larg, devenind o atracție turistică foarte căutată.

Vizitatori ai grădinii zoologice din Londra hrănind elefanți, 1896

1791–1867 MICHAEL FARADAY

Fiu al unui fierar londonez, Michael Faraday a fost un adevărat autodidact în domeniul științific înainte să devină asistentul chimistului Humphry Davy și cel mai important om de știință al vremii. A descoperit inducția electromagnetică, fapt ce a condus la întrebuințarea în numeroase moduri a energiei electrice în viața de zi cu zi.

Replică a aparatului cu inel de fier al lui Faraday

Om de știință

Pe lângă cercetările din domeniul electromagnetismului, Faraday a descoperit compusul chimic denumit *benzen* și a enunțat legile electrolizei (reacția chimică ce are loc atunci când curentul electric trece printr-un lichid).

Generarea curentului electric

Faraday a reușit să obțină curent electric de intensitate slabă rotind un disc de cupru într-un câmp magnetic (inducție electromagnetică). În timp, această descoperire a dus la dezvoltarea mașinăriilor care puteau genera cantități mari de curent electric.

Machetă a discului lui Faraday

DATE IMPORTANTE

1825 *Faraday a fost numit director al laboratorului de la Institutul Regal.*

1831 *A descoperit inducția electromagnetică.*

1833 *A publicat legile electrolizei.*

1835

1830

Schimbare treptată

În lucrarea sa intitulată *Principii de geologie*, geologul scoțian Charles Lyell susținea că Pământul este în vârstă de cel puțin 300 de milioane de ani și că a trecut prin mai multe perioade geologice, teorie care contrazicea catastrofismul lui Cuvier (vezi pagina 122).

Charles Lyell

1831

Călătorie pe Beagle

Nava HMS Beagle a părăsit Anglia ca să cerceteze vreme de cinci ani coastele Americii de Sud. La bord se afla și naturalistul englez Charles Darwin, care tocmai absolvise cursurile Universității din Cambridge, Anglia. El a adus în călătorie o copie a lucrării *Principii de geologie* a lui Lyell.

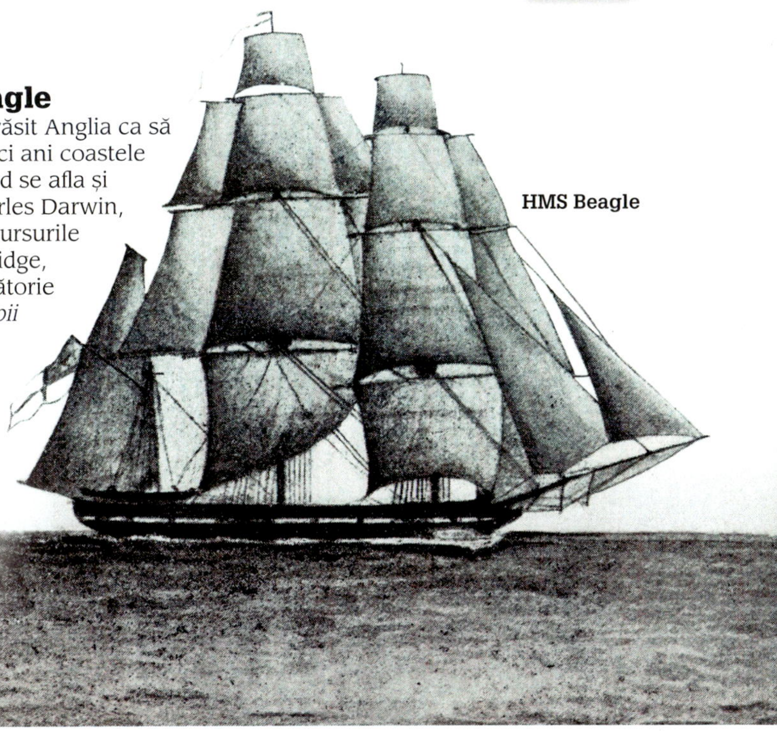

HMS Beagle

Charles Darwin
Vezi paginile 134–135.

Profesorul englez William Whewell a inventat denumirea de *om de știință* în anul 1833.

Mașini de calcul

Termenul *calcul* provine din limba latină, în care *calculus* înseamnă *pietricică*, deoarece în perioada antică, la socotit se foloseau pietricelele. Apoi, cineva a venit cu ideea de a le așeza pe un cadru de lemn și așa a apărut abacul. Progresele înregistrate în domeniile matematicii și astronomiei au dus, în anii 1700, la apariția primelor mașini de calcul. Acestea au evoluat în tabletele și smartphone-urile pe care le folosim astăzi.

Replică a unui abac roman

Primul dispozitiv portabil
Romanii au inventat primul dispozitiv portabil de calcul: un abac de mână. Alcătuit din bronz, acesta folosea bile găurite care alunecau de-a lungul unor șanțuri numerotate. Cu ajutorul acestuia, calculele se puteau face pe loc, dispozitivul fiind de mare folos pentru negustori, ingineri și colectori de taxe.

Calculatoare... feminine
Până nu demult, mașinile de calcul erau folosite mai ales în mediul de afaceri și în finanțe, dar oamenii rămâneau totuși mai buni la efectuarea unor calcule matematice complexe. Într-o perioadă în care femeile eram rareori angajate, așa-numitele *Computere de la Harvard* erau o echipă de femei care excelau la matematică, fiind angajate să analizeze date astronomice la Observatorul Colegiului Harvard din Cambridge, Massachusetts, SUA.

Computerele de la Harvard la muncă, cca 1890

Replică a mașinii de calcul a lui Schickard

Mașina de calcul
Se consideră că prima mașină de calcul a fost construită de matematicianul și astronomul german Wilhelm Schickard în jurul anului 1623. Acesta i-a descris-o într-o scrisoare colegului său de breaslă, astronomul german Johannes Kepler, însă documentul a ars. Se bănuiește că mașina ar fi combinat oasele lui Napier (vezi pagina 74) cu roți dințate pentru efectuarea operațiilor de adunare și de scădere.

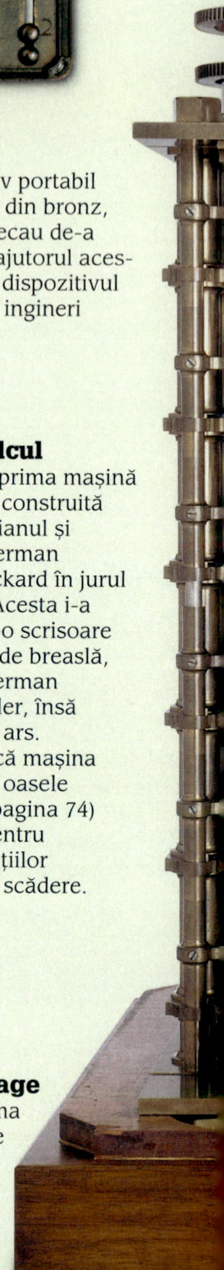

Mașina diferențială a lui Babbage
În anii 1820, matematicianul englez Charles Babbage a construit prima dintre mașinile sale de calcul. Scopul acesteia era să creeze tabele numerice lipsite de erori umane. Această machetă a fost construită în anul 1832 după schițele lui Babbage, fiindcă el nu și-a dus niciodată proiectul la bun sfârșit. Englezul a îmbunătățit însă mașinile de calcul când a creat un prototip de computer denumit *mașină analitică*.

Evenimente importante

cca 2700 î.e.n.
Primul abac a fost probabil inventat în Sumer (astăzi – Irak). S-a răspândit iute pretutindeni, fiind folosit în anumite locuri chiar și în zilele noastre.

1622
Matematicianul englez William Oughtred a inventat rigla de calcul, un dispozitiv folosit la efectuarea înmulțirilor și împărțirilor, dar și la calcularea rădăcinilor pătrate și a logaritmilor. Cu aceasta însă nu se pot face adunări sau scăderi.

1642
Filosoful și matematicianul francez Blaise Pascal a construit primul calculator mecanic care a supraviețuit până astăzi. Este cunoscut sub denumirea de *Pascaline*.

1820
Francezul Charles Xavier Thomas de Colmar a construit aritmometrul, primul calculator mecanic care a avut succes comercial.

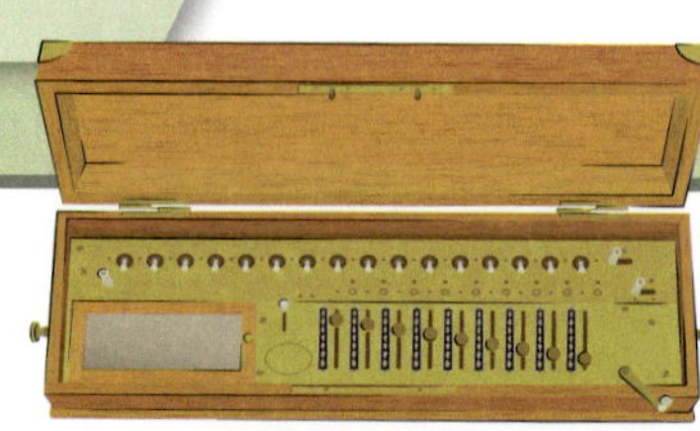

Aritmometru, cca 1890

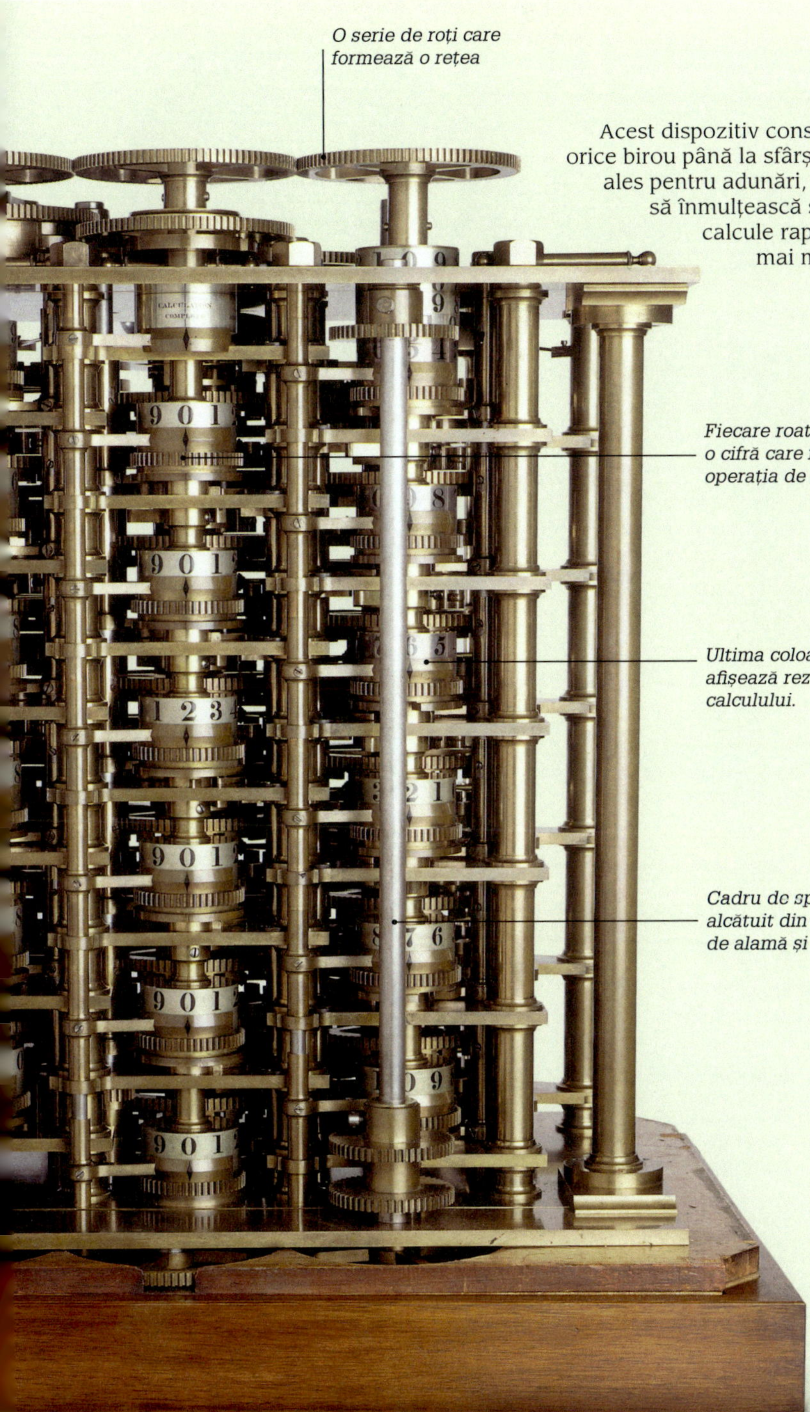

Comptometrul

Acest dispozitiv construit în anii 1880 se regăsea în aproape orice birou până la sfârșitul anilor 1970. Deși era folosit mai ales pentru adunări, comptometrul putea și să scadă, să înmulțească și să împartă. Ca să efectueze calcule rapide, oamenii apăsau chiar mai multe butoane deodată.

Comptometru, cca 1920

Calculatoare pentru toți

Apariția în anii 1970 a calculatoarelor electronice de buzunar a dus la dispariția dispozitivelor mecanice cum ar fi rigla de calcul. Dintr-o dată, toată lumea putea face calcule prin simpla apăsare a unor butoane. În anii 1980 începeau deja să se răspândească pretutindeni computerele cu calculatoare electronice integrate. Astăzi efectuăm calcule complexe cu ajutorul smartphone-urilor și smart watch-urilor.

Computer din anii 1980

1822

Matematicianul englez Charles Babbage a început să construiască prima mașină analitică. Aceasta putea efectua calcule complexe.

Anii 1940

În Al Doilea Război Mondial au început să fie proiectate primele mașini de calcul electronice și programabile, care puteau să descifreze mesajele codificate ale inamicilor.

Anii 1970

La muncă, la școală și acasă, mașinile de calcul au început să fie înlocuite de calculatoarele electronice de buzunar.

Anii 1980

Computerele puternice de dimensiuni mici cu calculatoare electronice integrate au început să fie disponibile pretutindeni.

Calculator electronic de buzunar

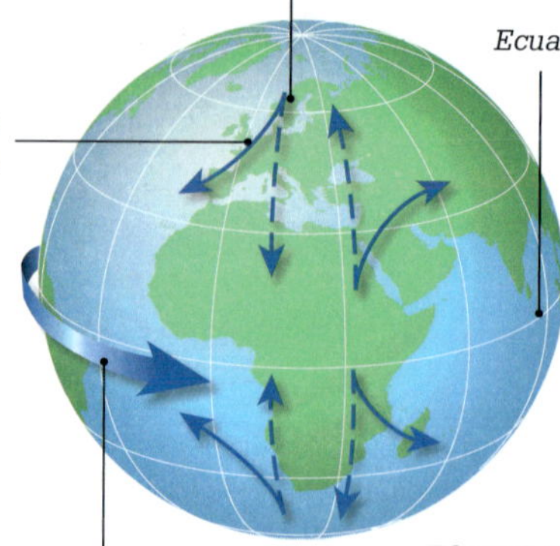

Efectul Coriolis

PRIMELE FOTOGRAFII

După anul 1835, arta fotografică a fost dezvoltată de doi oameni. Artistul francez Louis Daguerre a început să producă imagini fotografice pe plăcuțe fotosensibile de cupru tratate cu argint. Denumite după inventatorul lor, acestea se numesc *dagherotipuri*. Omul de știință britanic Henry Fox Talbot a inventat calotipul, o metodă de realizare a mai multor fotografii dintr-un singur negativ.

Aparat pentru dagherotipie

Aparatul de dagherotipie

Alphonse Giroux a construit primul aparat fotografic comercial în anul 1839. Fotograful privea obiectul printr-un ecran de focalizare aflat la spatele aparatului înainte să-l înlocuiască cu o plăcuță fotosensibilă.

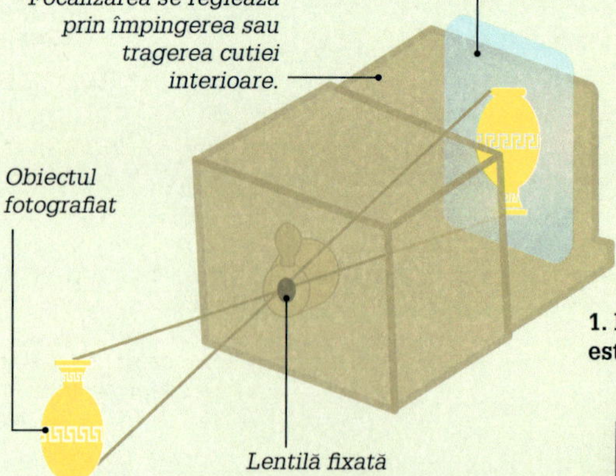

Procedee în competiție

Deși cu ajutorul dagherotipiei se obțineau imagini clare, acestea nu puteau fi multiplicate. În schimb, negativele lui Fox Talbot, obținute prin procesul de calotipie pe care l-a patentat în anul 1841, puteau fi reproduse ca pozitive (fotografii alb-negru). Cu toate că inițial au fost mai căutate dagherotipurile, negativele s-au dovedit a fi calea către viitor.

Negativ (imagine alb-negru care are culori inversate) de Henry Fox Talbot

1835

Efectul Coriolis

Gaspard-Gustave de Coriolis a demonstrat că, din cauza rotației Pământului, vânturile din emisfera nordică ce se îndreptau spre ecuator sunt deviate spre vest, iar cele care se îndepărtau de ecuator sunt deviate spre est. În emisfera sudică se întâmplă exact invers. Acest fenomen este cunoscut sub denumirea de *efect Coriolis*.

1835

1836

Trageri rapide

Industriașul american Samuel Colt a brevetat revolverul, o armă de mână care putea trage șase gloanțe fără să fie reîncărcată. Cilindrul rotativ al armei adăpostea șase gloanțe, fiecare dintre acestea mutându-se automat în poziția de tragere după fiecare împușcătură.

1837

Ere glaciare

Geologul și paleontologul Louis Agassiz a fost primul care a susținut că Pământul a trecut de-a lungul timpului prin mai multe ere glaciare (perioade reci în care cea mai mare parte a lumii era acoperită de gheață). Cercetătorul a studiat ghețarii și a înțeles că deplasarea acestora în trecut a creat relieful pe care îl vedem astăzi, prin sculptarea văilor și depozitarea sedimentelor (morene).

1839

Vulcanizarea

Inventatorul american Charles Goodyear a descoperit că poate întări cauciucul dacă îl încălzește cu sulf. Procesul este denumit *vulcanizare* după Vulcan, zeul roman al focului. Prin acesta se obține un cauciuc mai puțin lipicios, care îi sporește gradul de întrebuințare practică. Anvelopele autovehiculelor sunt alcătuite din cauciuc vulcanizat.

Goodyear făcând experimente

1815–1852 ADA LOVELACE

Ada Lovelace, fiica poetului englez Lord Byron, a devenit expertă în matematică și a lucrat alături de Charles Babbage la mașina analitică a acestuia (vezi pagina 124). În anul 1843, ea a scris primul algoritm de computer din lume. Limbajul de programare Ada este denumit după ea.

Lovelace a fost cea care a anticipat că un computer va putea face mult mai mult decât niște simple calcule matematice – va putea probabil chiar și să compună muzică.

1840

1845

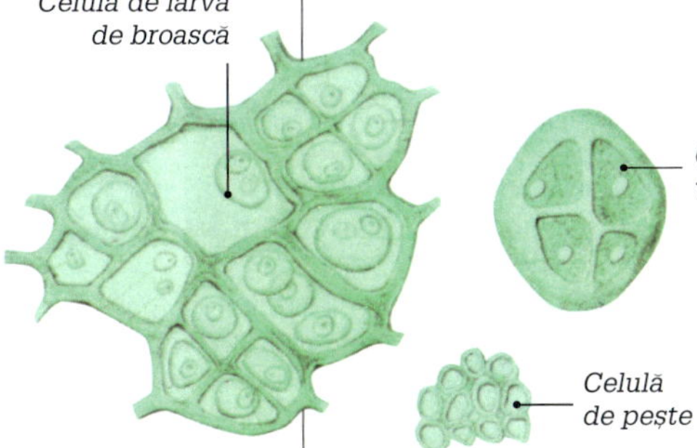

Ilustrații cu celule de Theodor Schwann

1839

Teoria celulară

Fiziologul german Theodor Schwann a publicat lucrarea intitulată *Cercetări microscopice*, în care a demonstrat că toate organismele vii (plantele și viețuitoarele) sunt alcătuite din celule și că celula este unitatea de bază a vieții. A ajuns la aceste concluzii lucrând alături de botanistul german Matthias Schleiden.

Comunicațiile
Vezi paginile 150–151.

1844

Prin cablu

Cu ajutorul telegrafului, inventatorul american Samuel Morse a transmis un mesaj la mare distanță, din Washington DC până în Baltimore, SUA, de-a lungul unui fir electric. El a scris acest mesaj folosind codul care îi poartă numele, un sistem de puncte și linii pe care l-a inventat ca să înlocuiască literele alfabetului (vezi pagina 151).

Când partea de sus face contact cu cea de jos, se transmite o linie sau un punct.

Apăsarea tastei închide circuitul, partea de sus făcând contact cu cea de jos.

Telegraf, 1844

„Ce a făcut Dumnezeu?"

Primul mesaj transmis prin telegraf, 24 mai 1844

Locomotiva lui Stephenson

Inginerul englez George Stephenson, cunoscut ca părintele căilor ferate, a construit prima sa locomotivă în anul 1814, pentru remorcarea vagoanelor cu cărbune de la o mină din nord-estul Angliei. A botezat vehiculul *Blücher*, după generalul prusac care avea să lupte mai târziu alături de britanici în bătălia de la Waterloo din anul 1815. Blücher putea atinge o viteză maximă de 6,4 km/h și să tragă inclusiv pe o pantă opt vagoane încărcate cu cărbune, ce cântăreau 30 de tone. În anul 1825, Stephenson a supravegheat construirea primei căi ferate din lume, între orașele Stockton și Darlington din nordul Angliei. Patru ani mai târziu, Stephenson a construit Rocket (Racheta), cea mai celebră dintre locomotivele sale, care a atins o viteză-record de 58 de km/h.

„Circula cu raze de soare îmbuteliate."

George Stephenson despre sursa de energie a locomotivei sale

Desen color al primei locomotive a lui George Stephenson, Blücher

Povestea motoarelor

Un motor este un dispozitiv cu părți mobile care transformă o anumită formă de energie – de obicei chimică, pe bază de combustibil – în mișcare. Inventarea motorului cu abur, care întrebuința energia aburului la punerea în funcțiune a mașinăriilor din mori și din fabrici, a fost primul pas spre Revoluția Industrială. La începutul anilor 1800, motoarele cu abur erau montate atât pe nave, cât și pe locomotive. Transporturile au fost revoluționate apoi de inventarea motorului cu ardere internă și a motorului cu reacție.

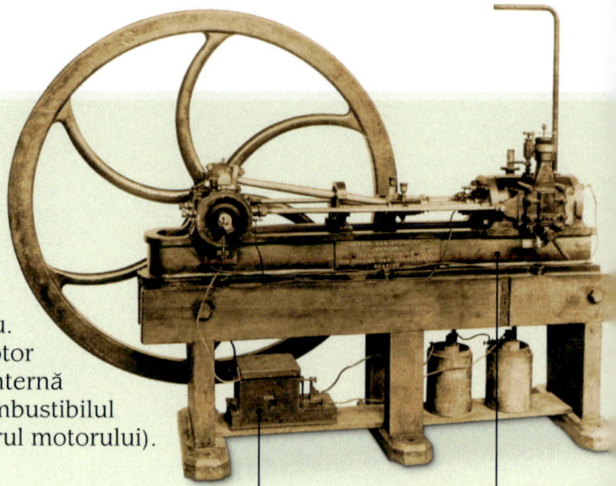

Motor cu gaz
În anul 1860, inginerul belgian Étienne Lenoir a construit un motor care genera energie pe baza arderii de gaz și de aer în interiorul unui cilindru. Acesta a fost primul motor funcțional cu ardere internă (tip de motor în care combustibilul se aprinde în interiorul motorului).

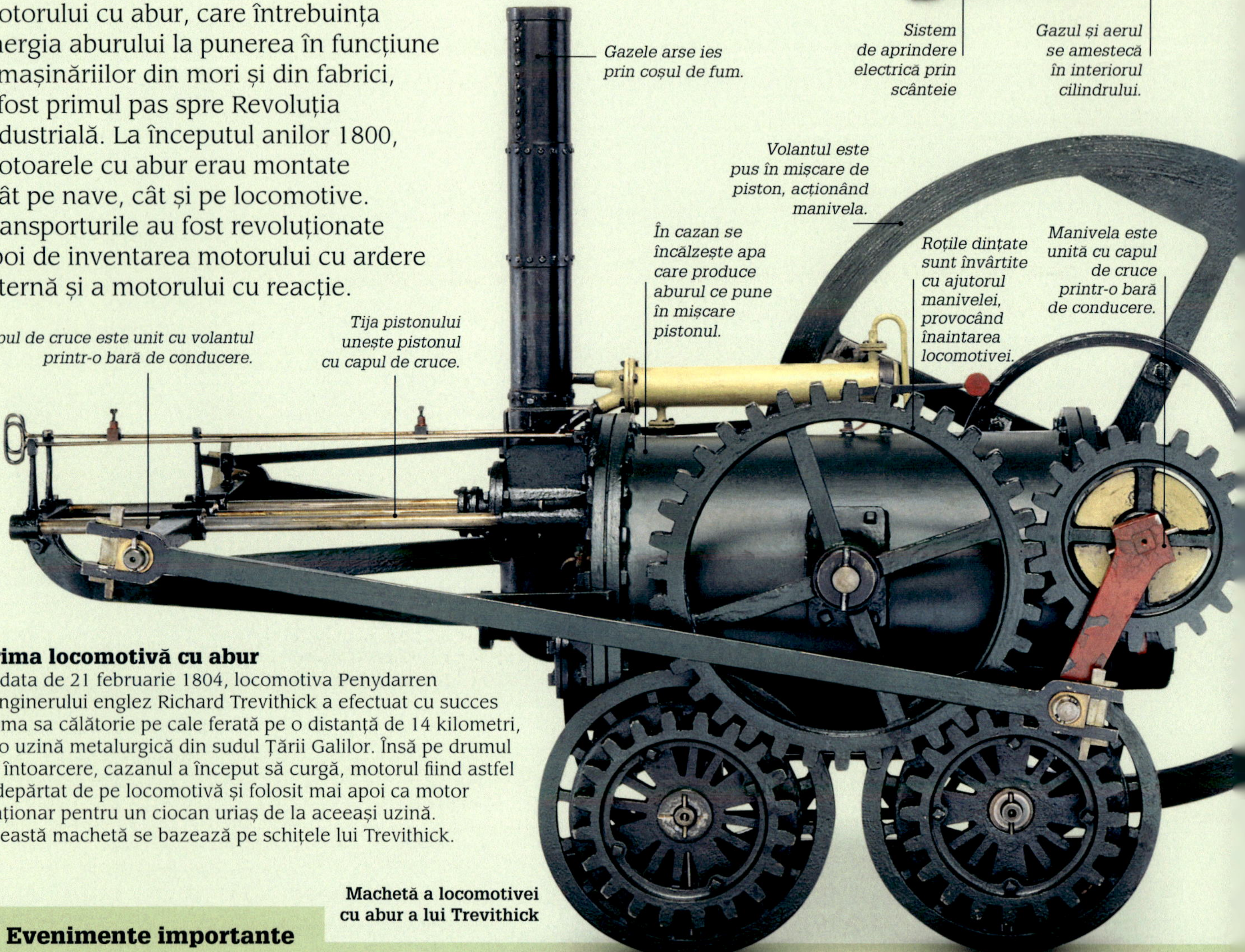

Prima locomotivă cu abur
În data de 21 februarie 1804, locomotiva Penydarren a inginerului englez Richard Trevithick a efectuat cu succes prima sa călătorie pe cale ferată pe o distanță de 14 kilometri, la o uzină metalurgică din sudul Țării Galilor. Însă pe drumul de întoarcere, cazanul a început să curgă, motorul fiind astfel îndepărtat de pe locomotivă și folosit mai apoi ca motor staționar pentru un ciocan uriaș de la aceeași uzină. Această machetă se bazează pe schițele lui Trevithick.

Machetă a locomotivei cu abur a lui Trevithick

Evenimente importante

cca 50 e.n.

Inginerul grec Heron din Alexandria a inventat un dispozitiv lipsit de scop practic, care învârtea o sferă cu ajutorul aburului.

Dispozitivul lui Heron

1712

Inventatorul englez Thomas Newcomen a construit primul motor cu abur cu întrebuințare comercială. Acesta folosea aburi la presiune mică în interiorul unui cilindru mare.

1765

James Watt a construit un motor mult mai eficient, care transforma mișcarea în sus și în jos a pistonului în mișcare de rotație.

1804

Richard Trevithick a construit prima locomotivă cu abur din lume urcând pe roți un motor compact de înaltă presiune.

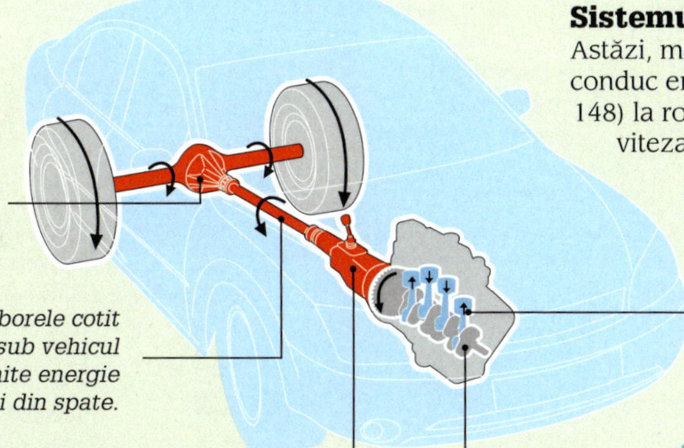

Sistemul de transmisie
Astăzi, motoarele vehiculelor au un sistem de transmisie care conduc energia din motorul cu combustie internă (vezi pagina 148) la roți prin cutia de viteze. Aceasta din urmă controlează viteza vehiculului făcând legătura între motor și roți.

Cai-putere

Puterea unui motor se măsoară în cai-putere (cp). Termenul a fost inventat de inginerul scoțian James Watt, care l-a folosit ca să își vândă motoarele cu abur. Acesta se lăuda că un motor de-al său putea să tragă cât 200 de cai deodată. Un cal-putere are 746 de wați, wattul fiind unitatea standard de măsurare a puterii, care a primit numele inventatorului.

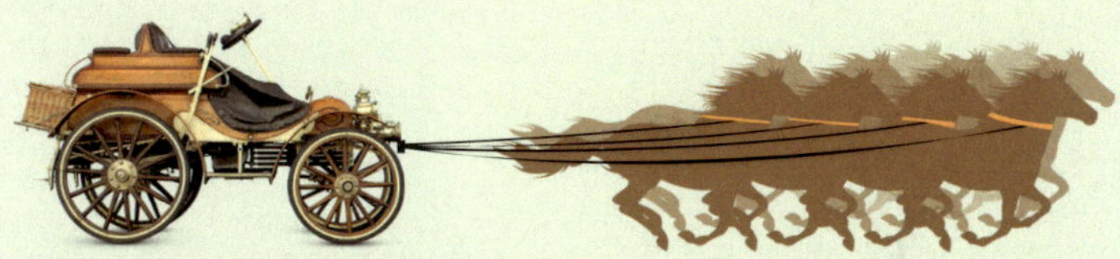

Acest automobil din anul 1897 avea un motor de 10 cai-putere.

> **„Domnule, eu vând aici ceea ce o lume întreagă își dorește: PUTERE."**
>
> **Matthew Boulton, partenerul de afaceri al lui James Watt, 1776**

O navă cu abur pe fluviul Mississippi, cca 1859

Nave cu abur
Pe lângă locomotive, motoarele cu abur au început curând să fie folosite și pentru nave. În secolul al XIX-lea, navele cu zbaturi care transportau pasageri sau marfă pe fluviile importante, cum ar fi Mississippi, au dezvoltat noi regiuni ale SUA în domeniile agriculturii și comerțului. Aburii din cazan acționau roțile cu zbaturi, propulsând nava înainte.

La stația de încărcare, automobilul se conectează la rețeaua națională de electricitate.

Șofer reîncărcându-și mașina electrică

Motoare mai... verzi
Motoarele pe bază de benzină și de motorină ard cantități mari de combustibil, eliberând în atmosferă gaze de eșapament deosebit de poluante. Astăzi, vehiculele hibrid (care combină motorul electric cu un motor pe bază de combustibil) și cele electrice sunt la mare căutare.

1876
Inginerul german Nikolaus Otto a inventat motorul cu combustie internă în patru timpi pe bază de combustibil, care a dus la dezvoltarea automobilelor.

1897
Inventatorul german Rudolf Diesel a construit primul motor care îi poartă numele. Spre deosebire de motoarele cu benzină, acestea sunt mai puternice și pot fi folosite la transportul încărcăturilor mai grele.

1926
Inginerul american Robert Goddard a inventat motorul de rachetă pe bază de combustibil lichid. Meritele sale nu au fost recunoscute la acea vreme, însă este considerat astăzi părintele rachetelor moderne.

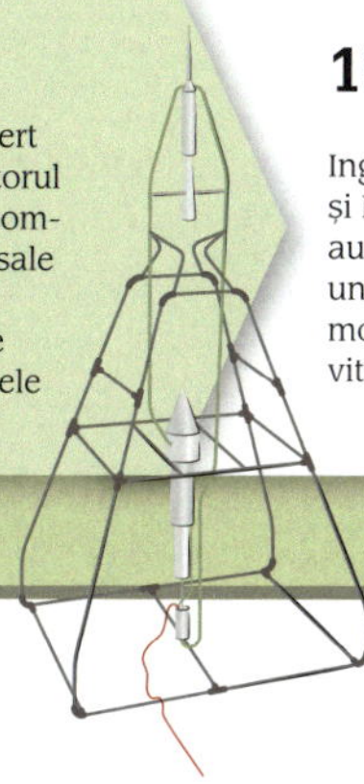

Machetă a rachetei lui Robert Goddard

1937
Inginerii Frank Whittle (Anglia) și Hans von Ohain (Germania) au inventat în mod independent unul față de celălalt turboreactorul, motor care mărește considerabil viteza aeronavelor.

1845 ▸ 1855

„(...) efectul a fost mângâietor, liniștitor și peste măsură de încântător."

Regina Victoria a Regatului Unit, după ce i-a fost administrat cloroform ca anestezic în timpul nașterii, 1853

1846

Operații fără durere

Când dentistul american William Morton a îndepărtat un dinte, a folosit vapori de eter ca să-și adoarmă pacientul, iar acesta nu a simțit nimic în timpul procedurii. Vaporii erau un anestezic, adică o substanță care blochează semnalele transmise de terminațiile nervoase către creier. Folosirea eterului și a cloroformului ca anestezice a constituit o descoperire medicală revoluționară.

Inhalator cu cloroform, 1848

1847

Igiena mâinilor

Medicul maghiar Ignaz Semmelweis a descoperit că riscul de moarte cauzat de febra puerperală (boală infecțioasă care a ucis multe femei la naștere) scădea dacă medicii se spălau pe mâini când treceau de la un pacient la altul. Medicii însă nu i-au prea urmat sfaturile.

Ignaz Semmelweis cu o pacientă

1847

Studierea căldurii

Fizicianul german Hermann von Helmholtz a spus că energia nu poate fi nici creată, nici distrusă, ci i se poate schimba doar forma. Aceasta este prima lege a termodinamicii (ramură a fizicii care se ocupă cu studierea căldurii).

În anul 1848, fizicianul Lord Kelvin a stabilit că cea mai mică temperatură este de –273,15 °C și a numit-o *zero absolut*.

1845

1806–1859 ISAMBARD KINGDOM BRUNEL

Britanicul Isambard Kingdom Brunel a fost cel mai important inginer al epocii industrializării și cel care a transformat total transporturile. Este cunoscut mai ales pentru proiectarea de poduri, printre care se numără și celebrul pod suspendat peste râul Avon, care leagă Clifton de Bristol în Marea Britanie. În anul 1833, Brunel a fost numit inginer-șef al companiei feroviare Great Western Railway, ale cărei căi ferate unesc Londra cu Bristol.

Ucenicie periculoasă

La 16 ani, Brunel a început să lucreze ca ucenic al tatălui său la un proiect care avea ca scop săparea unui tunel pe sub fluviul Tamisa din Londra. După ce tunelul a fost inundat de mai multe ori punându-i în pericol viața, Brunel și-a părăsit primejdiosul loc de muncă.

Transatlantic

În anul 1845, SS Great Britain, o navă proiectată de Brunel, a făcut călătoria de la Liverpool (Marea Britanie) la New York (SUA) în numai 14 zile, doborând toate recordurile de viteză. Aceasta avea un design revoluționar, fiind prima navă modernă de pasageri. Era construită integral din metal și era propulsată cu un motor cu abur ce funcționa cu o elice în loc de roți cu zbaturi.

Spre cer
Vezi paginile 162–163.

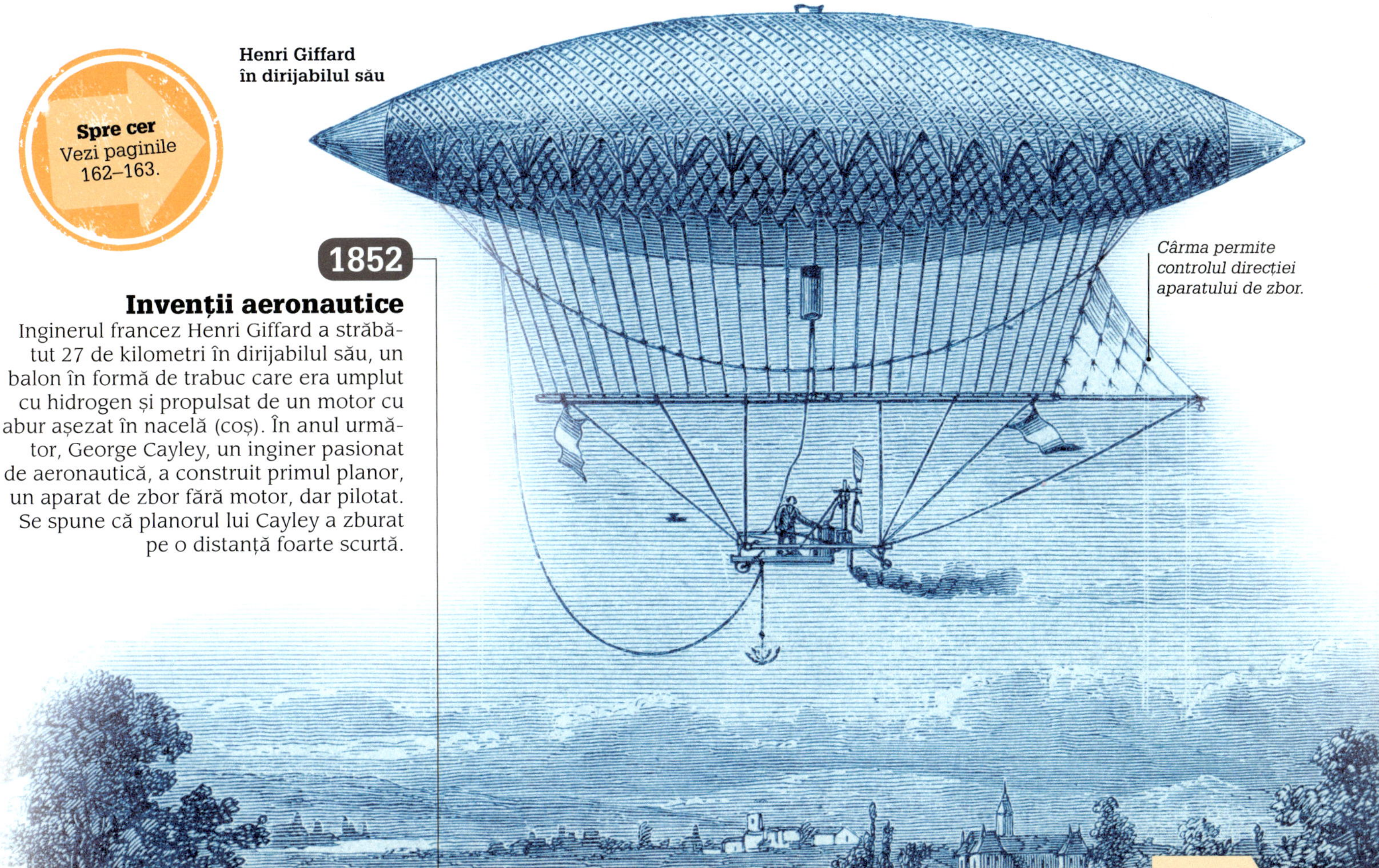

Henri Giffard în dirijabilul său

Cârma permite controlul direcției aparatului de zbor.

1852

Invenții aeronautice

Inginerul francez Henri Giffard a străbătut 27 de kilometri în dirijabilul său, un balon în formă de trabuc care era umplut cu hidrogen și propulsat de un motor cu abur așezat în nacelă (coș). În anul următor, George Cayley, un inginer pasionat de aeronautică, a construit primul planor, un aparat de zbor fără motor, dar pilotat. Se spune că planorul lui Cayley a zburat pe o distanță foarte scurtă.

1855

1853

Combustibil mai... curat

Geologul canadian Abraham Gesner a inventat kerosenul, un combustibil lichid obținut din cărbune. Acesta a înlocuit rapid uleiul de balenă folosit pentru lămpi în case și fabrici, fiind mult mai convenabil și neavând mirosul supărător de pește.

Lampă cu kerosen, 1853

1854

Moartea de la pompa cu apă

Medicul londonez John Snow a fost primul care și-a dat seama că responsabilă pentru răspândirea holerei (boală infecțioasă gravă, adesea fatală) este apa contaminată. În anul 1854, odată cu izbucnirea epidemiei de holeră din Londra, Snow a identificat sursa bolii ca fiind o singură pompă de apă. Adevărata sa muncă de detectiv a adus numeroase îmbunătățiri în domeniul sanitar.

O ilustrație de la acea vreme înfățișează Moartea la pompa de apă care a provocat epidemia de holeră.

Becul Bunsen, un bec de gaz folosit în laboratoare, a fost inventat de chimistul german Robert Bunsen în anul 1855.

Charles Darwin

Naturalistul englez Charles Darwin (1809–1882) a fost unul dintre cei mai importanți oameni de știință ai tuturor timpurilor. Teoria evoluției prin selecție naturală elaborată de acesta a reușit să explice dezvoltarea vieții pe Pământ și este conceptul de bază al studiului organismelor vii.

Primii ani

Darwin a fost privilegiat fiindcă provenea dintr-un mediu intelectual. Deoarece tatăl său era medic, Darwin și-a dorit să-i calce pe urme și a început să studieze medicina la Universitatea din Edinburgh, Scoția. A renunțat însă când a constatat că nu suportă să vadă sânge și s-a înscris la Universitatea din Cambridge, Anglia, ca să devină preot.

Tânărul naturalist

La Cambridge, unde colecționa gândaci, Darwin și-a descoperit pasiunea pentru istorie naturală. A absolvit universitatea în anul 1831 și a pornit în călătoria de cinci ani la bordul navei HMS Beagle, ca naturalist. Aceasta s-a dovedit cea mai importantă perioadă din viața sa, constituind baza tuturor ideilor și scrierilor sale ulterioare.

Idee revoluționară

La întoarcerea în Anglia în anul 1836, Darwin a publicat o carte despre călătoriile sale, ajungând astfel celebru. Apoi, naturalistul s-a căsătorit, s-a mutat în Down House din Kent și a făcut zece copii. De-a lungul anilor, a început să dezvolte teoria selecției naturale – procesul prin care organismele vii cu trăsături potrivite mediului în care trăiesc supraviețuiesc și fac pui cu trăsături similare. A publicat revoluționara lucrare *Originea speciilor* în anul 1859, aceasta fiind urmată în anul 1871 de *Descendența omului*, în care a aplicat propriile sale idei ca să explice evoluția oamenilor.

Ilustrație de John Gould a speciei de nandu descoperite de Darwin, 1841

Pasărea lui Darwin

Aceasta este cea mai mică dintre cele două specii de nandu, o pasăre nezburătoare pe care Darwin a descoperit-o în America de Sud. Echipa cercetătorului a confundat-o cu o specie mult mai comună, împușcând pasărea și gătind-o. Darwin și-a dat seama abia mai târziu că este vorba despre o specie rară și nu a mai vânat-o.

„Noi nu suntem aici pentru a ne preocupa cu speranțe sau temeri, doar cu adevărul în măsura în care rațiunea noastră ne permite să-l descoperim."

Charles Darwin, *Descendența omului*

Unul dintre carnetele lui Darwin

Busola lui Darwin

Călătorie în jurul lumii

În timpul călătoriei de cinci ani la bordul navei HMS Beagle, Darwin a umplut zeci de carnete cu observații despre minerale, plante și viețuitoare. Naturalistul a strâns probe de la mii de păsări, multe dintre acestea fiind identificate în Anglia de ornitologi (persoane care studiază păsările) și de ilustratorul John Gould. Materialele strânse în Insulele Galápagos au fost foarte importante pentru formarea ideilor sale.

Teorie controversată

Deși mulți oameni de știință ai acelor vremuri au susținut teoria evoluționistă a lui Darwin, alții au fost mult mai sceptici. Aceste idei erau contrazise vehement de creștinii tradiționaliști, iar Darwin a fost ridiculizat fiindcă ar fi sugerat că omul se trage din maimuță. Această caricatură a apărut într-o revistă după publicarea lucrării Descendența omului, *în anul 1871.*

Om de știință

În ciuda faptului că a fost mulți ani bolnav, Darwin nu a renunțat niciodată la studiul istoriei naturale, ba chiar a scris volume lungi despre scoici, orhidee și râme. Naturalistul a murit în anul 1882.

„O lege generală care duce la progresul tuturor organismelor vii spune că acestea se înmulțesc și devin variate atunci când cei mai puternici supraviețuiesc, iar cei mai slabi pier."

Charles Darwin,
Originea speciilor

Studierea luminii

Studiul științific al luminii și al vederii se numește *optică*, acesta fiind de sute de ani un domeniu de mare interes. Câteva civilizații antice, inclusiv grecii, au făcut numeroase experimente cu lumina, iar medicii arabi au dobândit cunoștințe avansate despre felul în care funcționează ochiul. În anii 1700, oamenii de știință europeni erau împărțiți în două tabere care susțineau că lumina este alcătuită fie din particule, fie din unde. Acum se știe că lumina este un tip de radiație electromagnetică.

Roata culorilor
Omul de știință englez Sir Isaac Newton (vezi paginile 88–89) a folosit o roată de culori ca să arate că lumina albă este alcătuită din toate nuanțele. Când învârtea roata, culorile – roșu, oranj, galben, verde, albastru, indigo și violet – păreau să devină albe. Acum știm că toate culorile au lungimi diferite de undă.

Replică a roții culorilor a lui Newton

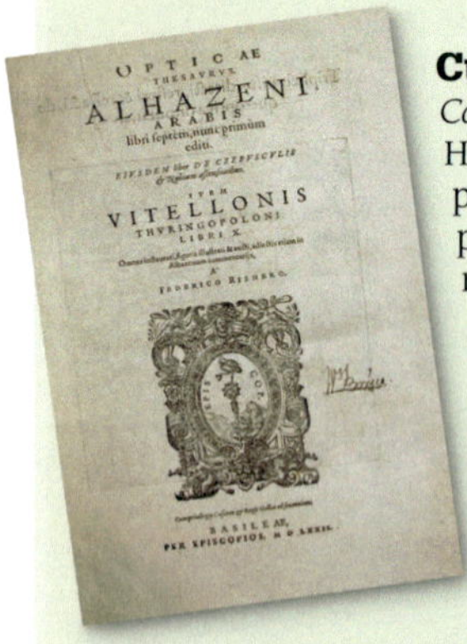

Prima pagină a versiunii în limba latină a *Cărții de optică*

Cum vedem
Cartea de optică scrisă de savantul arab Ibn al-Haytham (sau Alhazen) între anii 1011 și 1021 preciza corect că vederea are loc când lumina pătrunde în ochi. Până atunci se crezuse că razele vizuale ies din ochi.

> **„Ori de câte ori se învârt toate fâșiile de culori, se obține aceeași lumină albă ca mai înainte."**
>
> **Sir Isaac Newton, *Optica*, 1704**

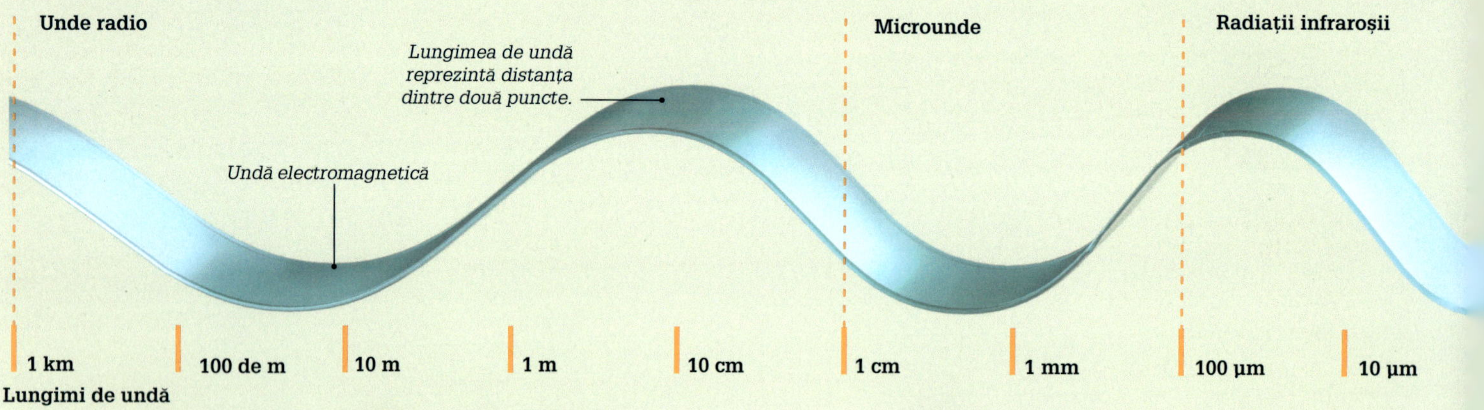

µm – micrometru
nm – nanometru

Unde radio
Acestea se folosesc la transmiterea sunetelor și a semnalelor de televiziune. Radiotelescoapele în formă de farfurie captează unde radio din spațiul cosmic.

Microunde
Acestea sunt unde radio de lungimi deosebit de scurte și sunt folosite la încălzirea preparatelor culinare și la transmiterea semnalelor telefoanelor mobile.

Evenimente importante

750 î.e.n.
Cea mai veche lentilă a fost descoperită în orașul asirian Nimrud (astăzi – în Irak), fiind construită dintr-un cristal de rocă. Este posibil să fi fost folosită ca lupă.

1267
Savantul din Oxford pe nume Roger Bacon a descris structura ochiului. Într-un studiu asupra lentilelor, acesta a sugerat că un curcubeu se formează prin reflexia razelor de lumină în stropii de ploaie.

cca 1286
În Italia au fost făcuți primii ochelari. Aceștia se purtau doar pe nas și erau folosiți de călugări și savanți pentru citit.

1678
Fizicianul olandez Christiaan Huygens a sugerat că lumina este alcătuită din unde sferice care se propagă.

Ochelari din secolul al XIV-lea

Difracția luminii

Oamenii de știință au studiat lumina și felul în care aceasta poate fi manipulată. Studiul modului în care funcționează lentilele reprezintă un bun exemplu în acest sens.

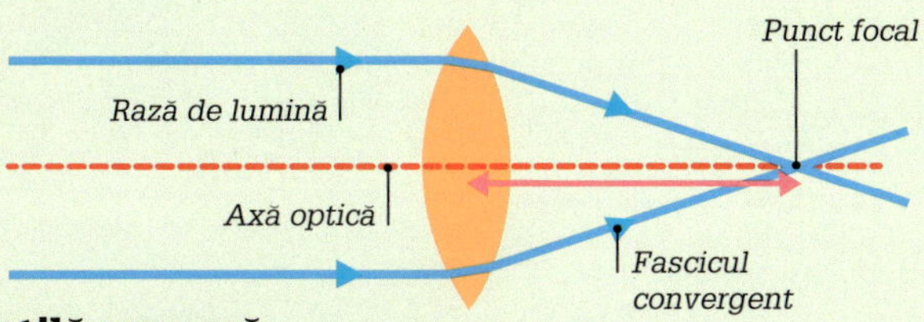

Lentilă convexă
O lentilă convexă este rotunjită la mijloc. Când razele paralele de lumină pătrund în lentilă, acestea se îndreaptă spre același punct focal (converg) dincolo de aceasta.

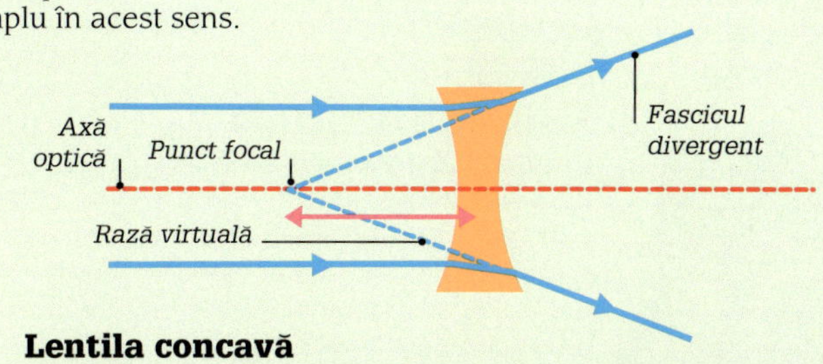

Lentila concavă
O lentilă concavă este adâncită la mijloc. Când razele paralele de lumină pătrund în lentilă, acestea deviază (diverg) și par să sosească dintr-un punct focal situat în fața lentilei.

Iluzie optică

Cu ajutorul oglinzilor, ochii noștri pot fi păcăliți să vadă lucruri care nu sunt de fapt acolo. *Fantoma lui Pepper*, botezată astfel după unul dintre inventatorii săi, este un concept regăsit în teatru, care folosește două bucăți mari de sticlă așezate în anumite unghiuri astfel încât să reflecte pe scenă imaginea unei fantome.

Fantoma lui Pepper păcălind publicul unui spectacol de teatru în secolul al XIX-lea

Undele electromagnetice

Lumina vizibilă reprezintă doar o mică parte a spectrului de unde electromagnetice (dedesubt) care călătoresc prin spațiu la viteze foarte mari. Acestea au fost descrise pentru prima oară în secolul al XIX-lea și sunt de mai multe tipuri, fiecare având altă funcție și întrebuințare în viața noastră de zi cu zi.

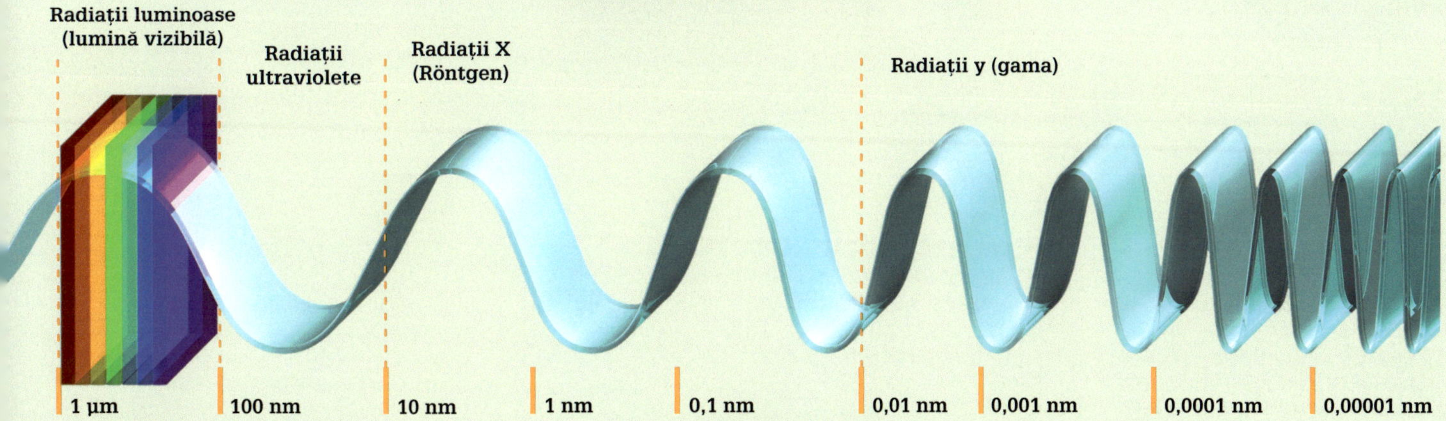

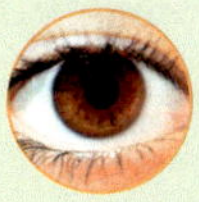

Lumina vizibilă
Ochii noștri pot vedea doar culorile cu aceste lungimi de undă, dar anumite viețuitoare pot vedea și altele.

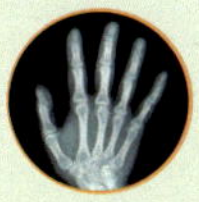

Radiații X
Acestea se folosesc ca să aruncăm o privire în interiorul corpului nostru. Pot pătrunde în țesuturile moi, dar sunt blocate de oase și dinți.

1704
Sir Isaac Newton a publicat lucrarea sa numită *Optica*, în care a contrazis teoria lui Huygens. A spus că lumina este o înșiruire de mici particule (corpusculi) care călătoresc în linie dreaptă la viteze uriașe.

1816
Fizicianul francez Jean Augustin Fresnel a făcut o serie de experimente care au dovedit că lumina este alcătuită din unde.

Jean Augustin Fresnel

1864
Matematicianul scoțian James Clerk Maxwell a arătat că lumina este o undă electromagnetică și a anticipat existența altor tipuri de astfel de unde.

1905
Fizicianul Albert Einstein a legat teoria undelor de cea a particulelor, enunțând că lumina este alcătuită din mici „pachete" de energie numite *fotoni*, care se comportă și ca niște unde.

1855 ▸ 1865

1857
Tot mai sus
Inventatorul și omul de afaceri american Elisha Otis a instalat primul lift de pasageri pe strada Broadway din orașul New York. Sistemul său avea inclusiv o frână de siguranță, care împiedica prăbușirea liftului în cazul în care cablurile se rupeau. Instalate în clădirile înalte, lifturile lui Otis au contribuit enorm la adevărata explozie a construcției de zgârie-nori în New York.

Otis făcând o demonstrație publică a liftului său cu frână de siguranță

1856
Vopsea artificială
Chimistul britanic William Perkin era încă student când a descoperit întâmplător prima vopsea sintetică. Aceasta avea o culoare violet intens, care a devenit cunoscută drept *mov* (în limba franceză, numele unei specii purpurii de nalbă) și a primit mai târziu denumirea chimică de *moveină*. Perkin a amenajat o fabrică ce a început să producă și să vândă această vopsea.

Rochie de mătase vopsită cu movul lui Perkin

1855

1856
Fabricarea oțelului
Inginerul britanic Henry Bessemer a inventat un furnal care sufla aer în fierul topit ca să elimine impuritățile, acesta fiind un procedeu convenabil de obținere a oțelului. Șinele din oțel obținute prin procedeul Bessemer rezistă de zece ori mai mult decât cele din fier.

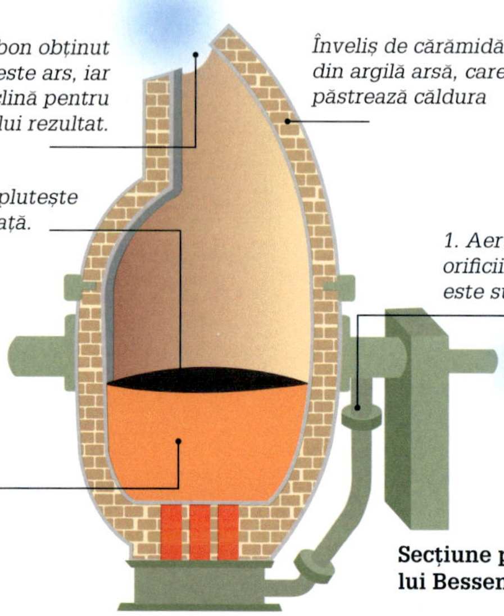

Secțiune prin furnalul lui Bessemer

1856
Studierea plantei de mazăre
Călugărul austriac Gregor Mendel a început să crească mazăre, descoperind că anumite caracteristici, cum ar fi mărimea plantelor, sunt transmise prin „factori" invizibili, pe care astăzi îi numim *gene*. Deși nu a fost recunoscută la vremea respectivă, munca lui Mendel constituie bazele geneticii moderne.

1859
O carte influentă
Naturalistul britanic Charles Darwin a publicat o lucrare intitulată *Originea speciilor*, în care explica teoria evoluției prin selecție naturală. Este una dintre cele mai importante cărți din istoria științei.

Charles Darwin
Vezi paginile 134–135.

1858
Cablu transatlantic
Primul cablu telegrafic transatlantic trecea pe sub mare, între vestul Irlandei și Newfoundland (pe coasta Canadei). S-a defectat la doar trei săptămâni după ce a fost dat în folosință, fiind necesară instalarea unui cablu nou și mai rezistent între anii 1865 și 1866.

Schelet fosilizat al unui Archaeopteryx

1861

De la dinozaur la pasăre

În Germania a fost găsită o fosilă aproape întreagă a unei creaturi cu aripi, pene și un cioc cu dinți, care a primit denumirea de *Archaeopteryx (aripă străveche)*. Această specie a trăit în urmă cu aproape 150 de milioane de ani și este considerată legătura evolutivă care lipsea între dinozauri și păsări.

1865

Păstrarea prospețimii alimentelor

Când a fost întrebat de ce s-a acrit berea, chimistul francez Louis Pasteur a descoperit că era din cauza unor microbi (organisme mărunte) dăunători din aer, care însă puteau fi distruși dacă berea era puțin încălzită. În același fel se puteau trata atât vinul, cât și laptele. Acest proces de încălzire se folosește și astăzi, fiind cunoscut sub denumirea de *pasteurizare*.

Louis Pasteur
Vezi paginile 142–143.

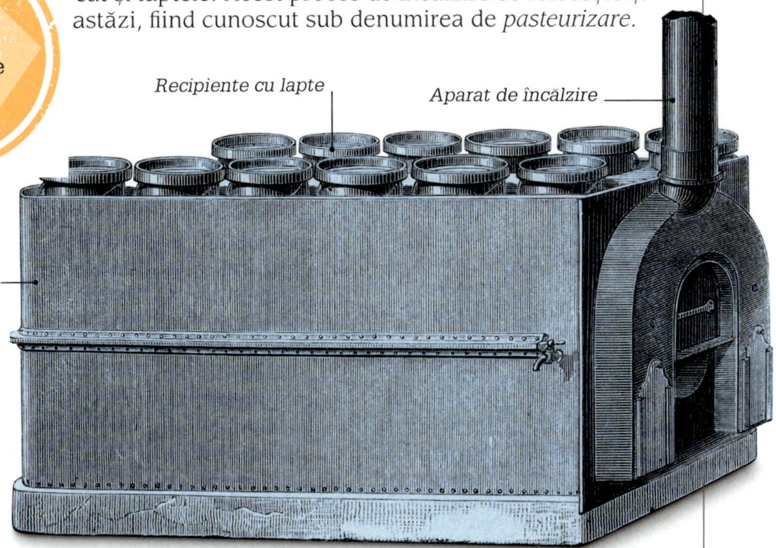

Dispozitiv din secolul al XIX-lea folosit la pasteurizarea laptelui

1865

1860

Becul cu incandescență

Omul de știință britanic Joseph Swan a inventat becul cu incandescență, care lumina odată cu trecerea curentului electric printr-un filament de carbon din interiorul unui balon de sticlă din care a fost scos aerul. Filamentul se încălzea până când începea să lumineze, singurul dezavantaj fiind că acesta ardea foarte repede. Swan i-a adus diverse îmbunătățiri și și-a patentat invenția în 1878, același an în care inventatorul american Thomas Edison a început să lucreze la becul său electric.

Replică a lămpii lui Swan

1864

Explicarea electromagnetismului

Matematicianul scoțian James Clerk Maxwell a arătat că perturbațiile din câmpurile electromagnetice creează unde care radiază spre exterior. Aceste unde radiază exact cu aceeași viteză ca cea a luminii, dovedind că și lumina este o undă electromagnetică. Maxwell a însumat descoperirile sale în patru ecuații matematice care constituie baza teoriei clasice a radiațiilor electromagnetice.

În anul 1860, Florence Nightingale a înființat prima școală sanitară la Spitalul St Thomas' din Londra.

Thomas Edison
Vezi pagina 149.

Curentul electric

Astăzi, curentul electric se găsește pretutindeni, alimentând de la mașini industriale uriașe la computere și smartphone-uri, luminând în același timp casele și orașele în care locuim. Au trecut doar 150 de ani de când oamenii folosesc electricitatea ca sursă de energie. O mare parte din cea care ajunge în casele noastre este obținută în centrale energetice, cu ajutorul unor turbine alimentate cu cărbune, gaz sau surse regenerabile de energie.

Generator timpuriu
În anul 1832, sculerul francez Hippolyte Pixii a folosit inducția electromagnetică descoperită de Michael Faraday (vezi pagina 123) ca să construiască un generator timpuriu ce producea curent alternativ (AC). Acesta era alcătuit dintr-un magnet în formă de potcoavă, cu polii îndreptați în sus, care se rotea făcând curentul electric să circule printr-o bobină cu miez de fier ce genera astfel AC. La acea vreme nu exista niciun interes în producerea curentului alternativ, așa că Pixii a găsit o modalitate de a-l transforma în ceva mai cunoscutul curent continuu (DC).

Generatorul lui Pixii

Camera cu mașini dinamo-electrice de pe Pearl Street

Iluminarea cartierului Manhattan
Pe strada Pearl Street din cartierul Manhattan al orașului New York, inventatorul american Thomas Edison a construit prima centrală electrică pentru iluminare la scară largă. Aceasta avea șase mari mașini dinamo-electrice care generau curentul electric necesar aprinderii a 10.000 de lămpi stradale. Mașinile erau acționate de motoare cu abur, vaporii rezultați fiind folosiți ulterior la încălzirea clădirilor din împrejurimi. Centrala de pe Pearl Street a ars în anul 1890.

AC/DC: Tipuri de curent electric

Centralele electrice ale lui Edison ofereau curent electric continuu (prescurtat DC), dar acesta străbătea o distanță foarte scurtă înainte să înceapă să scadă în intensitate. În anul 1887, inginerul american George Westinghouse a introdus curentul alternativ (prescurtat AC), care putea străbate fără probleme distanțe mult mai mari.

- **Curentul continuu**
  Acesta circulă într-un singur sens și este folosit la încărcarea bateriilor și ca sursă de energie pentru sisteme electronice.
- **Curentul alternativ**
  Acesta își schimbă periodic sensul în care circulă. Majoritatea locuințelor și clădirilori de birouri sunt alimentate cu acest tip de curent.

Evenimente importante

1752
Viitorul diplomat american Benjamin Franklin a înălțat un zmeu în timpul unei furtuni legând o cheie de sfoară pentru a dovedi că fulgerele sunt descărcări electrice.

1800
Omul de știință italian Alessandro Volta a creat pila voltaică, prima baterie care putea oferi curent electric în mod continuu pentru un circuit.

1831
Omul de știință englez Michael Faraday a descoperit inducția electromagnetică atunci când a aflat că poate produce curent electric dacă introduce și scoate un magnet din interiorul unei bobine de sârmă.

1882
Thomas Edison a deschis prima centrală electrică pe strada Pearl Street din cartierul Manhattan al orașului New York.

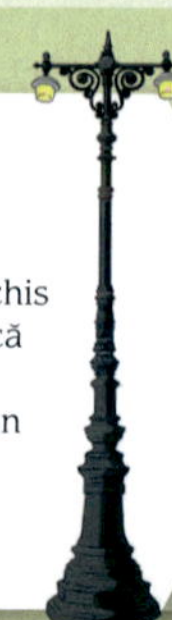
Lampă electrică stradală

Un vehicul tras de cal pe aceeași stradă cu un tramvai electric, Chicago, SUA, 1906

Curent electric pretutindeni

Producția de energie electrică a crescut rapid în primii ani ai secolului XX. Cablurile electrice, iluminatul stradal și reclamele luminoase au transformat total peisajele urbane, în vreme ce tramvaiele și căile ferate electrice au făcut ca transportul să fie mai rapid și mai curat. În locuințe, viața oamenilor a devenit mai ușoară odată cu apariția frigiderelor.

„Curentul electric face pentru distribuția de energie ceea ce au făcut și căile ferate pentru distribuția mărfurilor."

Inginerul electrician american Charles Proteus Steinmetz, 1922

Râuri de lumină

De la centralele electrice, curentul electric străbate distanțe lungi de-a lungul liniilor de înaltă tensiune până la stațiile care furnizează energie electrică pentru locuințe. Această fotografie făcută din spațiu înfățișează orașele iluminate din SUA pe timp de noapte.

Energie regenerabilă

În prezent, majoritatea curentului electric se obține prin arderea de combustibili care nu se pot regenera (cărbunii și gazele naturale), acest lucru contribuind la încălzirea globală (vezi paginile 220–221). Se depun mari eforturi pentru dezvoltarea tehnicilor de exploatare a surselor regenerabile de energie.

Energie solară

Energia de la Soare este transformată în curent electric cu ajutorul panourilor solare amplasate în zone luminate intens în mod natural. Este o sursă de energie convenabilă, silențioasă și nepoluantă.

Hidroenergie

Apa care cade este folosită la punerea în funcțiune a unei turbine care generează curent electric. Este o sursă de energie de nădejde, dar construirea centralelor hidroenergetice este costisitoare, iar acestea pot afecta cursul râului pe care sunt construite.

Energie eoliană

Vântul este folosit pentru punerea în funcțiune a unor turbine mari, care produc curent electric. Energia unei singure turbine poate oferi curent electric pentru sute de locuințe.

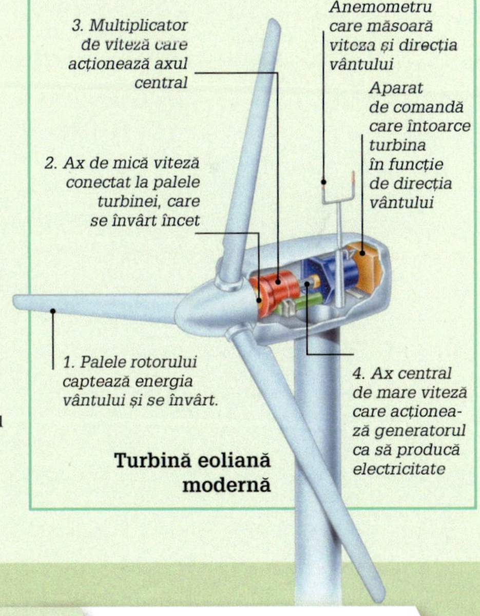

Turbină eoliană modernă

1884

Inginerul englez Charles Algernon Parsons a inventat turbina cu abur, folosită la acționarea unui generator care producea curent electric în mod eficient și la preț convenabil.

1887

Inventatorul Nikola Tesla a construit un motor cu inducție pe bază de curent alternativ, un sistem care avea să-l înlocuiască mai târziu pe cel pe bază de curent continuu.

1913

A apărut pe piață primul frigider electric pentru locuințe, o invenție revoluționară în industria aparatelor de uz casnic.

Primul frigider electric

1954

În Obninsk, Rusia, a fost construită prima centrală nucleară care a produs curent electric pentru uz comercial.

Pasteur în laborator

Louis Pasteur este supranumit părintele microbiologiei – *studiul științific al organismelor mult prea mici ca să fie vizibile cu ochiul liber, cum ar fi bacteriile.*

„Știința aparține umanității și este torța care luminează lumea.”

Louis Pasteur

MARI OAMENI DE ȘTIINȚĂ

Louis Pasteur

Chimistul francez Louis Pasteur (1822–1895) a contribuit la dezvoltarea științifică prin mai multe descoperiri importante: procesul de pasteurizare (încălzirea de scurtă durată a unei substanțe pentru uciderea microbilor) și diverse vaccinuri contra unor boli fatale.

Teoria germenilor

Ideea potrivit căreia bolile infecțioase se răspândesc din cauza germenilor (sau microorganismelor) este cunoscută ca *teoria germenilor*. Astăzi aceasta este de la sine înțeleasă, însă a fost foarte controversată în anii 1860, pe vremea când Pasteur, pe atunci profesor de chimie, a început să lucreze ca să o dovedească. El a arătat că organismele mărunte sunt responsabile de contaminarea berii și a laptelui, descoperind că acestea pot provoca boli și viermilor de mătase.

Dezvoltarea vaccinurilor

Când Pasteur a dovedit că teoria germenilor este adevărată, aceasta a revoluționat medicina și îngrijirea bolnavilor, introducând noi standarde de igienă. Chimistul a dezvoltat vaccinuri contra a două boli ale animalelor (holera găinilor și antrax) producând în laborator tulpini mai slabe ale bacteriilor purtătoare de boală. Odată injectate în animale, acestea au provocat apariția anticorpilor (proteine produse de sistemul imunitar care atacă substanțele necunoscute pentru corp) ce le-a oferit animalelor imunitate față de boală.

Lupta cu turbarea

Pasteur a dezvoltat un vaccin contra turbării, o boală pe care oamenii o primesc de la animale infectate. În anul 1886, omul de știință a reușit să ajute un băiețel în vârstă de nouă ani, pe numele său Joseph Meister, care a fost mușcat de un câine infectat.

Dedicat total științei

În anul 1868, Pasteur a suferit un atac cerebral care i-a paralizat parțial partea stângă a corpului. Cu ajutorul colegilor și asistenților, acesta și-a continuat însă munca și cercetările. A murit în anul 1895.

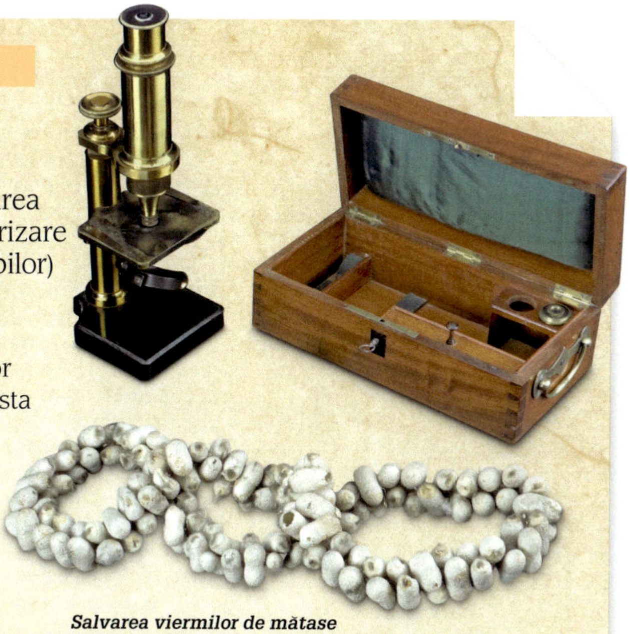

Salvarea viermilor de mătase
Deasupra se poate observa microscopul pe care Pasteur l-a folosit să identifice microorganismele care decimau viermii de mătase. În fața dispozitivului sunt câțiva coconi ai unor viermi pe care i-a studiat. Cercetările sale au salvat sericultura franceză.

„Mă aflu la marginea misterelor, iar vălul devine din ce în ce mai subțire."

Louis Pasteur

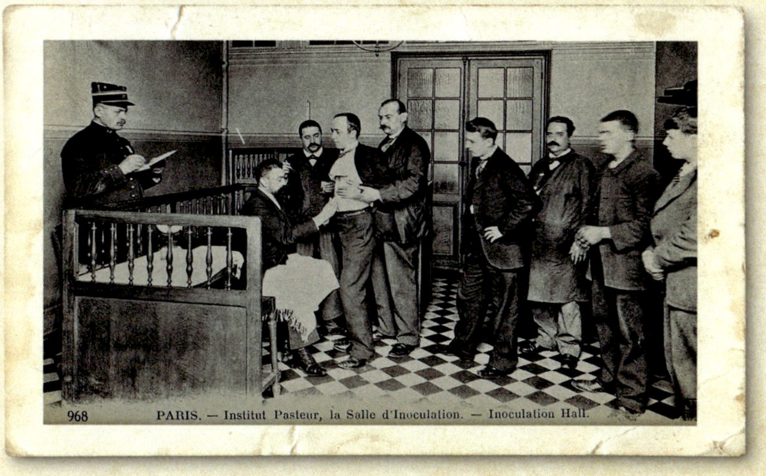

Institutul Pasteur
Un medic administrează unui pacient un vaccin contra turbării la Institutul Pasteur, un centru de cercetare înființat de Pasteur în Paris, Franța, care se ocupă cu studierea bolilor și dezvoltarea vaccinurilor. Compania are sedii în întreaga lume și se ocupă și astăzi de cercetări care salvează vieți omenești.

Îngerul milosteniei
O caricatură dintr-un ziar francez îl înfățișează pe Pasteur ca un înger al milosteniei, în timp ce injectează un câine infectat cu virusul turbării – pe atunci un ucigaș silențios.

1865 ▸ 1875

1867

Dinamită

Chimistul suedez Alfred Nobel a inventat o pudră explozivă pe care a denumit-o *dinamită*. Aceasta a început să fie folosită pe câmpul de bătălie, iar Nobel și-a dat seama că invenția sa este asociată cu moartea. Ca să schimbe lucrurile, chimistul și-a exprimat prin testament dorința ca o mare parte din banii săi să fie folosiți la finanțarea premiilor care astăzi îi poartă numele, printre care și un trofeu pentru cei care promovează pacea.

1867

Putere pe două roți

La trei ani după ce fierarul francez Pierre Michaux a construit prima bicicletă cu pedale și cadru metalic, Louis-Guillaume Perreaux a adăugat modelului un mic motor cu abur ce funcționa cu alcool. Se spune că vehiculul obținut a fost prima motoretă din lume. A fost construit un singur model.

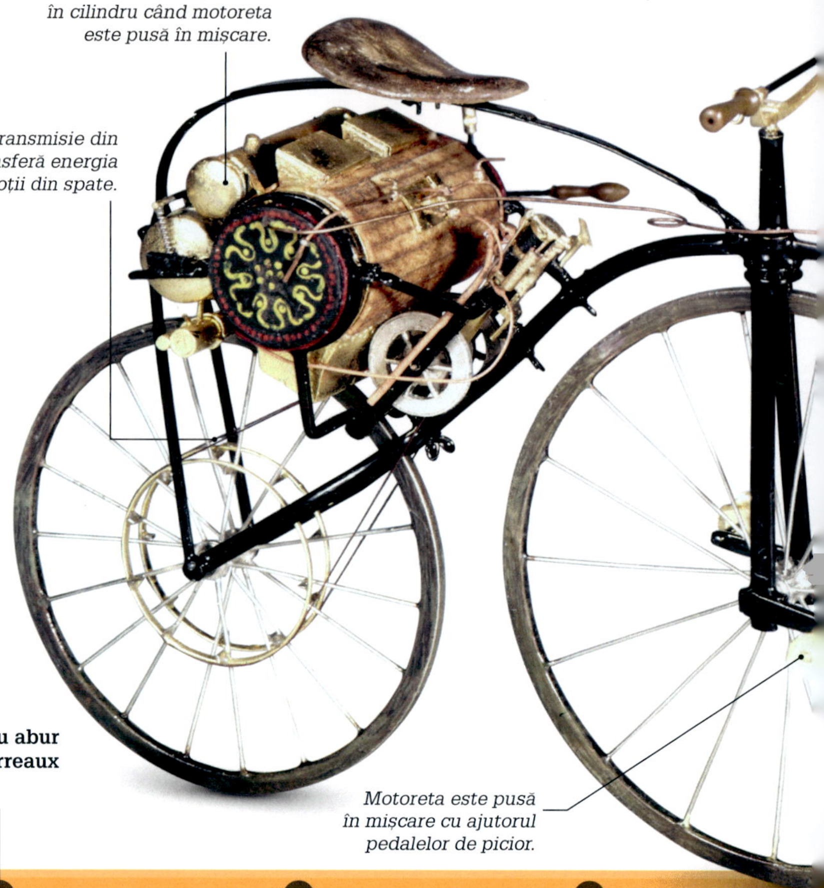

Machetă a motoretei cu abur a lui Michaux-Perreaux

1865

1865

Operații mai sigure

Chirurgul scoțian Joseph Lister și-a dat seama că pacienții mor din cauză că rănile lor se infectează cu bacterii, așa că a introdus fenolul ca antiseptic ca să scape de infecții în sălile de operație. Deși metoda a funcționat și numărul deceselor a scăzut, fenolul s-a dovedit dăunător atât pentru pacienți, cât și pentru medici, așa că Lister l-a înlocuit mai târziu cu acidul boric.

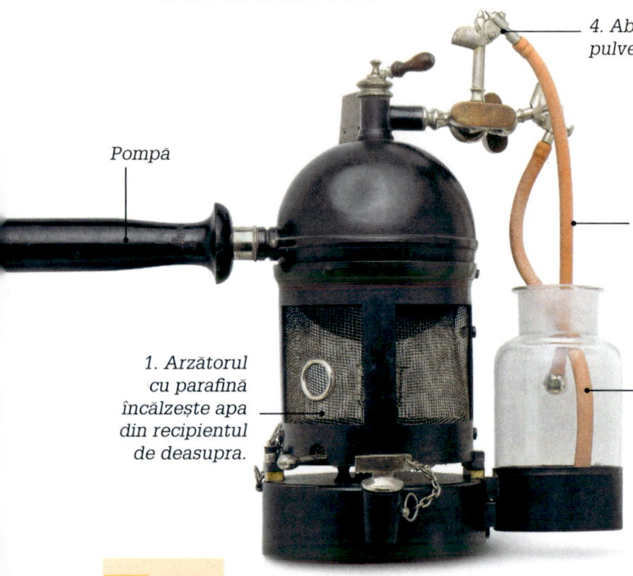

Pulverizatorul cu fenol al lui Lister

1868

Descoperirea heliului

Astronomul francez Jules Janssen privea o eclipsă totală de Soare când a observat un contur de lumină galbenă în spectrul solar care nu se potrivea cu lungimea de undă a niciunui element cunoscut. Așa a fost descoperit heliul – al doilea cel mai ușor și al doilea cel mai frecvent element din Univers, după hidrogen.

1869

Descoperirea ADN-ului

Medicul elvețian Friedrich Miescher a descoperit în interiorul nucleelor celulelor o substanță pe care a denumit-o nucleină. Astăzi știm că este vorba despre ADN, molecula care stochează informația genetică a tuturor organismelor vii.

ADN: codul vieții
Vezi paginile 198–199.

Primii oameni moderni

Un craniu descoperit în sud-vestul Franței a fost identificat ca aparținând unui om modern primitiv (omul de Cro-Magnon), fiind primul de acest fel găsit în vestul Europei.

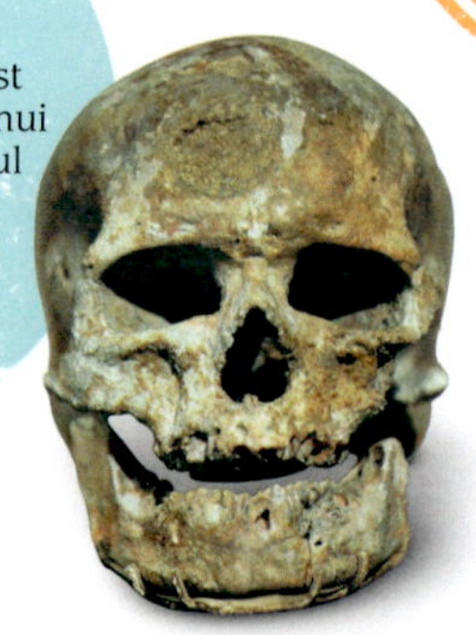

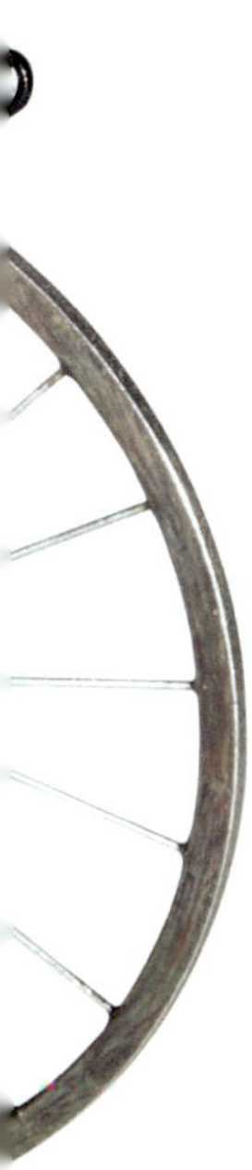

„Am văzut în vis un tabel în care toate elementele erau aranjate la locul potrivit, în ordinea corespunzătoare.”

Dimitri Mendeleev

Charles Darwin Vezi paginile 134–135.

1871

Evoluția umană

Charles Darwin a publicat *Descendența omului* ca o continuare a volumului *Originea speciilor*. În această nouă lucrare, naturalistul punea în discuție procesul de evoluție al omului și teoria selecției sexuale. Deși Darwin a ezitat să publice volumul, acesta nu a stârnit atâtea controverse precum *Originea speciilor*.

1872

Explorare științifică

Nava britanică HMS Challenger a pornit într-o călătorie de patru ani ca să exploreze oceanele lumii. La bordul său se afla o echipă de oameni de știință ale cărei numeroase descoperiri au pus bazele oceanografiei (ramură științifică ce se ocupă cu studiul mărilor și oceanelor).

Laboratorul de zoologie de la bordul navei HMS Challenger

1875

1834–1907 DIMITRI MENDELEEV

Dimitri Mendeleev era profesor de chimie în orașul Sankt Petersburg din Rusia când a inventat tabelul periodic bazat pe masa atomică a elementelor. A susținut mai târziu că ideea i s-a arătat într-un vis, într-o perioadă în care pregătea o lucrare de chimie. Denumirea de *sistem periodic* vine de la însuși Mendeleev, în al cărui tabel se regăsește și elementul mendeleviu, descoperit în anul 1944 și denumit astfel în semn de apreciere pentru munca depusă de chimist.

Tabelul periodic

Mendeleev și-a dat seama că poate aranja cele 63 de elemente cunoscute pe atunci în funcție de numărul lor atomic, organizându-le în grupe și perioade de elemente cu proprietăți similare. A reușit să anticipeze astfel existența altor trei elemente – galiu, scandiu și germaniu –, acestea fiind descoperite în următorii 16 ani (vezi paginile 188–189).

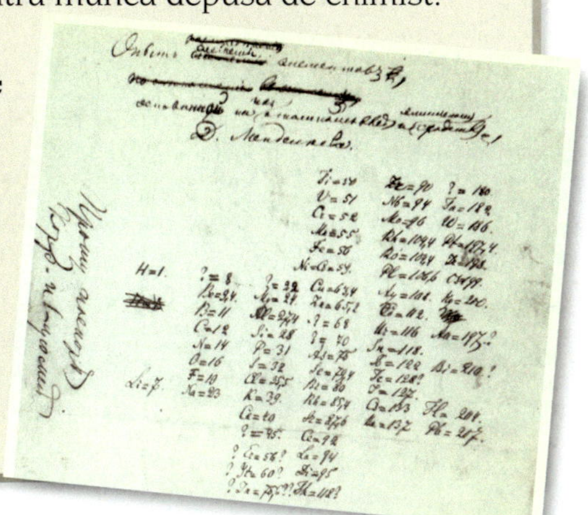

Notițele lui Mendeleev

1873

Păstrarea la rece

Inginerul german Carl von Linde a construit pentru o fabrică de bere primul sistem de funcționare al unui frigider modern, folosind gaze lichefiate. Păstrarea alimentelor la rece a transformat rapid modul de depozitare al hranei perisabile.

Metoda de răcire a invenției lui von Linde nu este foarte diferită față de cea regăsită în frigiderele moderne.

Sistemul de răcire al lui von Linde

Studierea chimiei

Chimia este studiul materiei din care este alcătuit orice obiect din Univers. Pe aceasta se bazează numeroase procese importante ale vieții moderne, de la îmbunătățirea calității hranei din supermarketuri până la obținerea combustibilului necesar automobilelor. În Europa, chimia a început să fie la mare căutare în anii 1700, când oamenii de știință au început să cerceteze substanțele (gaze, lichide etc.) și modul în care acestea se pot transforma. Aceștia au făcut experimente ca să izoleze și să identifice elementele (substanțe care nu mai pot fi descompuse în alte substanțe mai simple), fiind adevărați deschizători de drumuri pentru descoperirile ulterioare.

Laborator de alchimist
Alchimiștii medievali încălzeau și distilau substanțele în fiole și retorte (vase de sticlă), le amestecau și le zdrobeau în mojare, toate acestea în speranța că vor reuși să transforme orice metal în aur. Aceștia sunt considerați adesea primii chimiști.

Alchimist lucrând într-un laborator

Cunoștințe despre metale
Această ilustrație face parte din *De re metallica (Despre natura metalelor)*, o primă lucrare influentă de chimie publicată în anul 1556, în Germania. În aceasta se descrie extragerea metalelor prin procedeul de topire și de turnare.

Experiment chimic
La începutul anilor 1780, chimistul francez Antoine Lavoisier a construit un calorimetru cu gheață pentru un experiment care să demonstreze că respirația și combustia (arderea) reprezintă același proces chimic, fiindcă ambele folosesc oxigen și elimină căldură. Dispozitivul măsura cantitatea de căldură produsă de respirația unui porcușor de Guineea.

Evenimente importante

1661
În cartea sa intitulată *Chimistul sceptic*, filosoful anglo-irlandez Robert Boyle susținea că materia este alcătuită din diferiți „corpusculi" (atomi) care se află în continuă mișcare.

1754
Chimistul scoțian Joseph Black a descoperit dioxidul de carbon, pe care l-a numit *aer fix*. A observat că este mai dens decât aerul, că poate să stingă flăcările și să sufoce.

1766
Chimistul englez Henry Cavendish a descoperit un gaz lipsit de culoare căruia i-a spus *aer inflamabil* și pe care astăzi îl cunoaștem ca *hidrogen*.

Henry Cavendish

1789
Antoine Lavoisier a publicat *Tratat elementar despre chimie*, prima lucrare modernă de chimie.

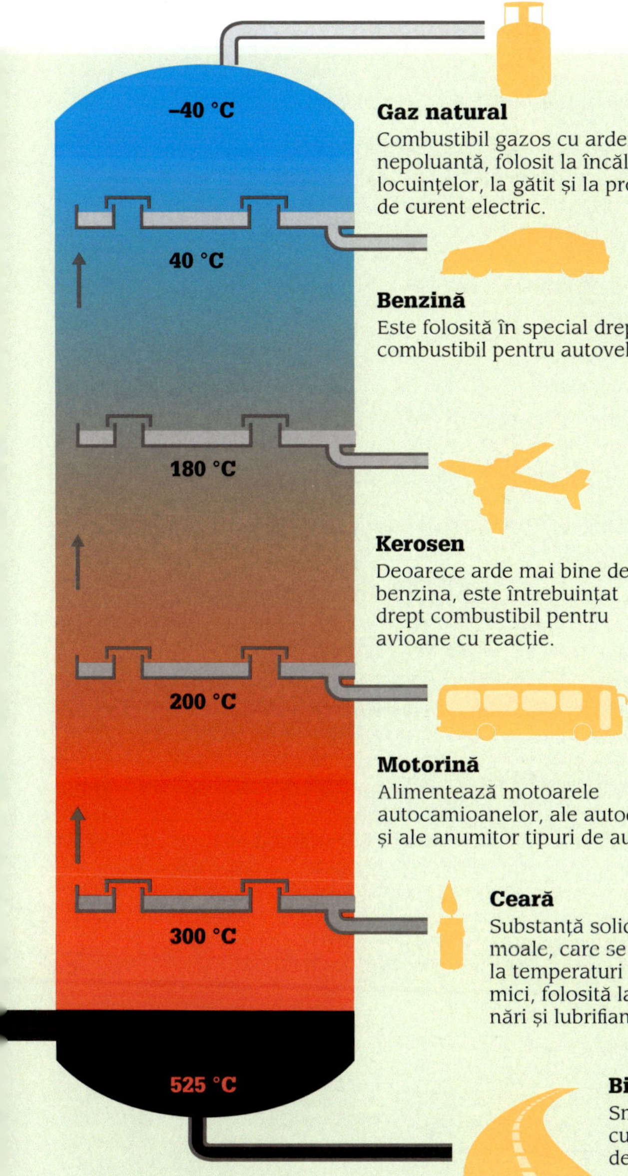

Gaz natural
Combustibil gazos cu ardere nepoluantă, folosit la încălzirea locuințelor, la gătit și la producerea de curent electric.

Benzină
Este folosită în special drept combustibil pentru autovehicule.

Kerosen
Deoarece arde mai bine decât benzina, este întrebuințat drept combustibil pentru avioane cu reacție.

Motorină
Alimentează motoarele autocamioanelor, ale autocarelor și ale anumitor tipuri de automobile.

Ceară
Substanță solidă și moale, carc se topește la temperaturi relativ mici, folosită la lumânări și lubrifianți.

Bitum
Smoală întărită amestecată cu pietricele și folosită ca strat de suprafață pentru drumuri.

Legile gazelor

Există trei legi mai importante care descriu mișcarea moleculelor în gaze. Prima este legea lui Boyle (vezi pagina 83). Celelalte două sunt legea lui Charles și legea Gay-Lussac.

Legea lui Charles

Denumită după omul de știință francez Jacques Charles, această lege spune că temperatura unui gaz este direct proporțională cu volumul acestuia, căci odată cu creșterea temperaturii se mărește și volumul.

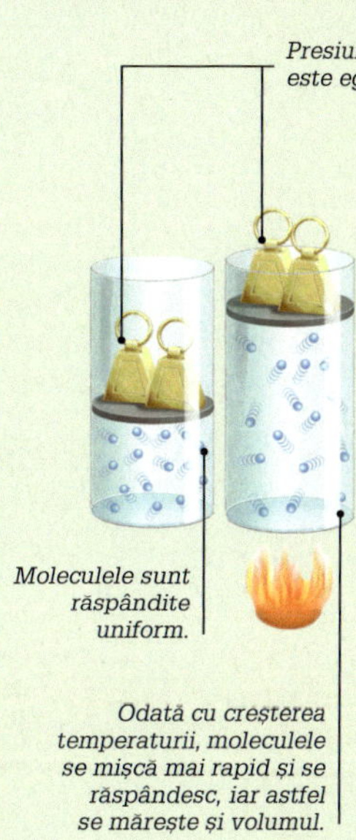

Legea Gay-Lussac

Descrisă pentru prima oară de chimistul francez Joseph Louis Gay-Lussac, această lege spune că, pentru același volum de gaz, presiunea este direct proporțională cu temperatura.

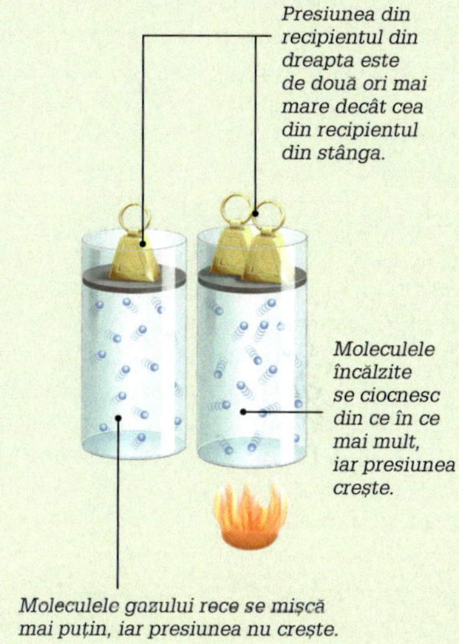

Chimia în industrie

Pe măsura progresului procedeelor chimice, industria a început să folosească aceste descoperiri ca să dezvolte procesele pe care le cunoaștem astăzi. Un asemenea procedeu este distilarea țițeiului – un amestec complex de hidrocarburi (combinație chimică de hidrogen și carbon). Acestea sunt separate în interiorul unui turn de distilare compartimentat (sus). Pe măsură ce țițeiul arde, hidrocarburile se transformă în gaze și se ridică, apoi se răcesc și are loc condensul (procesul prin care se transformă înapoi în lichid) la temperaturi diferite. În cele din urmă, acestea sunt colectate și rafinate în diverse produse, cum ar fi benzina.

Polimeri sintetici

Plasticul a început să fie produs la sfârșitul anilor 1800, din substanțe organice cum ar fi lemnul, cărbunele sau petrolul. Materialul plastic este alcătuit din polimeri – molecule mari care pot fi modelate dacă sunt încălzite.

Zaruri din celuloid, unul dintre primele materiale plastice

1803
Chimistul englez John Dalton a prezentat teoria sa atomică, prima încercare de a descrie întreaga materie în funcție de atomi și de proprietăților acestora.

1805
Joseph Louis Gay-Lussac a descoperit că apa este alcătuită din două părți de hidrogen și o parte de oxigen.

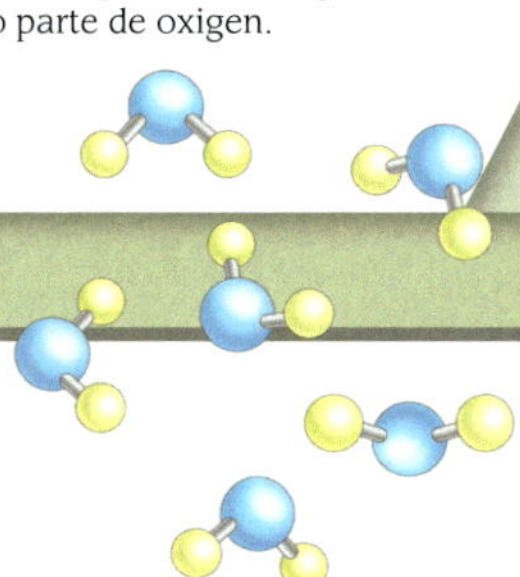

Molecule de apă

1811
Fizicianul italian Amedeo Avogadro și-a dat seama că gazele simple, cum ar fi hidrogenul, sunt alcătuite din molecule de doi sau mai mulți atomi legați.

1869
Dimitri Mendeleev a publicat tabelul său periodic, în care a organizat cele 63 de elemente cunoscute pe atunci în funcție de masa lor atomică și de proprietățile acestora.

1875 ▸ 1885

1876
Inventarea telefonului
Inventatorul american Alexander Graham Bell a patentat telefonul. Dispozitivul său de emitere și de recepționare a cuvintelor rostite transforma vibrațiile sunetului în semnale electrice și viceversa.

Comunicațiile
Vezi paginile 150–151.

1876
Bacterie revoluționară
Bacteriologul german Robert Koch a demonstrat că antraxul – boală infecțioasă fatală care se transmite la om de la oi și vaci – se răspândește printr-o bacterie denumită *Bacillus anthracis*. Descoperirea sa a confirmat teoria germenilor la care lucrase chimistul francez Louis Pasteur (vezi pagina 143).

Ilustrație a hărții planetei Marte în viziunea lui Schiaparelli

1877
Viață pe Marte
Astronomul italian Giovanni Schiaparelli a susținut că vede pe Marte *canali* (*conducte* în limba italiană). Termenul a fost tradus greșit drept *canale*, iar astfel au apărut numeroase zvonuri că planeta Marte ar fi locuită de ființe inteligente.

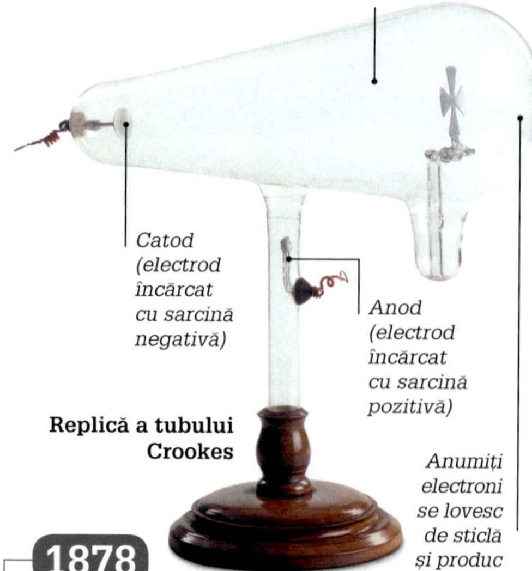

Replică a tubului Crookes

1878
Tubul Crookes
Chimistul englez William Crookes a inventat tubul catodic, denumit și *tub Crookes*. Acesta conținea extrem de puțin gaz și era format dintr-un electrod încărcat cu sarcină negativă denumit *catod* (conductor electric), și unul încărcat cu sarcină pozitivă, denumit *anod*. Invenția a fost folosită mai târziu la descoperirea electronilor și a radiațiilor X (vezi pagina 158).

1875

1876 MOTORUL ÎN PATRU TIMPI

Inventatorul german Nikolaus Otto a construit motorul cu ardere internă în patru timpi, care aprinde combustibilul dintr-un cilindru. Acest motor funcționează în cicluri de câte patru timpi, acțiunea sa constând într-o mișcare în sus sau în jos a unui piston într-un cilindru. Inginerul german Karl Benz a adaptat ulterior acest motor, folosindu-l pentru automobile.

Machetă a motorului cu ardere internă a lui Otto din anul 1886. Acesta ardea combustibil și era staționar.

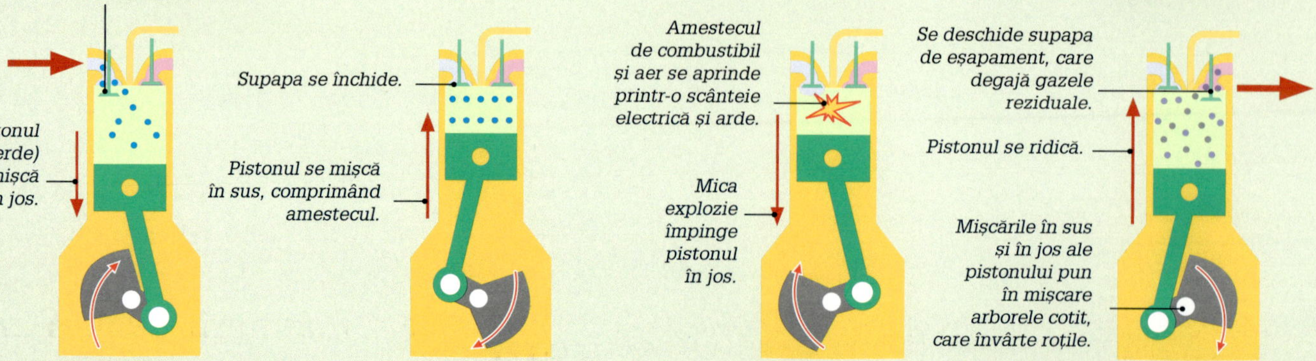

1847–1931 THOMAS EDISON

Omul de știință american Thomas Edison a început să lucreze ca operator de telegraf la vârsta de 15 ani. Urma să devină unul dintre cei mai celebri inventatori ai tuturor timpurilor, cu peste 1000 de brevete pe numele său. Tot el a amenajat și primul laborator de cercetare industrială din lume în Menlo Park, New Jersey, SUA.

Fonograful lui Edison a început să fie mai târziu produs în masă (cca 1898).

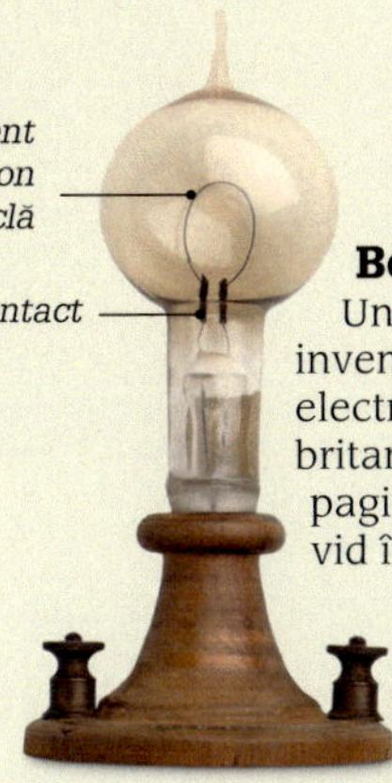

Becul lui Edison

Una dintre cele mai cunoscute invenții ale lui Edison este becul electric. Îmbunătățind becul britanicului Joseph Swan (vezi pagina 139), el a reușit să producă vid în interiorul balonului de sticlă, folosind pentru filament fibre de bambus carbonizate, care ard o perioadă mai îndelungată.

Primele înregistrări de sunet

Edison a inventat fonograful în anul 1877. Acul instrumentului înregistra vibrațiile vocii umane pe un cilindru rotativ cu foiță de cositor. Pentru a reda înregistrarea, acul se deplasa pe șanțul gravat pe cilindru.

1885

1881

Primul tramvai electric

Primul tramvai electric a fost inaugurat în Lichterfelde, o suburbie a Berlinului, Germania. Fiecare vagon avea propriul său motor electric, electricitatea fiind transmisă prin șine. Dar fiindcă atât oamenii, cât și caii se curentau des când treceau pe șine, în anul 1891 au fost introduse sârmele de contact, care erau montate deasupra vehiculelor.

1881

Orașe mai luminoase

Deși lămpile cu arc (vezi pagina 114) iluminaseră numeroase orașe de la apariția lor din anii 1870, micul oraș Godalming din Marea Britanie a captat atenția întregii lumi când a devenit primul loc din lume care a instalat becuri electrice. Curentul electric era folosit și la iluminarea locuințelor, fiind furnizat de un generator pe bază de apă.

Ilustrație a primului tramvai electric

Cal în mișcare

Fotograful englez Eadweard Muybridge a realizat o serie de imagini care au demonstrat că toate cele patru membre ale unui cal care merge la trap sunt ridicate de pe sol în același timp.

> **„Vom face electricitatea atât de ieftină, încât doar cei bogați vor mai aprinde lumânări.”**
>
> Thomas Edison, 1879

Comunicațiile

În secolele trecute, comunicarea pe distanțe mari era un proces lung și greoi. Scrisorile erau transportate de cai sau de nave și dura zile întregi, uneori chiar săptămâni, ca să ajungă la destinație. Totul a început să decurgă mai rapid odată cu inventarea telegrafului, care transmitea instant un mesaj de-a lungul unui fir electric. Au urmat apoi telefonul, radioul și televizorul. Astăzi, cu ajutorul computerelor și a altor dispozitive, putem să vorbim unii cu ceilalți aproape oriunde ne-am afla în lume.

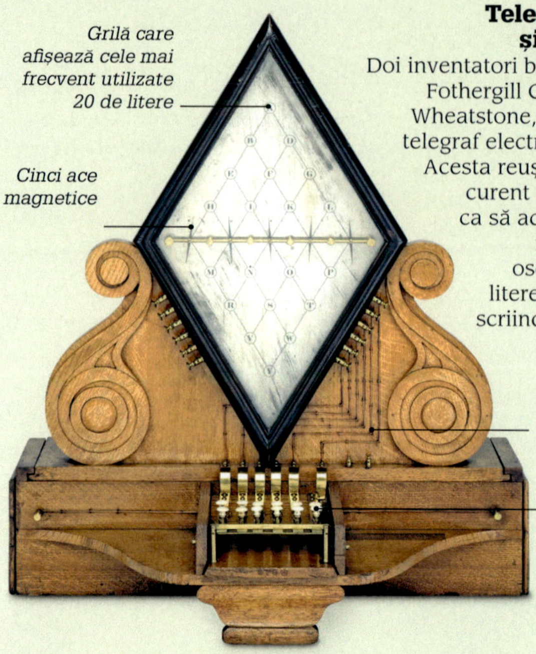

Telegraful Cooke și Wheatstone
Doi inventatori britanici, William Fothergill Cooke și Charles Wheatstone, au construit un telegraf electric în anul 1837. Acesta reușea să transmită curent electric prin fire ca să activeze cinci ace magnetice, care oscilau și selectau literele de pe o grilă, scriind astfel mesajul.

Călăreții de la Pony Express transportau corespondența în traiste din piele așezate în coburii șeilor.

„Domnule Watson, vino aici. Vreau să te văd."

Primele cuvinte rostite vreodată la telefon au fost adresate de Alexander Graham Bell asistentului său, 10 martie 1876.

Telefonul lui Bell, anii 1870

Transportul corespondenței

Compania The Pony Express a început să funcționeze în 1860, livrând corespondența din Missouri (vestul mijlociu al SUA) în California (vestul SUA) și viceversa, o călătorie periculoasă de aproape 3000 de km. Funcționând cu un sistem de ștafetă care înlocuia rapid caii și călăreții care predau corespondența, acest serviciu era mai rapid cu cel puțin zece zile decât cele oferite de competitori. Inventarea telegrafului a pus capăt activității Pony Express în anul 1861.

Evenimente importante

1844
Inventatorul american Samuel Morse a demonstrat public cum funcționează telegraful pe care l-a construit, transmițând un mesaj din Washington DC până în Baltimore, SUA.

1858
A fost dat în folosință primul cablu telegrafic transatlantic, care trecea pe sub mare, făcând legătura între Europa (Irlanda) și Canada (Newfoundland).

1876
Alexander Graham Bell a construit primul telefon funcțional, care putea transmite și recepționa mesajele rostite de oameni.

Alexander Graham Bell

1886
Heinrich Hertz a descoperit existența undelor radio, care fusese anticipată de James Clerk Maxwell. Descoperirea a fost deschizătoare de drumuri pentru cercetările ulterioare în domeniul radiocomunicațiilor (rețele fără fir).

Telegraful Morse

Telegraful electric trimitea mesaje în codul Morse (vezi pagina 127) ca o serie de pulsații electrice care reprezintă literele alfabetului. Operatorul apasă o tastă ca să transmită pulsațiile de-a lungul unui fir. La celălalt capăt al acestuia, un electromagnet mișca un creion care marca mesajul cifrat pe o bandă de hârtie.

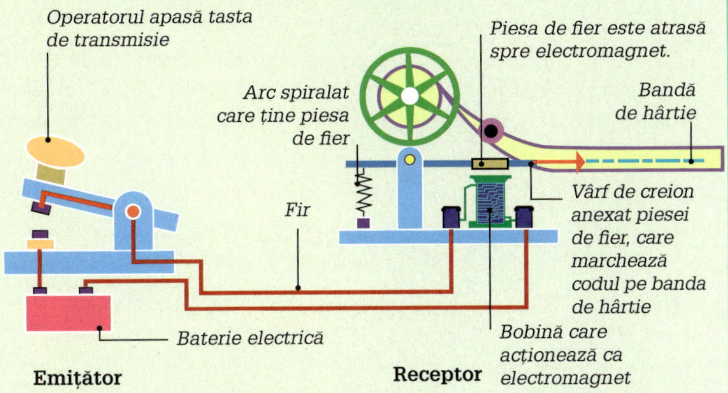

Radioreceptorul timpuriu al lui Marconi

Radio pe mare

Fizicianul italian Guglielmo Marconi a realizat primul sistem de radiocomunicații (fără fir) la mare distanță, care transmitea semnale în cod Morse. Acesta era folosit de nave pe mare pentru a transmite semnale de alarmă, reușind să salveze vieți. Transatlanticul Titanic, care s-a scufundat în anul 1912, a transmis ultimele sale mesaje prin sistemul lui Marconi și, prin intermediul tragediei, această nouă tehnologie a devenit cunoscută publicului.

Conversație în ambele sensuri

Omul de știință american Alexander Graham Bell a primit patentul pentru inventarea telefonului în anul 1876. Dispozitivul era atât emițător, cât și receptor, transformând vibrațiile vocii umane în semnale electrice care erau transmise de-a lungul unui fir până la alt telefon și transformate înapoi în vorbire. Persoana sunată răspundea, iar procesul începea iarăși în sens invers.

Farnsworth cu un model din anul 1935 al iconografului său (așa cum l-a denumit)

Televizor electronic

În anul 1927, la doi ani după ce John Logle Baird a inventat sistemul mecanic de televiziune, inventatorul american Philo Farnsworth a construit unul integral electronic. Acesta folosea un fel de tub electronic cu vid pentru a capta imaginea și a o transforma în semnal electric înainte de a fi reprodusă pe un ecran. Era un procedeu mult mai rapid decât cel al lui Baird, care învârtea un disc mecanic.

1901–1902

Fizicianul italian Guglielmo Marconi a construit un sistem care a transmis și a primit primele semnale radio transatlantice, de-a lungul unei distanțe mai mari de 3300 de kilometri.

1925

Inventatorul scoțian John Logle Baird a transmis prima imagine mișcătoare într-o demonstrație publică a sistemului său mecanic de televiziune.

1962

Telstar 1, primul satelit de telecomunicații din lume, a fost lansat în spațiu din Cape Canaveral, Florida, SUA, făcând posibilă difuzarea programelor de televiziune dincolo de Oceanul Atlantic.

1973

A fost făcut primul apel telefonic cu un telefon mobil. Acesta cântărea 1,1 kg și era de mărimea unei cărămizi.

Primul telefon mobil

ÎN JURUL ANULUI 1900, COLORADO SPRINGS, SUA

Nikola Tesla alături de bobina sa

Bobina Tesla

Pionier al ingineriei electrice, Nikola Tesla (vezi pagina 155) a fost inventator și un adevărat vizionar. Era convins că energia electrică poate fi distribuită la nivel global fără fire, prin transmiterea unui curent alternativ de înaltă tensiune și mare frecvență. În anul 1899, Tesla s-a mutat în Colorado Springs, în sud-vestul SUA, unde a construit bobina care îi poartă numele. Aceasta este capabilă să genereze milioane de volți și să emane „scântei" lungi de câțiva metri. Tesla a petrecut acolo nouă luni, timp în care a ținut un jurnal al experimentelor sale. S-a întors apoi în New York ca să-și continue cercetările în domeniul transmisiilor radio, dar a rămas fără sprijin financiar. Visul său de a distribui fără fire energie electrică la nivel global încă nu s-a împlinit.

„Sunt convins că, dintre toate invențiile mele, bobina se va dovedi cea mai importantă și mai valoroasă pentru generațiile următoare."

Nikola Tesla, *Invențiile mele*, 1919

1885 ▸ 1895

Fiul lui Dunlop pe bicicleta cu anvelope noi

1885

Vaccin antirabic

Joseph Meister, un băiețel în vârstă de nouă ani, a fost prima persoană care a primit vaccin antirabic după ce a fost mușcată de un câine turbat. Rabia (turbarea) este o boală fatală transmisă prin saliva animalului infectat. Vaccinul care l-a ajutat pe Meister a fost preparat de chimistul francez Louis Pasteur.

Louis Pasteur
Vezi paginile 142–143.

Meister primește vaccinul antirabic sub supravegherea lui Pasteur.

1887

Roți pneumatice

Chirurgul veterinar de origine scoțiană John Dunlop a tăiat un furtun vechi de grădină și a montat piesele pe roțile tricicletei fiului său, umplându-le cu aer. Acest înveliș făcea cursa mult mai lină, constatare ce l-a făcut pe Dunlop să inventeze primele anvelope (camere cu aer) pentru biciclete. Ciclismul a devenit apoi un sport foarte căutat.

1885

1885

Primul automobil

Inginerul german Karl Benz a construit primul automobil. Acesta avea două locuri și trei roți din fier, fiind dotat cu motor cu ardere internă în patru timpi (vezi pagina 148). La prima călătorie a atins o viteză maximă de 16 km/h.

1886

Unde radio

Fizicianul german Heinrich Herz a făcut o serie de experimente ca să demonstreze existența undei radio, o formă de radiație electromagnetică anticipată pentru prima oară de matematicianul scoțian James Clerk Maxwell în anul 1867. În cinstea sa, unitatea de măsură a frecvenței (numărul de cicluri pe secundă) a primit denumirea de *hertz (Hz)*.

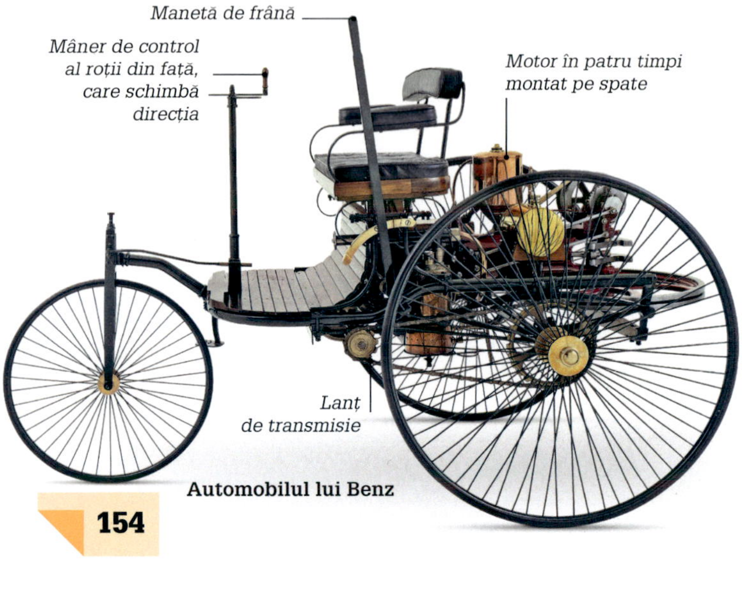

Automobilul lui Benz

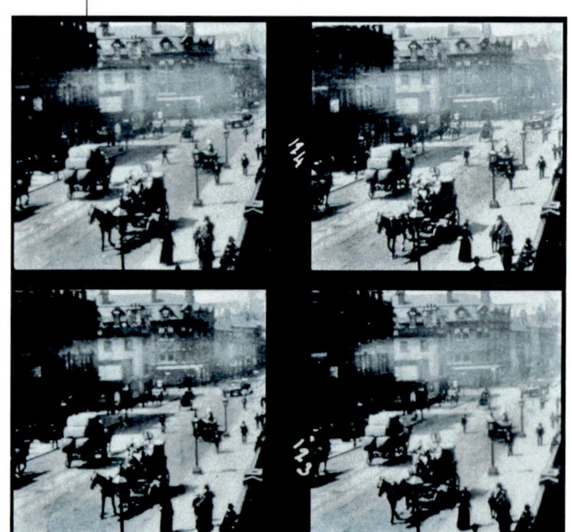

Cadre din filmul lui Le Prince cu traficul de pe podul Leeds Bridge

1888

Imagini mișcătoare

În timpul șederii la Leeds, Marea Britanie, fotograful francez Louis Le Prince a realizat primul film folosind o cameră cinematografică dotată cu o singură lentilă. Acesta nu a fost niciodată arătat publicului. În anii 1890, inventatorul american Thomas Edison a creat kinetoscopul, un aparat care reda imagini în succesiune rapidă.

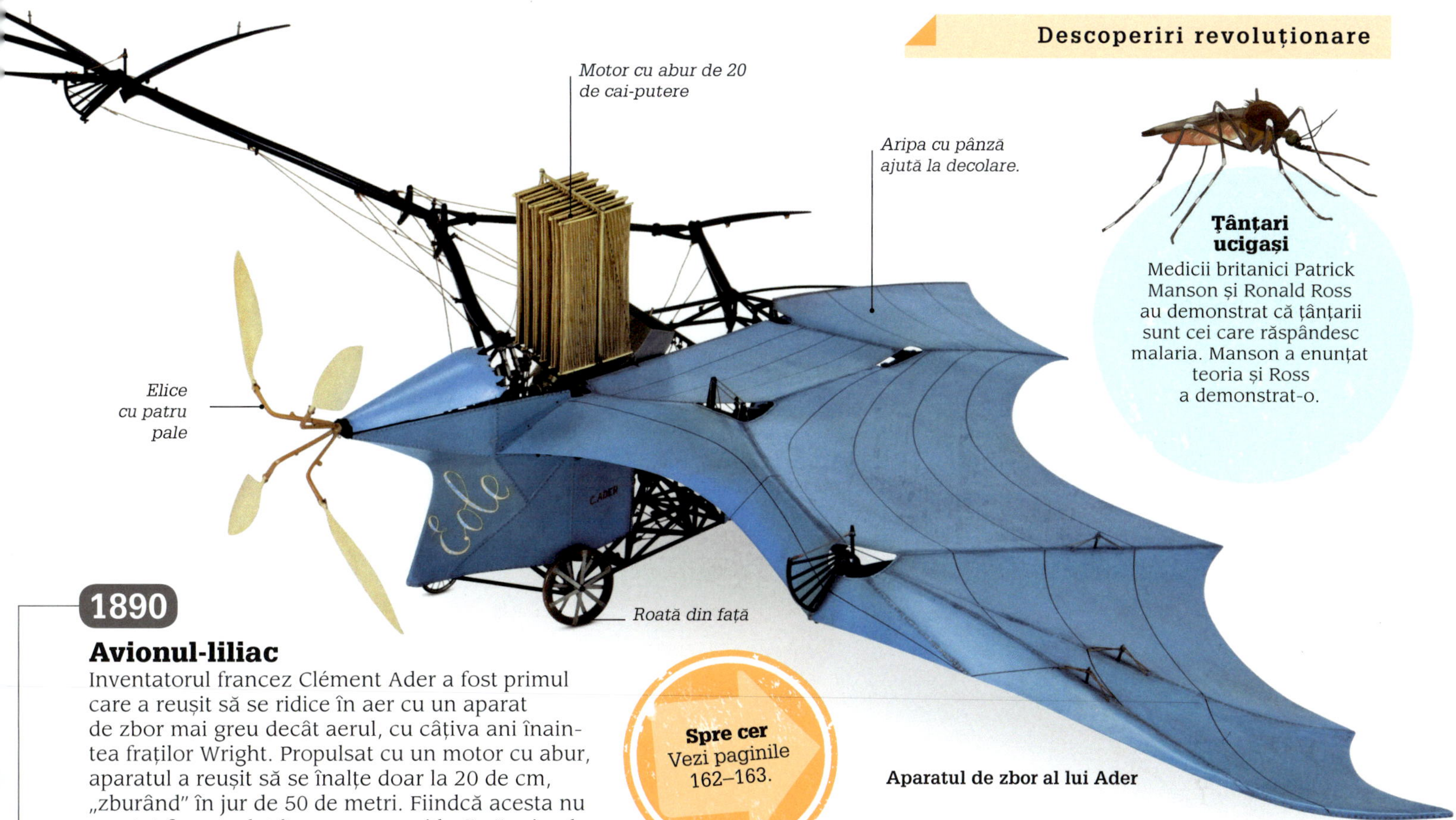

Aparatul de zbor al lui Ader

Țânțari ucigași
Medicii britanici Patrick Manson și Ronald Ross au demonstrat că țânțarii sunt cei care răspândesc malaria. Manson a enunțat teoria și Ross a demonstrat-o.

1890

Avionul-liliac

Inventatorul francez Clément Ader a fost primul care a reușit să se ridice în aer cu un aparat de zbor mai greu decât aerul, cu câțiva ani înaintea fraților Wright. Propulsat cu un motor cu abur, aparatul a reușit să se înalțe doar la 20 de cm, „zburând" în jur de 50 de metri. Fiindcă acesta nu a putut fi controlat în aer, se consideră că primul zbor din lume a fost realizat de frații Wright.

Spre cer
Vezi paginile 162–163.

1890 — 1895

1856–1943 NIKOLA TESLA

Pionier al ingineriei electrice, Nikola Tesla s-a născut în Austro-Ungaria și a emigrat în SUA în anul 1884. Acesta a ajutat la dezvoltarea sistemelor electrice pe bază de curent alternativ (vezi pagina 140) foarte răspândite astăzi, a descoperit câmpul magnetic rotativ și a inventat motorul cu inducție.

Motorul cu inducție al lui Tesla

Motorul cu inducție
În motorul cu inducție al lui Tesla, curentul alternativ care trece printr-o bobină fixă (stator) creează un câmp magnetic ce rotește o altă bobină (rotor), care pune în mișcare un ax. Motoarele cu inducție se folosesc la alimentarea mașinilor industriale mari, dar și la cea a unor electrocasnice, cum ar fi frigiderele, uscătoarele de păr și mașinile de spălat.

Gazul nobil denumit *argon* a fost izolat pentru prima oară în anul 1894. Acesta reprezintă 0,94% din atmosfera Pământului.

LITTLE WILLIE
1915

1895–1945 Epoca nucleară

Deși a fost marcată de două războaie mondiale devastatoare, această perioadă a coincis și cu apariția avionului, radioului și televizorului. Tot atunci, automobilele și electrocasnicele au devenit obiecte de uz zilnic. Epoca nucleară a început cu descoperirea radioactivității, care a dus la o mai bună înțelegere a structurii atomilor și a colosalului potențial energetic al acestora. S-au înregistrat și numeroase progrese în înțelegerea proceselor de formare și de dezvoltare a Universului, astronomii dovedind că în spațiu mai sunt miliarde de galaxii asemănătoare celei în care trăim noi.

1895 ▸ 1900

1895

Apariția cinematografului

În Paris, Franța, a avut loc prima proiecție de filme, la care au asistat 33 de spectatori. Zece scurtmetraje au fost proiectate pe ecran de un aparat inventat de frații francezi Auguste și Louis Lumière. Pentru a crea iluzia mișcării, acesta proiecta în fiecare secundă 16 fotografii realizate pe un film îngust de 35 de mm.

Poster care promova primul spectacol cinematografic la care s-au vândut bilete

Thomson folosind tubul său cu rază catodică

1897

Descoperirea electronilor

Studiind razele catodice (vezi pagina 148), omul de știință englez J. J. Thomson a descoperit electronii. Aceste mici particule intră în alcătuirea atomilor și sunt încărcate cu sarcină negativă. Descoperirea lor a fost primul pas spre înțelegerea structurii atomilor și i-a adus lui Thomson în anul 1906 Premiul Nobel pentru Fizică.

1897

Cel mai mare telescop din lume

Astronomii de la Observatorul Yerkes din SUA au început să folosească cel mai mare telescop refractor (cu lentilă în loc de oglindă) din lume. Acesta avea o lentilă de sticlă cu un diametru de 102 cm pentru a capta lumina stelelor, planetelor și galaxiilor îndepărtate. Cu acest telescop, în anul 1951 s-a descoperit forma spiralată a Căii Lactee.

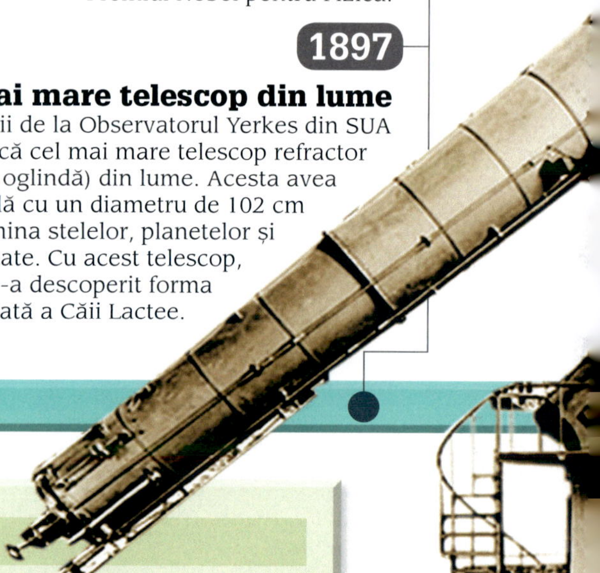

1895

1895 DESCOPERIREA RADIAȚIILOR X

Studiind descărcările electrice în tuburi vidate, fizicianul german Wilhelm Conrad Röntgen a descoperit emisia unor unde de energie misterioase care treceau prin hârtie și prin țesuturi moi, dar nu și prin metal sau oase. Le-a denumit *radiații X* fiindcă X este folosit în matematică la notarea unei necunoscute. Röntgen a făcut și prima radiografie cu raze X.

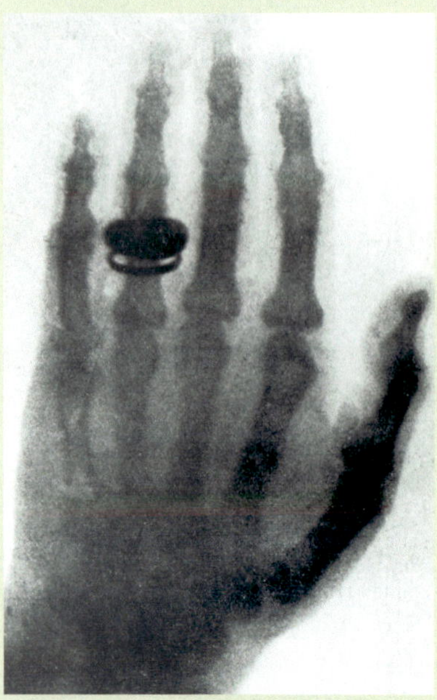

Prima radiografie făcută de Röntgen înfățișează verigheta și oasele mâinii anatomistului elvețian Albert von Kölliker.

Radiații X

Primele aparate care foloseau raze X erau foarte simple, pacienții fiind nevoiți să stea nemișcați multă vreme ca imaginile să iasă reușite. Fiindcă potențialele pericole încă nu se descoperiseră, pacienții și medicii erau adesea supuși efectelor dăunătoare ale supraexpunerii la radiații. Astăzi, doza de radiații poate fi controlată și pacienții protejați, iar razele X au devenit vitale în detectarea fracturilor osoase, problemelor la plămâni și obiectelor străine din corp.

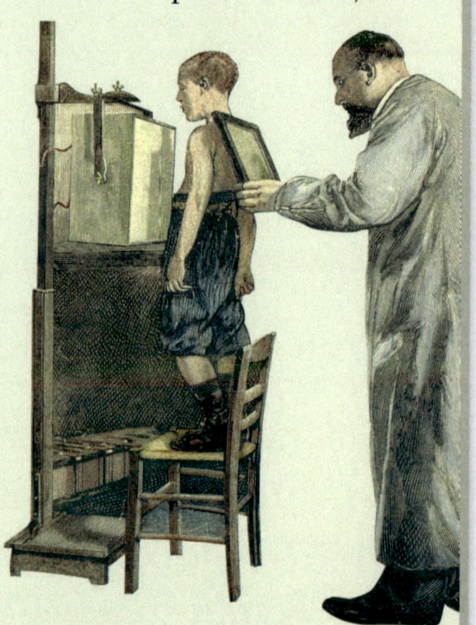

Röntgen făcând o radiografie unui băiat cu ajutorul unui aparat timpuriu

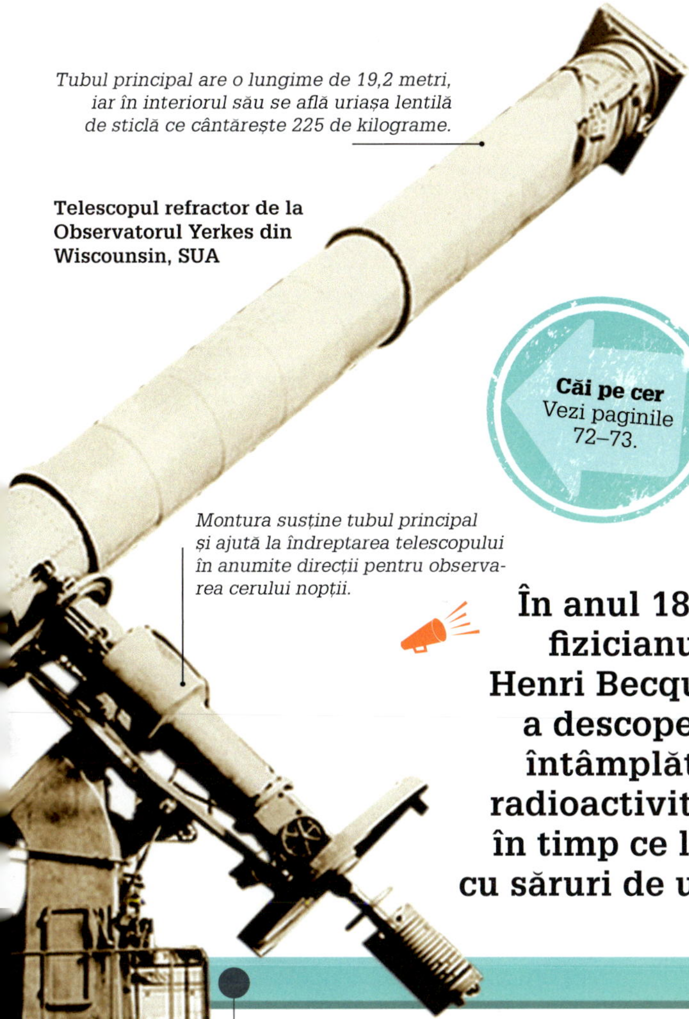

Tubul principal are o lungime de 19,2 metri, iar în interiorul său se află uriașa lentilă de sticlă ce cântărește 225 de kilograme.

Telescopul refractor de la Observatorul Yerkes din Wisconsin, SUA

Montura susține tubul principal și ajută la îndreptarea telescopului în anumite direcții pentru observarea cerului nopții.

Căi pe cer
Vezi paginile 72–73.

În anul 1896, fizicianul Henri Becquerel a descoperit întâmplător radioactivitatea în timp ce lucra cu săruri de uraniu.

1899
Aspirină de vânzare
Acidul acetilsalicilic este un medicament preparat în anul 1897 de compania Bayer din Germania, fiind denumit *aspirină* și vândut ca atare începând din anul 1899. Efectul de reducere a durerilor din terminațiile nervoase din corp avea să-l transforme în cel mai des folosit analgezic din lume, cu peste 100 de miliarde de tablete administrate anual.

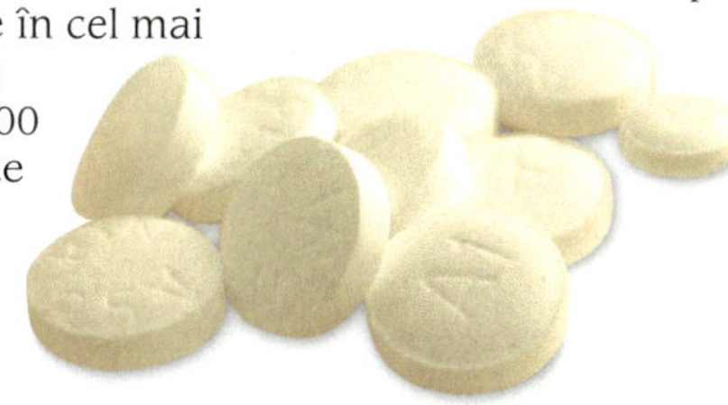

1899
Prima lanternă
Inventatorul englez David Misell a creat prima lanternă tubulară introducând trei baterii D într-un tub din hârtie din fibră. Când era apăsat un întrerupător, se închidea un circuit electric și bateriile făceau ca micul bec să lumineze, însă doar pentru scurtă vreme.

1900

1898
Prima telecomandă
Inventatorul de origine sârbă Nikola Tesla a demonstrat cum se folosesc undele radio la controlul fără fir al unui obiect. Acesta a trimis semnale radio de la distanță unei bărci metalice de 1,2 metri lungime, reușind să o întoarcă, dar și să-i pornească și să-i oprească motorul electric.

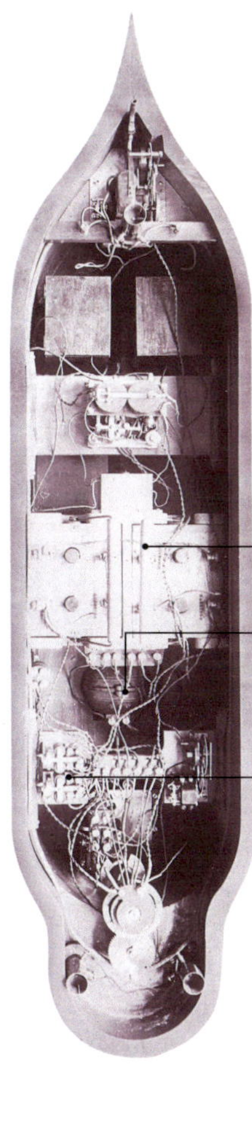

În interiorul bărcii controlate de la distanță a lui Tesla

Una dintre cele patru baterii care alimentau cu energie barca

Motorul electric acționează roți dințate care învârt elicea, punând barca în mișcare.

Motorul primește de la telecomandă semnale de schimbare a direcției.

1898
Descoperirea gazelor nobile
Chimiștii britanici William Ramsay și Morris Travers au descoperit trei elemente chimice: kripton, neon și xenon. Acestea sunt gaze nobile, fiindcă nu au nici culoare și nici miros, fiind totodată inerte (reacționează rar cu alte substanțe).

Neonul strălucește dacă este străbătut de curent electric, așa cum se poate observa în aceste luminițe colorate.

1900 ▸ 1905

Aspiratorul lui Booth tras de un cal

1900

Decolarea zepelinului

Zepelinul LZ1 a zburat pentru prima oară de la lacul Constanța din Germania. Acesta a fost primul dirijabil cu structură rigidă, având un schelet ușor, dar rezistent, din aluminiu învelit în pânză de bumbac. În interior era alcătuit din 17 celule de bumbac cauciucat umplute cu hidrogen, care l-au ajutat să decoleze. Dedesubtul dirijabilului lung de 128 de metri erau legate două gondole de aluminiu, care transportau echipajul și pasagerii.

Primul zbor al lui LZ1

1901

Primul aspirator motorizat

Construit de inginerul englez Hubert Cecil Booth, acest aspirator gigantic era acționat de un motor cu combustie internă. O pompă din interior aspira aer printr-un filtru din pânză, în care se strângeau praful și murdăria. Dispozitivul era parcat lângă locuințe, tuburile de aspirație fiind introduse în case prin uși și ferestre.

1901

Grupele de sânge

Primele tipuri (sau grupe) de sânge – A, B și 0 – au fost identificate de biologul austriac Karl Landsteiner, care a descoperit că, dacă amestecă sânge din două grupe diferite, acesta se coagulează și celulele nu mai funcționează, dar dacă amestecă sânge din aceeași grupă, această problemă dispare. Astfel, medicii au reușit să efectueze transfuzii de sânge mai sigure.

1900

> „Depășește ca mărime orice carnivor de uscat descris până acum."
>
> Henry Fairfield Osborn despre Tyrannosaurus rex, 1905

1902

Tyrannosaurus rex

Paleontologul american Barnum Brown a descoperit rămășițele fosilizate ale unui dinozaur carnivor biped și mare în formațiunea Hell Creek din Montana, SUA. Primind inițial denumirea *Dynamosaurus imperiosus*, acesta a fost redenumit apoi *Tyrannosaurus rex (T. rex)*, care înseamnă *regele-șopârlă tiran*.

1902

Straturile atmosferei

După un deceniu de cercetare cu peste 200 de baloane meteo, meteorologul francez Léon Teisserenc de Bort a definit și a descris cu precizie cele două straturi mai joase ale atmosferei terestre. Troposfera se află între nivelul solului și o altitudine medie de 10 kilometri, iar stratosfera se găsește la altitudini cuprinse între 10 și 50 de kilometri.

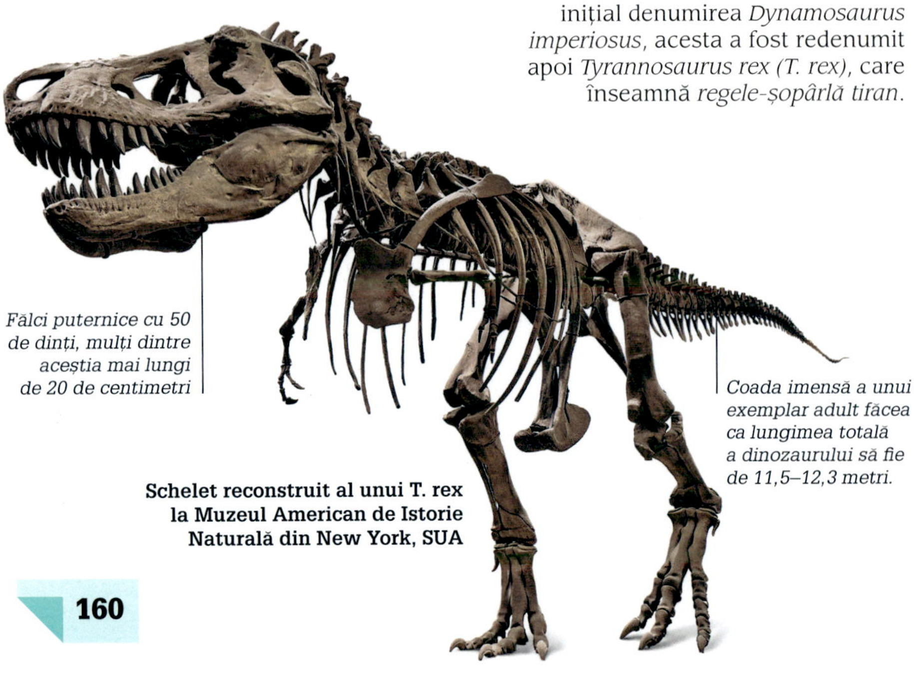

Schelet reconstruit al unui T. rex la Muzeul American de Istorie Naturală din New York, SUA

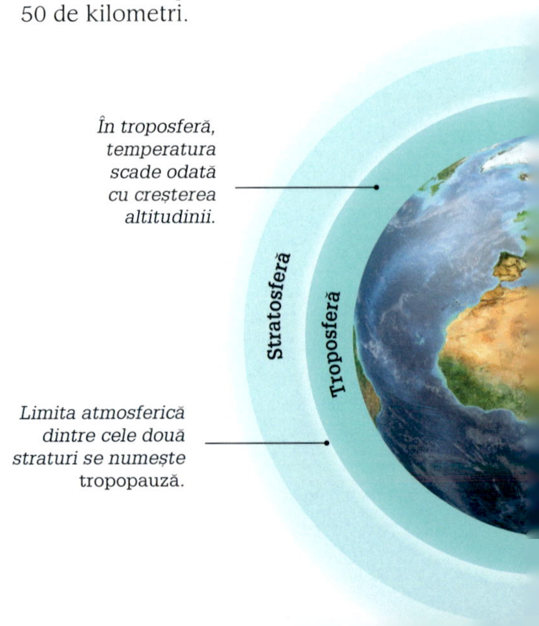

1903

Electrocardiograful

Medicul olandez Willen Einthovel a inventat primul electrocardiograf precis. Acest aparat măsoară micile impulsuri electrice date de bătăile inimii. Astăzi, electrocardiograma (EKG) se folosește uzual pentru detectarea problemelor cardiace.

În anul 1904, prințul italian Piero Ginori Conti a folosit căldura din interiorul Pământului ca să transforme apa în aburi, obținând primul generator de energie geotermală.

Efectuarea electrocardiogramei unui pacient, 1911

Model al diodei lui Fleming

1904

Dioda cu vid

Inginerul englez John Ambrose Fleming a patentat dioda cu vid în anul 1904. Dispozitivul transformă curentul alternativ în curent continuu prin permiterea trecerii curentului într-o singură direcție (vezi pagina 140). Dioda lui Fleming a făcut posibilă inventarea multor dispozitive electronice timpurii și a fost folosită atât la aparatele radio, cât și la primele computere.

1905

FRAȚII WRIGHT

Frații americani Orville (1871–1948) și Wilbur Wright (1867–1912) s-au ocupat inițial de o prăvălie cu biciclete în Dayton, Ohio, SUA. Fascinați de zbor, cei doi au construit propriile lor zmeie, planoare și un tunel de vânt cu ajutorul căruia au înțeles forțele implicate în zbor. Ei sunt considerați cei care au efectuat primul zbor controlat, susținut și autopropulsat al unui aparat mai greu decât aerul (vezi pagina 162).

Orville și Wilbur Wright

Planoarele Wright

Cei doi frați au efectuat peste 200 de zboruri în planoare construite de ei înșiși, învățând cum se mișcă aparatele de zbor pe cele trei axe: de girație (sus-jos), de tangaj (transversal) și de ruliu (longitudinal) – vezi pagina 163. Aceștia au construit suprafețe de control, cum ar fi profundorul, pentru a controla mișcările și anvergura aripilor. Au folosit sârme ca să îndoaie vârfurile aripilor, acest lucru ajutând avionul să se încline în timpul zborului.

Wilbur Wright pilotând un planor deasupra orășelului Kill Devil Hills din Carolina de Nord, SUA

Cromatografia

În anul 1903, botanistul rus Mihail Tsvet a inventat cromatografia, tehnica de separare a unui amestec de pigmenți, cum ar fi cei din plante sau cerneluri. Astăzi, procedeul se întrebuințează inclusiv în medicina legală.

Sugativă înmuiată în cerneală

Spre cer

Secole întregi, omenirea a visat să cucerească cerul. Încercările de a folosi dispozitive cu aripi se încheiau frecvent cu rănirea sau chiar moartea piloților. Zborul controlat și autopropulsat a fost obținut cu mari eforturi inginerești, dar odată dobândit, ritmul schimbărilor a fost deosebit de rapid, frații americani Orville și Wilbur Wright având un rol esențial în acestea. În anul 1903, Wright Flyer (considerat primul aparat mai greu decât aerul care a zburat vreodată) a străbătut 36 de metri în primul său zbor, iar 11 ani mai târziu, aviatorul german Karl Ingold a reușit să zboare fără întrerupere 1699 de kilometri, cu un Mercedes Aviatik-Pfeil.

„Să inventezi un avion nu înseamnă nimic. Să construiești unul înseamnă ceva. Dar să zbori înseamnă totul."

Otto Lilienthal

Anvergură a aripilor de 6,7 metri

Lilienthal și deltaplanul său la mijlocul anilor 1890

Avioane biplan Avro 504 fabricate în Hampshire, Anglia, în timpul Primului Război Mondial

Plutind prin aer

Un studiu științific al principiilor de zbor efectuat, printre alții, de inginerul englez George Cayley și de pionierul german al aviației Otto Lilienthal a fost precursorul dezvoltării aparatelor de zbor nemotorizate, care puteau pluti în aer pe distanțe mici. Lilienthal a efectuat peste 2000 de zboruri cu un deltaplan, unele dintre acestea chiar și la altitudini de 250 de metri. Experimentele sale aviatice au avut loc între anii 1891 și 1896, când a murit prăbușindu-se cu deltaplanul.

Zbor motorizat

Inspirați de Otto Lilienthal, frații Wright au studiat toate aspectele zborului înainte să construiască primul aparat de zbor motorizat, pe nume Wright Flyer. Acesta avea un motor cu benzină de 12 cai-putere, care punea în mișcare două elice cu pale de 2,4 metri lungime ca să împingă aerul înapoi și aparatul de zbor înainte.

Machetă a aparatului de zbor Wright Flyer din anul 1903

Pilotul stătea întins de-a curmezișul aripii.

Evenimente importante

1903

Wright Flyer a efectuat primul său zbor motorizat controlat la Kill Devil Hills, în Carolina de Nord, SUA. Pilotul Orville Wright stătea culcat pe burtă pentru a reduce rezistența la înaintare. Zborul a durat 12 secunde.

1909

Aviatorul francez Louis Blériot a fost primul care a traversat în zbor Canalul Mânecii în monoplanul său care putea atinge o viteză maximă de doar 75,6 km/h.

1911

Prima decolare și aterizare pe un vas (USS Pennsylvania din Golful San Francisco, SUA) au fost efectuate de aviatorul american Eugene Ely, care a pilotat un biplan Curtiss.

1927

Aviatorul american Charles Lindbergh a efectuat primul zbor transatlantic fără escală în monoplanul său numit *Spirit of St Louis*, în aripile și fuzelajul căruia au fost înghesuiți în jur de 1700 de litri de combustibil.

Febra zborului
În perioada 1908–1909, Wilbur Wright a efectuat peste 200 de zboruri în Europa, inspirând numeroși ingineri aviatici. Inovațiile acestora au dus la apariția primului hidroavion (construit de aviatorul francez Henri Fabre) în anul 1910 și a primului aparat de zbor cu patru motoare (Le Grand, construit de ruso-americanul Igor Sikorski). Odată cu Primul Război Mondial, aeronavele au început să fie produse în număr mare, majoritatea având un schelet de lemn învelit în pânză întinsă.

Cum zboară avioanele

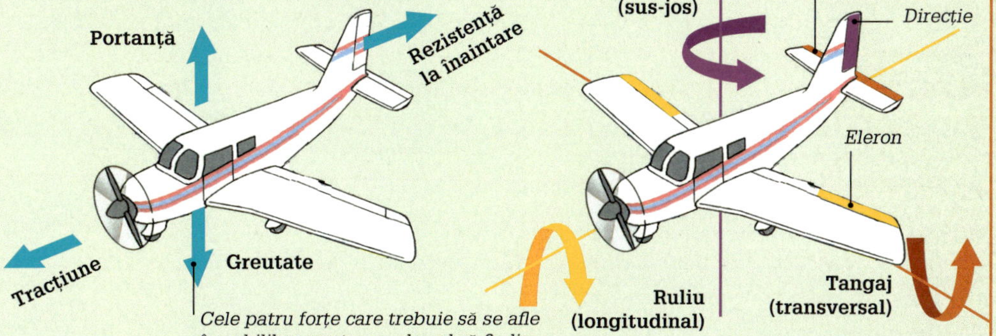

Cele patru forțe care trebuie să se afle în echilibru pentru ca zborul să fie lin

Cele patru forțe ale zborului
Când avionul este pus în mișcare, aerul care trece pe deasupra aripilor creează forța numită *portanță*, care trebuie să fie mai mare decât cea a greutății, astfel încât avionul să reușească să decoleze. Odată ce se află în aer, forța de tracțiune a motorului trebuie să depășească rezistența la înaintare pentru ca avionul să reușească să înainteze.

Girație, ruliu și tangaj
Odată aflat în aer, aparatul de zbor se poate mișca pe fiecare dintre cele trei axe cu ajutorul suprafețelor de control. Eleroanele aripilor înclină avionul dintr-o parte în alta. Situate pe coadă, direcția mișcă avionul de la stânga la dreapta, iar profundorul în sus și în jos.

Epoca de aur
Aviația a înflorit în perioada de după Primul Război Mondial, având numeroase întrebuințări practice, cum ar fi stropirea cu pesticide a câmpurilor agricole, supravegherea aeriană și serviciile de poștă aeriană. Motoarele au devenit mai puternice și mai sigure, fiind folosite la construirea unor aeronave din ce în ce mai mari pentru transport de mărfuri și de pasageri. Douglas Sleeper Transport (sus) a fost un avion lansat în anul 1935 care transporta 14 pasageri ce puteau să doarmă în timpul zborurilor nocturne.

Știința zborului

RADAR
RADAR (detectarea prin radio și determinarea distanței) transmite unde radio care se lovesc de obiectele solide și ajută astfel la detectarea aeronavelor și a rachetelor.

Instalație RADAR din Germania în Al Doilea Război Mondial

Scaune catapultabile
O încărcătură explozivă sau un motor de rachetă așezat în scaun catapultează de urgență pilotul din aparatul de zbor lovit (de obicei militar), permițându-i să se parașuteze în siguranță.

Autopilot
Primul autopilot a fost creat de aviatorul american Lawrence Sperry în anul 1912. Acest dispozitiv permite avionului să-și mențină cursul reglând automat suprafețele de control și puterea motorului.

1938
Primul avion de pasageri cu cabină presurizată, Boeing 307 Stratoliner, a transportat 33 de pasageri la o altitudine maximă de 6000 de metri, cu mult deasupra zonei cu perturbații atmosferice, având un zbor lin și o viteză mai mare.

1939
Primul zbor al aparatului Heinkel He 178 a devenit și primul zbor al unui aparat cu motor cu reacție. Acesta a fost construit de inginerul aviatic german Ernst Heinkel.

1952
De Havilland Comet a devenit primul avion cu reacție intrat în serviciul unei companii comerciale (British Overseas Airways Corporation). Putea zbura 2400 de kilometri cu ajutorul celor patru motoare cu reacție.

1957
A avut loc zborul primului avion de lux, numit Lockheed JetStar, care transporta zece pasageri și doi membri ai echipajului. Au fost construite 204 astfel de avioane.

1905 ▸ 1910

Aparat radio din bachelită

1905

Procesul Haber-Bosch

Chimistul german Fritz Haber a descris un proces de obținere a unei substanțe chimice denumite *amoniac* – un ingredient esențial al îngrășămintelor – dintr-o reacție chimică între azot și hidrogen. Chimistul german Carl Bosch a reușit să reproducă la scară largă procesul de laborator al lui Haber, astfel încât amoniacul să poată fi produs în cantități industriale.

Studierea chimiei
Vezi paginile 146–147.

Tractor care remorchează îngrășământ cu pulverizator

1906

Definirea alergiei

Medicul austriac Clemens von Pirquet a definit alergia ca o reacție exagerată a corpului provocată de sistemul imunitar ca răspuns la un stimul din mediul înconjurător, cum ar fi praful, polenul sau anumite alimente pe care acesta le consideră dăunătoare.

1907

Plastic deschizător de drumuri

Chimistul belgiano-american Leo Baekeland a obținut un material plastic (denumit mai târziu *bachelită*) prin reacția de condensare dintre aldehida formică și fenol într-un mediu alcalin. Fiindcă era dură, se producea la preț convenabil și rezista atât la căldură, cât și la electricitate, bachelita a început să fie folosită intens ca izolator, fiind totodată turnată într-o mulțime de produse, de la telefoane la bijuterii.

▶▶ 1905

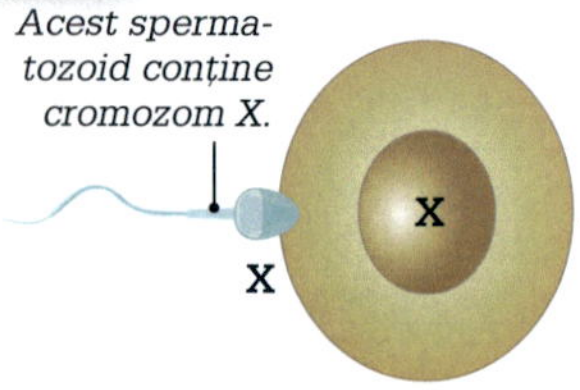

Ovulul conține cromozom X.

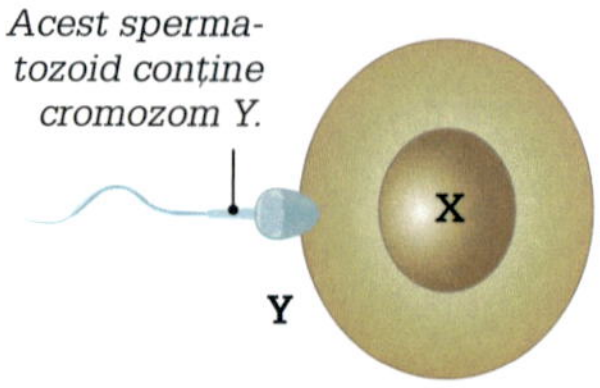

Ovulul conține cromozom X.

1905

Cromozomii determină sexul

Sistemul XY de determinare a sexului a fost descris independent de Nettie Stevens și Edmund Wilson Beecher. Spermatozoidul bărbatului conține fie un cromozom X (feminin), fie un cromozom Y (masculin). Când acesta fertilizează ovulul femeii, care conține un cromozom X, copilul este fie de sex masculin (XY), fie de sex feminin (XX).

1906

Unde seismice

Geologul britanic Richard Dixon Oldham a observat că există mai multe tipuri de unde seismice (valuri de energie cauzate de vibrațiile plăcilor stâncoase de sub pământ), acestea având loc atunci când se produc cutremure. Undele P sau primare se deplasează prin obiecte solide, lichide și gazoase la viteze de 1–14 km/s. Undele S sau secundare pot pătrunde doar prin obiecte solide la viteze de 1–8 km/s. Undele de suprafață sunt cele mai lente dintre toate.

Tipuri de unde seismice

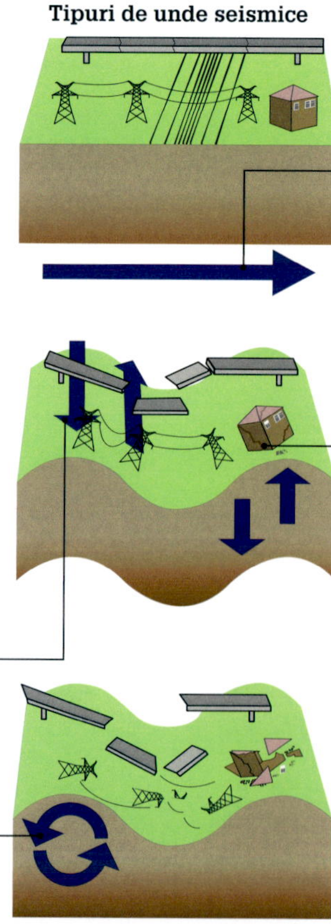

Undele P se deplasează orizontal la adâncimi mari în scoarța terestră, fiind adesea auzite, dar nu neapărat simțite. Acestea cauzează adesea ruperea plăcilor stâncoase.

Undele S pot provoca fisuri sau chiar și prăbușirea clădirilor.

Undele S mișcă plăcile stâncoase dintr-o parte în alta și la unghi drept față de direcția acestora.

Undele de suprafață pot cauza pagube importante din cauza faptului că se rotesc, deformând cu totul relieful.

ADN: codul vieții
Vezi paginile 198–199.

1908 MĂSURAREA RADIAȚIILOR

În anul 1907, fizicianul german Hans Geiger a colaborat cu fizicianul neozeelandez Ernest Rutherford ca să-și îmbunătățească teoria despre nucleele atomilor. În anul 1908, Geiger a construit un dispozitiv de detectare a radiațiilor (vezi pagina 168), perfecționat mai târziu și cunoscut sub denumirea de *contor Geiger*.

Geiger (stânga) și Rutherford (dreapta) în laborator

Contorul Geiger
Acest dispozitiv este alcătuit dintr-un tub umplut cu gaz străbătut de un fir metalic prin care trece curent de înaltă tensiune. Când radiațiile pătrund în tub și se ciocnesc cu gazul, se eliberează electroni care sunt atrași de firul metalic, ceea ce produce curent electric. Acesta provoacă un pocnet și interacționează cu aparatul de măsură al contorului. Dispozitivul poate detecta radiații alfa, beta și gama.

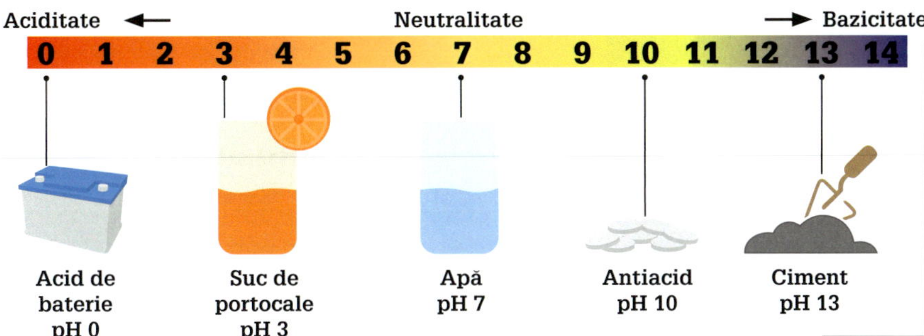

1909
Scara de pH a lui Sørensen
Inventată de biochimistul danez Søren Peter Lauritz Sørensen, scara de pH oferă un mod simplu de a descoperi dacă o substanță este acidă, neutră sau alcalină. Aceasta are valori cuprinse între 0 (foarte acid) și 14 (foarte alcalin), pH-ul 7 indicând starea neutră. Fiecare punct de pe scară este de zece ori mai mare decât cel dinaintea sa.

1910

Sit cu fosile
În anul 1909, paleontologul american Charles Walcott a descoperit Burgess Shale din Munții Stâncoși canadieni, unul dintre cele mai bogate situri de fosile din lume, de la descoperirea căruia au fost găsite peste 65.000 de rămășițe.

Fosilă a unui trilobit, animal marin care a trăit în urmă cu 526 de milioane de ani

1909
Traversarea canalului
Aviatorul francez Louis Blériot a fost primul care a traversat în zbor Canalul Mânecii, care separă Anglia de Franța, într-un aparat de zbor mai greu decât aerul. Zborul său de 36,5 minute într-un monoplan cu o lungime de 7,6 metri a dus la creșterea interesului pentru aviație ca modalitate de transport.

Blériot traversând Canalul Mânecii în zborul istoric din anul 1909

În anul 1907, cercetătorul american Bertram Boltwood a măsurat dezintegrarea uraniului în roci pentru a stabili vârsta acestora – un exemplu timpuriu de datare radiometrică.

1910 ▸ 1915

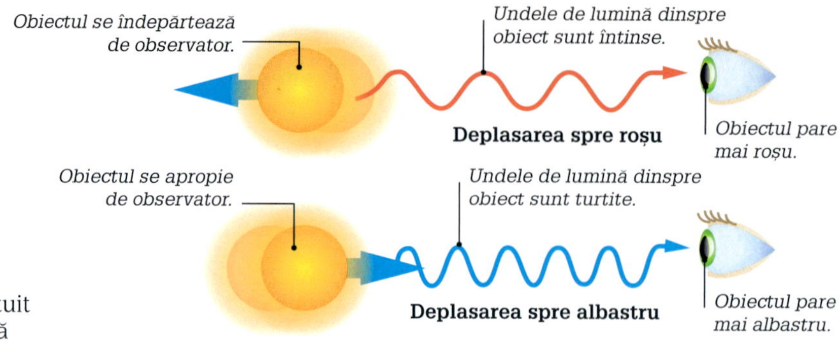

1910

Harta creierului uman

Neurologul german Korbinian Brodmann a alcătuit prima hartă a suprafeței creierului uman, numită *scoarță cerebrală* sau *cortex cerebral*, și a descris funcțiile îndeplinite de diferite părți ale acesteia. De exemplu, cortexul vizual primar analizează semnalele trimise de ochi.

1910

Fotografie a cometei Halley

Deși a fost observată cu multă vreme înainte, cometa Halley a fost imortalizată într-o fotografie abia în anul 1910. Cu o lungime de 15 km și o lățime de 8 km, aceasta a trecut pe lângă Pământ cu o viteză de peste 254.000 de km/h.

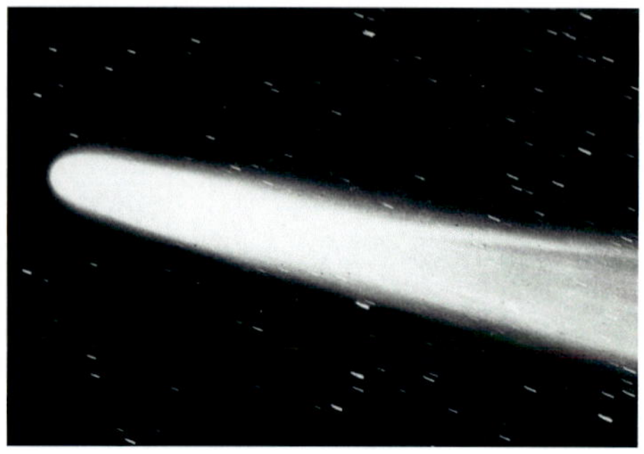

Cometa Halley lăsând o dâră luminoasă pe cerul nopții, 1910

1912

Deplasările spre roșu și spre albastru

Astronomul american Vesto Slipher a aflat că galaxia Andromeda se mișcă spre noi descoperind o schimbare în lumina care ajunge pe Pământ dinspre galaxie, aceasta fiind deplasarea spre albastru. Deplasarea spre roșu are loc atunci când un obiect din spațiu se îndepărtează de observator.

1912

Omul de Piltdown

Rămășițele unui om considerat a fi veriga lipsă dintre maimuțe și omul primitiv au fost descoperite în Piltdown, Anglia. Circa 40 de ani mai târziu, fosilele s-au dovedit însă a fi o înșelătorie.

1910

1911

Clasificarea stelelor

Astronomii Ejnar Hertzsprung (Danemarca) și Henry Russell (SUA) au inventat o diagramă stelară care le poartă numele: diagrama Hertzsprung-Russell. Aceasta determină legătura dintre temperatura și culoarea unei stele și luminozitatea (cantitatea de energie) acesteia. Inventia le-a fost utilă astronomilor la gruparea stelelor de același tip într-o clasificare.

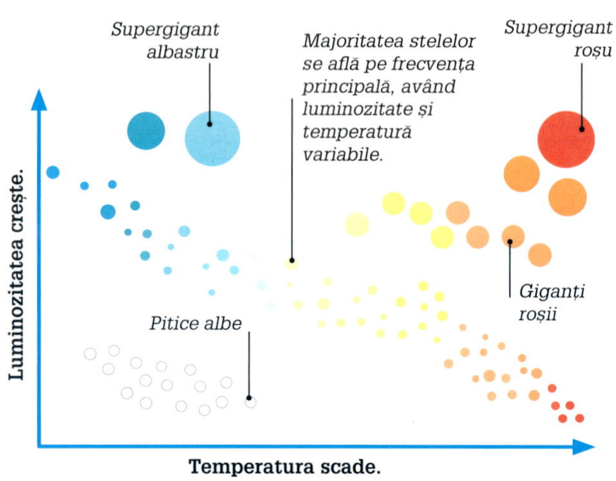

1911

Supraconductibilitatea

Fizicianul olandez Heike Kamerlingh Onnes a descoperit că, la temperaturi foarte joase, anumite metale conduc curentul electric fără rezistivitate. Aceste metale sunt cunoscute ca *supra-conductori* și pot transporta curentul electric fără pierderi de energie. Descoperirea a fost pusă în practică prin construirea unor electromagneți extrem de puternici și a unor circuite electronice rapide.

Expediția lui Amundsen

Exploratorul norvegian Roald Amundsen a condus prima expediție de succes la Polul Sud, ajungând acolo în 14 decembrie 1911. În timpul călătoriei care a durat două luni, echipajul format din cinci oameni a descoperit și ghețarul Axel Heiberg.

Un membru al echipajului lui Amundsen alături de câini înhămați la sanie, Polul Sud

1913 PRIMA LINIE DE ASAMBLARE

Henry Ford a construit prima linie de asamblare ca să producă la scară largă mașina sa, Model T. Înainte, automobilele erau construite pe rând, fiind nevoie de 12 ore sau mai mult pentru fiecare. În anul 1913, cele 3000 de părți ale automobilului erau asamblate de muncitori în 84 de pași, pe măsură ce componentele erau așezate de frânghii pe linia de asamblare. Deoarece procesul dura acum numai 93 de minute, prețul unei mașini a fost înjumătățit.

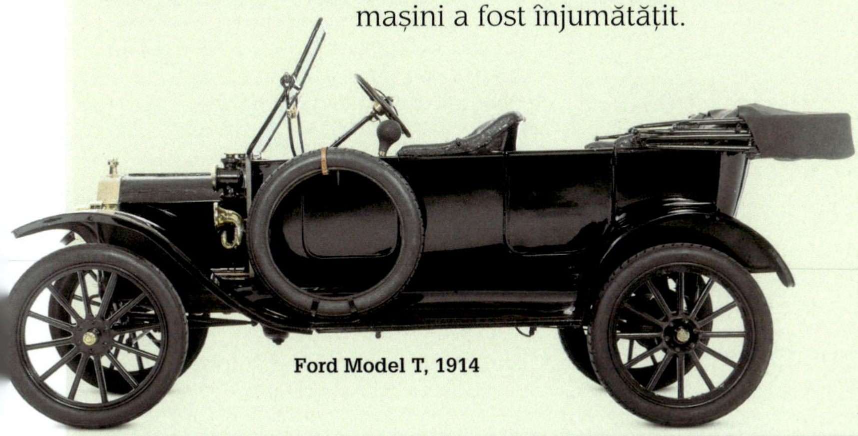

Ford Model T, 1914

Fabrica lui Ford de la Highland Park

În Highland Park din Michigan, SUA, muncitorii își îndeplinesc sarcinile pe măsură ce automobilele Model T sunt așezate de frânghii pe linia de asamblare. Când s-a deschis, fabrica lui Ford a fost cea mai mare de acest fel din lume. La apogeul producției, era asamblată câte o mașină la fiecare zece secunde.

1915

1913

Numărul atomic

Fizicianul englez Henry Moseley a folosit radiații X ca să determine numărul atomic al fiecărui element chimic. Acesta este egal cu numărul protonilor din nucleul fiecărui atom. De exemplu, oxigenul conține opt protoni, iar cuprul 29.

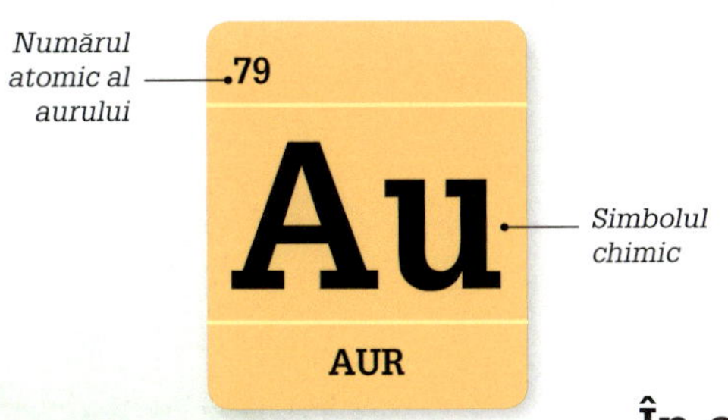

Prima navă care trece prin ecluza Gatun a Canalului Panama, 1914

1914

Canalul Panama

După două tentative eșuate, în Panama s-a construit un canal de 80 de kilometri care unește oceanele Atlantic și Pacific, scurtând cu mii de kilometri călătoriile pe apă. A fost construit de peste 45.000 de muncitori care au operat excavatoare puternice cu abur, fiind organizat și un program de exterminare a țânțarilor purtători de malarie și friguri galbene. Până în anul 2010, prin canal trecuseră peste un milion de nave.

În anul 1914, chirurgul belgian Albert Hustin a descoperit substanțe care opresc coagularea sângelui, făcând posibilă conservarea celui necesar transfuziilor.

Povestea atomului

Atomii sunt elementele de bază ale materiei. Aceste unități incredibil de mărunte măsoară de obicei o zecime a unei miliardimi dintr-un metru. Termenul *atom* provine din grecescul *atomos*, care înseamnă *indivizibil*. În secolul al XIX-lea, aceasta era considerată cea mai mică unitate a materiei, dar progresele științei au scos la iveală o structură internă alcătuită din particule și mai mici. Fiecare element are un tip unic de atom. Până în prezent au fost descoperite 118 elemente distincte (vezi paginile 188–189).

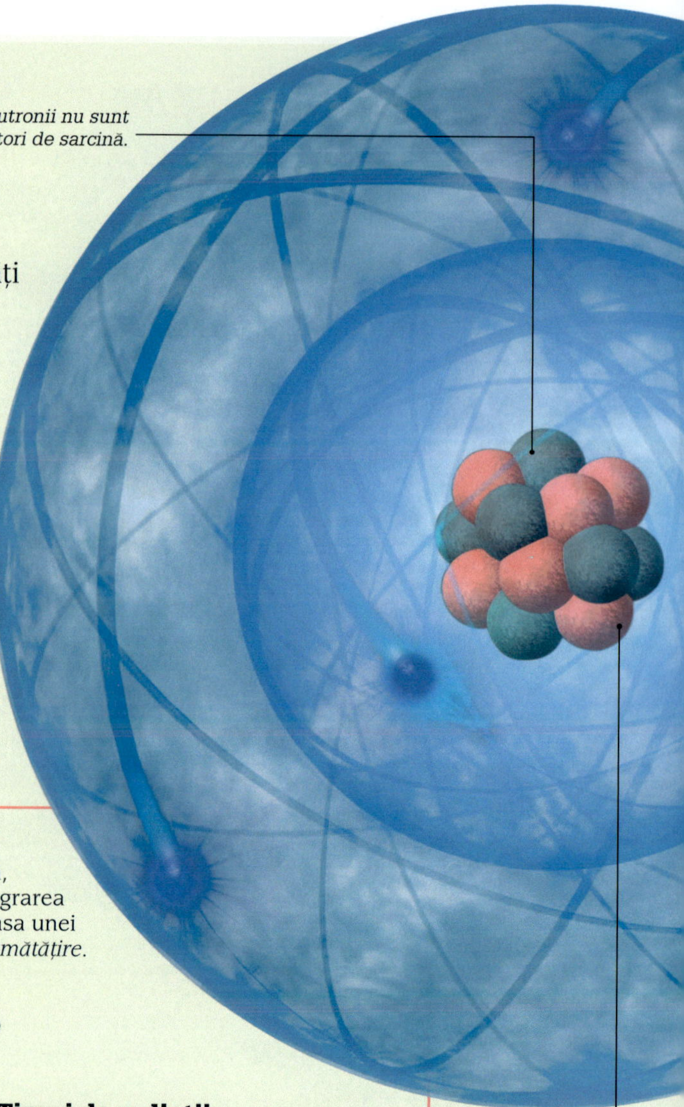

Structura atomului

Atomii sunt alcătuiți din particule denumite *protoni*, *neutroni* și *electroni*. Protonii și neutronii formează partea centrală a atomului: nucleul. Protonii sunt încărcați cu sarcină electrică pozitivă și atrag electronii (încărcați cu sarcină negativă), menținându-i în jurul nucleului.

Radioactivitatea

Un atom este radioactiv dacă nucleul său este instabil și se dezintegrează, emițând energie și particule cunoscute sub denumirea de *radiații*. Dezintegrarea se produce treptat, iar durata de timp necesară pentru ca jumătate din masa unei substanțe să se descompună în alte elemente se numește *perioadă de înjumătățire*.

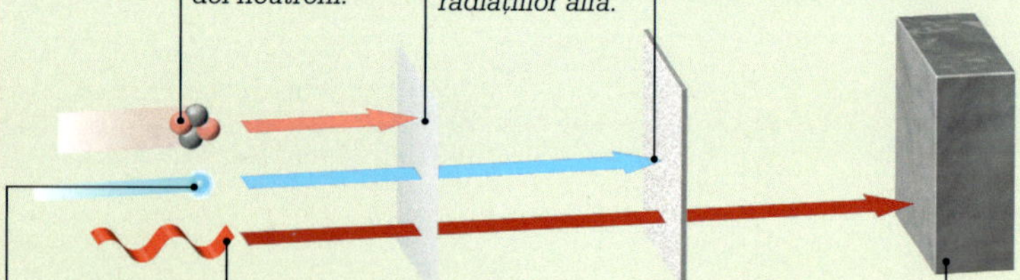

Tipuri de radiații

Dezintegrarea unui atom radioactiv are loc cu emisie de trei tipuri principale de radiații: alfa, beta și gama. Radiațiile alfa (înșiruire de particule alfa) înaintează prin aer numai câțiva centimetri și nu pot pătrunde printr-o foaie de hârtie. Cele beta pot înainta mai mult, dar se lovesc de foițe metalice. Radiațiile gama pot pătrunde prin numeroase materiale.

Evenimente importante

cca 400 î.e.n.

Filosoful antic grec Democrit a susținut că materia este alcătuită din particule mici și indivizibile, de diferite forme și alcătuiri. A denumit aceste particule *atomi*.

1896

Fizicianul francez Henri Becquerel a descoperit radioactivitatea studiind efectele radiațiilor X asupra filmului fotografic.

Henri Becquerel

1897

Fizicianul englez J. J. Thomson a descoperit electronii în timpul experimentelor cu tuburi catodice, acesta constituind primul pas către studiul atomilor.

1913

Fizicianul danez Niels Bohr a susținut că electronii sunt dispuși pe orbite cu nivel diferit de energie în jurul nucleului, acestea fiind denumite *pături*.

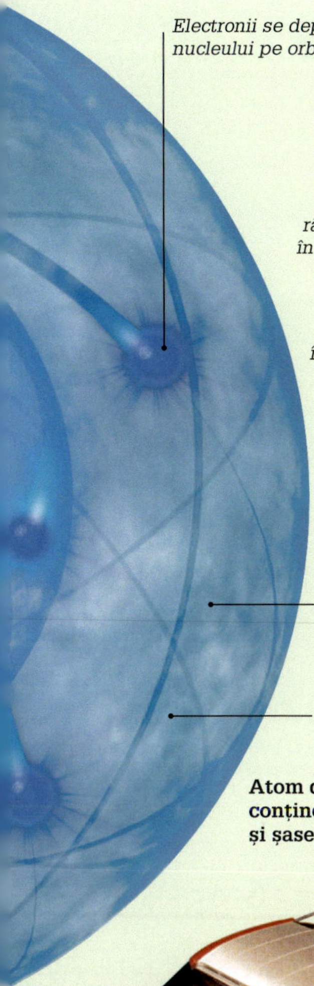

Atom de carbon, care conține șase protoni și șase electroni

Centrale nucleare

În jur de 11% din necesarul de electricitate al lumii este produs prin fisiune nucleară, un proces prin care nucleul atomilor este rupt în două, producând căldură. Aceasta se folosește la fierberea apei ca să se obțină aburi, iar aceștia pun în mișcare turbine ce operează generatoare de energie fără să producă poluare.

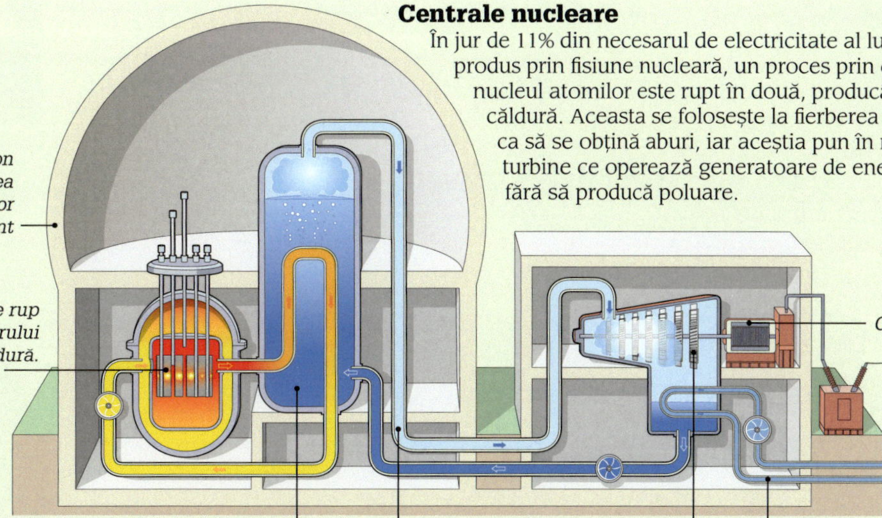

Machetă a prototipului Ford Nucleon

Atomi pentru pace

În anii 1950, lumea încerca să folosească energia nucleară în scopuri pașnice, pentru generarea de electricitate și propulsarea mijloacelor de transport. În anul 1958, Ford a lansat prototipul Nucleon, o mașină care avea să folosească un mic reactor nuclear. Deși nu a fost construită niciodată, în anii următori au fost construite nave și submarine nucleare.

Întrebuințările radioactivității

Sterilizare

Radiațiile se folosesc la conservarea anumitor mâncăruri, dar și la sterilizarea instrumentelor medicale. Procesul ucide toate potențialele micro-organisme dăunătoare și previne apariția infecțiilor.

Datarea rocilor

Uraniul găsit în numeroase roci este instabil și se dezintegrează în timp. Măsurarea raportului dintre uraniu și plumb ajută la datarea precisă a rocilor.

Medicină

Scanarea PET (tomografie cu emisie pozitronică) folosește o substanță radioactivă care se injectează în corpul uman, aceasta fiind apoi urmărită pentru diagnosticarea anumitor boli.

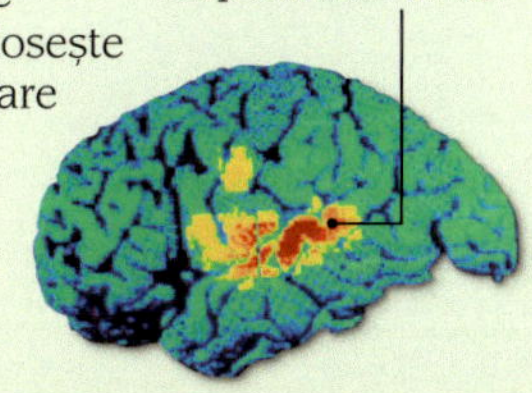

Tomografie care înfățișează activitatea creierului uman în momentul ascultării și repetării unor cuvinte

1932

Folosind un dispozitiv denumit *accelerator de particule*, fizicienii John Cockcroft (Anglia) și Ernest Walton (Irlanda) au reușit să spargă nucleul unui atom (în acest caz – de litiu) pentru prima dată.

1938

Oamenii de știință Otto Hahn (Germania), Fritz Strassmann (Germania) și Lise Meitner (Austria) au demonstrat că atomii de uraniu pot fi rupți în două prin fisiune nucleară pentru a obține o reacție nucleară în lanț.

1954

A fost lansat USS Nautilus, primul submarin propulsat de un reactor nuclear. În primii săi 12 ani, acesta a străbătut 560.000 de kilometri.

1956

Prima centrală nucleară care a produs curent electric la scară largă (industrială) a fost cea de la Calder Hall, Anglia.

USS Nautilus

1915 ▸ 1920

1915 DERIVA CONTINENTELOR

Geofizicianul german Alfred Wegener a publicat o teorie conform căreia continentele erau cândva unite, dar s-au rupt și apoi s-au îndepărtat vreme de milioane de ani. Wegener a adus ca dovadă faptul că atât în America de Sud, cât și în Africa se pot găsi aceleași fosile și formațiuni stâncoase. Teoria sa nu a fost întru totul acceptată decât după ce au început să se cunoască mai multe despre plăcile imense care alcătuiesc scoarța terestră (vezi pagina 211).

Continentele alcătuiesc o singură bucată de pământ, denumită supercontinent.

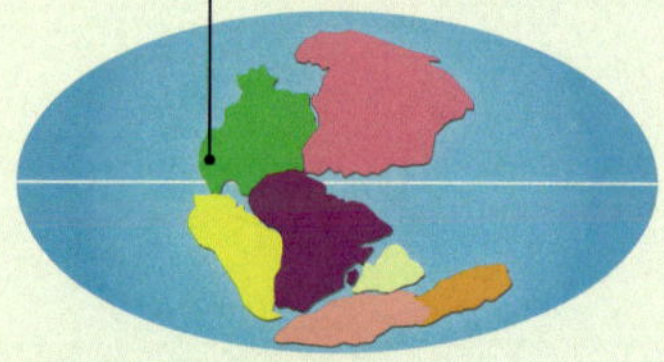

în urmă cu 250 de milioane de ani

Se formează o crăpătură între America de Sud și Africa.

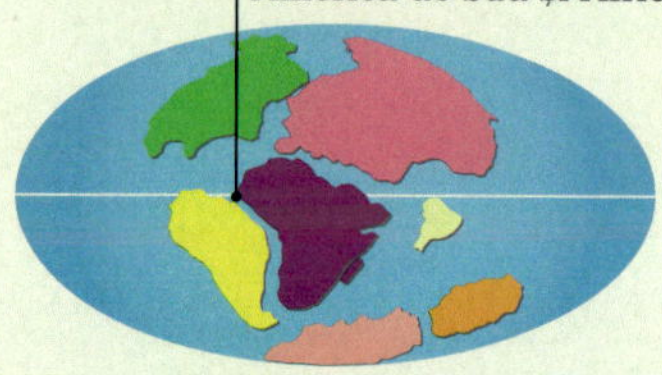

în urmă cu 130 de milioane de ani

Oceanul Atlantic se află acum între America de Sud și Africa.

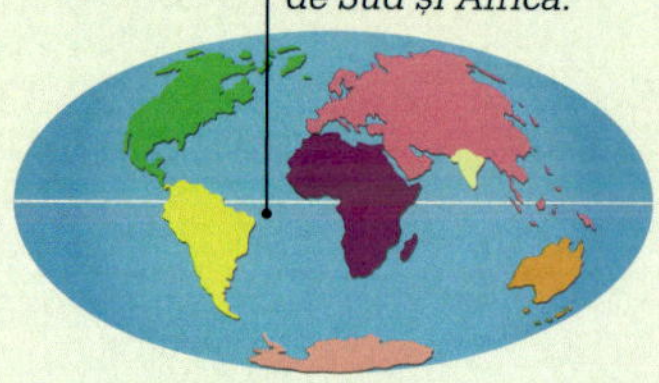

în prezent

Continente mișcătoare

În urmă cu 300 de milioane de ani, continentele erau unite, formând un supercontinent numit *Pangeea*. În urmă cu 200 de milioane de ani, acestea au început să se separe, fiind purtate de mișcarea plăcilor tectonice. Continentele încă se mișcă, America de Nord și Europa îndepărtându-se cu 2,5 cm în fiecare an.

Suprafața plăcii este împinsă în sus, formând munți.

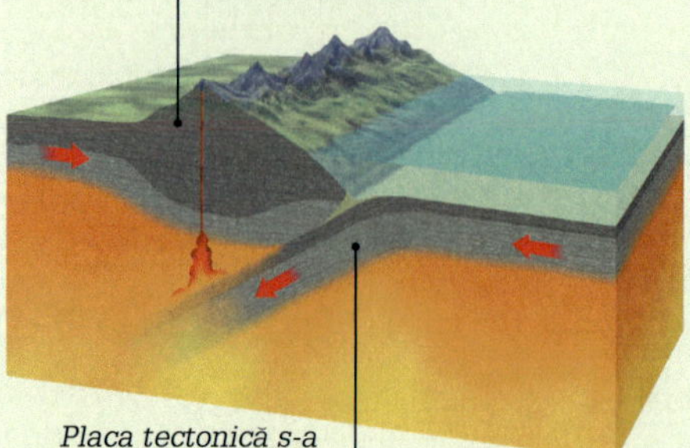

Placa tectonică s-a deplasat dedesubtul plăcii vecine.

Formarea lanțurilor muntoase

Teoria lui Alfred Wegener susținea că numeroși munți s-au format prin ciocnirea părților componente ale continentelor aflate în mișcare, provocând o adevărată îndoire și înălțare a suprafețelor cu relief. Înainte se credea că munții s-au format prin răcirea și încrețirea scoarței terestre în urmă cu milioane de ani.

Munții Himalaya din Asia au început să se formeze în urmă cu 40–50 de milioane de ani.

1915

Descoperirea unei stele

Lucrând la un observator din sudul Africii, astronomul scoțian Robert Innes a descoperit steaua Proxima Centauri. Aceasta se află la 4,25 de ani-lumină (40 de trilioane de kilometri), fiind steaua cea mai apropiată de Pământ, după Soare.

Proxima Centauri văzută de telescopul spațial Hubble

1915

1915

Little Willie

Primul prototip de tanc a fost numit *Little Willie* și a fost produs în Marea Britanie. Acesta putea străbate tranșee largi de 1,6 metri, dar la o viteză destul de mică, de doar 3,2 km/h. Little Willie a fost deschizător de drumuri pentru Mark I, primul tanc din lume care a fost folosit în luptă (1916).

Învelișul metalic cu o grosime de 6 mm proteja cei 4–6 membri ai echipajului de gloanțe.

Little Willie

Șenile acționate de un motor de 105 cai-putere.

Povestea atomului
Vezi paginile 168–169.

În anul 1917, chimistul Ernest Rutherford a convertit azotul în oxigen printr-o reacție chimică. Procesul se numește *transmutație*.

1916
Împărțirea electronilor
Chimistul american Gilbert Lewis a sugerat că, atunci când atomii formează legături, alcătuiesc molecule care își pun în comun electronii. Ideea a fost dezvoltată în anul 1919 de alt chimist american, pe nume Irving Langmuir, fiind cunoscută astăzi drept *teoria electronică Lewis-Langmuir*.

Fiecare cu rolul său
În anul 1917, zoologul american Joseph Grinnell a spus că fiecare viețuitoare are propriul său rol în habitatul în care trăiește, aceasta fiind nișa sa ecologică.

Gândacul de bălegar mănâncă și îngroapă excremente, hrănind astfel solul și curățând habitatul multor altor specii de viețuitoare.

Scheletul dirijabilului avea 196 de metri lungime.

Dirijabilul R34 traversând Atlanticul, 1919

1916
Unde în Calea Lactee?
Astronomul american Harlow Shapley a spus că Sistemul Solar nu se află în mijlocul Căii Lactee, așa cum se crezuse până atunci, ci la ani-lumină distanță de centrul galaxiei. Shapley a ajuns la această concluzie studiind stelele îndepărtate și observând că acestea formează o aureolă gazoasă în centrul Căii Lactee.

1919
Primele traversări aeriene ale Atlanticului
În anul 1919 au reușit să traverseze Atlanticul trei tipuri distincte de aparate de zbor: un dirijabil (R34), un hidroavion (NC-4) și un avion (Vickers Vimy), acesta din urmă fiind pilotat de aviatorii britanici John Alcock și Arthur Brown.

1920

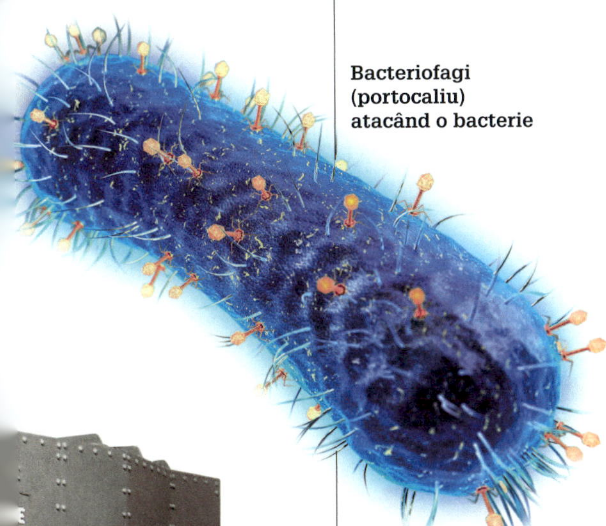

Bacteriofagi (portocaliu) atacând o bacterie

1917
Bacteriofagii
În timpul cercetării bacteriei care provoacă dizenterie, biologul franco-canadian Félix d'Hérelle a descoperit că există viruși ce atacă bacteriile, denumindu-i *bacteriofagi*.

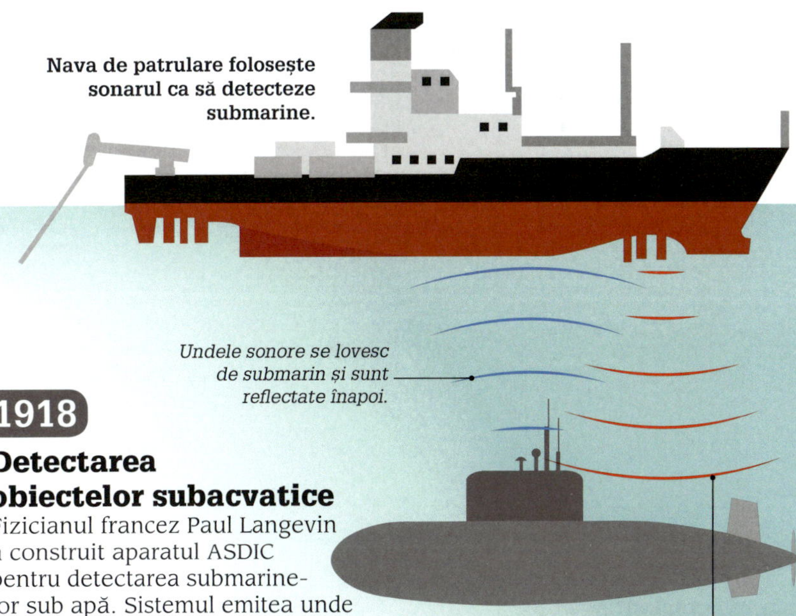

Nava de patrulare folosește sonarul ca să detecteze submarine.

Undele sonore se lovesc de submarin și sunt reflectate înapoi.

Nava emite și direcționează undele sonore.

1918
Detectarea obiectelor subacvatice
Fizicianul francez Paul Langevin a construit aparatul ASDIC pentru detectarea submarinelor sub apă. Sistemul emitea unde sonore într-o anumită direcție din apă și măsura distanța până la obiectul subacvatic în funcție de cât dura ca acesta să se reflecte și să ajungă înapoi. ASDIC a fost sistemul premergător al sonarului modern (acronimul denumirii *SOund, NAvigation and Ranging*).

Lector
Einstein a devenit pentru prima oară lector universitar în Elveția, în anul 1908, și profesor în Praga (acum – capitala Cehiei) patru ani mai târziu. Pe măsură ce faima sa creștea, era din ce în ce mai solicitat ca vorbitor public.

„Cred în intuiție și inspirație. (...) Uneori sunt convins că am dreptate fără să știu de ce."

Albert Einstein, interviu în ziarul *The Saturday Evening Post*, 1929

Albert Einstein

Fizicianul de origine germană Albert Einstein (1879–1955) era funcționar la un institut de brevete din Elveția în anul 1905, când a publicat patru lucrări științifice extraordinare. El și-a continuat munca făcând descoperiri revoluționare ce îl încoronează drept unul dintre cei mai mari gânditori ai tuturor timpurilor și un adevărat geniu al științei, care a schimbat total felul în care înțelegem lumea.

Micul Einstein
Născut într-o familie de evrei din Ulm, Germania, Einstein (dreapta) avea o soră mai mică pe nume Maja.

Studiul luminii

În prima sa lucrare, Einstein a explicat efectul fotoelectric, un fenomen în care, atunci când lumina strălucește pe anumite materiale, se emit uneori electroni. Fizicianul a respins teoria conform căreia lumina este emisă în mod continuu, susținând că aceasta era alcătuită din cuante, adică pachete individuale de energie, denumind particulele *fotoni*. Lucrarea i-a adus Premiul Nobel pentru Fizică în anul 1921.

Teoria relativității restrânse

Einstein a demonstrat totodată că viteza luminii reprezintă o constantă (299,792 de km/h), dar că timpul și spațiul se află în strânsă legătură și sunt relative, adaptându-se și schimbându-se. Astfel, cu cât ne deplasăm mai repede, cu atât mai scurt este timpul în care ajungem la destinație.

Materie și energie

Într-o altă lucrare din același an, Einstein a modificat perspectiva științifică asupra materiei și energiei introducând celebra sa ecuație $E = mc^2$, unde *E* reprezintă *energia*, *m* este *masa*, iar *c* este *viteza luminii*. Acest lucru înseamnă că o cantitate mică de materie poate conține cantități uriașe de energie, principiu utilizat atât în producerea energiei nucleare, cât și a armamentului.

Anii următori

În anul 1933, Einstein a părăsit Europa și s-a mutat în SUA, unde a primit un post la Universitatea din Princeton. Acolo, și-a continuat munca și a devenit cel mai apreciat om de știință din lume.

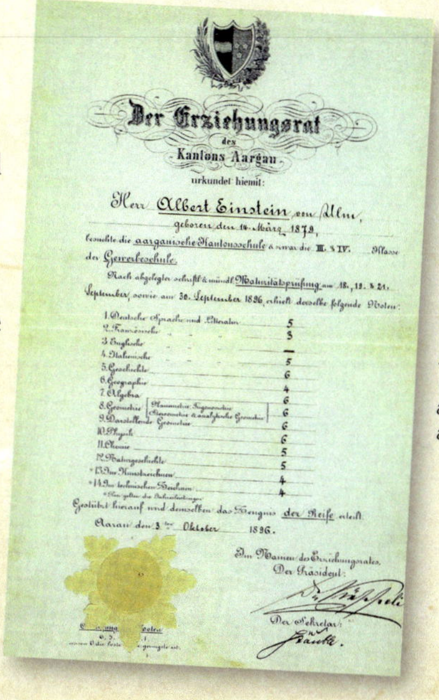

Der Erziehungsrat
des
Kantons Aargau
urkundet hiemit:

Herr Albert Einstein von Ulm,
geboren den 14. März 1879,
besuchte die aargauische Kantonsschule & zwar die III. & IV. Klasse der Gewerbeschule.

Nach abgelegter schriftl. & mündl. Maturitätsprüfung am 18., 19. & 21. September, sowie am 30. September 1896, erhielt derselbe folgende Noten:

1. Deutsche Sprache und Litteratur	5
2. Französische	3
3. Englische	—
4. Italienische	5
5. Geschichte	6
6. Geographie	4
7. Algebra	6
8. Geometrie	6
9. Darstellende Geometrie	6
10. Physik	6
11. Chemie	5
12. Naturgeschichte	5
13. Im Kunstzeichnen	4
14. Im technischen Zeichnen	4

Gestützt hierauf wird demselben das Zeugnis der Reife erteilt.

Aarau, den 3ten Oktober 1896.

Im Namen des Erziehungsrates,
Der Präsident:

Der Sekretär:

Diplomă de studiu
În urma diplomei obținute în anul 1896, Einstein – pe atunci în vârstă de 17 ani – avea notele necesare ca să se înscrie la universitatea tehnică din Zürich, Elveția, unde a excelat la istorie, fizică, algebră și geometrie.

Planeta curbează spațiul-timp (combinația celor trei dimensiuni spațiale – lungime, lățime și înălțime – cu timpul), formând gravitația.

Teoria relativității
În anul 1916, Einstein a adus completări teoriei sale ținând cont și de gravitație. El a arătat cum obiectele de dimensiuni mari curbează spațiul-timp la fel cum o bilă grea îndoaie o bucată de cauciuc. Obiectele mai mici se rostogolesc spre aceasta din cauza curburii cauciucului. Această teorie a adus lămuriri despre găurile negre și despre motivul din care are loc curbarea luminii unei stele îndepărtate.

„Dacă nu eram om de știință, probabil că aș fi fost muzician. Gândesc adesea cu muzică. Visez cu ochii deschiși pe muzică. Îmi privesc viața în funcție de muzică."

Albert Einstein, interviu în ziarul *The Saturday Evening Post*, 1929

Timp liber
Einstein iubea muzica și îi făcea o deosebită plăcere să cânte la vioară. Îi plăcea și să navigheze, deși nu a învățat niciodată să înoate.

1920 ▸ 1925

Broccoli, spanac, nuci și semințe – alimente bogate în vitamina E

Brânză, pește, ficat – alimente bogate în vitamina D

Motorul rotește elicea din față, făcând ca aparatul de zbor să înainteze.

1920

Primul plasture adeziv

Inventatorul american Earle Dickson a inventat primul plasture adeziv din lume pentru soția sa, Josephine. Acestea erau mici și convenabile, acoperind arsurile minore și tăieturile pe care aceasta le suferea în timp ce trebăluia prin casă. Dickson a fixat bucăți de tifon pe benzi adezive chirurgicale și a întărit materialul cu fâșii de crinolină. Plasturii au fost scoși la vânzare cu denumirea comercială de Band-Aid.

Plasture modern alcătuit din tifon fixat pe o fâșie adezivă din plastic

1922

Vitaminele D și E

Omul de știință englez Sir Edward Mellanby a descoperit vitamina D, care ajută corpul să absoarbă calciul, menținând sănătatea dinților și a oaselor. Vitamina E a fost descoperită ceva mai târziu în același an, de fizicianul Herbert Evans și asistenta sa, Katharine Bishop. Se consideră că vitamina E este importantă pentru menținerea sănătății celulelor din corp.

1920

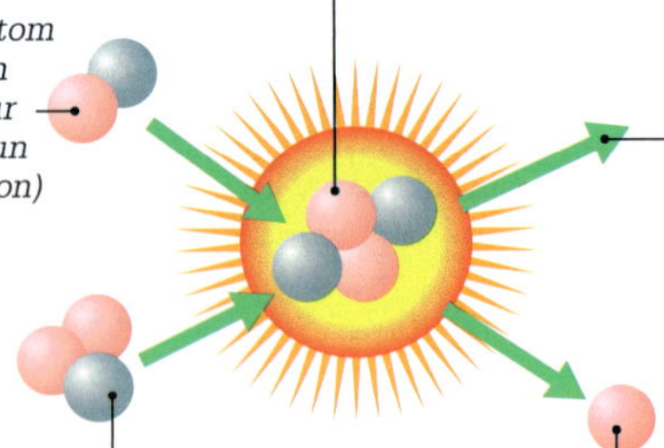

1920

Cum funcționează stelele

Astronomul englez Arthur Eddington a sugerat că o stea își dobândește energia printr-un proces denumit *fuziune nucleară*, prin care nucleele atomilor de hidrogen fuzionează (se unesc) în centrul stelei, formând atomi de heliu și eliberând cantități uriașe de energie.

Termenul *robot* a fost folosit pentru prima oară în anul 1921 de scriitorul ceh Karel Čapek, în piesa sa de teatru intitulată *R.U.R.*

1921

Descoperirea insulinei

În urma unor experimente, cercetătorii canadieni Charles Best și Frederick Banting au izolat insulina secretată de pancreas, întâi la câini și apoi la bovine. Insulina este hormonul care controlează nivelul de zahăr din sânge și este folosită la tratarea diabetului. În anul următor, un băiețel diabetic de 14 ani, pe nume Leonard Thompson, a devenit prima persoană din lume tratată cu insulină.

Aniversarea a 50 de ani de la descoperirea insulinei este sărbătorită pe un timbru canadian, cca 1971.

1921

Vaccinul contra tuberculozei

A fost testat pentru prima oară pe om vaccinul împotriva bacilului Calmette-Guérin (BCG), utilizat la combaterea bolii infecțioase denumite *tuberculoză*. Acesta stimulează sistemul imunitar, care produce substanțe ce luptă cu boala. Cercetătorii francezi au lucrat 15 ani la obținerea acestui vaccin.

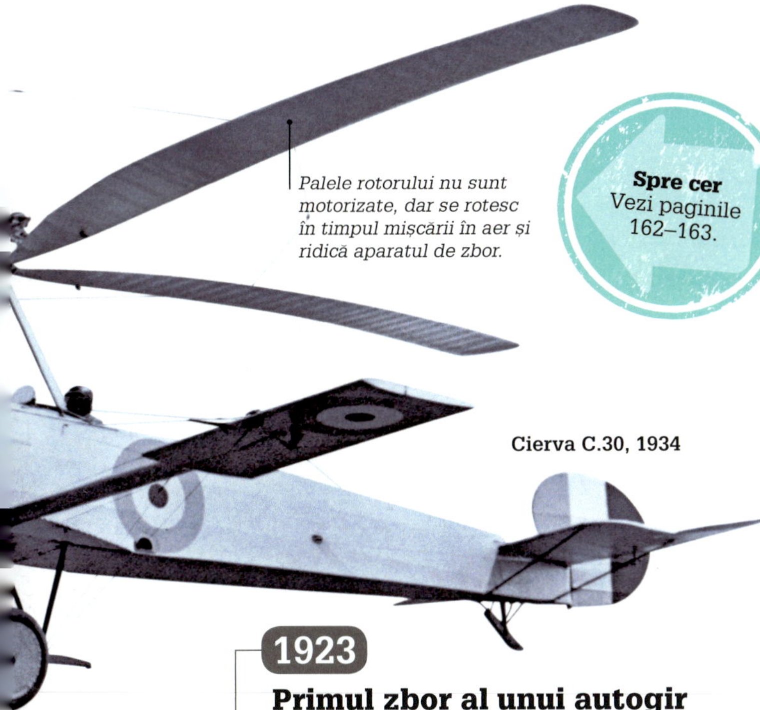

Cierva C.30, 1934

Spre cer
Vezi paginile 162–163.

1924

O nouă galaxie

Astronomul american Edwin Hubble a ajuns la concluzia că Andromeda nu era o nebuloasă (nor mare de gaz și praf cosmic) spiralată din Calea Lactee, ci o galaxie de sine stătătoare. Hubble a descoperit acest lucru măsurând distanța până la stelele Andromedei și observând că aceasta este mai mare decât întregul diametru al Căii Lactee. Astăzi știm că Andromeda se află la o distanță de 2,54 milioane de ani-lumină față de Pământ și că are un diametru de 220.000 de ani-lumină.

Galaxia Andromeda are peste o mie de miliarde de stele.

1923

Primul zbor al unui autogir

Autogirul Cierva C.4 a efectuat primul său zbor în orașul spaniol Getafe, parcurgând 180 de metri. Palele rotorului erau alcătuite din fâșii lunguiețe și subțiri, asemănătoare aripilor. Aparatul a fost construit de inginerul spaniol Juan de la Cierva, fiind deschizător de drumuri pentru apariția elicopterelor.

1925

1923

Ouă de dinozaur

Primele ouă de dinozaur au fost descoperite în zona Flaming Cliffs din Mongolia. În expediția condusă de naturalistul american Roy Chapman Andrews au mai fost descoperite pentru prima oară și fosile de dinozauri Protoceratops și Velociraptor. Inițial se credea că ouăle sunt de Protoceratops, dar cercetările ulterioare au dovedit că acestea erau de Oviraptor, mic dinozaur care a trăit în urmă cu 75 de milioane de ani.

Ouă fosilizate de Oviraptor

1888–1946 JOHN LOGIE BAIRD

Inventatorul scoțian John Logie Baird a creat lamele de ras, construind apoi, în anul 1924, primul televizor mecanic. Acesta era alcătuit din obiecte casnice, printre care și ace de cusut și o cutie metalică de biscuiți. În anul 1928, acesta a făcut prima transmisiune televizată transatlantică, din Marea Britanie în SUA, și a inventat un aparat de înregistrare video numit *Phonovision*. Cei de la BBC au început să facă transmisiuni experimentale cu ajutorul sistemului său mecanic, care a fost înlocuit de televizorul electronic în anii 1930.

Începuturile televiziunii
Pentru scanarea unei imagini, televizorul mecanic al lui Baird folosea un disc rotativ cu numeroase mici orificii. Lumina care trecea prin orificii era convertită în semnale electrice și trimisă unui receptor. Acolo, semnalele erau transformate iarăși în lumină și afișate pe un ecran cu ajutorul unui alt disc rotativ.

Austin 7, 1930

La volan

În secolul XX a avut loc o adevărată explozie a producției de vehicule motorizate, iar din niște noutăți rare, automobilele și autocamioanele au devenit mijloace esențiale de transport folosite zi de zi. În anul 1895, în SUA existau numai patru automobile înmatriculate oficial. În anul 2016, numărul acestora era de peste 254 de milioane. Inovațiile aduse designului și caracteristicilor – de la caroserii moderne la alimentare electrică și cutii automate de viteză – au dus la o creștere fenomenală a întrebuințării vehiculelor motorizate.

Automobile pentru toți

Producția de automobile a crescut enorm în perioada anilor 1910 și 1920 deoarece noile metode de proiectare și tehnici de manufacturare au redus costurile, făcând achizițiile mai accesibile. De exemplu, Austin 7 costa numai 165 de lire sterline la lansarea sa din anul 1922. Până în 1939 au fost produse 290.000 de astfel de automobile.

Design inovator

Înainte ca inginerii să-și dea seama că felul în care aerul circulă în jurul autovehiculului influențează performanța acestuia, mașinile erau înalte, pătrățoase și robuste. Automobilul cu două locuri Lincoln Zephyr (1936) avea o caroserie rotunjită, cu profil aerodinamic, care ajuta autovehiculul să circule cu viteze ma mari și consum mai mic de combustibil.

Aripa laterală acoperă partea superioară a roții din spate, făcând ca aerul să circule lin deasupra roții.

Lincoln Zephyr, 1936

Lincoln Zephyr era mai ușoară decât alte automobile din acea vreme deoarece avea corpul construit dintr-o singură bucată, scheletul și caroseria fiind unite și având forme rotunjite.

Evenimente importante

1894

Benz Velo a fost prima mașină produsă în serie, fiind fabricate peste 1200 de exemplare. Avea un motor de 3 cai-putere și ajungea la o viteză maximă de 19 km/h.

1896

Pe un autovehicul din Londra, Marea Britanie, a fost instalat primul demaror electric. Astfel, motorul nu mai avea nevoie de acționarea unei manivele ca să pornească.

1902

Oldsmobile Curved Dash a devenit prima mașină produsă la scară largă, fiind construite peste 19.000 de exemplare pe o linie de asamblare cu părți interschimbabile.

1908

Mașina Model T a lui Henry Ford a dat startul erei automobilelor economice, odată cu deschiderea unei eficiente linii de asamblare care a redus costurile de producție.

Ford Model T

Mini Cooper, 1962

Mașinile Mini

Pe măsura progresului în inovațiile aduse designului, anumite mașini – de obicei cele mari, rapide și mari consumatoare de combustibil – au ajuns adevărate simboluri ale statutului social. Acest lucru s-a schimbat în anul 1959, când proiectantul Alec Issigonis a lansat mica, economica și aspectuoasa mașină Mini. Aceasta avea un motor montat transversal pentru economisirea spațiului și tracțiune pe roțile din față pentru consum mai mic de combustibil.

Un accesoriu al mașinii electrice permite reîncărcarea bateriilor la o stație de reîncărcare electrică.

Mașini electrice

În secolul XXI, poluarea provocată de mașini a devenit o problemă serioasă, fiind dezvoltate astfel vehiculele electrice nepoluante. Acestea folosesc baterii reîncărcabile care pun în mișcare motoare electrice. Majoritatea modelelor pot străbate distanțe scurte, dar altele – cum ar fi Tesla Roadster – pot parcurge chiar și 300 de kilometri între două reîncărcări.

Farurile erau înglobate în caroseria aerodinamică în loc să fie proeminente și să împiedice trecerea lină a aerului.

Siguranța pe șosele

Cu peste un miliard de autovehicule care circulă pe șoselele din întreaga lume, proiectanții și fabricanții de automobile iau în serios siguranța.

▸ Manechin pentru test de impact
Aceste manechine sunt folosite la testarea efectelor asupra omului în urma unui impact, ajutând inginerii la reducerea riscului de rănire în caz de accident.

▸ Centuri de siguranță
Aceste dispozitive care salvează numeroase vieți omenești în fiecare an fixează corpul de scaun dacă mașina se oprește brusc.

▸ Perne de aer
Opririle bruște acționează pernele de aer, care se umflă în mai puțin de 0,05 secunde ca să împiedice lovirea oamenilor de obiectele dure din interiorul mașinii.

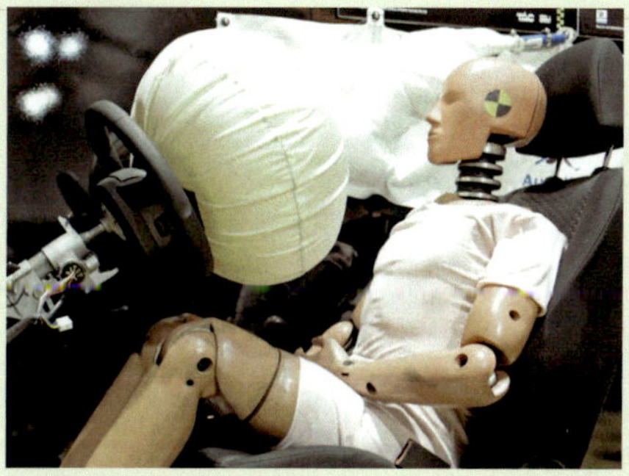

Pernă de aer și manechin

Vehicule hibride

Mașinile hibride, cum ar fi Toyota Prius, au fost lansate în anul 1997 și beneficiază de mai multe tipuri de propulsie. Motorul electric de pe Prius asigură deplasarea mașinii la viteze mici, dar la accelerare funcționează împreună cu un motor pe bază de combustibil. Energia generată de mișcarea automobilului acționează generatorul, care reîncarcă astfel bateria electrică a motorului.

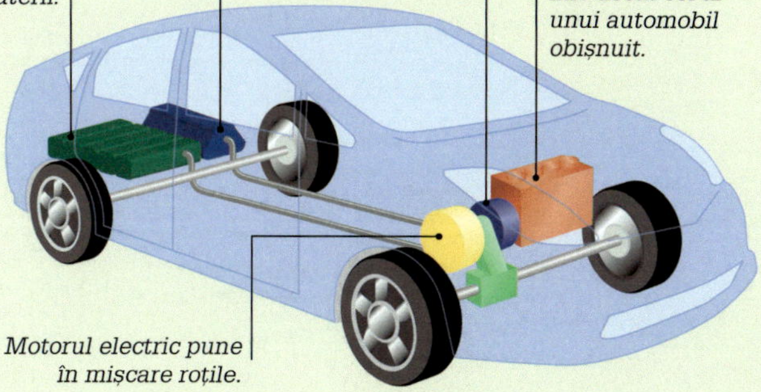

Curentul electric este depozitat în baterii.

Rezervor de combustibil

Generatorul produce curent electric.

Motorul cu ardere internă este mai mic decât cel al unui automobil obișnuit.

Motorul electric pune în mișcare roțile.

1933

Inventate în anii 1890, motoarele diesel au fost montate inițial pe autocamioane și autobuze. Citroën Rosalie a devenit primul autovehicul cu motor diesel produs la scară largă.

1939

General Motors a lansat cutia de viteze Hidramatic, care schimba vitezele automat. A fost prima de acest tip produsă la scară largă pentru autovehicule de pasageri.

1973

A fost construit primul convertor catalitic pentru autovehicule produse la scară largă. Acesta transformă emisiile toxice ale motorului în gaze mai puțin dăunătoare și vapori de apă.

1997

Toyota Prius a devenit primul vehicul hibrid produs la scară largă, având un motor electric acționat de baterii ce reduce consumul de combustibil al motorului cu ardere internă.

Toyota Prius

1925 ▸ 1930

Alimente congelate ambalate în carton parafinat pentru depozitare

1925

Alimente congelate

După ce a văzut cum inuiții din zona arctică înghețau alimentele ca să le păstreze gustul și textura, naturalistul american Clarence Birdseye a inventat o mașină frigorifică ce făcea același lucru. Aceasta a fost deschizătoare de drumuri pentru industria alimentelor congelate.

1926

Prima rachetă cu combustibil lichid

Inginerul american Robert Goddard a lansat prima rachetă ce folosea combustibil lichid (benzină). Deși a străbătut în zbor o distanță scurtă în decursul a doar 2,5 secunde, aceasta a fost deschizătoare de drumuri pentru racheta L-B a lui Goddard din anul 1937, care a ajuns la o altitudine de 2700 de metri.

Timbru care îl înfățișează pe Goddard lansând prima sa rachetă, poreclită *Nell*

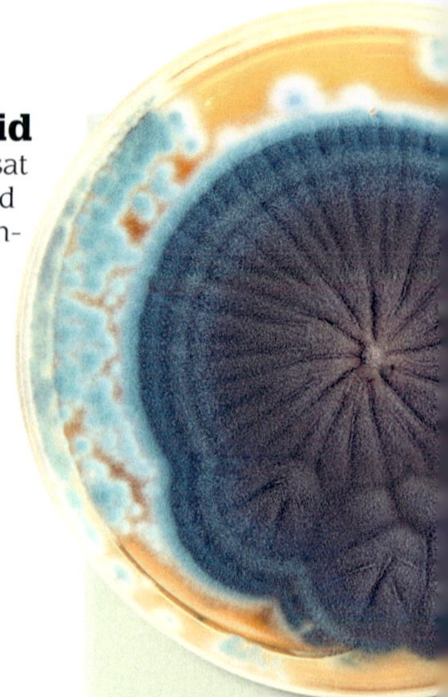

Ciuperca Penicillium

Fleming a observat că mucegaiul verde-albăstrui Penicillium din vasul de laborator a creat în jurul său o zonă circulară lipsită de bacterii. Dezvoltând alte colonii ale acestui mucegai, a observat că ține deoparte și bacteriile ce provoacă difterie, pneumonie și scarlatină.

1925

1925

Cartografierea Dorsalei Atlantice

Într-o expediție științifică germană s-a descoperit că Dorsala Atlantică aproape coincide ca lungime cu Oceanul Atlantic de la nord la sud. Aceasta formează un lanț muntos care se înalță la 2–3 kilometri față de fundul oceanului și include un rift care marchează limita dintre două plăci tectonice. La aceste concluzii s-a ajuns după 67.000 de măsurători la adâncime în apele oceanului, efectuate în decursul unei perioade de doi ani.

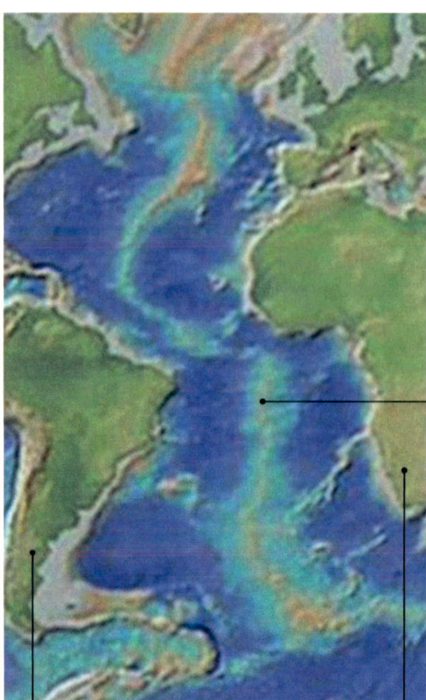

Harta înfățișează fundul Oceanului Atlantic

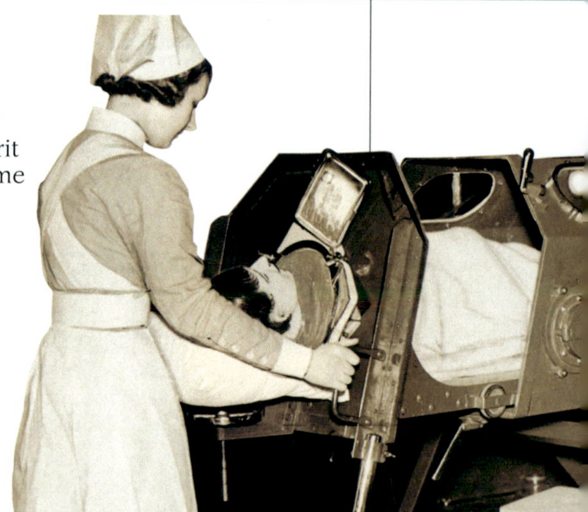

Infirmieră așezând un pacient bolnav de poliomielită într-un așa-numit plămân de fier, 1938

Clasificarea galaxiilor

În anul 1926, astronomul american Edwin Hubble a grupat galaxiile în funcție de forma lor redată de fotografii. Cunoscută drept *secvența Hubble*, aceasta le clasifică astfel: eliptice, lenticulare și spirale.

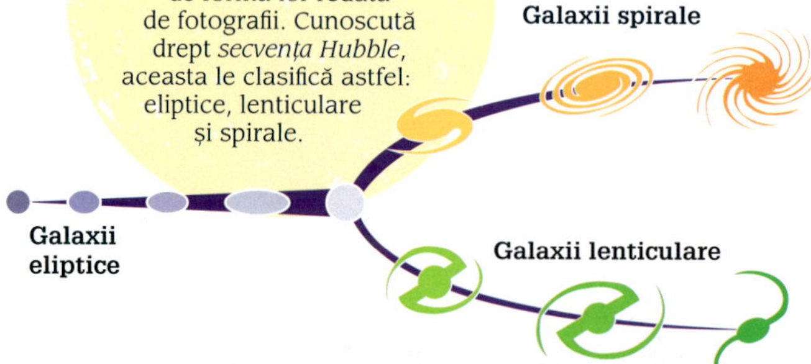

1927

Plămân de fier

Cercetătorii americani Philip Drinker și Louis Agassiz Shaw au inventat un aparat în formă de cutie, denumit *plămân de fier*, care avea un motor electric ce ajuta pacientul să respire în mod artificial. Bolnavul era așezat înăuntru, iar în aparat se pompa aer care schimba presiunea din interior. Astfel, aerul circula prin plămânii pacientului.

1928 DESCOPERIREA PENICILINEI

Omul de știință scoțian Alexander Fleming a descoperit un mucegai care reușea să distrugă bacteria dăunătoare Staphylococcus de pe vasele sale de laborator. Acesta și-a dat seama că mucegaiul produce o substanță antibacteriană, pe care a denumit-o *penicilină*. În cele din urmă, aceasta s-a dovedit a fi un antibiotic puternic, care reușește să trateze infecțiile și bolile provocate de bacterii. În anul 1944, în fabrici se producea deja penicilină la scară largă pentru soldați. Astăzi, penicilina este încă unul dintre cele mai des folosite antibiotice din lume.

„Uneori se întâmplă să găsești ceea ce nici măcar nu cauți."

Alexander Fleming

Alexander Fleming în laboratorul său

Balon meteorologic cu radiosondă

1929

Primul zbor al unei radiosonde

Omul de știință francez Robert Bureau a inventat un aparat ce funcționează cu baterii, denumit *radiosondă* – un pachet mic cu instrumente științifice care se înalță suspendat dedesubtul unui balon meteo, măsurând presiunea atmosferică și temperatura aerului. Apoi, radiosonda transmite aceste date utile, invenția reprezentând un pas important în domeniul meteorologiei.

1930

În anul 1928, în Sydney, Australia, introducerea în inimă a unui dispozitiv nou inventat – denumit *stimulator cardiac (pacemaker)* – a readus la viață un bebeluș născut mort.

1929

Generatorul Van de Graaff

Acest dispozitiv a fost inventat de omul de știință american Robert J. Van de Graaff pentru producerea curentului electric de înaltă tensiune necesar la punerea în funcțiune a acceleratoarelor timpurii de particule (dispozitive în care se mărește viteza particulelor atomice în vederea ciocnirii acestora). Versiunile mai mici ale generatorului se folosesc în învățământ la demonstrarea electricității statice.

Electricitatea statică provoacă ridicarea firelor de păr.

Sfera metalică se încarcă cu o sarcină electrică ce se transmite persoanei care atinge cu mâna obiectul.

1928

Ciclul Cori

Biochimiștii cehi Carl și Gerty Cori au descoperit un ciclu biologic în care glucoza se descompune în acid lactic atunci când mușchii depun efort. Acest acid este reciclat de ficat și se întoarce în mușchi sub forma unei substanțe denumite *glicogen*, care este apoi transformată în glucoză. Procesul a devenit cunoscut drept *ciclul Cori* sau *ciclul acidului lactic*.

MARI OAMENI DE ȘTIINȚĂ

Marie Curie

Savanta poloneză (stabilită apoi în Franța) Marie Curie (1867–1934) a doborât toate barierele întâlnite de femei în lumea științifică, reușind să aducă numeroase contribuții în domeniile fizicii, chimiei și medicinei. A descoperit noi elemente chimice, a făcut descoperiri în domeniul radioactivității și a înființat două laboratoare de cercetare de renume mondial – Institutele Curie din Paris și din Varșovia.

Tinerețea lui Marie Curie
Fiică a doi profesori, Marie Curie (în dreapta, alături de sora sa, Hela) s-a dovedit o elevă strălucită. A lucrat întâi ca profesoară, iar apoi ca guvernantă, mutându-se în cele din urmă în Franța în anul 1891. Acolo a studiat fizica și matematica la Universitatea din Paris, devenind în anul 1906 prima femeie profesor a acelei instituții de învățământ.

Parteneriat cu Pierre Curie
Născută Maria Salomea Skłodowska în Varșovia, Polonia, savanta s-a stabilit în Franța ca să studieze la Universitatea din Paris. Acolo l-a cunoscut pe chimistul francez Pierre Curie, cu care s-a căsătorit în anul 1895. Cei doi au început să lucreze împreună, studiind pe atunci recent descoperitul fenomen al radioactivității.

Descoperirea unor noi elemente
Soții Curie au descoperit că un minereu bogat în uraniu, numit *pehblendă,* emitea radiații mai intense decât uraniul pur, și au ajuns la concluzia că acesta conține alte elemente și mai radioactive. În anul 1898, după îndelungate eforturi de rafinare a pehblendei, cei doi au descoperit două elemente chimice necunoscute până atunci: poloniul și radiul.

„Să fii mai puțin curios în privința oamenilor și mai curios în privința ideilor."

Marie Curie

Câștigarea Premiului Nobel
În anul 1903, soții Curie împreună cu Henri Becquerel au câștigat Premiul Nobel pentru Fizică, Marie fiind prima femeie laureată a acestuia. Deși Pierre Curie a murit în anul 1906 într-un accident pe șosea, Marie și-a continuat activitatea în ciuda tragediei, reușind să izoleze radiul pur în anul 1910. Un an mai târziu, a primit Premiul Nobel pentru Chimie, devenind singura persoană dublu laureată din lume.

Mamă și fiică
Fiica cea mare a lui Curie, pe nume Irène (1897–1953) a lucrat pentru prima oară împreună cu mama sa ca radiolog în timpul Primului Război Mondial. Irène Joliot-Curie a devenit, la rândul său, un om de știință în adevăratul sens al cuvântului, fiind laureată a Premiului Nobel alături de soțul său, Frédéric, pentru descoperirea radio-activității artificiale.

În slujba binelui pe timp de război
Marie Curie a început să folosească radiul împotriva tumorilor canceroase și a ajutat la dezvoltarea întrebuințării radiațiilor X în medicină. Când a izbucnit Primul Război Mondial, ea a început să strângă fonduri, să organizeze și chiar să conducă ambulanțe echipate cu aparate Röntgen pe câmpurile de bătălie. Acestea au fost folosite la diagnosticarea plăgilor prin împușcare sau a rănilor de șrapnel, salvând mii de vieți omenești.

Noi elemente
Poloniul și radiul sunt cele două elemente chimice descoperite de soții Curie. Poloniul a fost numit după țara în care s-a născut Marie Curie, Polonia.

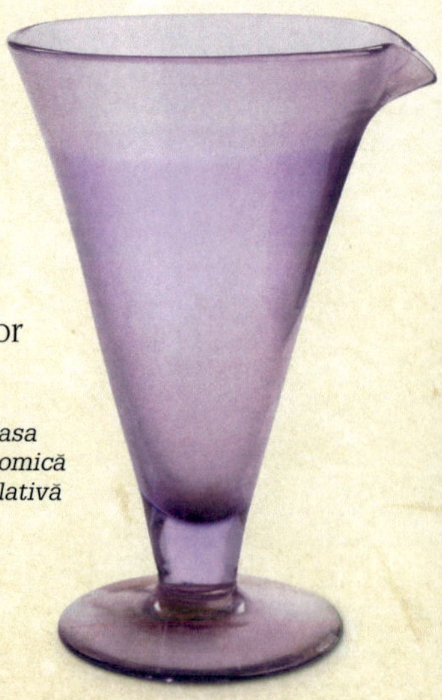

Vas radioactiv
Un vas transparent din sticlă folosit de Marie Curie când cerceta radiul a devenit violet-albăstrui în urma expunerii repetate la radiații.

„Dintre toți cei renumiți, Marie Curie este singura pe care faima nu a corupt-o."

Albert Einstein, 1934

În laboratorul său
O viață întreagă de expunere la radiații și-a lăsat amprenta asupra sănătății lui Marie Curie, care a început să sufere de o boală de sânge. În ciuda acesteia, savanta a continuat să muncească până la moartea sa în Franța, la vârsta de 66 de ani.

„Un om de știință în laboratorul său nu este numai un tehnician; el este asemenea unui copil aflat în fața unor fenomene naturale care îl impresionează ca și cum s-ar afla într-un basm."

Marie Curie citată în biografia sa apărută în anul 1937

1930 ▸ 1935

Planeta pitică Pluto a fost descoperită de Clyde Tombaugh în anul 1930 și numită astfel de o fetiță în vârstă de 11 ani, pe nume Venetia Burney.

Batisfera lui Barton

1930

Prima scufundare cu batisfera

În anul 1934, doi americani s-au scufundat la o adâncime record de 923 de metri. Proiectată de inginerul Otis Barton în anul 1930 și pilotată mai târziu de naturalistul american Charles William Beebe, batisfera a fost un batiscaf (submersibil timpuriu) cu corp de oțel călit, capabil să reziste presiunii mari a apei la adâncime.

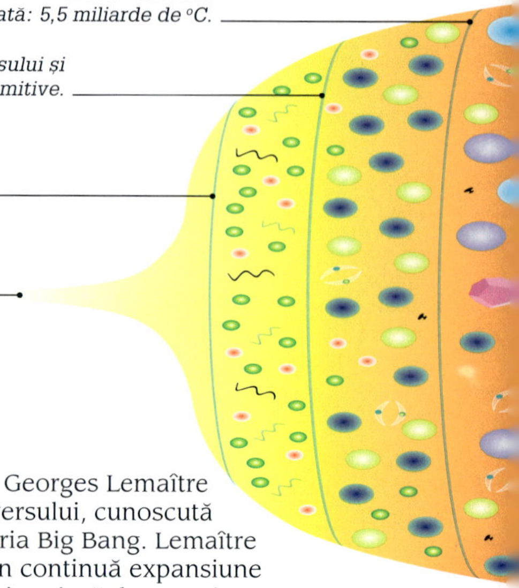

1931

Teoria Big Bang

Preotul și astronomul belgian Georges Lemaître a enunțat teoria formării Universului, cunoscută ulterior sub denumirea de teoria Big Bang. Lemaître susținea că Universul se află în continuă expansiune și că s-a născut dintr-o explozie uriașă de energie pornită dintr-un singur punct, pe care el l-a numit *atom inițial* sau *ou cosmic*.

1930

Empire State Building

La încheierea lucrărilor de construcție în anul 1931, acest zgârie-nor de 443 de metri era cea mai înaltă clădire din lume, la ridicarea sa folosindu-se în jur de 51.700 de tone de grinzi și coloane de oțel.

1931

Microscopul electronic

Inginerii germani Ernst Ruska și Max Knoll au construit primul microscop electronic cu transmisie. Acesta emitea o rază de electroni prin probă, reușind astfel să obțină o mărire considerabilă a imaginii față de microscoapele cu lumină. Dispozitivele ulterioare au reușit să obțină o mărire de până la 50.000 de ori sau chiar mai mare – suficientă pentru observarea pentru prima oară a moleculelor. Către finalul anilor 1930 au fost dezvoltate microscoapele electronice cu scanare, care foloseau electronii la studierea suprafeței unei probe.

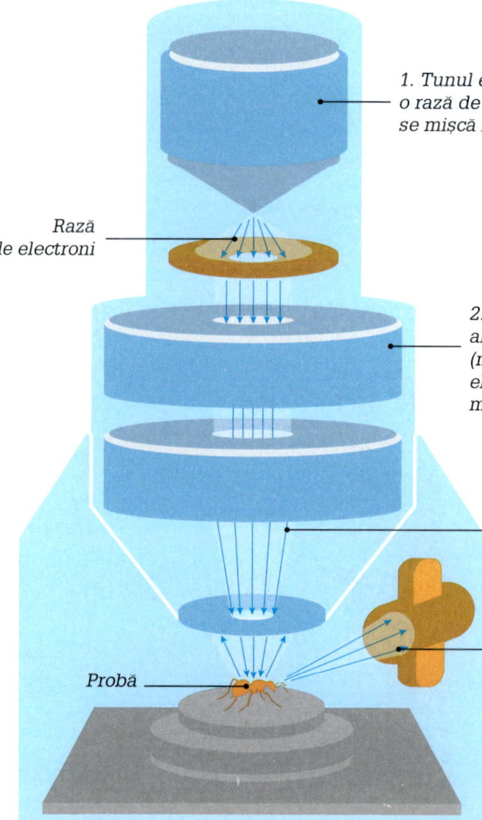

Cum funcționează un microscop electronic cu scanare

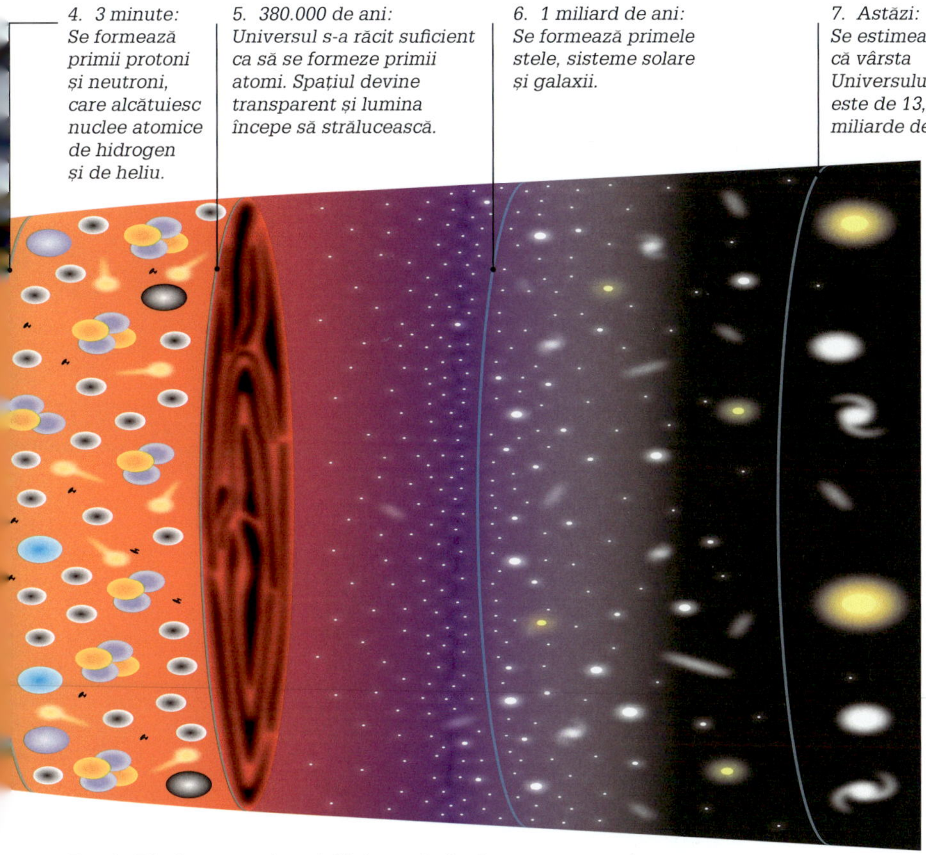

Teoria Big Bang susține că Universul și-a început expansiunea dintr-un punct individual, denumit *singularitate gravitațională*.

1934

Ochi-de-pisică

Omul de afaceri englez Percy Shaw a inventat catadioptrul (ochi-de-pisică reflectorizant) după ce a observat cum ochii pisicilor reflectă lumina. Folosit și astăzi, acest dispozitiv are lentile așezate într-o ramă rotunjită din cauciuc și metal fixată pe șosea. Lentilele reflectă lumina farurilor ca să ilumineze fără curent electric mijlocul șoselei sau marcajele dintre benzile de circulație.

1935

1933

Radio FM

Inginerul american Edwin Howard Armstrong a inventat radioul cu modulație în frecvență (FM). Spre deosebire de modulația în amplitudine (AM) a acelor timpuri, FM oferea un semnal mai clar și de calitate mai bună, fără alte zgomote sau bruiaje cauzate de echipamentele electrice din apropiere sau de furtuni. Primele stații radio FM au început să difuzeze emisiuni în SUA la sfârșitul anilor 1930.

Aparatul de radio FM al lui Armstrong

Rămășițe de supernovă cu stea neutronică

1934

Explozie de stele

Astronomii Fritz Zwicky (Elveția) și Walter Baade (Germania) au enunțat teoria conform căreia stelele neutronice (rămășițe dense ale colapsului unei stele, alcătuite în principal din neutroni) se formează din rămășițele exploziilor unor stele uriașe, acestea purtând denumirea de *supernove*. O supernovă are loc atunci când o stea masivă rămâne fără hidrogen și suferă un colaps gravitațional, iar apoi își împinge straturile exterioare în afară și explodează violent. Zwicky a descoperit rămășițele a 120 de supernove.

MICROSCOP ELECTRONIC CU SCANARE

Capul acestei insecte este mărit de 80 de ori cu ajutorul unui microscop electronic modern cu scanare. Insecta are doi ochi compuși alcătuiți din 28.000 de omatidii (elemente vizuale ce conțin fotoreceptori, adică celule care captează lumina).

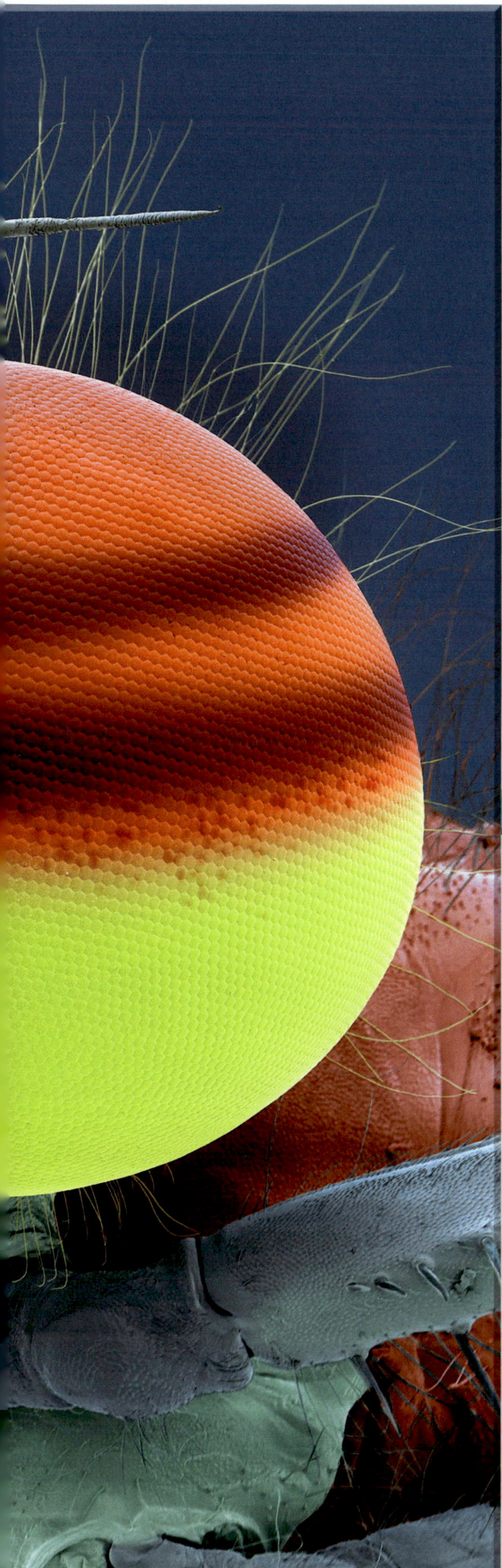

Detalii mărite

Ochii compuși ai unei libelule roșii apar imenși în această imagine mult mărită. Obținerea acesteia este posibilă cu ajutorul microscopului electronic cu scanare inventat în anii 1930. Dispozitivul scanează o probă adesea ținută în vid, folosind o rază extrem de îngustă de electroni care trece pe suprafața obiectului. Acest tip de microscop poate obține o imagine mărită chiar de 50–100.000 de ori și o rezoluție mult mai înaltă decât cea a microscoapelor optice, care folosesc pătrunderea luminii prin lentile. Microscoapele electronice cu scanare redau cu acuratețe obiecte măsurate în nanometri (miliardimi ale unui metru), acestea fiind neprețuite pentru medicina legală și cercetarea în amănunt a microorganismelor, a noilor medicamente și a altor substanțe.

„Mi se pare că munca noastră reușește să ne ofere plăcere și satisfacție în plus datorită faptului că suntem capabili să aruncăm o privire în inepuizabilul univers al celor mai mici forme de viață."

Ernst Ruska, inventatorul primului microscop electronic, 1958

1935 ▸ 1940

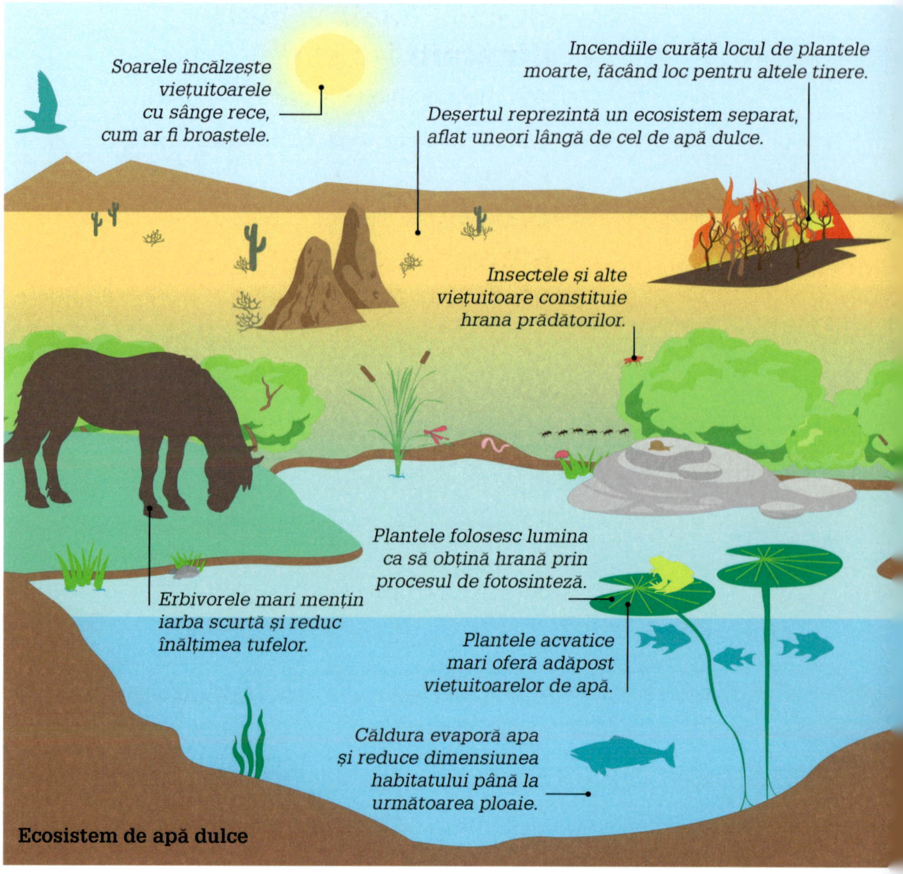

Ecosistem de apă dulce

1935

Scara Richter

Fizicianul american Charles Richter a inventat o scară de măsurare a cantității de energie emise de cutremurele de pământ. Fiecare grad al acestei scări înseamnă o creștere de 31 de ori a energiei cutremurului față de cea a precedentului grad. Majoritatea cutremurelor au sub 4 grade pe scara Richter, iar cele foarte puternice depășesc 9 grade.

1935

Ecosisteme

Ideea de ecosistem a fost descrisă de botanistul britanic Arthur Tansley. Acesta reprezintă un set complicat de relații între toate organismele vii ale unui anumit habitat. Toate componentele ecosistemului se află în strânsă legătură unele cu celelalte, iar dacă una singură se schimbă, e posibil ca întregul ecosistem să se modifice.

1935

1935

Un nou material

Nailonul a fost obținut la compania chimică americană DuPont de o echipă condusă de Wallace Carothers, care cerceta lanțurile de molecule cunoscute ca polimeri. Deoarece este dur, ușor și rezistă la uzură, nailonul a devenit tot mai căutat, din acesta fabricându-se ciorapi, perișori pentru periuțe de dinți, chiar și parașute.

1936

Ultimul lup marsupial

Ultimul exemplar de lup marsupial, cunoscut și ca tigru marsupial, a murit la grădina zoologică Hobart din Tasmania. Acest animal era cel mai mare marsupial – viețuitoare care își poartă și își hrănește puii într-un buzunar de piele de pe abdomen – carnivor din Australia, hrănindu-se cu canguri pitici, urși marsupiali și păsări.

1937

Primul radiotelescop

Astronomul american Grote Reber a construit un radiotelescop cu diametrul de 9,4 metri în propria sa curte din Illinois, SUA. Tot el a fost primul care a cercetat cerul nopții în căutare de unde radio emise de stele și galaxii în spațiul cosmic. În anul 1939, a descoperit galaxia Cygnus A și restul de supernovă Cassiopeia A.

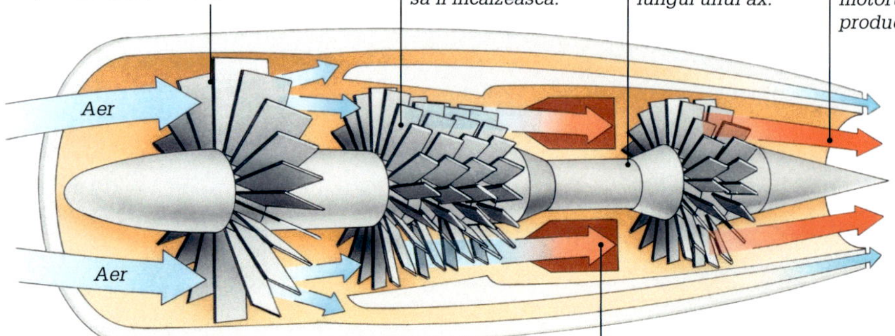

În interiorul unui turboreactor

1937

Primul turboreactor

Inginerul aviatic Frank Whittle (Marea Britanie) și proiectantul aeronautic Hans von Ohain (Germania) au construit independent turboreactoare, ambele fiind testate inițial la sol în anul 1937. Acest tip de motor aspiră aer, îl amestecă cu combustibil și arde combinația ca să genereze rapid gaze, acestea producând tracțiune pe măsură ce părăsesc turboreactorul.

În anul 1939, Albert Einstein i-a scris președintelui SUA Franklin Roosevelt, solicitându-i ca procesul de construire a unei arme atomice să devină prioritar.

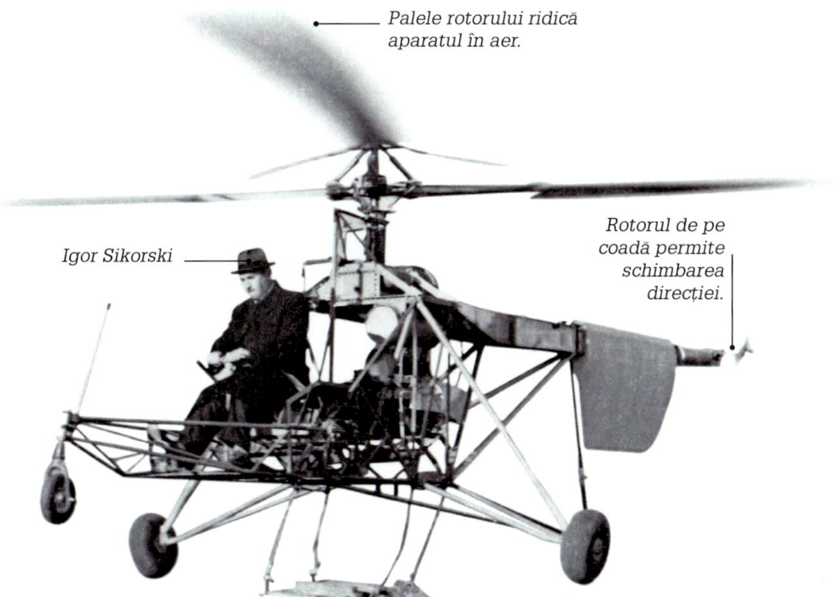

Primul zbor al VS-300

1938

Descoperirea PTFE

Chimistul american Roy Plunket a descoperit accidental politetrafluoroetilena (*PTFE* sau *teflon*, după denumirea comercială) în timp ce prepara un nou lichid de răcire pentru frigider. PTFE nu este reactiv și are un coeficient de frecare foarte scăzut, fiind ideal ca material pentru ustensile neaderente de bucătărie și ca lubrifiant pentru componente de mașini (roți, rulmenți etc.).

Tigaie cu strat de teflon

1939

Primul elicopter

VS-300 al inventatorului ruso-american Igor Sikorski a fost primul elicopter funcțional din lume. Acesta nu s-a înălțat prea sus față de sol la primul zbor, dar a reușit această performanță în anul 1940. Cele trei pale ale rotorului erau acționate de un motor de 75 de cai-putere, iar un rotor mai mic de pe coadă permitea schimbarea direcției echilibrând forțele generate de rotorul principal.

1940

1938

Fosilă vie

Căutând specii neobișnuite în captura unui pescar de pe coasta estică a Africii de Sud, curatoarea Marjorie Courtenay-Latimer a descoperit un pește bizar, denumit ulterior *celacant*, despre care se credea că a dispărut în urmă cu 65 de milioane de ani. Acesta ajunge la o lungime de doi metri și are patru înotătoare lobate care se mișcă alternativ, la fel ca picioarele unui cal la trap.

„Este cel mai frumos pește pe care l-am văzut vreodată, lung de cinci picioare și de un mov-albăstrui pal, presărat cu argintiu strălucitor."

Marjorie Courtenay-Latimer, 1938

1939

DDT

Chimistul elvețian Paul Hermann Müller a descoperit că diclor-difenil-tricloretanul (prescurtat DDT), produs pentru prima oară în anul 1874, este un foarte puternic și eficient insecticid (substanță care combate insectele ce atacă recoltele și sunt purtătoare de boli). Începând din anul 1943, s-a folosit pretutindeni la combaterea malariei, a tifosului și a febrei denga, iar apoi a fost întrebuințat de fermieri contra paraziților. În anii 1970, substanța a fost interzisă în numeroase țări din cauza îngrijorărilor privind efectele sale nocive (vezi pagina 202).

Avion pulverizând insecticid DDT pe un aeroport din Washington DC, SUA, cca 1940

Tabelul periodic

În acest tabel colorat, elementele chimice sunt aranjate în ordinea crescătoare a numărului lor atomic (numărul de protoni din care este alcătuit atomul unui element) pe coloane verticale denumite *grupe* și pe rânduri orizontale denumite *perioade*. Toate elementele dintr-o anumită perioadă au același număr de straturi de electroni, iar cele dintr-o anumită grupă au proprietăți chimice similare.

	1	2	3	4	5	6	7
1	1 *1,0079* **H** Hidrogen						
2	3 *6,941* **Li** Litiu	4 *9,0122* **Be** Beriliu					
3	11 *22,990* **Na** Sodiu	12 *24,305* **Mg** Magneziu					
4	19 *39,098* **K** Potasiu	20 *40,078* **Ca** Calciu	21 *44,956* **Sc** Scandiu	22 *47,867* **Ti** Titan	23 *50,942* **V** Vanadiu	24 *51,996* **Cr** Crom	25 *54,938* **Mn** Mangan
5	37 *85,468* **Rb** Rubidiu	38 *87,62* **Sr** Stronțiu	39 *88,906* **Y** Ytriu	40 *91,224* **Zr** Zirconiu	41 *92,906* **Nb** Niobiu	42 *95,94* **Mo** Molibden	43 *(96)* **Tc** Technețiu
6	55 *132,91* **Cs** Cesiu	56 *137,33* **Ba** Bariu	57–71 **La–Lu** Lantanide	72 *178,49* **Hf** Hafniu	73 *180,95* **Ta** Tantal	74 *183,84* **W** Wolfram	75 *186,21* **Re** Reniu
7	87 *(223)* **Fr** Franciu	88 *(226)* **Ra** Radiu	89–103 **Ac–Lr** Actinide	104 *(261)* **Rf** Rutherfordiu	105 *(262)* **Db** Dubniu	106 *(266)* **Sg** Seaborgiu	107 *(264)* **Bh** Bohriu

57 *138,91* **La** Lantan	58 *140,12* **Ce** Ceriu	59 *140,91* **Pr** Praseodim	60 *144,24* **Nd** Neodim
89 *(227)* **Ac** Actiniu	90 *232,04* **Th** Thoriu	91 *231,04* **Pa** Protactiniu	92 *238,03* **U** Uraniu

Legendă
- Hidrogen
- Metale alcaline
- Metale alcalino-pământoase
- Metale de tranziție
- Lantanide
- Actinide
- Alte metale
- Metaloizi
- Nemetale
- Halogeni
- Gaze nobile

Primele încercări
În anul 1789, chimistul francez Antoine Lavoisier a publicat *Tratatul elementar de chimie*, lucrare în care a grupat cele 33 de elemente chimice cunoscute pe atunci doar în metale și nemetale. S-a dovedit mai târziu însă că multe dintre acestea erau compuși (alcătuite din două sau mai multe elemente), cum ar fi oxidul de aluminiu.

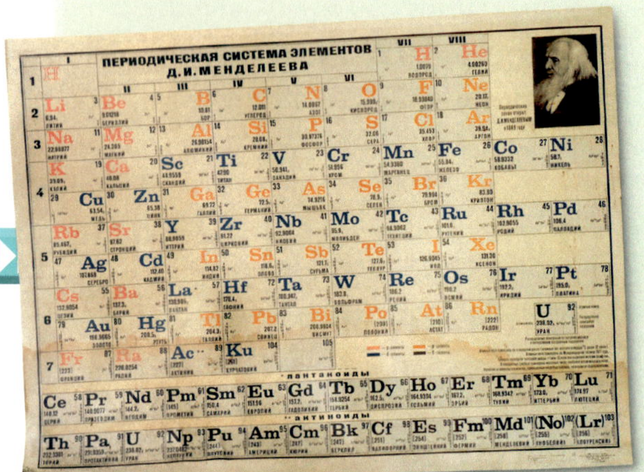

Tabelul periodic al lui Mendeleev
În anul 1869, chimistul rus Dimitri Mendeleev a ordonat elementele chimice cunoscute până atunci în opt grupe, pe baza masei lor atomice relative. Tabelul a lăsat loc liber pentru câteva elemente necunoscute la acea vreme, cum ar fi galiul (1875), scandiul (1879) sau germaniul (1886), care apar în versiunea de mai sus a tabelului.

Evenimente importante

1669
Fosforul a fost izolat din urină de alchimistul german Hennig Brand (vezi pagina 83), fiind primul element descoperit datorită chimiei.

Chibrite cu capăt de fosfor

1773
Omul de știință englez Joseph Priestley a izolat oxigenul, denumindu-l *aer deflogisticat*. Chimistul german Carl Scheele făcuse asta deja cu doi ani mai devreme.

1829
Chimistul german Johann Wolfgang Döbereiner a organizat elementele cu proprietăți similare în grupuri de câte trei (cum ar fi clorul, bromul și iodul), numind grupurile *triade*.

1869
Chimistul rus Dimitri Mendeleev a publicat prima versiune a tabelului său periodic într-un ziar rusesc, acesta fiind tradus apoi în limbile germană și engleză.

Simboluri pentru elemente

Fiecare element are propriul său loc în tabelul periodic pe baza numărului său atomic. Fiecare element este descris prin denumire, simbol chimic și masa atomică relativă (media masei tuturor atomilor dintr-un element).

Număr atomic	Masa atomică relativă	Simbol chimic	Denumire
11	22,990	Na	Sodiu

Tabel periodic modern

Astăzi, tabelul periodic conține 118 elemente, dintre care 90 se găsesc în formă pură în natură. Restul au fost obținute în laboratoare prin procedee chimice, existând adesea numai pentru o fracțiune de secundă. Ultimele patru (115–118) au fost adăugate în anul 2016.

8	9	10	11	12	13	14	15	16	17	18	
										2 4,0026 He Heliu	1
					5 10,811 B Bor	6 12,011 C Carbon	7 14,007 N Azot	8 15,999 O Oxigen	9 18,998 F Fluor	10 20,180 Ne Neon	2
					13 26,982 Al Aluminiu	14 28,086 Si Siliciu	15 30,974 P Fosfor	16 32,065 S Sulf	17 35,453 Cl Clor	18 39,948 Ar Argon	3
26 55,845 Fe Fier	27 58,933 Co Cobalt	28 58,693 Ni Nichel	29 63,546 Cu Cupru	30 65,39 Zn Zinc	31 69,723 Ga Galiu	32 72,64 Ge Germaniu	33 74,922 As Arsen	34 78,96 Se Seleniu	35 79,904 Br Brom	36 83,80 Kr Kripton	4
44 101,07 Ru Ruteniu	45 102,91 Rh Rodiu	46 106,42 Pd Paladiu	47 107,87 Ag Argint	48 112,41 Cd Cadmiu	49 114,82 In Indiu	50 118,71 Sn Staniu	51 121,76 Sb Antimoniu	52 127,60 Te Telur	53 126,90 I Iod	54 131,29 Xe Xenon	5
76 190,23 Os Osmiu	77 192,22 Ir Iridiu	78 195,08 Pt Platină	79 196,97 Au Aur	80 200,59 Hg Mercur	81 204,38 Tl Taliu	82 207,2 Pb Plumb	83 208,96 Bi Bismut	84 (209) Po Poloniu	85 (210) At Astatiniu	86 (222) Rn Radon	6
108 (277) Hs Hassiu	109 (268) Mt Meitneriu	110 (281) Ds Darmstadtiu	111 (272) Rg Roentgeniu	112 285 Cn Coperniciu	113 284 Nh Nihoniu	114 289 Fl Fleroviu	115 288 Mc Moscoviu	116 293 Lv Livermoriu	117 294 Ts Tennessin	118 294 Og Oganesson	7
61 (145) Pm Prometiu	62 (150,36) Sm Samariu	63 151,96 Eu Europiu	64 157,25 Gd Gadoliniu	65 158,93 Tb Terbiu	66 162,50 Dy Disprosiu	67 164,93 Ho Holmiu	68 167,26 Er Erbiu	69 168,93 Tm Tuliu	70 173,04 Yb Yterbiu	71 174,97 Lu Lutețiu	
93 (237) Np Neptuniu	94 (244) Pu Plutoniu	95 (243) Am Americiu	96 (247) Cm Curiu	97 (247) Bk Berkeliu	98 (251) Cf Californiu	99 (252) Es Einsteiniu	100 (257) Fm Fermiu	101 (258) Md Mendeleviu	102 (259) No Nobeliu	103 (262) Lr Lawrenciu	

1894

Chimistul scoțian William Ramsay a descoperit elementul argon, iar apoi alte trei elemente – neon, kripton și xenon –, demonstrând că acestea formează un nou grup, cel al gazelor nobile.

1898

Soții Pierre și Marie Curie au izolat două noi elemente chimice, pe care le-au denumit *radiu* și *poloniu*.

Minereu de radiu

1913

Fizicianul englez Henry Moseley a descoperit că natura radiației X emise de un atom depinde de numărul de protoni ai atomului. Descoperirea a permis ordonarea elementelor din tabelul periodic în funcție de numărul atomic, nu de masa atomică relativă.

1940

Chimistul american Glenn Seaborg a descoperit plutoniul și apoi alte nouă elemente care figurează după uraniu în tabelul periodic. Tot el a propus adăugarea seriei actinidelor.

1940 ▸ 1945

„Eliberarea energiei nucleare la scară mare este doar o chestiune de timp.”

Enrico Fermi despre succesul reactorului nuclear Chicago Pile-1

1942

Racheta balistică V2

Lansarea primei rachete balistice din lume propulsate cu un motor pe bază de combustibil lichid a fost testată în Peenemünde, Germania. După trei lansări eșuate, racheta de 14 metri lungime a ajuns la o înălțime de peste 85.000 de metri. Peste 3000 de rachete V2, fiecare cu o încărcătură de 910 kilograme de exploziv, au fost lansate asupra țintelor inamice în Al Doilea Război Mondial.

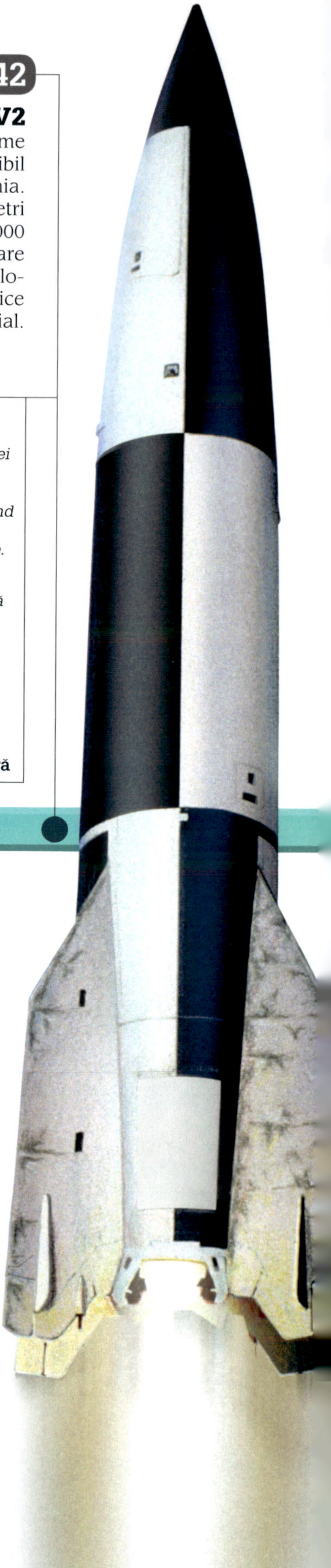

1942

Reactor nuclear experimental

Chicago Pile-1, primul reactor nuclear, a obținut pentru întâia oară o reacție nucleară în lanț folosind uraniul drept combustibil. Reactorul a fost construit de fizicianul italian Enrico Fermi și echipa sa de la Universitatea din Chicago. Când nucleele atomilor de uraniu erau rupte prin fisiune nucleară (vezi pagina 169) în reactor, acestea eliberau energie și neutroni care reușeau să rupă alte nuclee, obținându-se astfel o reacție în lanț care a dus, în cele din urmă, la construirea centralelor nucleare.

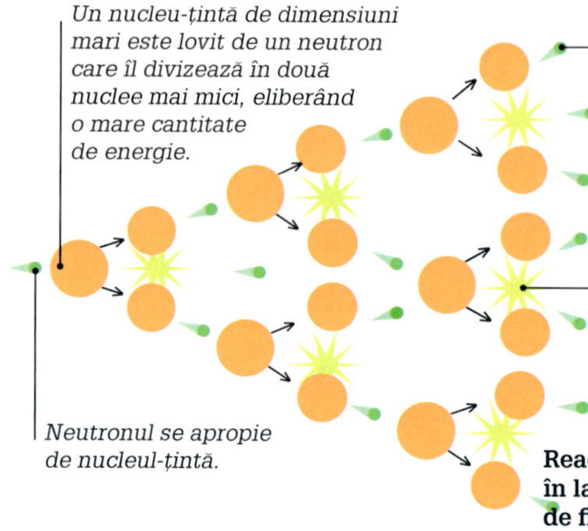

Reacție nucleară în lanț provocată de fisiune nucleară

1940

1940 DESCOPERIREA PLUTONIULUI

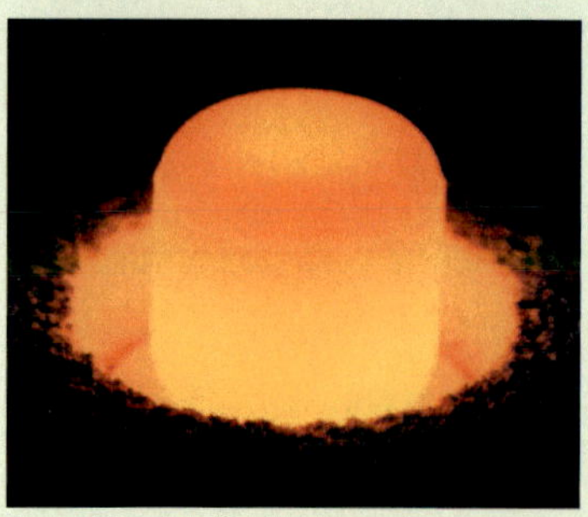

Izotop radioactiv de plutoniu-238, cu strălucire roșiatică

Elementul chimic plutoniu a fost descoperit la Universitatea din California de chimiștii americani Glenn Seaborg, Edwin McMillan, Joseph Kennedy și Arthur Wahl. Denumit după planeta pitică Pluto, elementul și-a găsit întrebuințarea în construirea armelor nucleare: numai 100 de grame de plutoniu pot produce o explozie la fel de puternică precum 2000 de kilotone de TNT. Acesta se mai folosește rareori și pe post de combustibil în reactoarele nucleare care generează curent electric.

Alimentarea sondelor Voyager

Cele două sonde spațiale Voyager sunt alimentate fiecare de câte trei generatoare termoelectrice radioizotopice cu o putere de câteva sute de wați (MHW RTG), care folosesc căldura produsă de dezintegrarea combustibilului de plutoniu-238 ca să genereze curent electric. Voyager 1 este acum obiectul artificial din spațiu aflat la cea mai mare distanță față de Pământ.

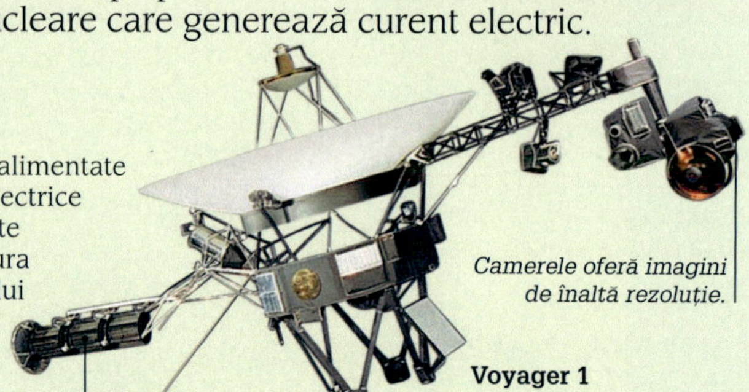

Voyager 1

Construirea computerului electronic timpuriu numit *Colossus*, folosit la descifrarea mesajelor secrete codificate ale germanilor, a început în anul 1943.

1943

Aqua-Lung

Francezii Jacques Cousteau și Émile Gagnan au proiectat Aqua-Lung, primul aparat autoreglabil de respirat sub apă. Invenția lor a popularizat scufundările recreaționale. Era alcătuit dintr-un egalizator care regla rezerva de aer astfel încât presiunea din plămânii scufundătorului să corespundă cu cea a apei.

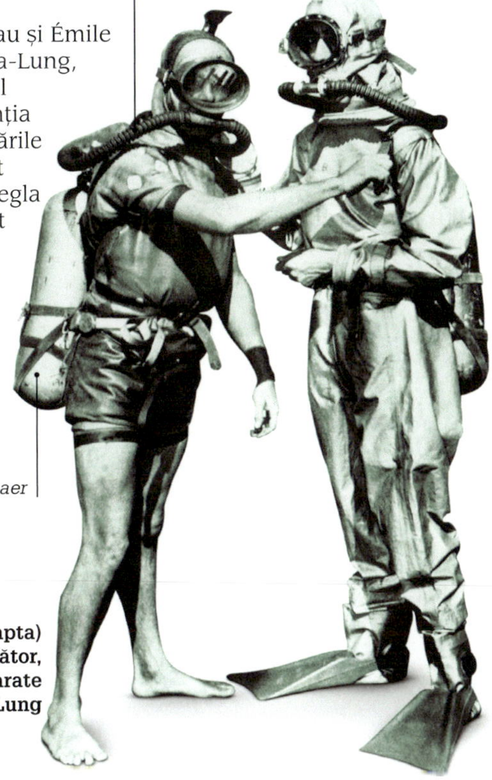

Jacques Cousteau (dreapta) alături de alt scufundător, ambii purtând aparate Aqua-Lung

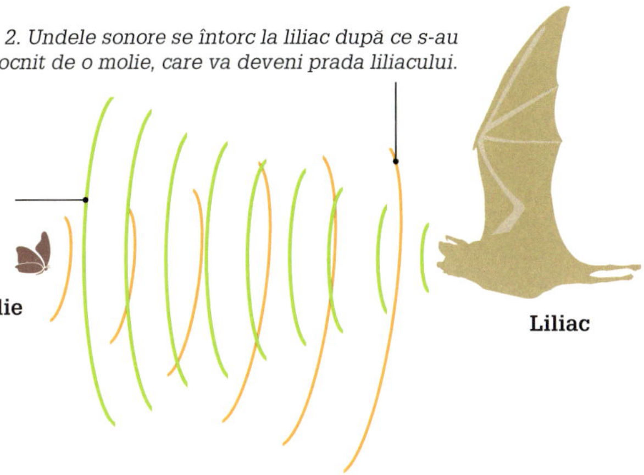

1944

Descoperirea ecolocației

Zoologul american Donald Griffin a folosit pentru prima oară termenul de *ecolocație* ca să descrie metoda prin care liliecii (dar și balenele, delfinii și șoarecii de câmp) emit unde sonore ca să se orienteze și să vâneze. Sunetele se reflectă înapoi când se ciocnesc de obiecte și sunt analizate iute și precis de creierul animalului, ajutându-l să localizeze prada. Anumite specii de liliac pot prinde peste 500 de insecte într-o oră cu ajutorul ecolocației.

1945

1943

Antibiotic contra tuberculozei

Streptomicina a fost izolată pentru prima oară de bacteriile din sol de personalul din laboratorul cercetătorului american Selman Waksman. Acest antibiotic s-a dovedit de succes în combaterea tuberculozei, fiind folosit însă și contra altor boli – cum ar fi tularemia –, precum și ca pesticid contra unor boli fungice ale fructelor.

Cristale de streptomicină văzute la microscop

1943

Dializa

Medicul olandez Willem Johan Kolff a construit primul aparat de dializă pe baza unor doze de suc de portocale și a unei vechi mașini de spălat. Aparatul acționa ca un rinichi artificial și scotea sângele pacientului ai cărui rinichi nu funcționau, îl curăța de toxine și îl returna curat pacientului.

1945

Inventarea cuptorului cu microunde

În timpul muncii sale la tehnologia RADAR într-o companie numită Raytheon, fizicianul american Percy Spencer a descoperit cum tuburile cu vid de înaltă tensiune numite *magnetroni* generau microunde (un tip de unde electromagnetice). Acestea fac ca moleculele mâncărurilor să vibreze și să se încălzească. Spencer a construit la Raytheon primul cuptor comercial cu microunde, denumit *Radarange*.

Hamburger încălzit într-un cuptor cu microunde Raytheon Radarange

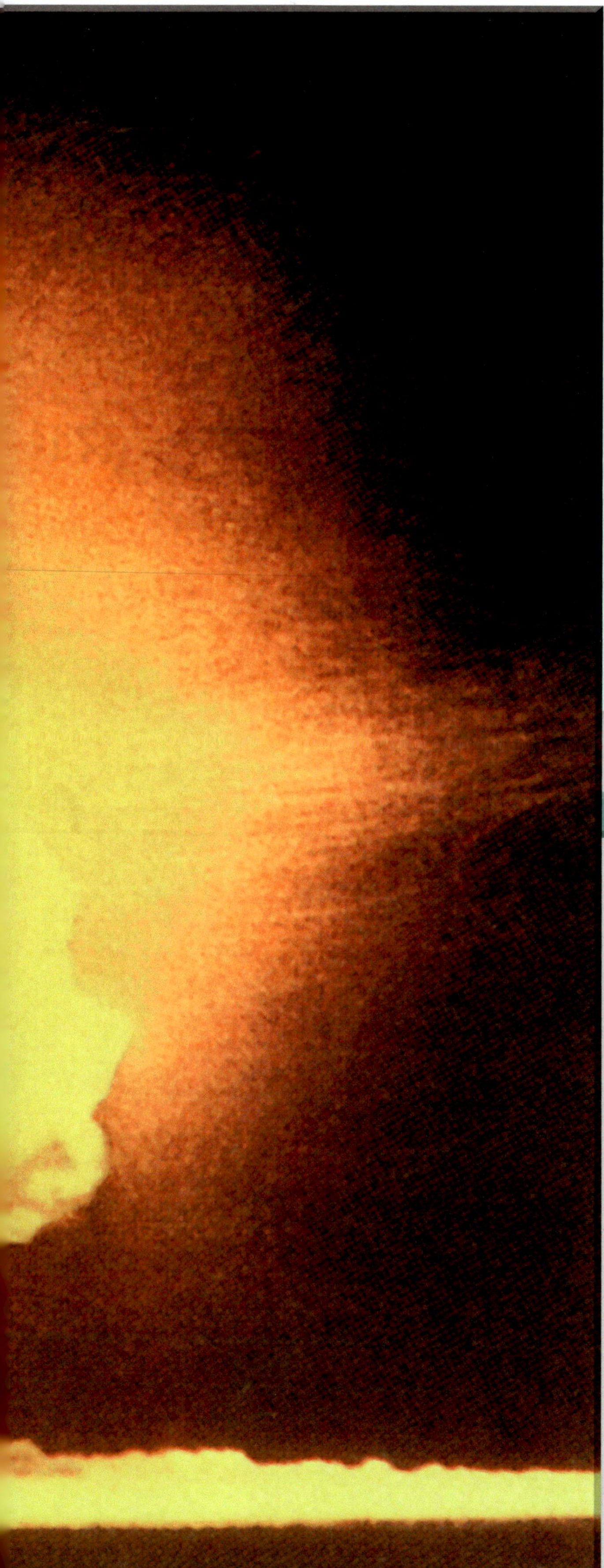

Norul în formă de ciupercă format după detonarea primei încărcături nucleare se înalță deasupra bazei de antrenament de la Alamogordo, în New Mexico.

Testul Trinity

În data de 16 iulie 1945, în Alamogordo, New Mexico, SUA, a fost detonată prima încărcătură nucleară. Testul, cu numele de cod *Trinity*, a confirmat puterea devastatoare a unei reacții nucleare în lanț cauzată de fisiunea (ruperea) nucleelor de atomi de plutoniu. În numai 16 miimi de secundă, norul în formă de ciupercă provocat de explozie s-a înălțat la aproape 200 de metri, ridicându-se în cele din urmă la peste 12.600 de metri în atmosferă. Explozia echivalentă cu detonarea a 18.600 de tone de TNT a generat atât de multă căldură, încât nisipul deșertului s-a transformat în sticlă de cuarț, care a devenit cunoscută ca *trinitită*. La numai trei săptămâni, peste Hiroshima (Japonia) a căzut prima bombă nucleară. Aceasta a distrus în întregime orașul, provocând moartea a peste 100.000 de oameni.

„Știam că lumea nu va mai fi niciodată aceeași. Unii au râs, alții au plâns, dar cei mai mulți au rămas tăcuți."

J. Robert Oppenheimer, directorul Laboratorului Național *Los Alamos* (înființat în Al Doilea Război Mondial, 1939–1945, pentru dezvoltarea armamentului nuclear), 1965

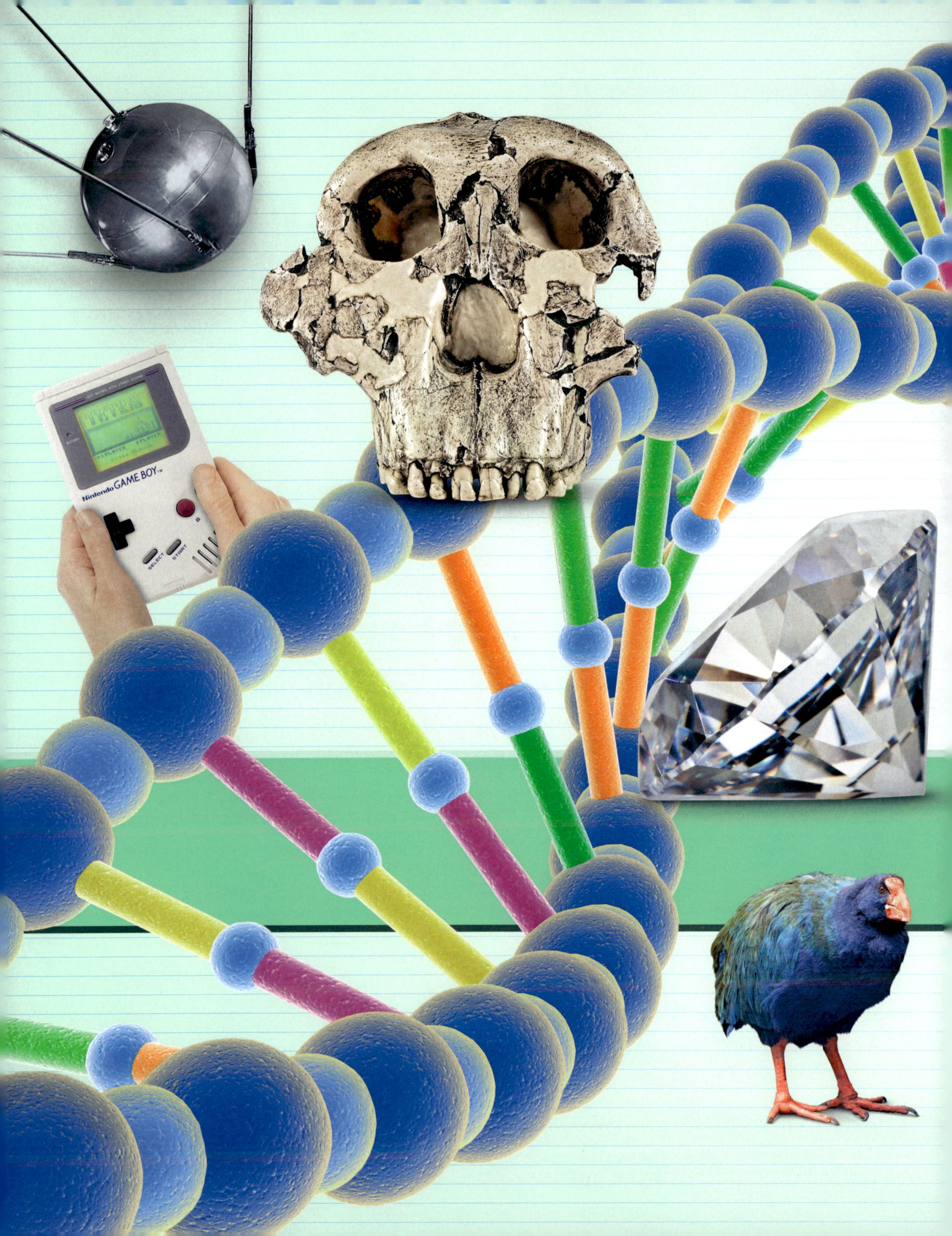
TETRIS
Nintendo GAME BOY
SELECT
START

1945–prezent
Știința modernă

Această perioadă a început odată cu apariția primelor computere, dintre care multe erau lente, nestatornice și de dimensiunile unui teren de baschet. Inventarea tranzistorului a permis proiectarea unor dispozitive mai mici și mai rapide, dar și mai puternice și mai eficiente. Progresul tehnologic a făcut ca într-un singur cip mărunt de siliciu să încapă milioane de circuite electronice, acest lucru ducând la apariția roboților, a smartphone-urilor, a mașinilor cu computer de bord și a multor aparate electrocasnice performante. Puterea computerelor a devenit disponibilă pentru marea majoritate a oamenilor odată cu progresele din domeniul comunicațiilor, dar mai ales datorită evoluției Internetului.

1945 ▸ 1950

Bell X-1 avea o lungime de 9,4 metri.

1947

Depășirea vitezei sunetului

Charles „Chuck" Yeager, pilot al forțelor armate americane, a zburat cu avionul cu motor de rachetă Bell X-1 la o altitudine de 13.000 de metri, devenind primul om care a reușit să depășească în zbor viteza sunetului (1062 de km/h). X-1 avea o viteză maximă de 1130 de km/h.

Programatorii reprogramează ENIAC folosind cabluri introduse în plăci.

1946

Computerul EINAC

EINAC (abrevierea engleză a denumirii *calculator și integrator electronic numeric*) a fost primul computer electronic de uz general. Acesta funcționa la Universitatea din Pennsylvania, SUA, având o lungime de 30 de metri și cântărind peste 17.000 de kilograme. Până în anul 1955 când a ieșit din uz, acesta a avut numeroase întrebuințări (prognoză meteo, calcularea impactului bombelor nucleare etc.)

1947

Descoperirea prometiului

Spațiul lipsă din tabelul periodic (vezi paginile 188–189) a fost completat odată cu descoperirea elementului cu numărul atomic 61 de către chimiștii de la Laboratorul Național din Oak Ridge, SUA. Acesta a fost denumit *promețiu (Pm)*.

1945

În anul 1947, inginerul maghiaro-britanic Dennis Gabor a inventat holografia, un sistem de afișare a hologramelor (imagini tridimensionale pe o suprafață bidimensională).

1946

Ciocnire de Lună

Divizia de transmisiuni a armatei SUA (USASC) a fost prima care a reușit să transmită un semnal radio pe Lună, undele ciocnindu-se de corpul ceresc și înapoindu-se pe Pământ după 2,5 secunde. Proiectul a fost denumit după Diana, zeița Lunii în mitologia romană, și a folosit antene radar din Al Doilea Război Mondial.

Semnalul electric de intensitate slabă pătrunde printr-o parte a triunghiului de plastic învelit în foiță de aur, atingând cristalul de germaniu.

Cristalul de germaniu de pe baza metalică amplifică semnalul electric, făcându-l mai puternic.

Replică a tranzistorului original al Laboratoarelor Bell

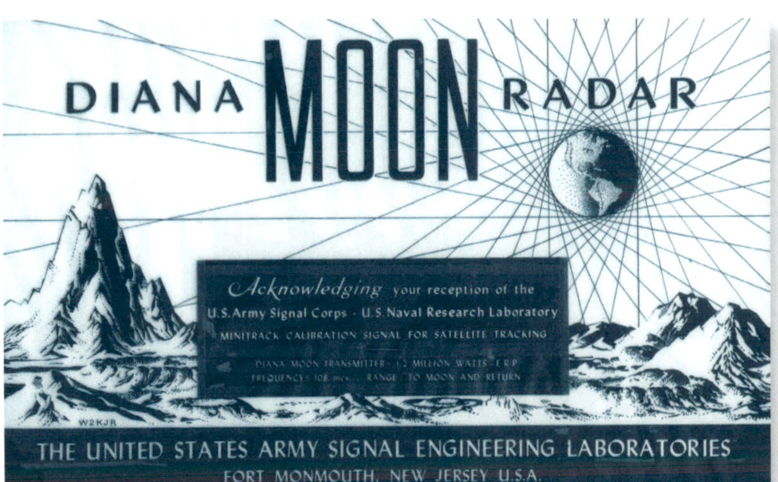

Fiecare persoană care a auzit semnalul returnat a primit acest suvenir.

1947

Primul tranzistor

Tranzistorul a fost inventat de fizicienii americani William Bradford Shockley, Walter Houser Brattain și John Bardeen, la Laboratoarele Bell din New Jersey, SUA. Această componentă electronică se comportă ca întrerupător în circuite electrice sau ca amplificator de semnal electric. Tranzistorii au înlocuit voluminoasele tuburi cu vid, începându-se astfel să se fabrice obiecte mai mici, mai rapide, mai ieftine și mai trainice.

Organizația Mondială a Sănătății s-a întrunit pentru prima oară în anul 1948, jucând și astăzi un rol important în ocrotirea sănătății și eradicarea bolilor.

1948

Pasăre redescoperită

Exemplare vii ale păsării nezburătoare takahē au fost descoperite de dr. Geoffrey Orbell în preajma lacului Te Anau de pe Insula de Sud a Noii Zeelande. Viețuitoarea de 63 de centimetri lungime fusese văzută ultima oară în anul 1898, specia fiind considerată dispărută.

1949

Denumirea de Big Bang

Astronomul britanic Sir Fred Hoyle a folosit pentru prima oară denumirea de *Big Bang* (vezi paginile 182–183) într-o emisiune radio difuzată de BBC, referindu-se la teoria conform căreia Universul și-a început expansiunea dintr-un singur punct.

1949

Efectele benefice ale cortizonului

Medicul american Philip S. Hench a descoperit cum hormonul (substanță chimică din corp) denumit *cortizon* poate reduce inflamația pacienților care suferă de reumatism. În același an, fiindcă cererea era din ce în ce mai mare, chimistul american Percy L. Julian a inventat o metodă rapidă și convenabilă de producere a cortizonului în laborator.

1949

Structura penicilinei

Chimista britanică Dorothy Crowfoot (mai târziu Hodgkin) și echipa sa au publicat structura moleculară a penicilinei (antibiotic, medicament contra infecțiilor bacteriene). Pentru alcătuirea structurii atomice și celei moleculare ale penicilinei a fost folosită cristalografia cu raze X (tehnică prin care sunt analizate structurile reflectate de razele X). Această descoperire a dus la dezvoltarea unor antibiotice mai performante care să îndepărteze bacteriile rezistente.

Machetă moleculară a penicilinei

1950

1949 DATAREA CU RADIOCARBON

Chimiștii americani Willard Libby și James Arnold au inventat datarea cu radiocarbon. Materiile organice (ale organismelor vii) conțin carbon obișnuit – denumit carbon-12 (C-12) – și un izotop radioactiv denumit carbon-14 (C-14). Nivelul de C-12 rămâne același, dar C-14 se dezintegrează, înjumătățindu-se la fiecare 5730 de ani, astfel încât raportul dintre cele două tipuri de carbon descrește odată cu trecerea timpului. Măsurând acest raport, cercetătorii pot afla vârsta obiectelor străvechi alcătuite din materiale organice – lemn, bumbac etc.

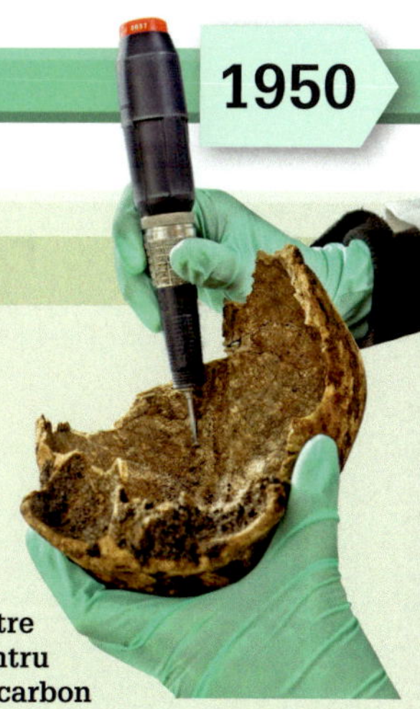

Extragerea unei mostre dintr-un craniu pentru datare cu radiocarbon

1. C-14 se formează

Razele cosmice se ciocnesc cu atomii din atmosfera superioară și produc C-14, care are doi neutroni în plus față de carbonul obișnuit.

2. C-14 se consumă

Plantele consumă C-14 din aer, iar viețuitoarele și oamenii – din hrană (plantele și animalele pe care le mănâncă).

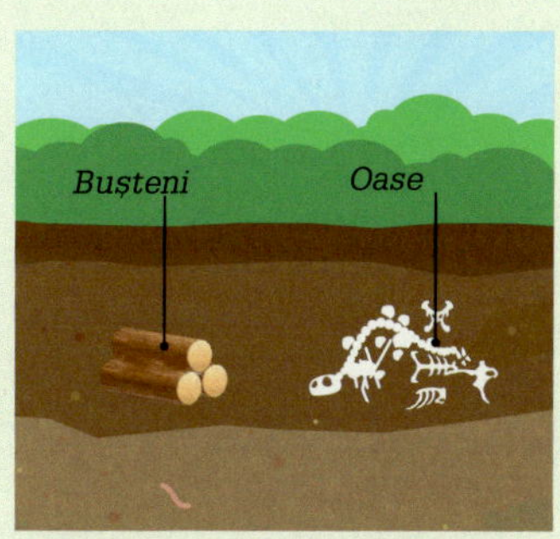

3. Moarte și descompunere

După moartea și descompunerea unui organism, cantitatea de C-14 din acesta începe să scadă treptat, într-un ritm cunoscut.

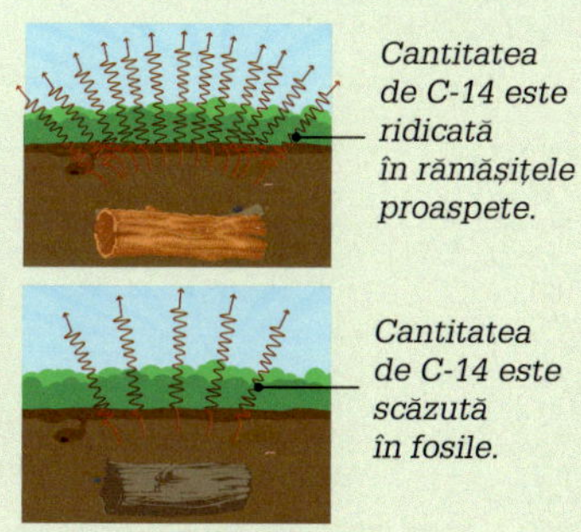

4. Mostre pentru datare

Măsurarea cantității de C-14 a unei mostre dezvăluie vârsta precisă a unui obiect vechi chiar și de 50.000 de ani.

ADN: codul vieții

Părinții le transmit copiilor trăsăturile lor, de la forma nasului până la probabilitatea de a suferi de anumite boli. Instrucțiunile pentru aceste trăsături și pentru modul de dezvoltare a copilului sunt denumite *gene*, acestea fiind depozitate într-o substanță găsită în toate celulele, numită *ADN (acid dezoxiribonucleic)*. Genetica este știința funcționării genelor și a modului în care sunt transmise de la o generație la alta.

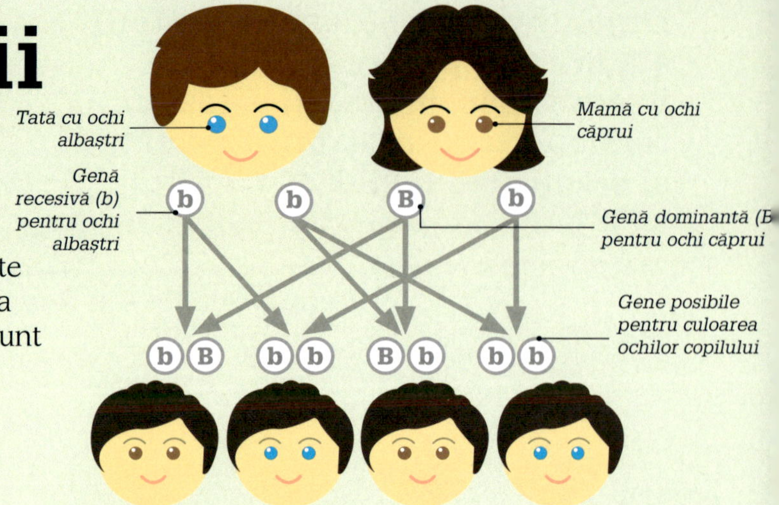

Transmiterea trăsăturilor

Fiecare persoană primește informații genetice de la ambii părinți. Anumite gene, cum ar fi cea a culorii căprui a ochilor mamei (B), pot fi dominante, ceea ce înseamnă că, dacă primești o genă de ochi căprui de la mama și una de ochi albaștri (b) de la tata, gena dominantă câștigă, iar tu vei avea ochi căprui.

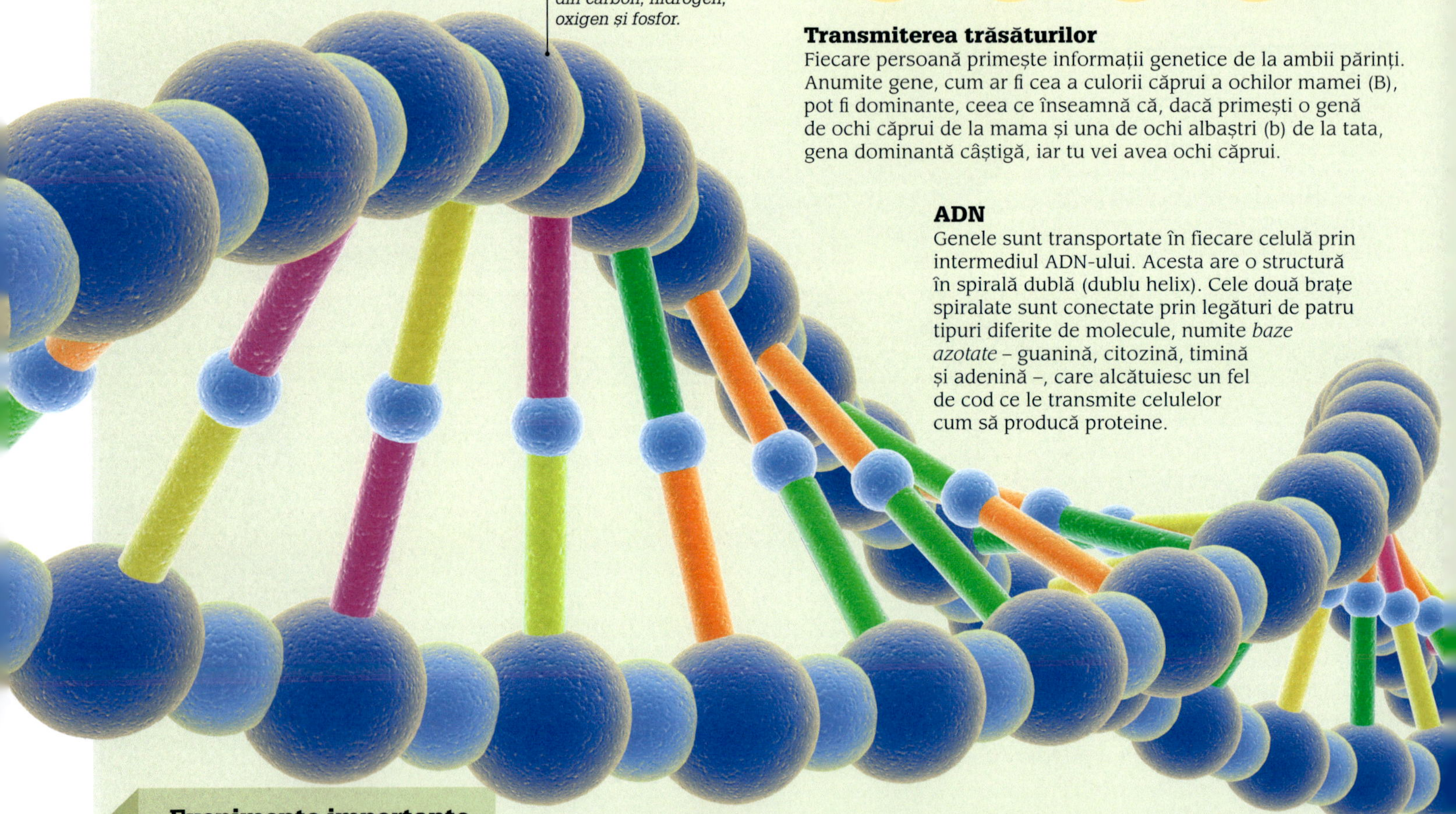

ADN

Genele sunt transportate în fiecare celulă prin intermediul ADN-ului. Acesta are o structură în spirală dublă (dublu helix). Cele două brațe spiralate sunt conectate prin legături de patru tipuri diferite de molecule, numite *baze azotate* – guanină, citozină, timină și adenină –, care alcătuiesc un fel de cod ce le transmite celulelor cum să producă proteine.

Evenimente importante

1866

Botanistul austriac Gregor Mendel a lucrat cu plante de mazăre, descoperind legea eredității și felul în care anumite trăsături se transmit urmașilor.

1911

Prin studiile efectuate asupra cromozomilor musculițelor de oțet, biologul american Thomas Hunt Morgan a demonstrat că genele unei specii sunt conținute de cromozomi.

1951

Chimista britanică Rosalind Franklin a reușit să facă prima fotografie a structurii ADN-ului, alături de colegii săi – Maurice Wilkins și Raymond Gosling.

1953

Geneticianul american James Watson și biologul britanic Francis Crick au publicat dovada structurii dublu spiralate a ADN-ului.

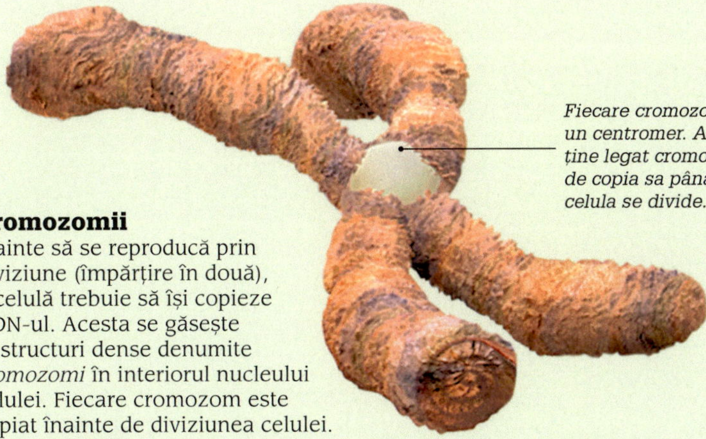

Cromozomii

Înainte să se reproducă prin diviziune (împărțire în două), o celulă trebuie să își copieze ADN-ul. Acesta se găsește în structuri dense denumite *cromozomi* în interiorul nucleului celulei. Fiecare cromozom este copiat înainte de diviziunea celulei. Oamenii au câte 23 de perechi de cromozomi în fiecare celulă.

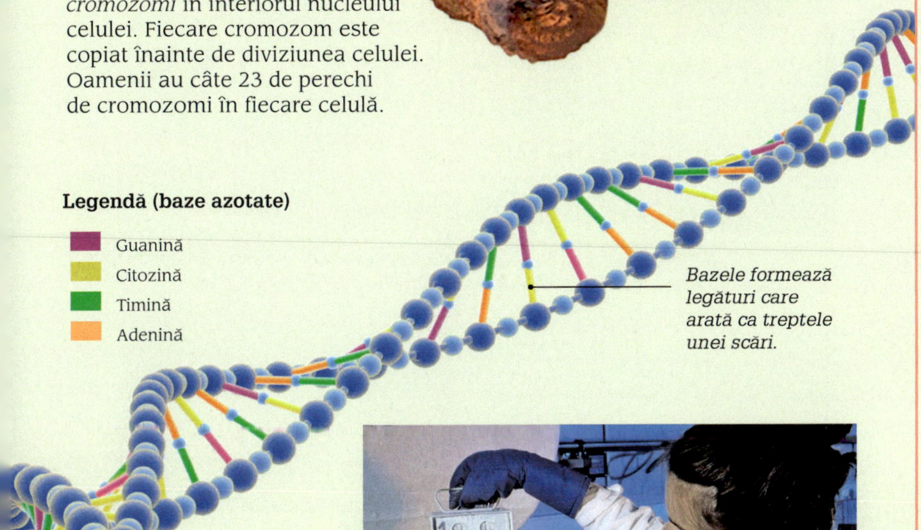

Aplicații ale geneticii

Inginerie genetică

ADN-ul organismelor poate fi modificat cu enzime, cu scopul de a extrage o parte din ADN-ul unei specii și a introduce anumite gene în alta. Astfel se obțin specii cu trăsături modificate genetic de mare folos, cum ar fi rezistența sporită la paraziți sau creșterea valorii nutriționale.

Acest șoarece modificat genetic strălucește în întuneric datorită unei gene care duce la producerea unei proteine fluorescente.

Combaterea bolilor

Anumite afecțiuni, cum ar fi fibroza chistică sau daltonismul, sunt moștenite. Testele genetice le permit medicilor să stabilească dacă un pacient este vulnerabil la o anumită afecțiune. Terapia genică este un câmp medical aflat încă în formare, care poate fie să îndepărteze, fie să înlocuiască o genă bolnavă cu una sănătoasă.

Amprentare ADN

Cu excepția gemenilor identici, genele fiecărei persoane sunt unice. Amprentarea ADN ajută la identificarea relațiilor dintre membrii unei familii, fiind folosită de forțele de ordine la identificarea făptașilor unor crime din urme de ADN găsite în fire de păr, în bucăți de piele sau în alte părți ale corpului.

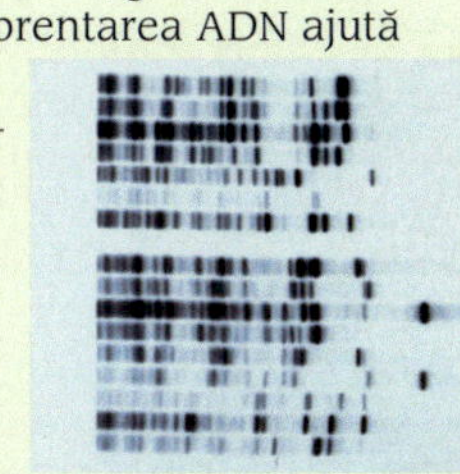

Fiecare șir reprezintă amprenta ADN a unui membru diferit al unei familii.

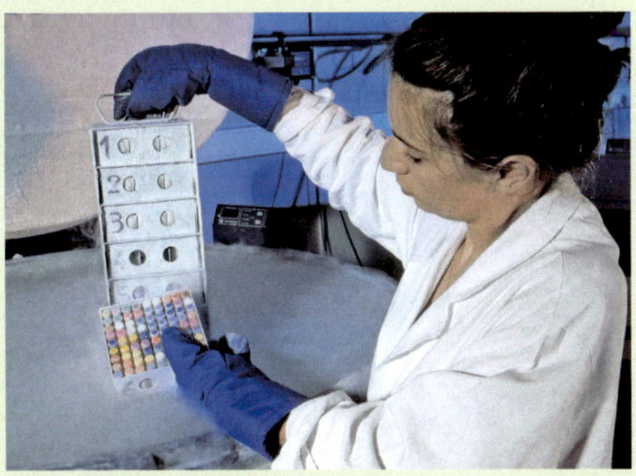

Genomul

Genomul este format din toate genele unei anumite specii. Cercetătorii încearcă să alcătuiască structura genomurilor identificând toate perechile de baze care formează cromozomii. Genomul uman este alcătuit din peste 22.000 de gene, adică în jur de 3,2 miliarde de perechi de baze.

1985

Geneticianul britanic Alec Jeffreys și echipa sa de la Universitatea Leicester din Marea Britanie au inventat amprentarea ADN, un proces prin care anumite părți ale ADN-ului unor oameni sunt comparate în vederea identificării.

1999

Primul cromozom uman (cromozomul 22) a fost cartografiat complet de cercetătorii de la Proiectul Genomului Uman.

2002

Șoarecele a fost primul mamifer a cărui secvență genomică a fost cartografiată complet. Aceasta este alcătuită din 3,48 de miliarde de baze azotate.

2008

S-a dat startul *Proiectului celor 1000 de genomuri*, al cărui scop este obținerea unui catalog detaliat al variației geneticii umane prin cartografierea genomurilor a peste 1000 de oameni.

1950 ▸ 1965

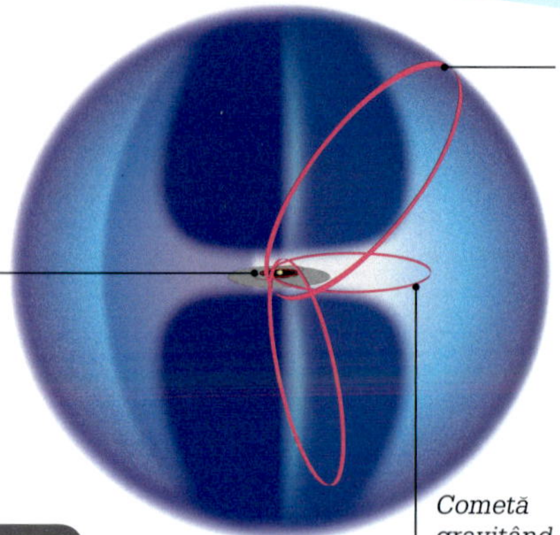

1950

Norul lui Oort

Astronomul neerlandez Jan Hendrik Oort a sugerat că numeroase comete provin dintr-un nor de bucăți de rocă înghețate aflate la marginea Sistemului Solar. Această regiune se numește acum Norul lui Oort, cercetătorii considerând că se află la o distanță de 20–100.000 de ori mai mare decât cea dintre Pământ și Soare.

1951

Ferranti Mark 1

Ferranti Mark 1 a fost primul computer electronic vândut vreodată. Acesta a fost adus la Universitatea din Manchester, Marea Britanie, înainte de apariția computerelor Univac 1 în SUA. În doar trei secunde, Mark 1 putea efectua 600 de înmulțiri, fiind astfel folosit în domeniul cercetării. Acest computer a fost primul pe care a funcționat un program de joc de șah și unul dintre primele care au reușit să redea sunete.

1950

1950

Tratarea leucemiei

Farmacologii americani Gertrude Elion și George Hitchings au dezvoltat tioguanina, primul medicament eficient pentru tratarea leucemiei, cancerul țesuturilor care produc sânge. În anul următor, echipa a obținut 6-mercaptopurina, un medicament care se folosește și astăzi la tratarea acestei boli.

1952

Prima bombă cu hidrogen

Prima bombă cu hidrogen a fost testată la Atolul Enewetak din Insulele Marshall (pe atunci sub controlul SUA). Bomba a fost numită *Ivy Mike* și a lăsat în urma detonării un crater adânc de 50 de metri și cu un diametru de 1900 de kilometri. Norul în formă de ciupercă s-a înălțat la 40 de kilometri altitudine.

Norul format în urma testării bombei cu hidrogen Ivy Mike

1952

Codul de bare

Inventatorii americani Bernard Silver și Norman Woodland au patentat codul de bare, o serie de dungi care sunt scanate și convertite într-un număr unic, folosit la identificarea unui produs. Tehnologia a fost introdusă mult mai târziu, în anul 1974.

Laserul scanează dungile ce reprezintă un număr lung.

1953

Înregistratorul de zbor

Înregistratorul modern de zbor, denumit și *cutie neagră*, a fost creat de inventatorul australian David Warren. Acesta înregistrează atât datele zborului, cât și vocile piloților, ca să ajute experții să analizeze accidentele aviatice și cauzele prăbușirilor.

Prima persoană lovită vreodată de meteorit este considerată a fi Ann Hodges, care a fost rănită în casa ei din Alabama, SUA, în anul 1954.

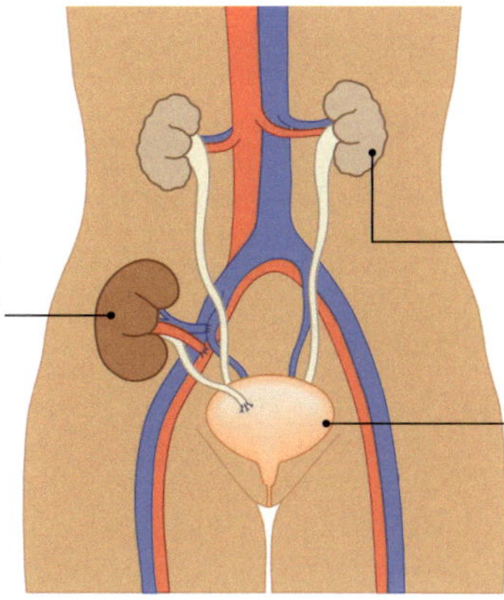

Transplant de rinichi într-un corp uman

1954

Primul transplant al unui organ

Chirurgul american Joseph Murray a efectuat cu succes primul transplant al unui organ uman când a mutat rinichiul sănătos al lui Ronald Herrick în corpul fratelui său geamăn, Richard. În acest proces, rinichiul transplantat se leagă la vasele de sânge ale beneficiarului, organul începând apoi să filtreze excesul de apă din trup și toxinele din sânge.

1955

1954

Vaccin contra poliomielitei

În SUA a început cea mai mare campanie de vaccinare de până atunci, 1,8 milioane de elevi fiind imunizați față de teribila boală numită *poliomielită*. Vaccinul a fost dezvoltat în anul precedent de medicul virolog american Jonas Salk.

Randy Kerr, primul copil vaccinat în timpul campaniei, stă alături de Mary Kosloski, care suferise deja de poliomielită.

1954 CELULA SOLARĂ

O celulă solară este alcătuită din materiale fotovoltaice și generează curent electric când primește lumină de la Soare. În interiorul său, electronii captează energia luminii și își părăsesc atomii. Odată eliberați, aceștia circulă prin material și generează curent electric. Prima celulă solară a fost construită la Laboratoarele Bell. Astăzi, aceste dispozitive au devenit o sursă importantă de energie regenerabilă.

Prima demonstrație

Un administrator de la Laboratoarele Bell a făcut prima demonstrație a funcționării unei celule solare în anul 1954. Aparatul a generat suficientă electricitate pentru a pune în mișcare o roată de jucărie de 53 de centimetri și un mic radioemițător.

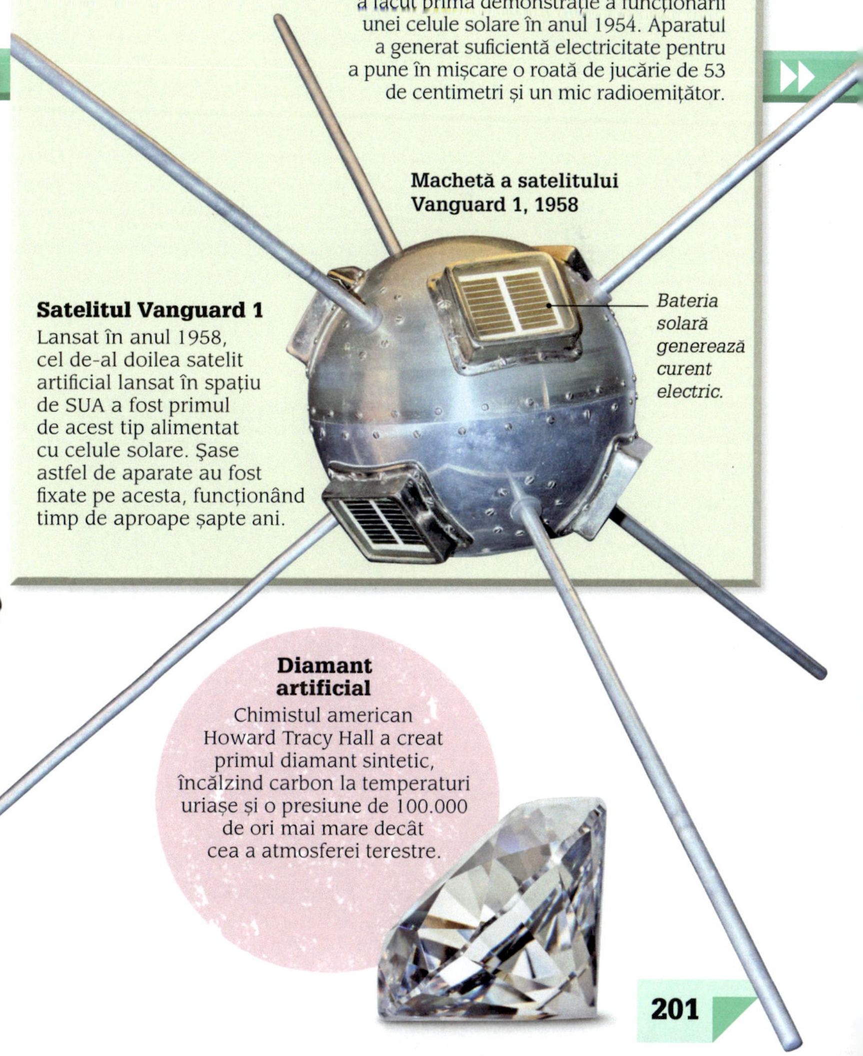

Machetă a satelitului Vanguard 1, 1958

Satelitul Vanguard 1

Lansat în anul 1958, cel de-al doilea satelit artificial lansat în spațiu de SUA a fost primul de acest tip alimentat cu celule solare. Șase astfel de aparate au fost fixate pe acesta, funcționând timp de aproape șapte ani.

Diamant artificial

Chimistul american Howard Tracy Hall a creat primul diamant sintetic, încălzind carbon la temperaturi uriașe și o presiune de 100.000 de ori mai mare decât cea a atmosferei terestre.

Rachel Carson

Pasiunea de o viață pentru natură și conservarea mediului înconjurător a făcut-o pe Rachel Carson (1907–1964) să scrie câteva cărți foarte bine vândute. Cea mai importantă este *Silent Spring (O primăvară tăcută)*, care a influențat profund felul în care erau privite conservarea naturii și impactul omului asupra mediului.

Copilăria lui Rachel
Cele două pasiuni ale lui Rachel Carson – scrisul și natura – au început să se formeze în timpul copilăriei petrecute în Pennsylvania, SUA. Fetița scria povești publicate în revistele pentru copii și își petrecea timpul liber explorând lumea plantelor și insectelor din apropierea pârâiașelor și dumbravelor, adesea alături de câinele său, Candy.

Tinerețea

Născută în Springdale, Pennsylvania, SUA, Carson a început să studieze limba engleză la secția pentru femei a Universității din Pennsylvania, transferându-se apoi la un profil de biologie și obținând în anul 1932 o diplomă de masterat în zoologie. A început să lucreze în anul 1935 la agenția guvernamentală care se ocupa de protejarea peștilor, unde a scris articole de presă despre natură și ecosisteme, făcând însă și muncă de cercetare pe teren.

Studierea pesticidelor

Fiind îngrijorată de efectele pesticidelor, mai ales ale insecticidului DDT (diclor-difenil-tricloretan), Carson a scris *O primăvară tăcută*. Publicată în anul 1962, cartea descria în amănunt cum utilizarea acestor substanțe în agricultură și industrie poluează râurile și pământul, dăunând viețuitoarelor și reprezentând un factor major de risc asupra sănătății.

Ou obișnuit

Ou contaminat cu DDT

Contaminarea cu DDT
Este foarte evidentă deosebirea dintre un ou obișnuit al unui șoim călător (stânga) și unul contaminat cu insecticidul DDT. Când păsările consumau insecte și pești contaminați, acumulau în corp toxine care reduc producerea calciului. Acest lucru cauza formarea cojii subțiri și fragile a ouălor, provocând o descreștere semnificativă a numărului de șoimi călători.

Impact pe termen lung

Cercetările lui Carson au demonstrat cum substanțele chimice trec de la o viețuitoare la alta, acumulându-se în corpul organismelor consumate. Tot Carson a anticipat că insectele vor deveni rezistente la anumite pesticide, întrebându-se dacă oamenii au dreptul să controleze natura în asemenea măsură.

Lupta pentru mediu

Lucrările cu date foarte bine cercetate ale lui Carson au trezit interesul public pentru protejarea mediului. În anul 1963, deși era pe moarte din cauza cancerului la sân, Rachel Carson a depus mărturie în fața unui comitet de investigare a impactului DDT. La opt ani după moartea sa, DDT a fost interzis în SUA.

UNITED STATES ENVIRONMENTAL PROTECTION AGENCY

Protejarea mediului
Agenția pentru Protecția Mediului din SUA (EPA) a fost înființată în anul 1970, parțial ca rezultat al cercetărilor lui Carson și a mișcării de conservare a naturii din anii 1960. Unul dintre scopurile declarate ale agenției a fost acela de „creare a unei armonii productive și plăcute între om și mediul său înconjurător".

„Cel mai alarmant dintre toate atacurile omului asupra mediului înconjurător este contaminarea aerului, pământului, râurilor și mărilor cu substanțe nocive sau chiar fatale."

Rachel Carson, citat din capitolul doi al cărții *O primăvară tăcută*, 1962

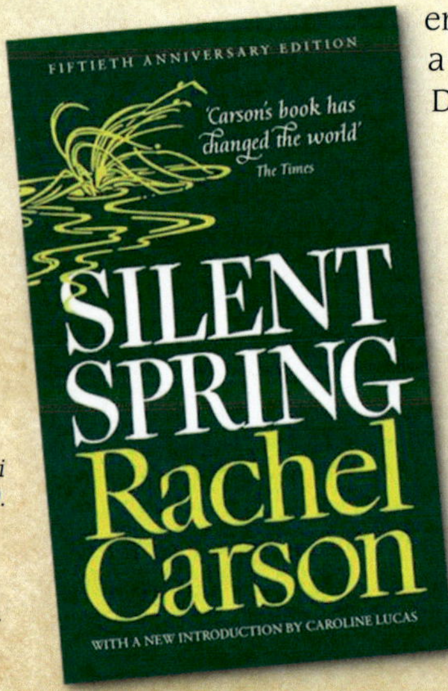

O primăvară tăcută
Carson a fost criticată și ridiculizată pentru cartea sa, iar o companie chimică a tipărit chiar și o broșură parodică intitulată Un an dezolant. *Astăzi,* O primăvară tăcută *este considerată una dintre cele mai influente cărți științifice ale secolului XX.*

Cercetătoare și scriitoare
Carson studiază la microscop în veranda casei sale. În anul 1953, una dintre cărțile sale – The Sea Around Us (Minunile mării) *– a fost ecranizată, documentarul primind un premiu Oscar.*

„A înțelege biologia înseamnă a înțelege că viața este legată de pământul din care s-a născut."

Rachel Carson, fragment din prefața lucrării *Proiecte de biologie umană*, 1961

1955 ▸ 1960

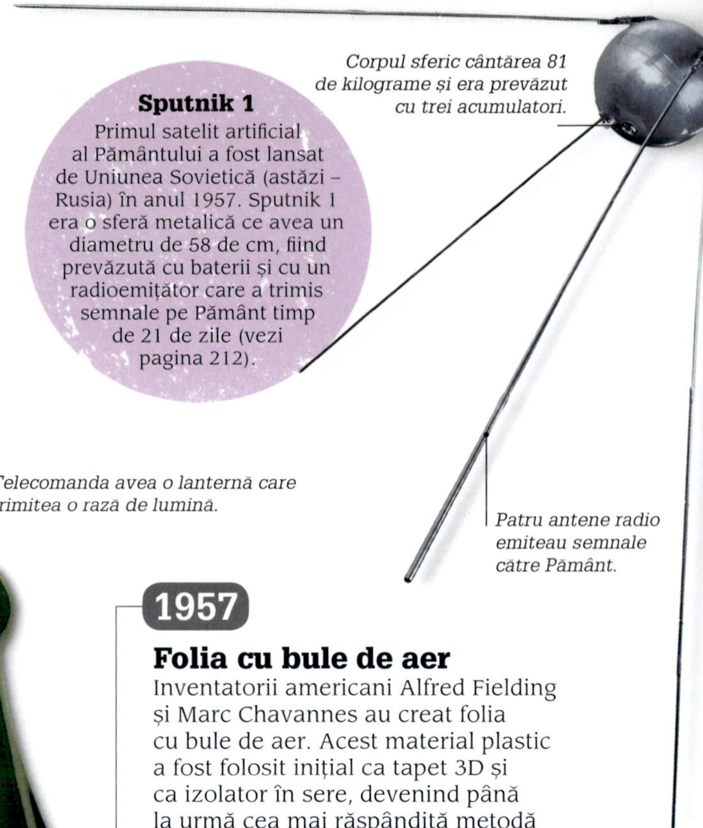

Sputnik 1
Primul satelit artificial al Pământului a fost lansat de Uniunea Sovietică (astăzi – Rusia) în anul 1957. Sputnik 1 era o sferă metalică ce avea un diametru de 58 de cm, fiind prevăzută cu baterii și cu un radioemițător care a trimis semnale pe Pământ timp de 21 de zile (vezi pagina 212).

1955

Inventarea scaiului

După ce a studiat semințele spinoase ale ciulinilor care se i se prindeau de îmbrăcăminte, inginerul elvețian George de Mestral a inventat și a patentat un nou sistem de prindere. Acesta era alcătuit din două suprafețe de material: una cu mii de mici cârlige și alta cu mii de bucle în care acestea se prind când suprafețele se unesc. În anul 1959 se produceau deja 50 de milioane de metri de scai anual.

1955

Telecomandă fără fir

Electricianul american Eugene Polley a inventat prima telecomandă TV fără fir. Numită Zenith Flash-matic, aceasta trimitea o rază de lumină către unul dintre cele patru colțuri ale televizorului, iar celulele fotoreceptoare ale aparatului o recepționau și schimbau canalele, opreau sunetul sau opreau și porneau televizorul.

Telecomanda TV Zenith Flash-matic

1957

Folia cu bule de aer

Inventatorii americani Alfred Fielding și Marc Chavannes au creat folia cu bule de aer. Acest material plastic a fost folosit inițial ca tapet 3D și ca izolator în sere, devenind până la urmă cea mai răspândită metodă de ambalare a obiectelor fragile.

1955

Hard disk-ul IBM 350

1956

Primul hard disk

IBM 350 a fost primul hard disk din lume, lansat de compania IBM pentru computerul 350 RAMAC. Dispozitivul avea o lungime de 1,72 de metri, cântărea o tonă și avea o capacitate de stocare de doar 3,75 de MB pe discurile sale magnetice.

În anul 1958 a fost înființată agenția spațială NASA (National Aeronautics and Space Administration).

1956

Vitamina B12

Biochimista britanică Dorothy Hodgkin a publicat structura vitaminei B12. Găsită în carne și în produse lactate, aceasta ajută corpul să producă celule roșii sănătoase în sânge. O carență de vitamina B12 poate cauza o formă de anemie.

Pernopterul SR.N1 în apropiere de Calais, Franța

1959

Primul pernopter funcțional

Pernopterul Saunders-Roe Nautical 1 (SR.N1), inventat de inginerul englez Christopher Cockerell, a străbătut pentru prima oară Canalul Mânecii din Calais, Franța până în Dover, Marea Britanie. Pusă în mișcare de un motor cu piston, o elice mare ridica aparatul pe o pernă de aer, permițându-i să înainteze cu foarte puțină frecare atât pe apă, cât și pe uscat.

1959

Zoo ca metodă de conservare

Naturalistul britanic Gerald Durrell a fondat o grădină zoologică la conacul Les Augrès de pe Insula Jersey, cu scopul conservării și înmulțirii speciilor pe cale de dispariție, acestea urmând apoi să fie eliberate în sălbăticie.

Gerald Durrell cu un tapir la grădina zoologică din Jersey

1959

Strămoș al omului

Paleontologa britanică Mary Leakey a descoperit craniul unui strămoș al omului modern în Cheile Olduvai din Tanzania. Denumit *Paranthropus boisei* sau *Australopithecus boisei*, acesta datează din urmă cu 1,75 de milioane de ani. Se spune că este unul dintre primii strămoși ai omului care au folosit uneltele din piatră.

1960

1958

Circuite integrate

Inventatorii americani Jack Kilby și Robert Noyce au dezvoltat circuitele integrate independent unul față de celălalt. Aceste mici plăcuțe de siliciu sau germaniu conțin un întreg circuit electronic, cu toate componentele sale.

1958

Străbaterea Antarcticii pe uscat

Expediția Transantarctică a Commonwealth-ului a efectuat prima traversare a Antarcticii pe uscat via Polul Sud. Aceasta a fost condusă de exploratorul englez Vivian Fuchs, din echipaj făcând parte și alpinistul neozeelandez Edmund Hillary – primul om care a cucerit Vârful Everest. Expediția a folosit tractoare modificate și alte vehicule ca să străbată 3473 de kilometri de-a lungul continentului în 99 de zile.

Hillary și echipajul expediției la Polul Sud

1906–1992 GRACE HOPPER

Această pionieră în domeniul informaticii a lucrat la computerele Harvard Mark 1 și Univac, iar apoi a ajutat la dezvoltarea primului compilator funcțional – un program care transformă comenzi în limba engleză în limbaj de cod ce oferă instrucțiuni computerelor.

Creatoarea COBOL
Hopper stă în fața unei înșiruiri de circuite cu bandă pentru computere folosite la stocarea datelor. Informaticiana a avut un rol important în crearea unui limbaj de programare denumit *COBOL-60 (COmmon Business-Oriented Language)*, diferite variante ale acestuia fiind folosite și astăzi de companii, bănci și agenții de transport.

1960 ▸ 1965

1960 PRIMUL LASER FUNCŢIONAL

Folosind o lampă de fotografie şi un cristal sintetic de rubin, inginerul american Theodore H. Maiman a construit un dispozitiv care emitea o rază de lumină concentrată şi focalizată cunoscută ca *laser* (acronim de la *amplificarea luminii prin stimularea emisiei de radiaţie*). Laserele emit lumină pe o singură lungime de undă, propagându-se cu aceeaşi intensitate chiar şi pe distanţe mari.

Dr. Theodore H. Maiman

Laserul cu rubin al lui Maiman

Atomii din cristalul de rubin primesc energie de la lampă şi generează lumină, care este reflectată între oglinzile laserului până când o rază roşie şi îngustă părăseşte dispozitivul.

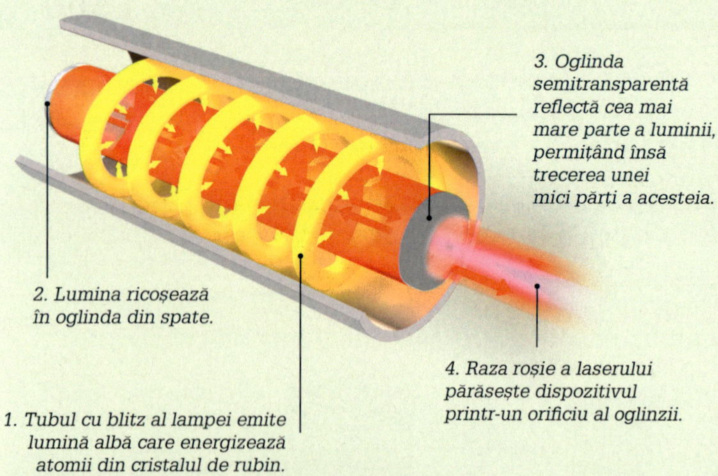

Întrebuinţările laserului

Laserele sunt adesea folosite în robotică şi construcţii, la măsurarea distanţelor. Laserele chirurgicale pot închide vasele de sânge sau distruge celulele bolnave. Laserele industriale pot tăia cu precizie uimitoare oţel şi alte materiale dure (stânga).

Trieste este coborât în Oceanul Pacific.

1960 Cel mai adânc punct de pe Pământ

Don Walsh (locotenent al marinei americane) şi Jacques Piccard (oceanograf elveţian) au coborât la 10.911 de metri sub nivelul mării în Groapa Marianelor, până în Challenger Deep, cel mai adânc punct de pe Pământ. Batiscaful lor, Trieste, avea pereţi groşi de 12,7 centimetri, care au reuşit să reziste presiunii imense a apei la asemenea adâncimi – mai mare de 1080 de ori decât cea de la suprafaţa oceanului.

În anul 1960, TIROS-1, primul satelit meteo, a făcut primele imagini cu nori şi le-a trimis pe Pământ prin semnale radio.

1960

Unimate 001 operând componente metalice fierbinţi la o fabrică de autovehicule din New Jersey, SUA

1961 Primul robot industrial

Americanii George Devol (inventator) şi Joseph Engelberger (fizician) au construit braţul robotic Unimate. Mecanismul hidraulic cu o greutate de 1,5 tone a efectuat 100.000 de ore de lucru până în anul 1971.

Machetă a satelitului Telstar

WWF
Asociația WWF (World Wildlife Fund) a fost înființată în anul 1961 în Morges, Elveția, cu scopul de a strânge fonduri și de a promova acțiuni de combatere a distrugerii habitatelor și a vânării viețuitoarelor până ajung în pragul dispariției.

Urs panda gigant

1964

Tren de mare viteză

Epoca trenurilor de mare viteză a început cu deschiderea liniei Tōkaidō Shinkansen, care face legătura între orașele japoneze Tokyo și Osaka. Trenurile cu o viteză de 200 de km/h (mai târziu chiar 220 de km/h) au înjumătățit timpul de călătorie. Până în iulie 1967, pe această linie circulaseră deja 100 de milioane de pasageri.

Tren Shinkansen părăsind Tokyo, 1964

1962

TV prin satelit

Satelitul Telstar 1 a fost primul care a trimis semnale TV în timp real peste Oceanul Atlantic. Cu ajutorul său se trimiteau și alte date, prin fax sau prin telefon. Satelitul de aluminiu era prevăzut cu 3600 de celule solare care generau suficient curent electric pentru funcționarea aparatelor de transmisie și recepție.

1965

1962

Cea mai mică mașină

Măsurând numai 137 de centimetri lungime, 100,5 centimetri lățime și 120 de centimetri înălțime, mașina Peel P50 construită de britanici cântărea mai puțin de 60 de kilograme și se putea deplasa în spate doar trasă sau împinsă de mână. Avea un motor de 4,2 cai-putere și ajungea la o viteză maximă de 60 de km/h.

1963

O nouă insulă

În sud, la circa 32 de kilometri în largul coastei Islandei, a avut loc o erupție vulcanică la 130 de metri sub nivelul mării. Astfel, în anul 1965 s-a format o nouă insulă, aceasta fiind numită *Surtsey* după Surt, zeul focului în mitologia nordică. Erupția a continuat până în 1967, an în care insula ajunsese deja la 171 de metri înălțime, acoperind o suprafață de 1,4 kilometri pătrați. Din cauza eroziunii, insula are acum doar 154 de metri înălțime.

Vedere de sus asupra Insulei Surtsey, finalul anilor 1960

În anul 1964 a fost preparat medicamentul antiviral denumit *azidotimidină (AZT)*, folosit inițial la tratarea cancerului și apoi în tratamentul infecției cu virusul HIV.

ANUL 1964, NEW JERSEY, SUA

„Când am auzit pentru prima oară acel murmur inexplicabil, nu i-am înțeles semnificația, și nu ne-am închipuit niciodată că ar fi vreo legătură între el și începuturile Universului."

Arno Penzias despre descoperirea sa, radiația cosmică de fond

Arno Penzias și Robert Wilson arată ca niște copii pe lângă antena Holmdel Horn din New Jersey, SUA, înaltă de 15 metri.

Cu urechea pe Univers

Antena Holmdel Horn de la Laboratoarele Bell din New Jersey, SUA, a fost construită în anul 1959 ca să recepționeze semnalele radio ale primilor sateliți ai NASA. În anul 1964, doi tineri astronomi americani – Arno Penzias și Robert Wilson – s-au întrebat de ce antena redă și un zgomot de fond. Au făcut apoi de toate, de la verificarea circuitelor electrice până la îndepărtarea excrementelor de porumbei din antenă, însă zgomotul putea fi auzit în continuare. Cei doi au ajuns la concluzia că acesta venea din spațiu, descoperind astfel radiația cosmică de fond, rămasă de pe vremea când Universul era în vârstă de doar 380.000 de ani. Descoperirea reprezintă o dovadă incontestabilă a faptului că teoria Big Bang este adevărată.

1960 ▸ 1965

„ Sâmbătă eram doar un chirurg foarte puțin cunoscut din Africa de Sud. Luni eram renumit în întreaga lume. ”

Dr. Christiaan Barnard despre primul transplant de inimă

Când sunt fixate pe pieptul pacientului, padelele oferă o doză de curent electric de mare intensitate.

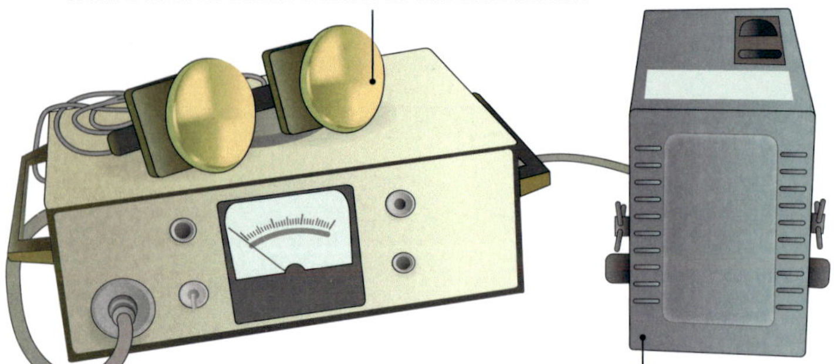

Model timpuriu al defibrilatorului lui Pantridge

Dispozitivul este alimentat cu baterii de mașină.

1965

Primul defibrilator portabil

Medicul nord-irlandez Frank Pantridge a construit un defibrilator portabil alimentat cu baterii de mașină. Prezente astăzi în ambulanțe și săli de urgențe medicale, defibrilatoarele sunt dispozitive care salvează vieți corectând ritmul inimii când aceasta începe să bată anormal.

1967

Transplant reușit de inimă

Chirurgul sud-african Christiaan Barnard a realizat transplantul inimii unei victime a unui accident de circulație în corpul lui Louis Washkansky, un pacient care suferea de o boală cardiacă incurabilă. Cu toate că Washkansky a mai supraviețuit numai câteva săptămâni, transplantul a fost considerat un succes.

Dr. Barnard arătând spre radiografia pacientului care a beneficiat de primul transplant de inimă

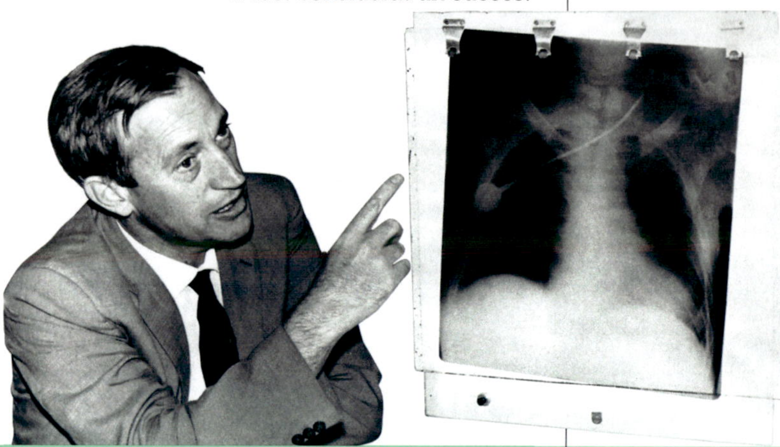

1965

1965

Primul mouse de computer

Inventat de inginerul american Douglas Engelbart și construit de colegul său Bill English la Institutul de Cercetare de la Stanford, SUA, primul mouse de computer era alcătuit dintr-o cutie de lemn, un buton și două roți dințate care înregistrau mișcările verticale și orizontale. Viteza și ușurința de folosire au făcut ca mouse-ul să fie preferat în detrimentul manetelor și a altor dispozitive de comandă.

Vestă antiglonț modernă cu fibre Kevlar

Kevlar

Chimista americană Stephanie Kwolek a inventat fibrele Kevlar în anul 1965, acestea constituind un material ușor cu o rezistență uriașă, inclusiv la întindere. Se folosește la anvelope, veste antiglonț și cabluri subacvatice.

Prototip al primului mouse de computer

Roțile se învârt când mouse-ul este mișcat pe masă, trimițând un semnal care schimbă poziția cursorului pe ecran.

1967

Consolă de jocuri video

Inginerul american Ralph Baer a construit consola de jocuri video Brown Box, primul sistem multiplayer de jocuri. Acesta era introdus într-un televizor, iar jucătorii puteau opta pentru tenis, tir sau jocuri de cărți. În anul 1972, pe piață a fost lansată o versiune revizuită a consolei, sub denumirea de *Magnavox Odyssey*.

Cartelele le permit utilizatorilor să aleagă diverse jocuri.

Cele două sisteme de control permit mai multor persoane să se joace în același timp (multiplayer).

Armă pentru jocuri de tragere la țintă

1967 MIȘCĂRILE PLĂCILOR TECTONICE

Geofizicienii Dan McKenzie (Marea Britanie) și W. Jason Morgan (SUA) au descris independent cum scoarța terestră este alcătuită din mai multe bucăți mari, denumite *plăci tectonice*. Mișcarea acestora cauzează cutremure și formează munți și noi zone de uscat.

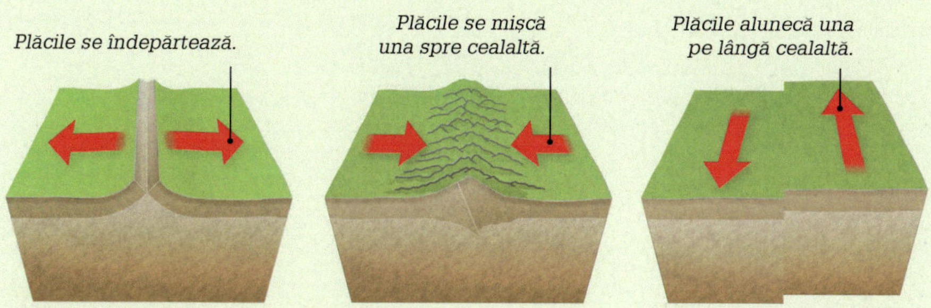

Margini divergente
Când două plăci se îndepărtează, se formează o spărtură (sau rift) prin care magma iese la suprafață, formând noi bucăți de uscat sau un nou strat pe fundul oceanelor.

Margini convergente
Când plăcile se ciocnesc, una dintre acestea poate ajunge dedesubtul celeilalte, formând vulcani. Scoarța terestră poate forma cute, iar astfel apar munții.

Margini transformate
În anumite locuri, plăcile se mișcă oblic, alunecând una pe lângă cealaltă. Dacă se produce o mișcare bruscă între plăci, atunci se pot forma cutremure.

În anul 1969, rețeaua ARPANET de calculatoare ale armatei americane era formată din doar patru computere, dar este considerată precursoarea Internetului.

1969

Transplant de inimă artificială

Cardiologul american Denton Cooley și chirurgul argentinian Domingo Liotta au realizat cu succes transplantul unei inimi sintetice la Institutul Texan de Cardiologie din Houston, SUA. Inima artificială era o pompă pneumatică (cu aer) alimentată cu energie și a fost o măsură temporară până la găsirea unui donator uman disponibil.

1970

1968

Avion supersonic de pasageri

Avionul supersonic de pasageri Tupolev Tu-144 a efectuat primul zbor de test. Acesta a fost construit cu scopul de a transporta până la 140 de pasageri la o viteză de două ori mai mare decât cea a sunetului. Concorde, o companie aeriană franco-britanică rivală, a efectuat un prim zbor supersonic la mai puțin de trei săptămâni distanță, linia sa fiind dată în folosință în anul 1976, cu un an înaintea celei pentru Tu-144.

Aérospatiale-BAC Concorde aterizează pe aeroportul Heathrow, Londra, Marea Britanie.

Fuzelajul (corpul) aerodinamic al avionului avea o lățime de trei metri și putea transporta până la 120 de pasageri.

Cele două turboreactoare situate sub aripi permiteau aeronavei să atingă o viteză maximă de 2179 de km/h.

1932–1985 DIAN FOSSEY

În prima sa vizită în Africa, specialistei americane în zoologie Dian Fossey i-a ieșit în cale gorila de munte, pe atunci o apariție rară. După trei ani, Fossey s-a întors să studieze îndeaproape această specie pe cale de dispariție. Cercetând comportamentul acestor viețuitoare, a devenit o autoritate mondială în domeniu. Fossey s-a ocupat de conservarea speciei până la moartea sa din anul 1985.

Fossey printre gorile de munte, în Rwanda

În anul 1969, inginerul american Gary Starkweather a inventat imprimanta laser, care folosește o rază laser ca să reproducă text și imagini cu ajutorul unui tambur ce trece prin pudra tonerului.

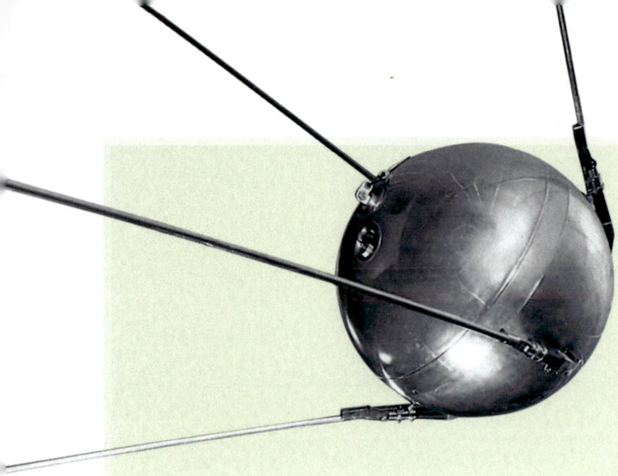

Cursa spațială

Finalul anilor 1950 și începutul anilor 1960 au adus cu sine o adevărată bătălie tehnologică pentru supremație în spațiu între cele două superputeri ale lumii, SUA și Rusia (pe atunci Uniunea Sovietică). Rușii au înregistrat mari progrese cu rachetele lor balistice de rază lungă, pe care le foloseau ca să lanseze obiecte în spațiu, dar americanii i-au ajuns din urmă în anul 1958, când au înființat agenția spațială NASA. Ambele națiuni se pot mândri cu realizări remarcabile în această perioadă.

Startul cursei
Lansat de Uniunea Sovietică în anul 1957, Sputnik 1 a fost primul satelit artificial din spațiu, acesta rotindu-se de 1440 de ori în jurul Pământului timp de trei luni. În primele 21 de zile petrecute pe orbită, a trimis bipuri prin unde radio, acestea fiind detectate de radioreceptoarele de la sol.

Iuri Gagarin în modulul spațial Vostok 1

Primii oameni în spațiu
În anul 1961, astronautul sovietic Iuri Gagarin a devenit primul om care a ajuns în spațiu în micul modul Vostok 1. Călătoria sa a durat 108 minute și a fost urmată de cinci misiuni Vostok mai lungi. Vostok 6 s-a rotit de 48 de ori în jurul Pământului în decursul a două zile și 22 de ore, în modul aflându-se și prima femeie care a călătorit vreodată în spațiu – Valentina Tereșkova.

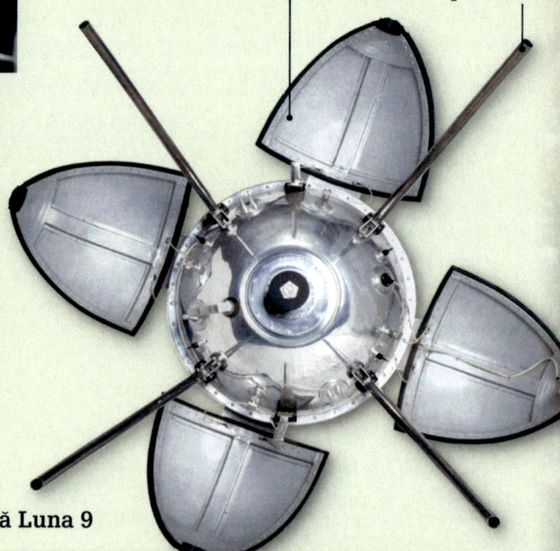

Sonda spațială Luna 9

Sonde spațiale
Sondele spațiale sunt mașinării fără pilot trimise în spațiu cu scopul de a-l explora. Sonda sovietică Luna 3 a fotografiat fața ascunsă a Lunii în anul 1959. Trei ani mai târziu, sonda americană Mariner 2 a fost prima care a vizitat o altă planetă, ajungând pe Venus. În anul 1966, Luna 9 a efectuat prima aterizare lină pe Lună.

Evenimente importante

1958
Ca reacție la Sputnik 1, americanii au lansat Explorer 1, primul lor satelit spațial, care a trimis semnale pe Pământ timp de 105 de zile.

1962
Astronautul John Glenn, aflat la bordul unei capsule spațiale Mercury, a devenit primul american care a călătorit în jurul Pământului, petrecând în spațiu 4 ore și 35 de minute.

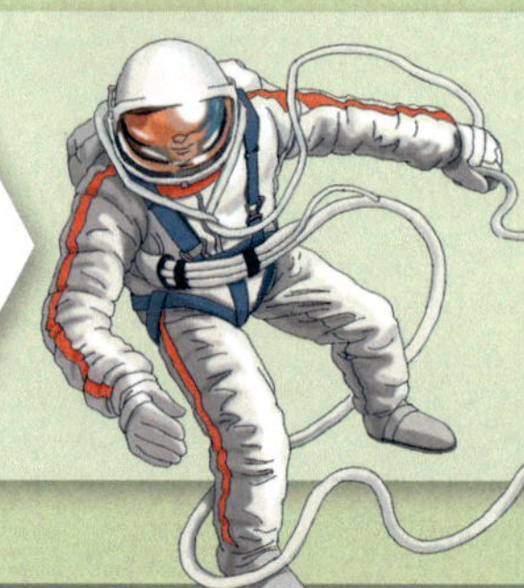

1965
Astronautul sovietic Alexei Leonov a părăsit modulul spațial Voskhod 2 ca să efectueze prima ieșire în spațiu. Acesta era legat de capsulă cu un cablu, iar ieșirea a durat 12 minute.

Programul Apollo

Principala țintă SUA a fost explorarea Lunii de către om. Șase dintre cele șapte misiuni Apollo (1969–1972) au reușit fiecare să trimită câte doi oameni pe Lună cu ajutorul unui modul lunar, al treilea astronaut rămânând la modulul de comandă și așteptând întoarcerea acestora. Misiunile au fost urmărite pe Pământ de milioane de oameni. Astronauții au adus acasă pentru cercetări 382 de kilograme de roci și de sol lunar.

Primii oameni pe Lună
În data de 20 iulie 1969, în timpul misiunii Apollo 11, astronauții americani Neil Armstrong și Edwin „Buzz" Aldrin au devenit primii oameni care au pus piciorul pe Lună. Modulul lunar în care au aterizat a petrecut 21 de ore pe suprafața Lunii.

Lansarea Apollo 11
În anul 1969, cea mai mare și mai puternică rachetă de lansare, denumită Saturn V, a trimis în spațiu modulul lunar Apollo 11. Racheta cântărea 2,9 milioane de kilograme și avea o lungime de 110,6 metri, fiind prevăzută cu 11 motoare în trei timpi, fiecare desprinzându-se ca să reducă greutatea atunci când se consuma tot combustibilul. Primele motoare, folosite la decolare, au generat o forță de împingere de 3,47 de milioane de kilograme.

Vehicule lunare
Transportate la bordul misiunilor Apollo 15, 16 și 17, vehiculele lunare puteau purta pe suprafața Lunii doi astronauți și echipamentul acestora cu o viteză maximă de 8 km/h. Fiecare roată a autovehiculului era prevăzută cu câte un motor electric alimentat de o pereche de acumulatori de 36 de volți.

Misiune comună
Cursa spațială s-a încheiat în anul 1975, când SUA și Uniunea Sovietică au cooperat reușind să lipească o navetă spațială sovietică Soyuz de un modul american Apollo. Un echipaj format din cinci astronauți au făcut experimente în timpul celor 44 de ore ale misiunii comune.

Lansarea Apollo 11 de la Centrul Spațial Kennedy din Cape Canaveral, SUA, 1969

1970

Vehiculul sovietic Lunokhod 1 a devenit primul vehicul spațial funcțional, străbătând 10.540 de metri pe suprafața Lunii.

Saliut 1

1971

Saliut 1, prima stație spațială, a fost lansată de Uniunea Sovietică, învârtindu-se în jurul Pământului timp de 175 de zile. Stațiile spațiale sunt bazele pe termen lung din spațiu ale astronauților.

1972

Astronautul american Eugene Cernan, comandant al misiunii Apollo 17, a fost ultima persoană care a vizitat Luna. De atunci, nimeni nu a mai pășit pe satelitul natural al Pământului.

1970 ▸ 1975

Saliut 1, prima stație spațială, a fost lansată în anul 1971. Un echipaj format din trei cosmonauți (astronauți sovietici) au petrecut 23 de zile la bord.

1970

Ziua Pământului

În 22 aprilie, pe întreg cuprinsul SUA s-au strâns o mulțime de comunități care au sărbătorit pentru prima oară Ziua Pământului. În jur de 20 de milioane de americani au organizat evenimente și activități în peste 12.000 de școli și universități cu scopul conștientizării problemelor de mediu.

1971

În jurul lui Marte

Mariner 7 aparținând NASA a devenit prima sondă spațială care a intrat pe orbita altei planete (Marte). Modulul fără pilot a trimis pe Pământ 7329 de fotografii cu 80% din suprafața marțiană și a descoperit cel mai mare vulcan din Sistemul Solar: Olympus Mons.

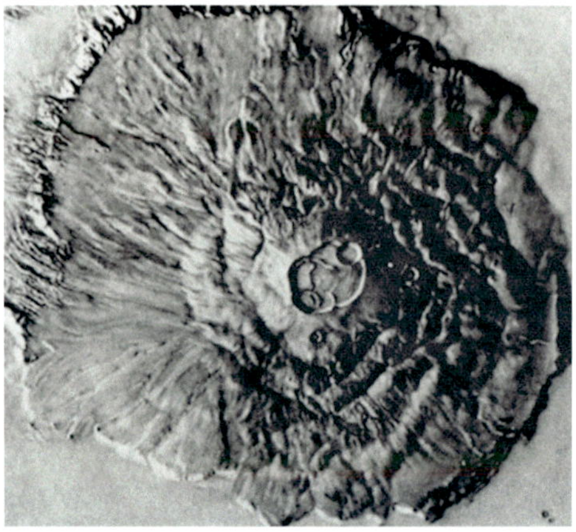

Olympus Mons (vedere din Mariner 9) este de aproape trei ori mai înalt decât Vârful Everest.

1971

Prima tomografie computerizată

Un dispozitiv de scanare dezvoltat de inginerul englez Godfrey Hounsfield a reușit să facă în Londra, Marea Britanie, prima tomografie computerizată (CT) a creierului uman. Acesta folosește razele X pentru a crea imagini ale unei părți a corpului, care sunt apoi puse cap la cap de un computer ca să formeze o imagine completă, adesea tridimensională.

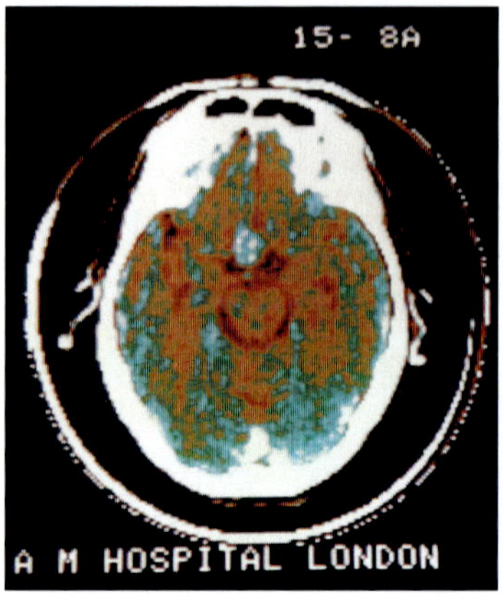

CT de la un spital din Wimbledon, Marea Britanie, 1972

1970

1970

Boeing 747

Boeing 747 a devenit primul avion de mari dimensiuni folosit la transportul pasagerilor. Fuzelajul său lung de 70,6 metri putea găzdui până la zece scaune pe un rând plus două culoare, având o capacitate maximă de 550 de pasageri. Au fost construite peste 1500 de astfel de avioane.

Spre cer
Vezi paginile 162–163.

1971

Microprocesorul

O echipă a companiei tehnologice Intel a construit primul microprocesor comercial, Intel 4004. Acest mic cip îngloba toate funcțiile unei unități centrale de procesare a unui computer, fiind lansat pe piață în data de 15 noiembrie 1971.

Intel 4004

Primul Boeing 747 și cele patru mari turboventilatoare ale sale, Washington, SUA

1973

Inventarea Ethernet-ului

Inginerul american Robert Metcalfe a dezvoltat o modalitate eficientă de interconectare a computerelor cu ajutorul cablurilor ca să formeze o rețea locală rapidă. Denumită *Ethernet*, această tehnologie permitea computerelor să efectueze ușor transferuri de date, dar și să folosească aceleași dispozitive de stocare și imprimante. Rețelele Ethernet aveau să devină foarte răspândite.

Cabluri Ethernet pentru implementarea unei rețele de tip LAN (Local Area Network)

1974 GAURA DIN STRATUL DE OZON

Cercetătorii de la Universitatea din California, SUA, au avertizat că substanțele chimice, mai ales clorofluorocarburile (CFC) folosite la spray-uri și la agenții frigorifici din frigidere dăunează stratului de ozon din atmosferă, iar astfel razele ultraviolete (UV) ale Soarelui pot ajunge pe suprafața Pământului.

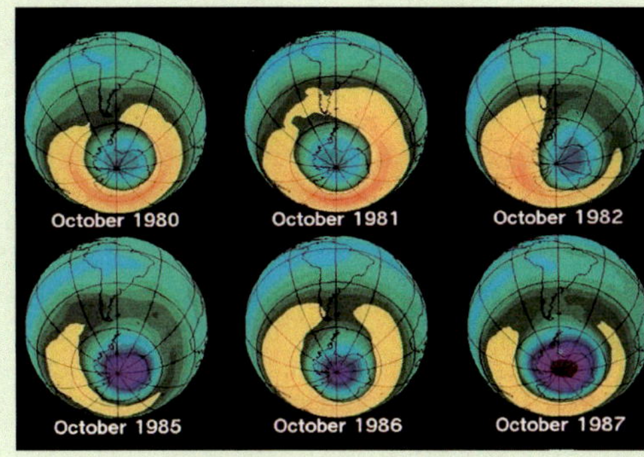

O gaură a stratului de ozon (violet) a crescut timp de 13 ani, în perioada 1979–1992.

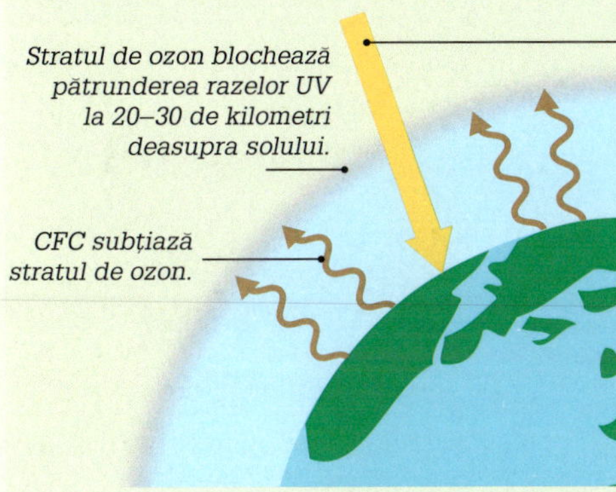

Stratul de ozon

Ozonul este oxigen pur, însă fiecare moleculă este alcătuită din trei atomi (O_3) în loc de doi (O_2). Stratul de ozon al atmosferei blochează razele UV, însă substanțele CFC distrug moleculele de ozon. Supraexpunerea la raze UV dăunează grav vieții pe Pământ.

1975 ▶▶

1973

Primul telefon mobil

Produs de o echipă a companiei de comunicații electronice Motorola condusă de inginerul american Martin Cooper, primul prototip de telefon mobil, denumit *DynaTAC*, a fost conceput în anul 1973. Acesta avea 23 de centimetri lungime, cântărea 1,1 kilograme și se putea vorbi la el timp de 20 de minute. Primul apel telefonic a fost făcut de Cooper, care l-a sunat pe rivalul său de la Laboratoarele Bell, Joel Engel.

Martin Cooper cu primul telefon mobil, care era prevăzut la interior cu 30 de plăci cu circuite electronice

1974

Strămoș primitiv

Paleontologul american Donald Johanson a descoperit rămășițele fosilizate ale unui strămoș biped al omului, aceasta fiind cea mai veche specie înrudită cunoscută la acea vreme. Specimenul – botezat *Lucy* – a fost găsit în Etiopia, având o înălțime de 109 centimetri. A fost clasificat ca făcând parte din specia *Australopithecus afarensis*, care a trăit în urmă cu 3,2 milioane de ani.

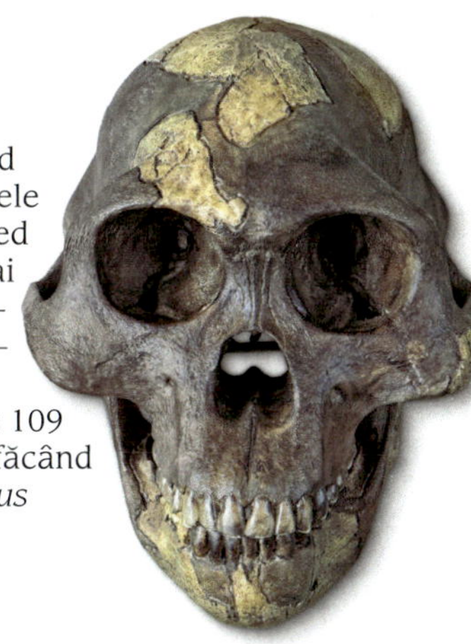

Craniul lui Lucy

1973

Film cu CGI

Imaginile generate de computer (tehnologie CGI) au fost folosite pentru prima oară într-o producție cinematografică, în filmul științifico-fantastic *Westworld*, care îl avea ca protagonist pe Yul Brynner. Pentru a ilustra lumea văzută de robotul pistolar din parcul tematic Wild West, grafica înfățișa imagini cu pătrățele (pixeli).

Cub Rubik clasic, cu câte nouă pătrățele pe fiecare latură

Cubul Rubik

Cunoscutul cub Rubik este o jucărie de tip puzzle inventată de arhitectul maghiar Ernő Rubik în anul 1974. Există 43 de cvintilioane (43 urmat de 18 zerouri) de posibilități de rearanjare ale celor 54 de pătrățele colorate ale cubului.

1975 ▸ 1980

1975
Primul aparat foto digital
Inginerul american Steve Sasson a inventat primul aparat foto digital în timp ce lucra la firma Kodak. Funcționând cu 16 baterii reîncărcabile și având o greutate de 3,6 kilograme, acesta făcea imagini alb-negru cu o rezoluție de 100 x 100 de pixeli. Producerea unei fotografii dura 23 de secunde, aceasta fiind apoi stocată pe o casetă digitală. Astăzi, camerele digitale stochează imaginile în memorie, nu pe film.

Dispozitivul cu cuplaj de sarcină (CCD) transformă lumina în sarcini electrice, acestea fiind la rândul lor transformate în date digitale.

Lentilele trimit lumina la CCD.

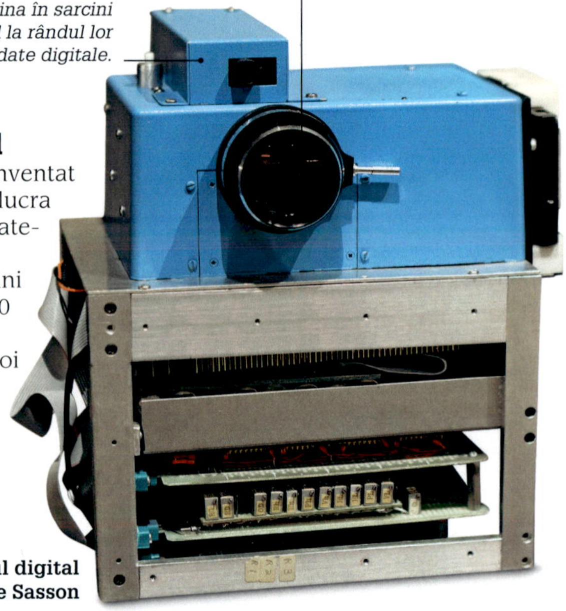

Aparatul digital al lui Steve Sasson

1977
Primul RMN
Prima scanare RMN (imagistică prin rezonanță magnetică nucleară) completă a corpului unui pacient a fost făcută de medicul american Raymond Vahan Damadian. Tehnica RMN folosește câmpuri magnetice puternice și unde radio ca să obțină imagini detaliate din interiorul corpului uman.

1977
Telefonie prin fibră optică
Primele apeluri telefonice prin fibră optică au fost transmise prin intermediul companiei General Telephone & Electronics Corporation din California, SUA. Semnalele luminoase străbat fibrele optice, acestea putând transporta mult mai multe informații de-a lungul unor distanțe mai mari decât firele de cupru, fără să fie afectată calitatea.

Fibrele sunt alcătuite din fâșii subțiri de plastic sau sticlă.

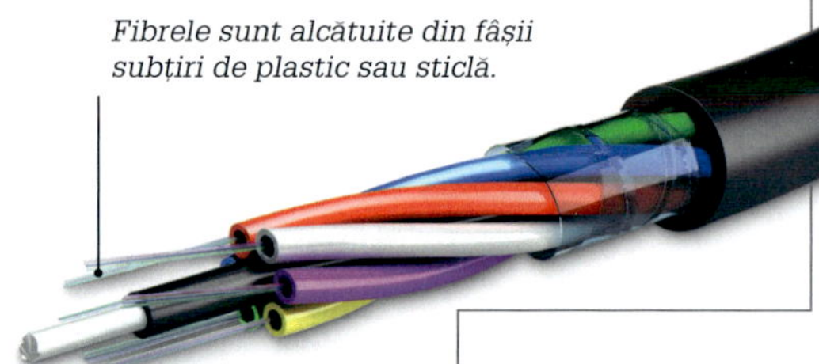

1975

1976
Supercomputerul
Primul supercomputer a fost Cray-1, construit de inginerul american Seymour Cray și vândut Laboratorului Național *Los Alamos* din SUA. Această mașinărie foarte performantă a fost cel mai rapid computer din lume până în anul 1982. Supercomputerele sunt folosite pentru efectuarea unor sarcini complexe, cum ar fi prognozele meteo și descifrarea codurilor.

Acest supercomputer consuma 115 kilowați (la acea vreme, echivalentul consumului a 8–10 locuințe).

Supercomputerul Cray-1

Sursa de alimentare era închisă într-o cutie circulară capitonată.

1976
Aterizarea pe Marte
Sondele spațiale NASA denumite *Viking 1* și *Viking 2* au fost primele care au aterizat cu succes pe Marte. Ca să cerceteze suprafața planetei, cele două sonde erau echipate fiecare cu aparate foto și brațe robotice pentru a lua mostre din sol.

Apple I
Primul computer Apple a fost construit de mână de inventatorul american Steve Wozniak, fiind vândut cu 666,66 de dolari. Pentru a-l putea folosi, utilizatorii erau nevoiți să își procure propriile lor componente (tastatură, sursă, monitor etc.), compania oferind doar placa de bază.

Primele orificii hidrotermale au fost descoperite în anul 1977, în Oceanul Pacific. Aceste coșuri de pe fundul oceanului sunt spărturi ale scoarței ce permit magmei fierbinți să încălzească apa la temperaturi de până la 450 °C.

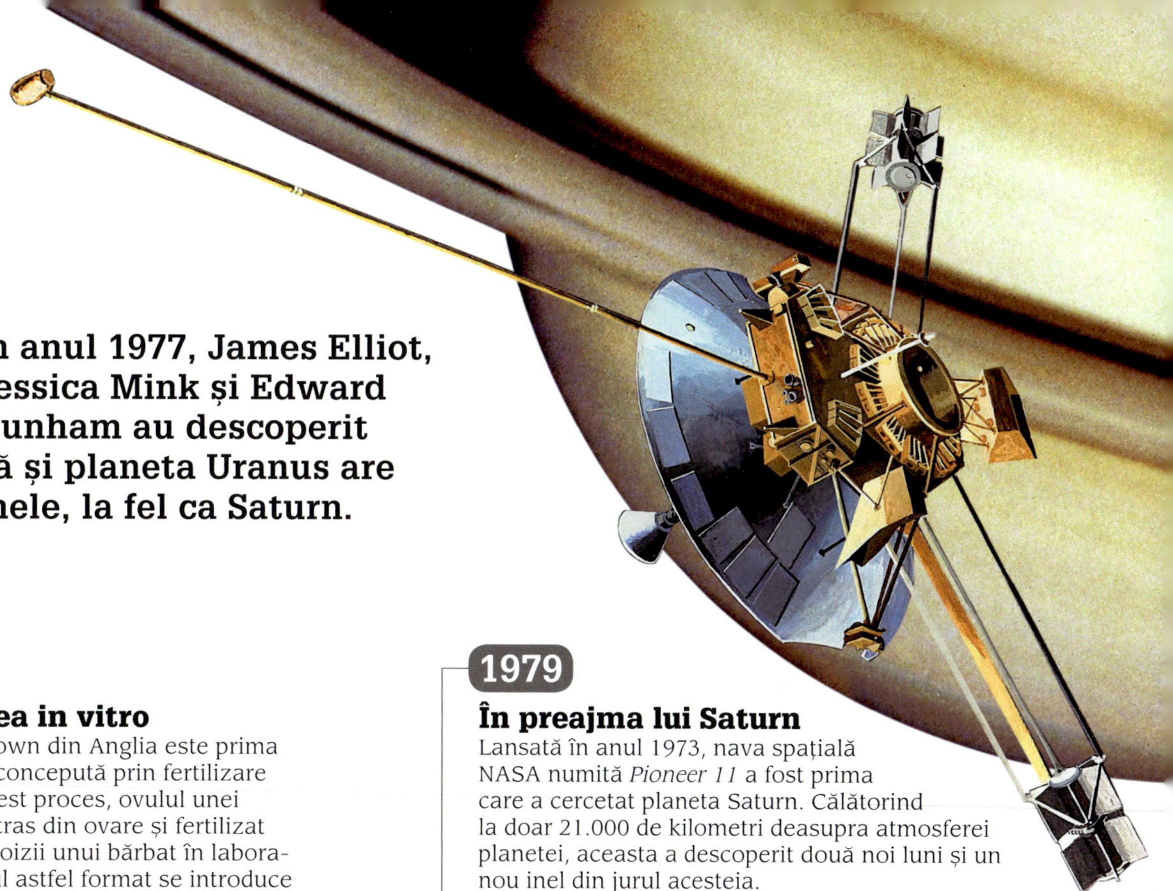

În anul 1977, James Elliot, Jessica Mink și Edward Dunham au descoperit că și planeta Uranus are inele, la fel ca Saturn.

Louise Joy Brown, prima ființă umană concepută prin fertilizare in vitro

1978

Fertilizarea in vitro

Louise Joy Brown din Anglia este prima ființă umană concepută prin fertilizare in vitro. În acest proces, ovulul unei femei este extras din ovare și fertilizat de spermatozoizii unui bărbat în laborator. Embrionul astfel format se introduce în uterul mamei ca să se dezvolte. Procesul a ajutat milioane de cupluri să aibă copii.

1979

În preajma lui Saturn

Lansată în anul 1973, nava spațială NASA numită *Pioneer 11* a fost prima care a cercetat planeta Saturn. Călătorind la doar 21.000 de kilometri deasupra atmosferei planetei, aceasta a descoperit două noi luni și un nou inel din jurul acesteia.

Imagine realizată de un artist cu Pioneer 11 trecând pe lângă Saturn

1980

1978

Primele urme fosilizate

Arheologul britanic Mary Leakey a raportat descoperirea unor urme fosilizate aparținând unor creaturi bipede care au trăit în urmă cu 3,6 milioane de ani. Găsită în Laetoli, Tanzania, cărarea ce conține 70 de urme lăsate în cenușă vulcanică și apoi pietrificate demonstrează că strămoșii noștri puteau păși pe două picioare mult mai devreme decât se crezuse până atunci.

O parte a urmelor descoperite în Tanzania, care alcătuiesc o cărare lungă de 24 de metri

Gossamer Albatross trecând Canalul Mânecii

Spre cer
Vezi paginile 162–163.

1979

Străbaterea Canalului Mânecii

Gossamer Albatross a fost prima aeronavă propulsată muscular de om care a străbătut Canalul Mânecii. Pe traseul lung de 35,7 kilometri, aceasta a fost pilotată de ciclistul american Bryan Allen, care a pedalat ca să învârtă elicea cea mare a aparatului. Avionul cântărea numai 32 de kilograme, fiind făcut din polistiren, tuburi de fibră de carbon și alte materiale foarte ușoare.

1980 ▸ 1985

În anul 1983, oamenii de știință au definit metrul ca fiind distanța parcursă de lumină în vid într-un interval de timp de 1/299792458 dintr-o secundă.

1980

Eradicarea variolei

Forumul mondial World Health Assembly (WHA) a declarat eradicarea bolii fatale denumite *variolă* (vezi pagina 110). Aceasta era contagioasă și provoca orbirea sau chiar moartea bolnavilor. În anii 1950 erau înregistrate 50 de milioane de îmbolnăviri anual, dar campaniile mondiale de vaccinare și inițiativele publice de sănătate au învins boala.

1981

Pielea artificială

Cercetătorii americani John Burke și Ioannis Yanas au inventat pielea sintetică pentru tratarea victimelor cu arsuri. Aceștia au obținut-o folosind colagen de la rechini și vite și cauciuc siliconic, materialul formând un eșafodaj (grefă) care se pune peste o rană sau o arsură, de-a lungul căruia corpul poate să își genereze propriile sale celule.

Pielea sintetică este îndepărtată dintr-un vas de laborator în care se dezvoltă timp de trei săptămâni.

1982

Primul CD player

Compania japoneză Sony a lansat CDP-101, primul CD (compact disc) player din lume. Acesta citea cu ajutorul laserului și transforma în sunet datele audio digitale codificate pe un disc de plastic. CD-urile au fost folosite ulterior și la stocarea altor tipuri de date, cum ar fi programele pentru computer.

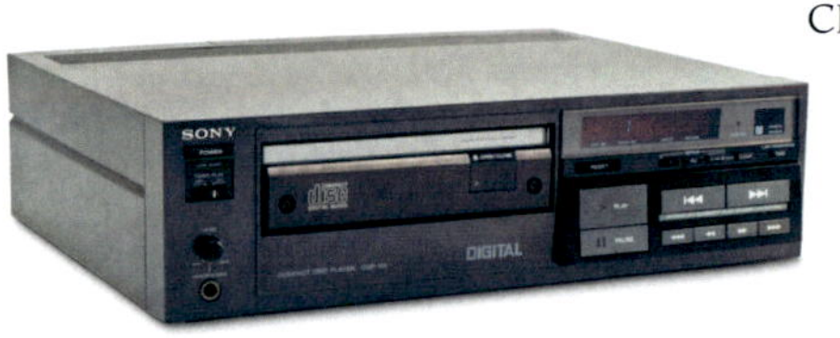

1980

1981

Lansarea PC-ului IBM

Compania tehnologică americană IBM a lansat computerul 5150, mai bine cunoscut drept *IBM PC* (computer personal). Acesta s-a vândut foarte rapid, fiind cumpărat atât de companii, cât și de utilizatori obișnuiți. Sute de alte companii au început să producă programe compatibile cu sistemul central de operare al PC-ului, MS-DOS (Microsoft Disk Operating System).

1981

Navă spațială reutilizabilă

NASA a prezentat Columbia, prima navetă spațială reutilizabilă cu pilot, odată cu debutul programului Space Shuttle. Navetele din acest program erau lansate cu ajutorul unor rachete, iar la întoarcere aterizau în ocean. Acestea au efectuat 135 de misiuni în spațiu înainte de încheierea programului în anul 2011.

1980–1991 IPOTEZA ALVAREZ

Imagine realizată de un artist cu un asteroid prăbușindu-se pe Pământ

Cercertătorul american Luis Alvarez și fiul său, Walter, au descoperit că rocile în vârstă de 65 de milioane de ani conțin iridiu, un element găsit în asteroizi, dar nu foarte comun pe Pământ. Astfel, cei doi au enunțat teoria potrivit căreia dinozaurii au dispărut din cauza impactului provocat de căderea unui asteroid, care a ridicat un nor de praf ce a blocat lumina Soarelui, provocând schimbări majore de climă.

Craterul Chicxulub
Un crater vechi de 65 de milioane de ani descoperit la Chicxulub, în Peninsula Yucatán din Mexic, reprezintă o dovadă în plus a ipotezei Alvarez. Descoperit în anul 1991, craterul are un diametru de 180 de kilometri.

Imagine realizată de un artist cu craterul Chicxulub

1984
Prima ieșire fără cablu în spațiu
Astronauții NASA Bruce McCandless și Robert Stewart au părăsit naveta spațială Challenger fără să fie legați de modul, efectuând prima astfel de ieșire în spațiu. Cei doi au folosit câte o unitate de manevrare umană (MMU). Dispozitivul conținea 11,8 kilograme de azot ce alimenta 24 de mici propulsoare, acestea ajutând astronauții să se deplaseze prin spațiu fără să fie legați cu cabluri de navetă.

Astronautul Bruce McCandless în spațiu

1985

1983
Primul telefon mobil vândut
După mai mult de un deceniu de la dezvăluirea prototipului (vezi pagina 215), modelul Motorola DynaTAC 8000X a devenit primul telefon mobil vândut vreodată. Acesta costa 3995 de dolari, cântărea 790 de grame și putea fi folosit timp de 30 de minute, fiind necesare zece ore pentru reîncărcarea bateriei. Telefoanele DynaTAC au fost vândute până în anul 1994.

Motorola DynaTAC 8000X

1984
Identificarea virusului HIV
Cercetătorul biomedical Robert Gallo și virologul francez Luc Montagnier au anunțat descoperirea virusului imunodeficienței umane (HIV), care provoacă boala mortală numită *SIDA (sindromul imunodeficienței dobândite)*. HIV atacă sistemul imunitar al corpului și slăbește abilitatea unei persoane de a lupta cu bolile și infecțiile.

1984
Lansarea submersibilului Nautile
Submersibilul francez de mare adâncime Nautile a fost lansat în acest an. Capabil de scufundări până la 6000 de metri sub nivelul mării, acesta a făcut înregistrări video cu epava navei britanice Titanic la o adâncime de 3800 de metri, ajutând la recuperarea a peste 1800 de obiecte din vas. În plus, Nautile a salvat și cutiile negre ale unor aeronave scufundate.

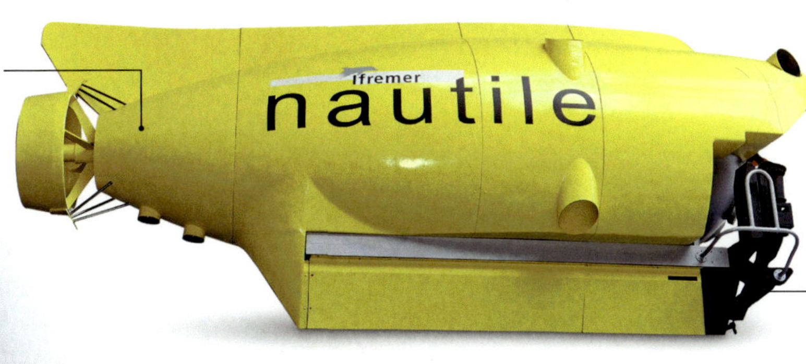

Corpul din titaniu protejează pasagerii.

Lumini și camere de luat vederi

Brațele robotice se mișcă și pot apuca obiecte.

Climă în schimbare

Pătura gazoasă care formează atmosfera Pământului este deosebit de importantă; printre altele, conține oxigenul necesar vieții și apără organismele vii de radiațiile ultraviolete ale Soarelui. Totodată, aceasta însă reține căldura, încălzind planeta printr-un proces denumit *efect de seră*. În ultimii 200 de ani, dezechilibrul gazelor din atmosferă a dus la reținerea unei cantități mai mari de căldură, care a provocat încălzire globală și schimbări ale climei.

„ Schimbările climatice nu mai reprezintă o problemă îndepărtată. Acestea au loc chiar acum. ”

Barack Obama, fost președinte SUA, 2015

Echilibru instabil

Metanul, dioxidul de carbon și sulful hexaflorid sunt gaze care contribuie la crearea efectului de seră. Emisiile provocate de creșterea alarmantă a populației și impactul industriei, agriculturii și distrugerii pădurilor au dus la creșterea concentrației acestor gaze în atmosferă.

Emisiile de gaze nocive

Dioxidul de carbon este cel mai răspândit gaz cu efect de seră, cu 36 de miliarde de tone eliberate în atmosferă în fiecare an. Acesta se răspândește din cauza industriei, a arderii combustibililor fosili (gaze naturale, petrol și cărbuni) și a utilizării curentului electric.

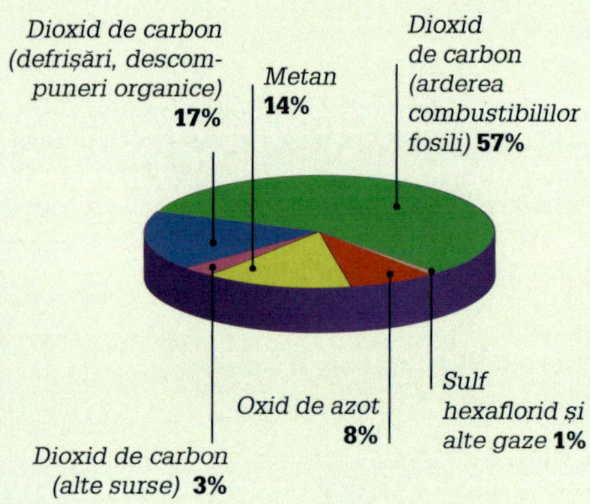

Cauze numeroase

Arderea combustibililor fosili în centralele electrice (stânga) provoacă emisii substanțiale de dioxid de carbon, dar acestea au loc și din alte cauze: creșterea vitelor (animale care produc metan) și defrișările, adică tăierile de păduri care în mod normal ar absorbi dioxidul de carbon.

Concentrații mai mari de gaze

Efectul de seră se produce din cauza creșterii concentrației de gaze în atmosferă, acestea reținând mai multă căldură decât în trecut și cauzând o creștere a temperaturilor pe Pământ. Atâta timp cât emisiile de gaze vor continua să crească, și temperaturile vor fi din ce în ce mai ridicate.

Cum apare efectul de seră în atmosferă (dedesubt, stânga)

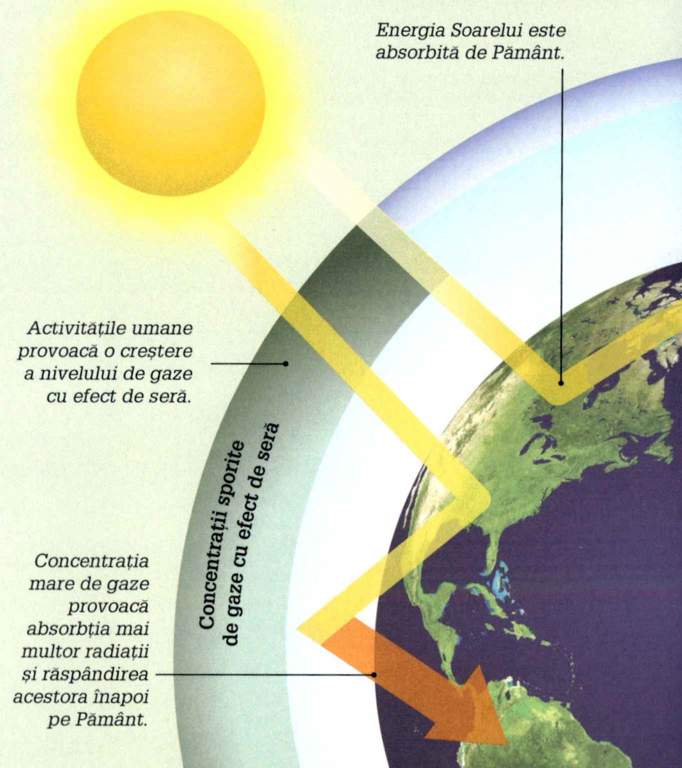

Evenimente importante

1859

Fizicianul irlandez John Tyndall a descoperit că anumite gaze blochează radiațiile ultraviolete și a sugerat că un dezechilibru al concentrației gazelor atmosferice poate afecta clima.

1958

Omul de știință american Charles David Keeling și-a început îndelungatul studiu asupra dioxidului de carbon din atmosferă. Graficul care îi poartă numele arată că dioxidul de carbon a ajuns de la 310 părți per milion (ppm) în anul 1958 la peste 400 în anul 2015.

1970

A fost înființată NOAA, Administrația Națională a Oceanelor și Atmosferei din SUA. Aceasta avea să devină cel mai mare finanțator al cercetărilor climatice din lume.

1978

Ca să monitorizeze ghețarii marini din Arctica și Antarctica, NASA a lansat un radiometru de undă scurtă (SMMR) pe satelitul Nimbus.

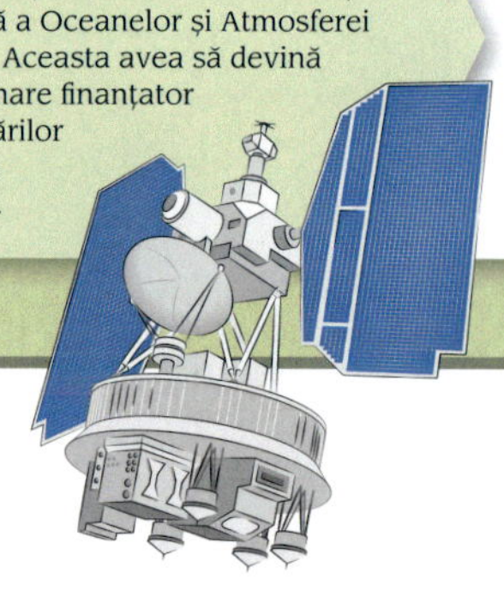

Satelitul Nimbus 7

Încălzirea globală

Monitorizarea climei a scos la iveală dovezi că temperatura medie anuală este în creștere, din anul 2001 până în prezent înregistrându-se cei mai calzi ani din toate timpurile. Harta de mai jos arată temperaturile medii anuale din 2015, care sunt cu 0,87 °C mai mari față de cele din perioada 1951–1980.

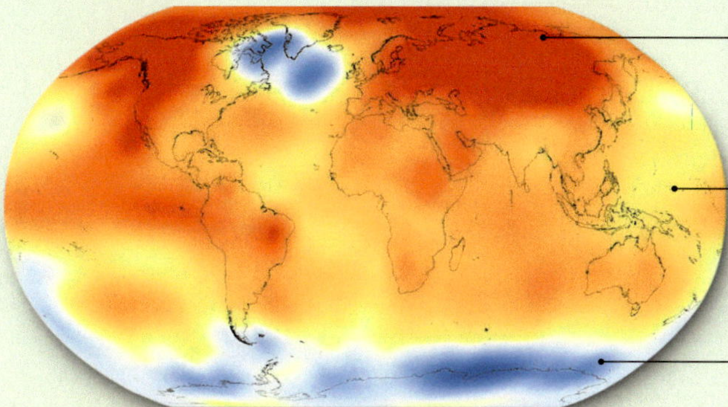

Topirea

Topirea păturii de gheață și a ghețarilor duce la reducerea masivă a habitatului multor viețuitoare, iar creșterea nivelului mărilor sporește pericolul de inundare a terenurilor scufundate. Nivelul gheții arctice pe timp de vară a scăzut de la 7,83 de milioane de km pătrați în anul 1980 la doar 4,63 de milioane de km pătrați în anul 2015.

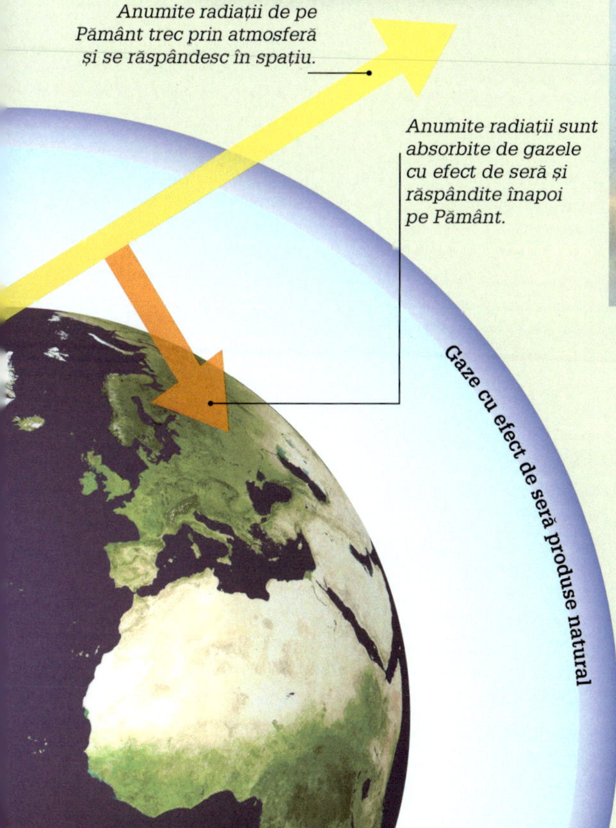

Fenomene extreme

Încălzirea globală este responsabilă și de creșterea numărului de fenomene meteorologice extreme: valuri de căldură, ploi abundente și cicloane tropicale – cum ar fi uraganul Isaac (stânga), care a provocat moartea a 41 de persoane și pagube de peste două miliarde de dolari în sudul SUA, în anul 2012.

Adoptarea de măsuri

Pentru prevenirea schimbărilor climatice sunt adoptate numeroase măsuri, de la înțelegeri internaționale privind reducerea emisiilor de gaze cu efect de seră la eforturi de reîmpăduriri, de construire a unor clădiri și tehnologii eficiente energetic și de reducere a numărului de vehicule cu ardere de combustibili fosili. Și tu poți contribui în numeroase moduri:

- ★ **Oprește aparatele electrice a căror funcționare nu este necesară.**
- ★ **Încearcă să circuli pe jos, cu mijloace de transport în comun sau cu bicicleta.**
- ★ **Folosește surse regenerabile de energie, cum ar fi vântul sau soarele.**
- ★ **Încearcă să reduci consumul de energie folosind becuri CFL.**
- ★ **Plantează mai mulți copaci.**

1988

Profesorul american James Hansen a făcut cunoscută expresia *încălzire globală* când a raportat senatului SUA creșterea temperaturii medii anuale din cauza efectului de seră.

1997

A fost încheiat protocolul de la Kyoto, un tratat internațional de mediu. Țările dezvoltate au fost de acord să reducă emisia de gaze responsabile pentru încălzirea globală.

2015

NOAA și alte autorități în domeniu au raportat că anul 2015 a fost cel mai cald an de la începerea urmăririi evoluției climei (secolul al XIX-lea).

2016

Acordul de la Paris a fost semnat de 180 de națiuni, acesta fiind un plan ambițios de reducere a încălzirii globale la nivelul temperaturilor din perioada preindustrială.

1985 ▸ 1990

Prima versiune a sistemului de operare Microsoft se numea *Windows 1.0*, fiind lansată în 20 noiembrie 1985.

1985

Descoperirea C_{60}

Lucrând la Universitatea Rice din Houston, SUA, chimiștii Sir Harold Kroto (Anglia) și americanii James R. Heath, Sean O'Brien, Robert Curl și Richard Smalley au descoperit fulerenele, cunoscute drept C_{60}. Acestea au molecule în formă de minge care conțin doar atomi de carbon, reprezentând forme alotropice diferite ale acestui element chimic.

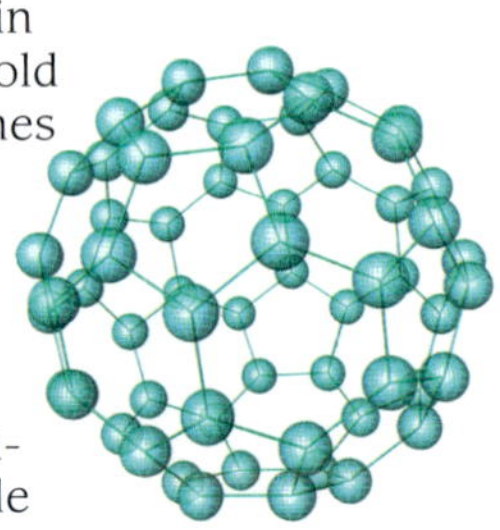

Diagramă generată de computer a unei molecule de fulerenă

1986

Dezastrul de la Cernobîl

Cel mai mare accident nuclear a avut loc la centrala atomică Cernobîl din Ucraina, când unul dintre cele patru reactoare nucleare a explodat. Nivelul radiațiilor din atmosferă l-a depășit de 400 de ori pe cel rezultat în urma detonării bombei atomice de la Hiroshima, Japonia, în anul 1945.

Școală abandonată dintr-o zonă contaminată din apropierea Cernobîlului

1986

Tragedia Challenger

Naveta spațială Challenger a explodat la doar 73 de secunde după lansarea de la Centrul Spațial Kennedy, toți cei șapte membri ai echipajului pierzându-și viața. Responsabilă pentru dezastru a fost o garnitură defectă dintr-un propulsor. După tragedie, celelalte navete spațiale din program au fost oprite timp de 32 de luni la sol.

1985

1986

Stația spațială Mir

Stația spațială rusească Mir a devenit prima stație care a fost asamblată pe orbita Pământului. Avea o lungime de 19 metri și putea găzdui permanent trei persoane, iar pe termen scurt chiar și mai multe. În cei 15 ani petrecuți în spațiu, stația a fost vizitată de 104 astronauți, inclusiv de cosmonautul Valeri Poliakov, care a petrecut la bordul său un timp record de 437 de zile și 18 ore.

1987

Prima statină

După studii medicale îndelungate, o statină denumită *lovastatină* a fost aprobată de agenția FDA (Food and Drug Administration) din SUA. Statinele sunt medicamente care scad producția de substanțe grase din corp, inclusiv a LDL-ului (lipoproteine cu densitate mică) – un tip de colesterol care poate înfunda vasele de sânge, crescând riscul apariției bolilor de inimă.

Lovastatina se găsește natural în ciuperca păstrăvul fagului și în alte soiuri de ciuperci.

1986

Microscopul de forță atomică

Fizicianul german Gerd Binnig, fizicianul american Calvin Quate și profesorul elvețian Christoph Gerber au inventat microscopul de forță atomică. Acesta este un instrument foarte puternic ce folosește o sondă extrem de mică pentru măsurarea și redarea imaginii suprafeței unei probe până la cele mai mici detalii, la scară nanometrică (miliardime a unui metru).

Prima intervenție chirurgicală cu laser la ochi a fost făcută de oftalmologul german Theo Seiler, în anul 1987.

1989
Interzicerea comerțului cu fildeș
Convenția privind comerțul internațional cu specii ale faunei și florei sălbatice pe cale de dispariție (CITES) a interzis la nivel mondial comerțul cu fildeș după ce numărul elefanților uciși pentru colți a crescut, cel al elefanților africani înjumătățindu-se în perioada 1979–1989.

Colți de elefant arzând după intervenția autorităților în Nairobi, Kenya, 1995

1989
Aranjarea atomilor
O echipă de experți de la IBM a folosit un microscop de scanare prin efect tunel (STM) ca să aranjeze 35 de atomi de xenon pe un cristal răcit de nichel, astfel încât aceștia să formeze literele *IBM*. Considerată un punct de reper în domeniul nanotehnologiei, aceasta a fost prima oară când atomii individuali au fost ordonați și poziționați pe o suprafață plană.

Nanotehnologia
Vezi paginile 244–245.

1989
Lansarea Game Boy
Firma Nintendo a lansat în Japonia consola portabilă de jocuri denumită *Game Boy*, care avea instalat jocul cu piese de construcție căzătoare denumit *Tetris*. Deși avea un ecran alb-negru de doar 6,6 centimetri, Game Boy – și varianta cu ecran color Game Boy Color – a fost vândut în peste 118 milioane de exemplare.

1988
Viermele Morris
Viermele Morris a fost primul virus de calculator (vierme) care a infectat computerele prin intermediul Internetului. Codul acestuia a fost scris de studentul Robert Tappan Morris. Virusul a infectat 10% dintre toate computerele conectate la Internet la acea vreme, provocând încetinirea sistemelor sau chiar oprirea acestora.

1990

1986 IMPRIMAREA 3D

Imprimarea tridimensională (3D) include o serie de procese prin intermediul cărora fâșii subțiri de metal, plastic sau alte materiale sunt așezate una deasupra celeilalte până când se formează un obiect 3D. Direcțiile necesare alcătuirii formei exacte a fiecărui strat sunt stocate în memoria computerului. Imprimarea 3D permite crearea rapidă a unor obiecte la comandă.

Charles W. Hull ținând o mască tipărită 3D a feței sale, în anul 2000

Prima imprimantă 3D
Inginerul american Charles W. Hull a primit patentul pentru imprimanta sa 3D, SLA-1, în anul 1986. Aceasta folosea lasere ca să construiască obiecte din rășină sintetică pe baza instrucțiunilor computerului.

Machetă de inimă tipărită 3D. Machetele organelor se pot tipări 3D ca să ajute medicii să explice și să plănuiască intervenții chirurgicale complexe.

Imprimare de componente
Imprimarea 3D se folosește astăzi în industrie, la crearea unor prototipuri și a unor componente funcționale pentru mașinării și vehicule. De exemplu, aeronava Airbus A350 XWB are în alcătuire peste 1000 de componente tipărite 3D. Coroanele dentare, grefele osoase, protezele și alte substitute necesare corpului uman pot fi la rândul lor tipărite 3D.

MARI OAMENI DE ȘTIINȚĂ

Stephen Hawking

Fizicianul englez Stephen Hawking (1942–2018) a fost fascinat de spațiu și de teoriile legate de natura fenomenelor spațiale. Deși a întâmpinat multe obstacole, a reușit să aducă numeroase contribuții importante în domeniul astronomiei, ajutând la o mai bună înțelegere a Universului.

Viața de student
Hawking (fluturând o eșarfă) alături de colegii săi din clubul nautic de la Universitatea din Oxford, Marea Britanie, în anul 1961. Acesta a studiat fizica și chimia la Oxford, mutându-se la Cambridge în anul 1962 ca să studieze cosmologia – știința care se ocupă cu apariția și evoluția Universului.

Diagnostic șocant

În anul 1963, în timp ce studia la Universitatea din Cambridge, Marea Britanie, Hawking a fost diagnosticat cu scleroză laterală amiotrofică, o afecțiune care distruge celulele nervoase. Deși pronosticul medicilor era de maximum trei ani de viață, Hawking a mai trăit multă vreme, rămas însă imobilizat într-un scaun cu rotile începând cu anul 1969, și pierzându-și vocea în anul 1985. Hawking a comunicat apoi prin intermediul unui computer legat la un sintetizator de voce.

Cercetarea găurilor negre

Hawking a început să facă cercetări asupra rămășițelor extrem de dense ale stelelor intrate în colaps, care poartă denumirea de *găuri negre*, sugerând că acestea pot fi interpretate ca o versiune mai mică a Big Bang-ului (fenomenul expansiunii Universului dintr-un singur punct), dar care funcționează invers.

Orizont de eveniment
Cercetările lui Hawking au accentuat ideea existenței unei granițe (marginea „bulei" din imaginea de mai sus) în jurul unei găuri negre, aceasta purtând denumirea de orizont de eveniment. Lumina sau materia (cu galben) care pătrunde din exterior prin această graniță este absorbită în gaura neagră de gravitația extrem de puternică a acesteia.

Radiația Hawking

Oamenii de știință crezuseră că nimic nu poate scăpa din uriașa forță gravitațională a unei găuri negre. Cu toate acestea, în anul 1974, Hawking a arătat că, teoretic, dintr-o gaură neagră poate fi emisă materie sub formă de particule subatomice, acest lucru însemnând că găurile negre nu există pentru totdeauna, ci dispar treptat, pe măsură ce își pierd energia.

Teoria întregului

În perioada 1979–2009, Hawking a fost profesor lucasian de matematică la Universitatea din Cambridge, un prestigios titlu deținut cândva de fizicianul Isaac Newton. Cercetările sale ulterioare au încercat să găsească o teorie unică prin care să fie explicat modul de funcționare a Universului la orice nivel.

„Scopul meu este simplu: o înțelegere pe deplin a Universului, de ce este așa cum este și de ce există."

Stephen Hawking, citat în cartea *Universul lui Stephen Hawking*, apărută în anul 1985

Autor bine vândut
Hawking a scris sute de lucrări și peste zece cărți, inclusiv bestsellerul din anul 1988 intitulat Scurtă istorie a timpului. *Acest ghid științific despre Univers a fost tradus în 40 de limbi și s-a vândut în peste zece milioane de exemplare.*

Zero gravitație
În anul 2007, Stephen Hawking a experimentat imponderabilitatea (lipsa gravitației) la bordul unui avion Boeing 727 modificat, care se înălța și cobora brusc ca să creeze pentru scurt timp efectul de imponderabilitate. „Partea cu zero-G a fost minunată... Puteam să continui așa la infinit!", a exclamat el ulterior.

„Nu suntem decât o specie avansată de maimuțe pe o planetă neînsemnată a unei stele obișnuite. Dar putem înțelege Universul, iar asta ne face deosebiți."

Stephen Hawking într-un interviu acordat publicației germane *Der Spiegel*, 1988

La mare căutare
Fotografia îl înfățișează pe Stephen Hawking în anul 2008, ținând un discurs la evenimentul care sărbătorea 50 de ani de la înființarea NASA. Omul de știință era la mare căutare pentru conferințe publice, mai ales după apariția filmului despre viața sa, Teoria întregului.

1990 ▸ 1995

În anul 1992, inginerul britanic Neil Papworth a trimis primul SMS (scurt mesaj scris), care transmitea *Crăciun fericit*.

Imagine realizată de un artist cu exoplaneta Kepler-22b, ale cărei dimensiuni sunt de 2,4 ori mai mari decât cele ale Pământului

Rămășițele bine păstrate ale lui Ötzi

1991

Mumia înghețată

Cel mai în vârstă om mumificat a fost descoperit înghețat în Alpii Ötztal, în apropierea granței dintre Austria și Italia. Trăind în urmă cu 5300 de ani și primind ulterior numele *Ötzi*, mumia era atât de bine păstrată, încât cercetătorii i-au putut studia conținutul stomacului și cele 61 de tatuaje de pe corp.

1992

Exoplanetele

Astronomul polonez Aleksander Wolszczan și astronomul canadian Dale Frail au descoperit două planete care se învârt în jurul unui pulsar (stea neutronică ce se rotește). Acestea au fost primele exoplanete (planete din afara Sistemului Solar) descoperite vreodată, până în luna iulie a anului 2016 fiind găsite 3300.

1990

1990

Telescopul spațial Hubble

Transportat în spațiu la bordul navetei spațiale Discovery, acest telescop lung de 13,2 metri avea să transforme total felul în care înțelegem spațiul. Hubble a descoperit noi stele, galaxii și luni, făcând peste 700.000 de fotografii (vezi paginile 230–231).

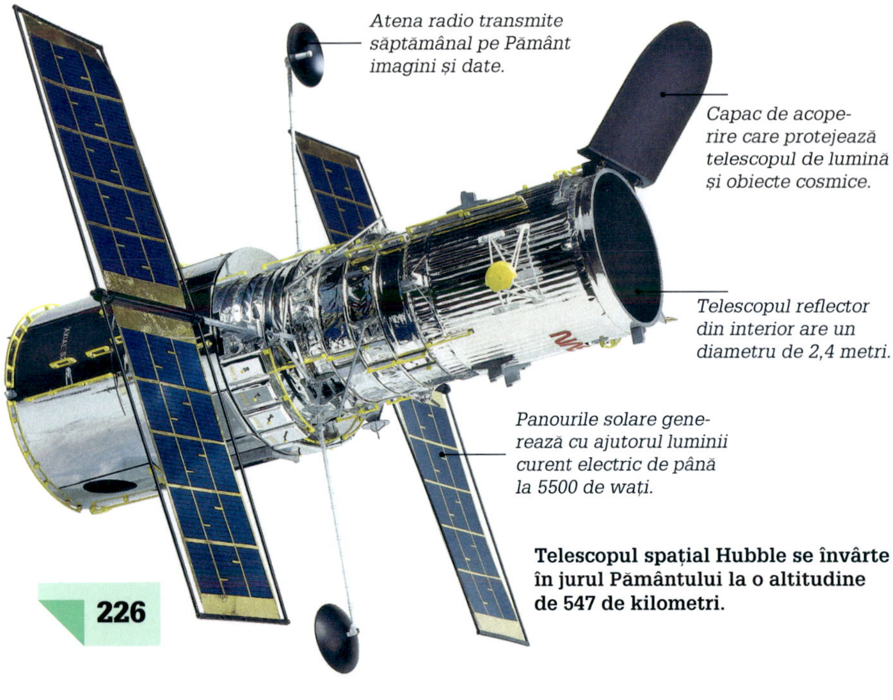

Telescopul spațial Hubble se învârte în jurul Pământului la o altitudine de 547 de kilometri.

1989–1993 WORLD WIDE WEB

În anul 1989, programatorul britanic Tim Berners-Lee a înființat World Wide Web (WWW), un sistem informatic global accesat prin Internet. Acesta conține site-uri web alcătuite din pagini conectate prin hyperlink-uri, care le permit utilizatorilor să navigheze cu ușurință. WWW-ul este un serviciu gratuit, disponibil oricui dorește să îl folosească.

> **„Era dificil să explici ce este web-ul înainte ca oamenii să se obișnuiască cu el, fiindcă nici nu exista un termen pentru o acțiune cum este click-ul."**
>
> Tim Berners-Lee

1993

Radioul cu manivelă

Inventatorul britanic Trevor Baylis a construit primul aparat radio care putea funcționa fără baterii, ajutând oamenii fără acces la electricitate să aibă acces la radio. Când manivela era învârtită complet, un arc intern păstra suficientă energie ca aparatul radio să funcționeze timp de 20 de minute.

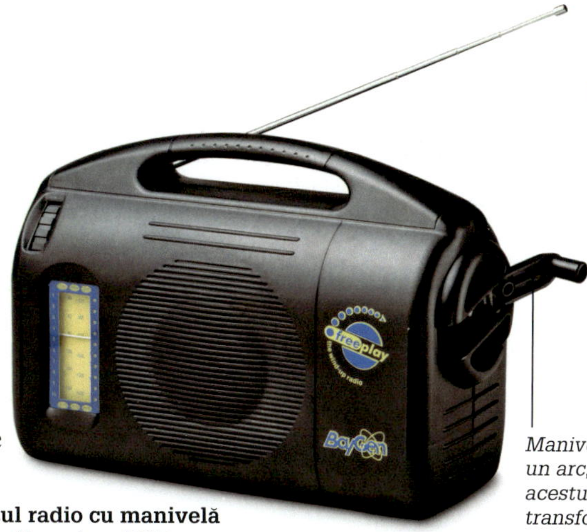

Aparatul radio cu manivelă BayGen Freeplay, 1995

Manivela întinde un arc, energia acestuia fiind apoi transformată în curent electric.

În anul 1994, o echipă condusă de medicul cercetător american Jeffrey Friedman a descoperit leptina, hormonul (substanța chimică) ce controlează apetitul.

1993

Primul smartphone

IBM Simon a fost primul telefon cu funcții smart: ecran tactil, acces la e-mail, aplicații pentru prognoză meteo, accesare de știri, hărți și desen. Telefonul avea 20 de centimetri lungime și o greutate de 510 grame, putând fi conectat la o rețea obișnuită de telefonie fixă.

O lume conectată
Vezi paginile 228–229.

Display LCD monocrom cu ecran tactil

Accesoriu pentru navigarea pe ecranul tactil

Roșii Flavr Savr proaspete

1994

Prima hrană modificată genetic

Roșiile Flavr Savr au fost primele produse alimentare modificate genetic vândute vreodată. Aceste roșii au fost modificate astfel încât procesul lor de coacere să fie încetinit, amânându-se înmuierea și putrezirea lor.

1995

Începuturile

Primul server web a fost pus online de Berners-Lee în data de 25 decembrie 1990, la CERN, în Elveția. Acesta prezenta paginile web utilizatorilor care le accesau printr-un program de navigare web instalat pe computerele lor. Berners-Lee a dezvoltat și HTML, un limbaj de programare care codifică paginile web astfel încât să poată fi afișate de cât mai multe computere diferite.

1993

Prima cameră web

În anul 1991, cercetătorii de la Universitatea din Cambridge, Marea Britanie, au montat o cameră digitală timpurie ca să fotografieze cafetiera aflată lângă laboratorul lor informatic și să afișeze imaginile pe computerele lor conectate la o rețea locală. În anul 1993, când programele de navigare web au devenit capabile să afișeze imagini, camera digitală a fost conectată la web, devenind prima cameră web. Aceasta a rămas conectată online până în anul 2001.

1994

Coliziunea unei comete

Cometa Shoemaker-Levy 9 a fost descoperită în anul 1993, iar în anul următor aceasta a intrat în coliziune cu atmosfera lui Jupiter. Aceasta a fost prima coliziune între două corpuri ale Sistemului Solar observată vreodată. În momentul dezintegrării, anumite fragmente din cometă au ajuns la viteze de 216.000 de km/h. Cercetătorii și-au aprofundat astfel cunoștințele despre comete și atmosfera lui Jupiter.

Specie redescoperită

Specia de marsupial *Potorous gilbertii* era considerată dispărută, fiind însă redescoperită în sud-vestul Australiei în anul 1994. Aceasta numără însă mai puțin de 100 de exemplare în sălbăticie.

O lume conectată

Progresele uriașe din domeniile tehnologiei computerizate și comunicațiilor permit accesul la informație, miliarde de oameni din întreaga lume fiind astfel conectați. Acest lucru este posibil în principal datorită rețelelor computerizate, care fac legătura între computere și dispozitive digitale – cum ar fi smartphone-urile –, facilitând comunicarea dintre oameni. Primele rețele erau conectate prin cabluri și aveau nevoie de conexiuni fizice, dar cele wireless (fără fir) sunt acum mult mai răspândite.

Internetul

Cea mai mare rețea de calculatoare interconectate de pe Pământ este Internetul. Viteza acestuia a crescut, la fel și răspândirea și numărul de aplicații utile, cum ar fi verificarea e-mailului, navigarea web, utilizarea rețelelor sociale și transmiterea în timp real de imagini și de sunete. Astăzi, semnalul de Internet este transmis prin fibre optice, sateliți, linii de telefonie fixă, dar și wireless. Această hartă din anul 2011 înfățișează conexiunile la Internet între orașe, cele mai vizibile fiind regiunile cu cele mai numeroase conexiuni.

Acest smartphone folosește o aplicație care afișează date despre obiectivul vizualizat.

Smartphone
Aceste puternice platforme computerizate pot rula aplicații sofisticate ce ajută utilizatorii chiar și în mișcare: hărți GPS, streaming video, editare de sunet, traducere etc.

Rețele wireless

Wi-Fi
Milioane de dispozitive se pot conecta wireless la Internet prin Wi-Fi dacă se află în preajma unui punct de acces. De obicei, accesul este protejat cu parolă.

RFID
Identificarea prin frecvență radio (abreviată RFID) folosește undele radio ca să identifice obiecte citind informațiile stocate pe micile etichete RFID aplicate sau încorporate în acestea.

Bluetooth
Acesta permite schimbul de informații pe distanță scurtă cu ajutorul undelor radio de frecvențe foarte înalte (UHF). Dispozitivele se pot conecta prin bluetooth la imprimante sau căști wireless.

NFC
Comunicarea în câmp apropiat (NFC) permite plățile fără contact (contactless) și alte schimburi de date când dispozitivele digitale sunt așezate unul în apropierea celuilalt.

Evenimente importante

1969
Primele mesaje au fost transmise între două computere americane prin ARPANET, un precursor al Internetului. Până în anul 1972, la ARPANET erau conectate 24 de computere, inclusiv cel al NASA.

1974
Americanii Vinton Cerf (informatician) și Bob Kahn (electrician) au dezvoltat TCP (protocolul de control al transmisiei), un set de reguli care permit computerelor să facă schimb de pachete de date prin Internet.

1990
Primul motor de căutare pe Internet se numea Archie și a fost creat de programatori canadieni. Acesta căuta prin indexurile site-urilor FTP (protocol pentru transfer de fișiere) ca să găsească fișierul cerut.

1996
A fost lansat Nokia 9000 Communicator, unul dintre primele telefoane mobile cu acces la Internet, care permitea navigarea și oferea acces la e-mail.

Nokia 9000 Communicator

Lumina poate fi programată să fie oprită, pornită, să crească sau să scadă în intensitate.

Muzica poate fi selectată și pornită în oricare dintre camere, sau chiar în toate.

Încuietorile electronice pot fi deschise, închise sau verificate.

Camerele de securitate pot transmite imagini din interiorul casei.

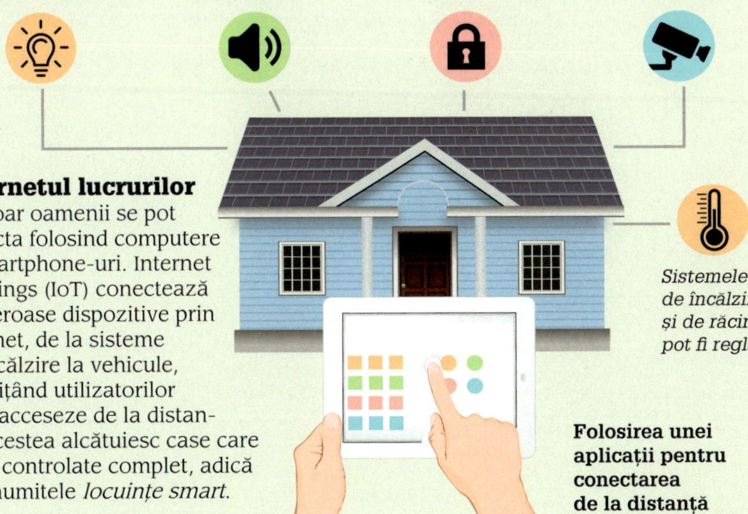

Sistemele de încălzire și de răcire pot fi reglate.

Folosirea unei aplicații pentru conectarea de la distanță la dispozitive

Internetul lucrurilor

Nu doar oamenii se pot conecta folosind computere și smartphone-uri. Internet of Things (IoT) conectează numeroase dispozitive prin Internet, de la sisteme de încălzire la vehicule, permițând utilizatorilor să le acceseze de la distanță. Acestea alcătuiesc case care pot fi controlate complet, adică așa-numitele *locuințe smart*.

Dispozitive de purtat

Tehnologia digitală de dimensiuni tot mai mici a făcut posibilă construirea unor computere încorporate în haine și bijuterii, dar și purtarea acestora pe cap pentru acces convenabil la informație. Dispozitivele pot monitoriza sănătatea și exercițiile fizice și pot crea adevărate experiențe 3D pentru utilizator. Numeroase astfel de dispozitive, cum ar fi ceasurile smart, funcționează împreună cu un smartphone sau cu o tabletă.

Google Glass
Acești ochelari inovatori cu afișare controlată prin voce proiectează informații în fața ochilor utilizatorului pentru comunicare și accesare handsfree a datelor.

Brățări fitness
Senzorii din acest dispozitiv pot măsura viteza, distanța și durata unui exercițiu fizic efectuat de utilizator care poate astfel să-și urmărească progresul.

Ceasuri smart
Aceste dispozitive purtate la încheietura mâinii informează utilizatorul despre primirea unui mesaj sau indică în timp real poziția acestuia pe hartă.

1997

Standardul (un set de reguli) Wi-Fi a fost introdus pentru toate rețelele wireless. Primele dispozitive router (care controlează schimbul de date) pentru computere personale au apărut cu doi ani mai târziu.

2008

A fost lansată prima versiune a sistemului de operare Android pentru telefoane și tablete. În anul 2016, două treimi din numărul total de smartphone-uri foloseau deja Android.

2013

Amazon și DHL au testat primele drone în serviciul de livrare. Aceste dispozitive aeriene fără pilot pot livra produse în locuri greu accesibile.

2015

Mai mult de jumătate dintre cele 100 de miliarde de căutări lunare pe Google au fost făcute prin intermediul dispozitivelor portabile, cum ar fi smartphone-urile și tabletele, în detrimentul computerelor personale.

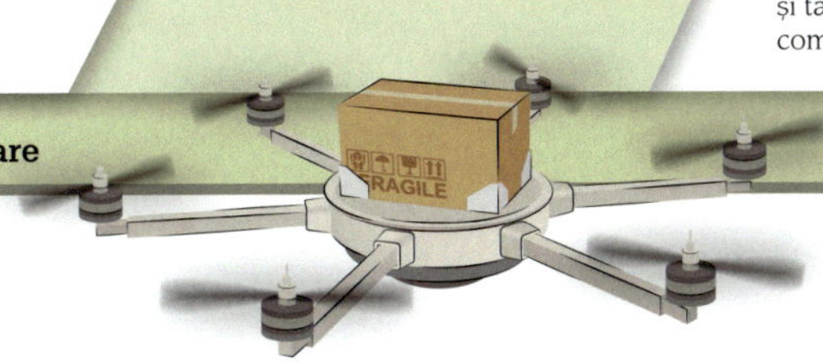

Dronă pentru livrare

ANUL 1990, CENTRUL SPAŢIAL KENNEDY, FLORIDA, SUA

„ Dacă cea mai difuză nebuloasă poate fi detectată cu cel mai puternic telescop, atunci am ajuns la frontiera cunoașterii Universului. ”

Edwin Hubble, *Tărâmul nebuloaselor*, 1936

Imagini din spațiu

Hubble, primul telescop spațial de dimensiuni mari, a fost lansat în anul 1900 și se învârte în jurul Pământului la o altitudine de 547 de kilometri. Departe de turbulențele provocate de atmosfera Pământului, dispozitivul obține imagini cu ajutorul unei oglinzi principale, acestea fiind de 5–20 de ori mai clare decât cele obținute la sol. Acest lucru a ajutat cercetătorii să descopere nebuloase (corpuri cerești alcătuite din gaze sau pulbere din care se formează stelele) foarte îndepărtate, unele dintre ele aflându-se la o distanță uimitoare de 13,4 miliarde de ani-lumină. Hubble a efectuat peste 1,2 milioane de observații din momentul lansării și trimite săptămânal pe Pământ în jur de 140 de GB de date. Cu toate acestea, are nevoie de numai 2100 de wați, mai puțin chiar decât un fierbător electric.

Vârtejurile de nori de gaze, pulbere și tinere stele strălucitoare ale nebuloasei Carina sunt evidențiate în această imagine compusă din 44 de fotografii făcute de telescopul Hubble. Această nebuloasă se află la o distanță de circa 7500 de ani-lumină față de Pământ.

1995 ▸ 2000

1995

În jurul lui Jupiter

Sonda spațială NASA pe nume *Galileo* a devenit prima navă spațială terestră de pe orbita lui Jupiter. Aceasta a descoperit nori de amoniac în atmosfera planetei, a măsurat activitatea vulcanică a lunii Io și a descoperit dovada existenței apei sărate în scoarța altor trei luni ale lui Jupiter: Callisto, Ganymede și Europa.

1996

Prima clonare reușită a unui mamifer

Cercetătorii de la Institutul Roslin din Edinburgh, Scoția, au obținut primul mamifer sănătos creat prin clonarea (copierea identică) unei oi adulte, folosind o singură celulă a acesteia. Oaia Dolly s-a născut în iulie 1996, pe parcursul vieții dând naștere la rândul său mai multor miei.

1997

Fenomenul El Niño

El Niño este fenomenul de încălzire a suprafeței oceanice care se produce periodic în regiunile tropicale din Pacific. În timpul acestuia se modifică mișcările vânturilor și, odată cu acestea, și distribuirea pe glob a precipitațiilor. În perioada 1997–1998 a avut loc cel mai puternic fenomen El Niño de până acum, acesta producând numeroase fenomene extreme, cum ar fi seceta severă din sud-estul Asiei, dar și precipitațiile abundente cu inundații record din America de Sud.

Inundațiile severe provocate de El Niño în perioada 1997–1998 au distrus o mare parte dintre locuințele din Chato Grande, Peru.

1995

1995 GPS (SISTEM DE POZIȚIONARE GLOBALĂ)

GPS-ul (sistemul de poziționare globală) a început ca o rețea de 24 de sateliți (astăzi extinsă la 31) care înconjoară Pământul de două ori pe zi la o altitudine de 20.200 de kilometri. Grupuri de câte patru sateliți călătoresc pe același plan orbital ca să asigure o acoperire cât mai mare.

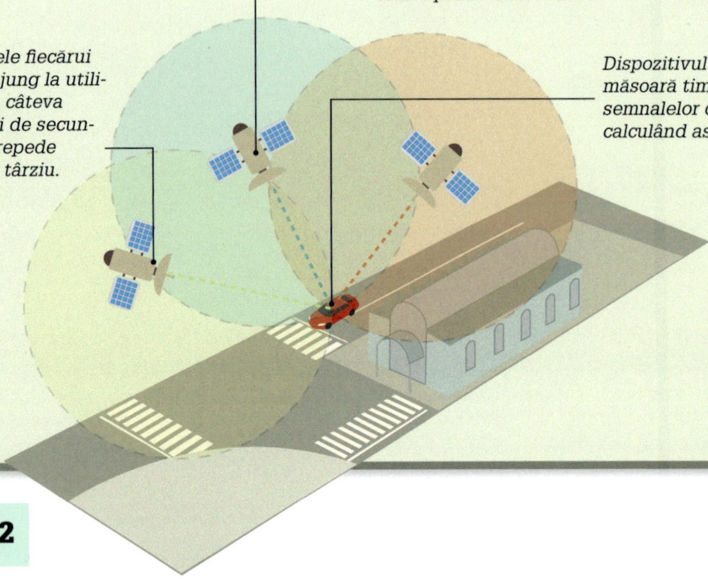

Navigare prin satelit

Dispozitivul GPS pentru mașină combină un receptor GPS cu hărți digitale și diverse programe pentru a oferi o poziționare mereu actualizată, dar și indicații de a ajunge într-un anumit loc. Din anul 2000, șoferii și pietonii au acces la semnal GPS de o și mai mare precizie, acesta fiind anterior disponibil doar armatelor.

Semnale GPS

Fiecare satelit transmite semnale radio codificate cu ora exactă a emiterii. Un dispozitiv GPS strânge semnalele a trei sau mai mulți sateliți, măsurând cu exactitate timpul necesar primirii fiecărui semnal cu scopul calculării poziției sale exacte, care însă poate suferi o eroare de câțiva metri.

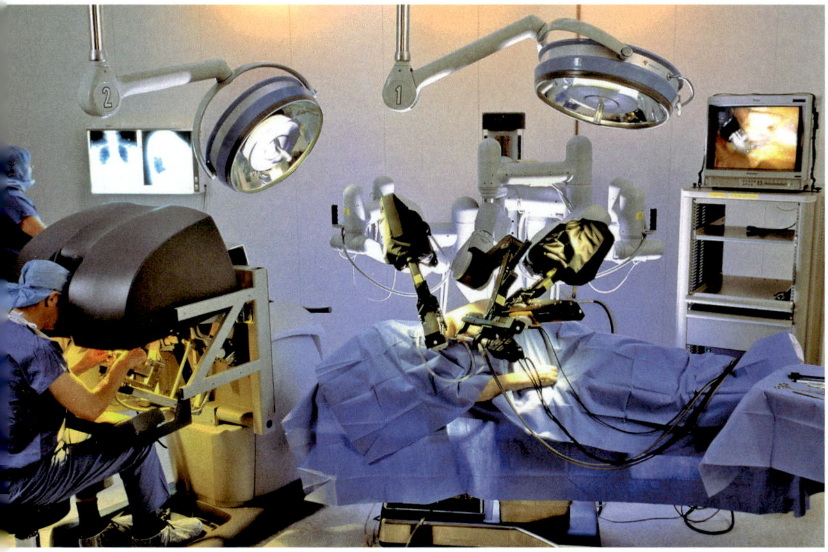

Robotul da Vinci asistând la o operație pe cord deschis

MP3 player portabil
Lansat în anul 1998 de SaeHan Information Systems, MPMan a fost primul MP3 player portabil vândut vreodată. Acesta putea stoca doar câteva melodii în memoria sa internă de numai 32 MB.

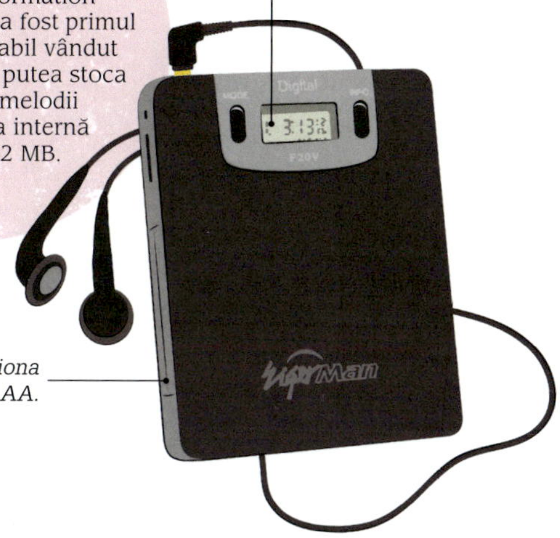

Pe micul ecran LCD erau afișate titlul piesei, durata acesteia și nivelul volumului.

Aparatul funcționa cu baterii AA.

1998

Robotul chirurgical da Vinci

Intervenția chirurgicală de bypass cardiac a fost asistată pentru prima oară de un robot la un centru de cardiologie din Leipzig, Germania. Aparatul a fost controlat de medicul Friedrich-Wilhelm Mohr, care direcționa brațele robotice prevăzute cu instrumente chirurgicale și camere de luat vederi. Robotul poate acționa mult mai precis decât reușește un chirurg cu mâna.

1999

Un nou hormon

A fost anunțată descoperirea unui nou hormon, denumit *grelină*. Produs de celule în principal în stomac și în duoden (dar nu numai), acesta stimulează apetitul și facilitează depozitarea grăsimii. Grelina este produsă în cantități mai mari înainte de masă, când o persoană simte foame, și mai puțin după, când apare senzația de sațietate.

2000

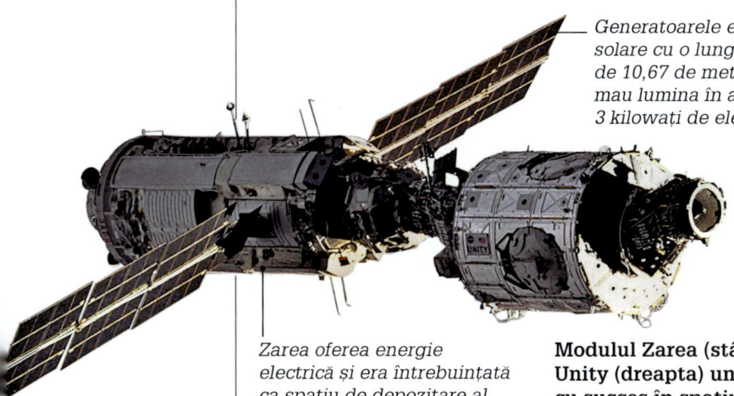

Generatoarele electrice solare cu o lungime de 10,67 de metri transformau lumina în aproximativ 3 kilowați de electricitate.

Zarea oferea energie electrică și era întrebuințată ca spațiu de depozitare al celorlalte module spațiale.

Modulul Zarea (stânga) și Unity (dreapta) unindu-se cu succes în spațiu

1998

Lansarea Stației Spațiale Internaționale

Primul modul al Stației Spațiale Internaționale, un adevărat vagon de 19.000 de kilograme denumit *Zarea*, a fost lansat pe orbită cu ajutorul unei rachete rusești Proton. În același an a fost lansat și modulul american Unity, care s-a unit cu Zarea.

1999

Breitling Orbiter 3

Aviatorii Bertrand Piccard (Elveția) și Brian Jones (Marea Britanie) au fost primii oameni care au făcut ocolul Pământului într-un balon cu aer cald. Călătoria lor fără oprire în balonul Breitling Orbiter 3 a început în Elveția și s-a sfârșit după 19 zile, 21 de ore și 40.814 de kilometri, când au aterizat în Egipt. Balonul înalt de 55 de metri era încălzit cu șase arzătoare era prevăzut și cu o cameră cu heliu pentru un plus de portanță.

Breitling Orbiter 3 deasupra Alpilor, 1999

În anul 1997, campionul mondial rus Gari Kasparov a fost învins într-un meci de șah cu șase partide de supercomputerul IBM Deep Blue.

Robotica

Robotul este o mașinărie automată care poate fi programată să facă anumite acțiuni dintre cele mai diverse, cel mai adesea nesupravegheat. Acesta poate curăța zgârie-nori sau asista o intervenție chirurgicală, lucrând uneori cu mai multă precizie și forță decât reușește omul. Adesea, roboții îndeplinesc sarcini cărora oamenilor li se par neplăcute, repetitive sau chiar imposibile.

Munca în fabrici
Primul robot folosit într-o fabrică a fost Unimate, care în anul 1961 opera componente metalice fierbinți la o fabrică americană de autovehicule. La ora actuală, peste 1,5 de milioane de roboți sunt folosiți în fabrici. Aceștia asamblează produse, sudează, vopsesc și împachetează cu precizie obiecte.

Roboți militari
Roboții pot asigura o protecție excelentă patrulând înaintea forțelor armate, în misiuni de spionaj sau de cercetare. Anumite modele pot căuta supraviețuitori în zone afectate de dezastre, iar altele pot investiga zone periculoase – cum ar fi câmpurile minate sau regiunile cu deversări chimice toxice.

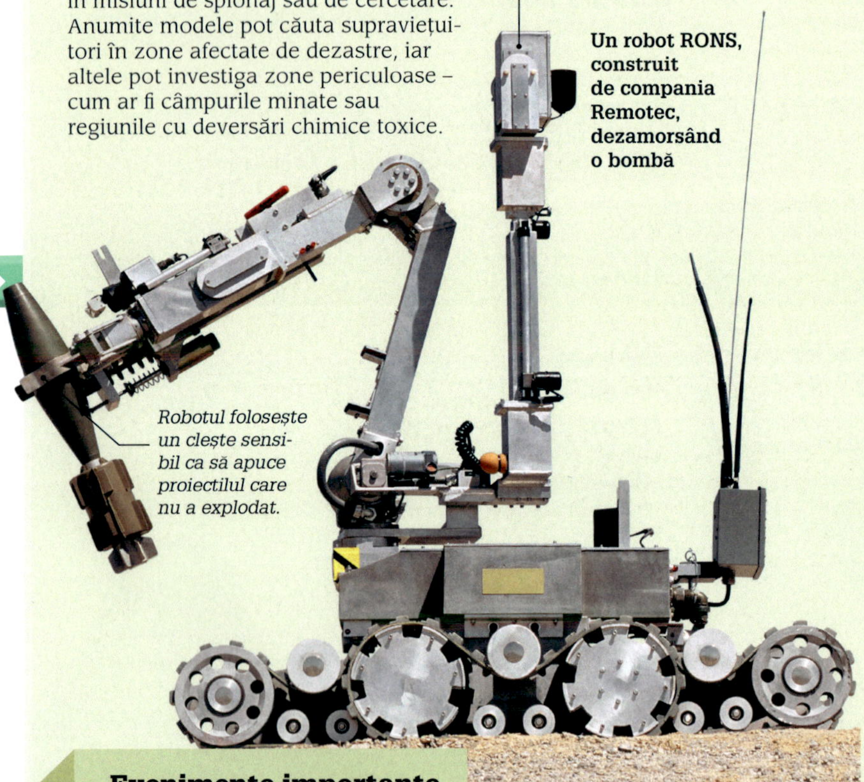

Camerele de luat vederi trimit imagini detaliate echipei de dezamorsare a dispozitivelor explozive.

Robotul folosește un clește sensibil ca să apuce proiectilul care nu a explodat.

Un robot RONS, construit de compania Remotec, dezamorsând o bombă

Roboți în ficțiune

Înainte să existe cu adevărat, roboții și-au făcut apariția în scrierile științifico-fantastice, fiind descriși ca niște mașinării inteligente, cu discernământ. De fapt, roboții trebuie să fie programați de oameni, deși câțiva reușesc să învețe singuri din mediul în care se află.

Robot din filmul SF intitulat *Căpitanul Sky și lumea viitorului*

Evenimente importante

1921
Termenul *robot* a fost folosit pentru prima oară de scriitorul ceh Karel Čapek, în piesa sa de teatru intitulată *R.U.R.* În limba cehă, *robota* înseamnă *muncă silnică (forțată)*.

1966
Shakey este primul robot mobil capabil să se orienteze printr-o serie de încăperi cu ajutorul camerelor și senzorilor (California, SUA).

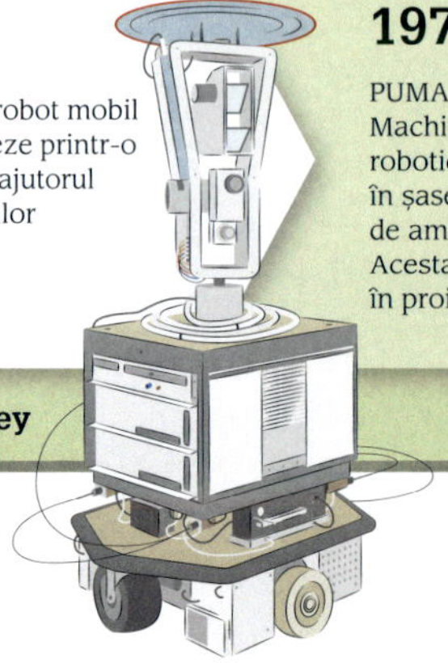

Shakey

1975
PUMA (Programmable Universal Machine for Assembly), un braț robotic electric care putea acționa în șase direcții, a fost inventat de americanul Victor Scheinman. Acesta a avut o influență majoră în proiectarea roboților industriali.

1997
Sojourner a fost primul robot care s-a deplasat pe altă planetă (Marte). Acesta avea roți motorizate electric și o cameră cu ajutorul căreia trimitea imagini pe Pământ.

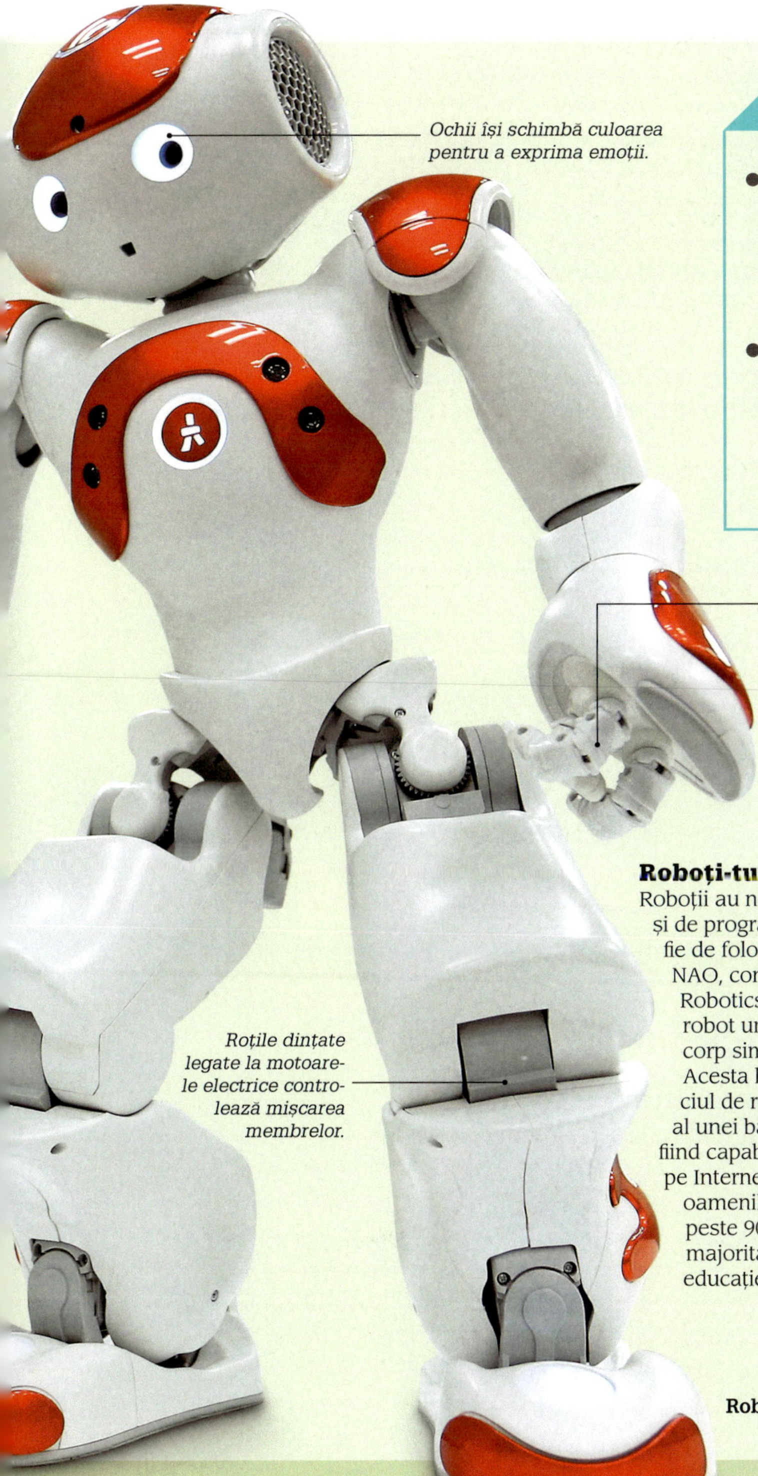

Robot NAO, 2015

Componentele principale ale unui robot

- **Regulator**
  Programul de computer care ține loc de creier, luând decizii și dând instrucțiuni robotului
- **Efector final**
  Parte a unui robot care interacționează cu mediul (cleşte sau braț care apucă obiecte)
- **Senzori**
  Dispozitive cum ar fi camerele de luat vederi, detectoarele de distanță și dispozitivele GPS, care strâng date pentru regulator
- **Sistem de acționare**
  Sistemul folosit la acționarea părților care se mișcă ale robotului, acestea fiind de regulă electrice, pneumatice (cu gaz comprimat) sau hidraulice (cu lichid comprimat).

Roboți-tutori

Roboții au nevoie de componente și de programe complexe ca să le fie de folos oamenilor. Robotul NAO, construit de Aldebaran Robotics în Franța, este un robot umanoid, având un corp similar celui uman. Acesta lucrează la serviciul de relații cu clienții al unei bănci din Japonia, fiind capabil să caute singur pe Internet soluții la întrebările oamenilor. Au fost vânduți peste 9000 de roboți NAO, majoritatea în domeniul educației.

Exploratori robotici

Roboții spațiali (cum ar fi Rosalind Franklin, care va fi trimis pe Marte în anul 2020) explorează locuri care pentru oameni sunt prea ostile – de exemplu, suprafața marțiană – și trimit ce au descoperit pe Pământ cu ajutorul semnalelor radio. Roboții explorează și Pământul, de la cele mai adânci oceane până la cele mai înguste conducte ale piramidelor egiptene.

1999

Sony a lansat AIBO (Artificial Intelligence Bot). Acest câine robotic putea fi programat să îndeplinească sarcini, devenind foarte căutat în domeniul educației.

2001

Global Hawk, un vehicul aerian fără echipaj, și-a stabilit propriul traseu în timpul zborului de 13.219 kilometri din SUA până în Australia.

2011

Robotul umanoid cu două brațe Robonaut 2 a fost trimis pe Stația Spațială Internațională, fiind testat pentru sarcini repetitive, cum ar fi curățarea filtrelor de aer.

2014

Roboții de curățare Roomba au devenit cei mai căutați din lume. De la apariția lor pe piață în anul 2002 au fost vândute peste 10,5 milioane de exemplare.

2000 ▸ 2005

2000

Rezerva mondială de semințe

Acest depozit uriaș de semințe și numeroase bănci partenere de pe glob au fost înființate ca să păstreze cât mai multe specii de semințe în eventualitatea unui dezastru. Scopul era ca până în anul 2020 să fie strânse semințe de la 25% dintre speciile de plante ale lumii. Până în anul 2015 au fost strânse deja 1,98 de miliarde de semințe.

Recipientele cu semințe sunt numerotate și au coduri de bare pentru identificare, fiind păstrate în subsoluri întunecoase, la –20 °C.

2001

Segway

Inventat de inginerul american Dean Kamen, Segway Personal Transporter (PT) a fost dezvăluit la televizor. Această mașinărie cu două roți se echilibrează singură simțind schimbările de greutate ale utilizatorului și poate merge înainte și înapoi. Prototipul ajungea la o viteză maximă de 20 de km/h, fiind pus în funcțiune de două motoare electrice. Puteau fi străbătuți 19 kilometri cu o singură reîncărcare a bateriei.

Tânăr pe un Segway PT

2001

Primul turist în spațiu

Multimilionarul american Dennis Tito a devenit primul turist în spațiu când a călătorit pe Stația Spațială Internațională (SSI) la bordul unei navete rusești Soiuz. Tito a petrecut acolo aproape opt zile, întreaga experiență costându-l nu mai puțin de 20 de milioane de dolari.

2000

Wikipedia, o enciclopedie online gratuită și scrisă de utilizatori, a fost lansată în anul 2001 de Jimmy Wales și Larry Sanger.

2001

Prima intervenție chirurgicală la distanță

Chirurgul canadian Michel Gagner se afla în New York, SUA, când a efectuat o intervenție chirurgicală de la distanță asupra unei paciente din Strasbourg, Franța. Ganger a controlat un sistem chirurgical robotic Zeus de la mai bine de 6000 de kilometri depărtare, reușind să îndepărteze colecistul pacientei.

2000

Primul robot umanoid

Honda a făcut prima demonstrație a robotului său ASIMO (Advanced Step in Innovative Mobility), care avea o înălțime de 120 de centimetri și putea să pășească, să urce scări, să recunoască și să apuce obiecte. Îmbunătățirile ulterioare i-au permis primului robot biped să alerge, ajungând la o viteză de 9 km/h, dar chiar și să danseze.

Robotica
Vezi paginile 234–235.

2002

Apă pe Marte

Analizând mostrele trimise de nava spațială robotizată Mars Odyssey, care se învârte în jurul lui Marte, NASA a găsit dovada că pe Planeta Roșie există apă sub formă de gheață. Misiunea avea ca scop cartografierea elementelor chimice de pe planetă, cercetătorii descoperind astfel mari cantități de apă înghețată îngropate sub scoarța de la cei doi poli.

Imagine realizată de un artist înfățișând calotele glaciare polare de pe Marte

În octombrie 2003, Yang Liwei a devenit primul astronaut chinez, în cadrul misiunii Shenzhou 5.

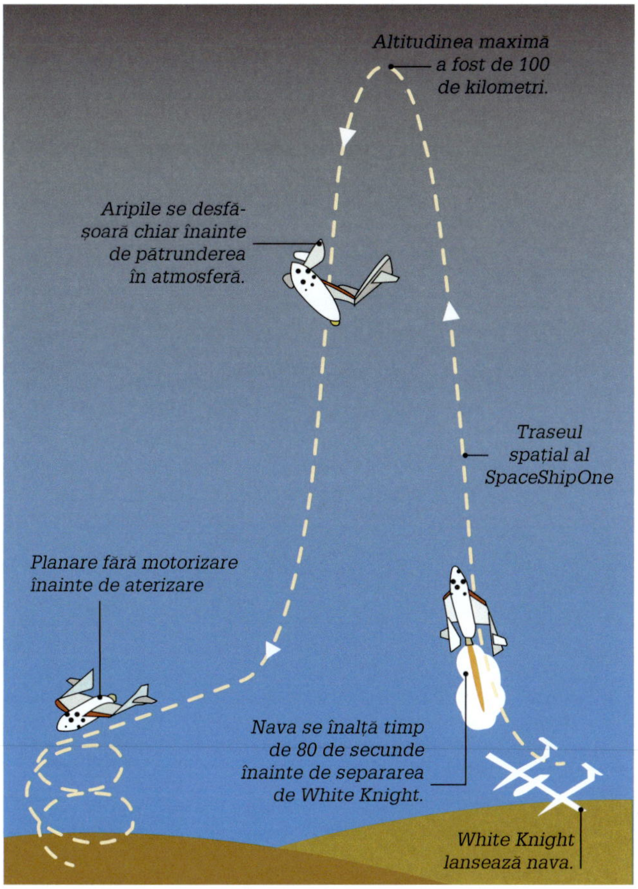

Traseul de zbor al navei SpaceShipOne

2004

Primul zbor privat în spațiu

SpaceShipOne a devenit prima navă spațială privată care a ajuns până la granița dintre atmosferă și spațiul cosmic, la o altitudine de 100 de kilometri deasupra Pământului. Nava putea găzdui trei persoane, fiind purtată până la 15.000 de metri altitudine de nava de lansare White Knight, iar apoi pornind propriile sale motoare de rachetă. SpaceShipOne a efectuat trei zboruri în spațiu și 17 în total.

2004

Prima interfață creier-computer

Un prototip al interfeței BrainGate a fost folosit pe pacienți, acesta fiind un dispozitiv care detectează activitatea creierului prin 96 de electrozi fixați pe scalpul uman. Semnalele sunt traduse de un computer, fiind transformate în instrucțiuni care controlează cursorul pe un ecran, un braț robotic sau un scaun cu rotile.

2005

2003

Proiectul Genomului Uman

Proiectul Genomului Uman a fost declarat complet în anul 2003. Acesta a debutat în anul 1990, fiind un efort internațional de cercetare pentru secvențierea și cartografierea celor 3,2 miliarde de perechi de baze azotate (vezi pagina 199) găsite în genele ființelor umane. Informațiile strânse în cadrul proiectului sunt folosite la identificarea genelor importante și la investigarea cauzelor genetice ale anumitor boli pentru dezvoltarea ulterioară a unor tratamente.

ADN: codul vieții
Vezi paginile 198–199.

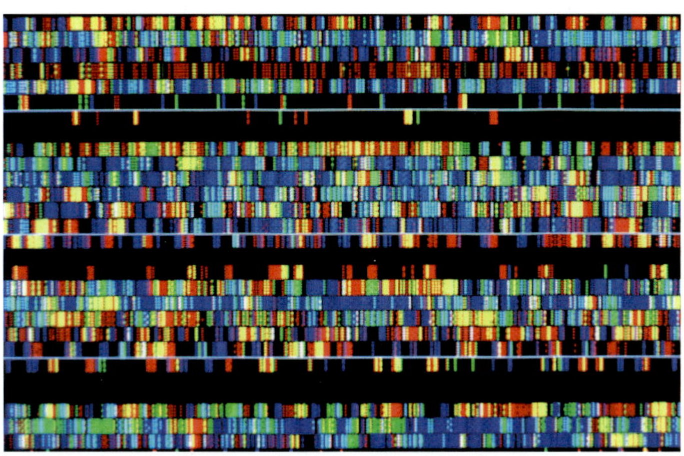

Secvențe de ADN uman afișate ca o serie de fâșii colorate

2004

Grafenul

Fizicienii de origine rusă Andre Geim și Konstantin Novoselov de la Universitatea din Manchester, Marea Britanie, au creat straturi de grafen din atomi de carbon. Grafenul este cel mai subțire material din lume, în ciuda faptului că este de 200 de ori mai rezistent decât oțelul. Pentru munca lor, cei doi experți au fost distinși cu prestigiosul Premiu Nobel pentru Fizică în anul 2010.

> **„Cu un singur gram de grafen se pot acoperi câteva terenuri de fotbal.”**
>
> Andre Geim despre grafen, octombrie 2010

2005 ▸ 2010

Imagine realizată de un artist cu Eris

2005

Descoperirea lui Eris

Astronomii americani au descoperit Eris, un corp ceresc stâncos care se învârte în jurul Soarelui dincolo de Neptun și care se credea a fi mai mare decât Pluto. În anul următor, Uniunea Astronomică Internațională i-a schimbat statutul lui Pluto, denumind-o *planetă pitică*, la fel ca Eris și Ceres (fost asteroid).

Lansate în anul 2006, discurile optice Blu-ray pot stoca de până la zece ori mai multe date decât un DVD obișnuit.

2006

Primele teste cu ochiul bionic Argus II

Ochiul bionic (sintetic) Argus II este prevăzut cu o cameră care surprinde imagini, acestea fiind apoi transmise ca semnale unor mici electrozi implantați în retina (stratul fotoreceptor) aflată în spatele ochiului nefuncțional. Acolo, semnalele stimulează celulele retinei ca să trimită alte semnale din ochi către creier, prin intermediul nervului optic, permițând persoanei respective să vadă.

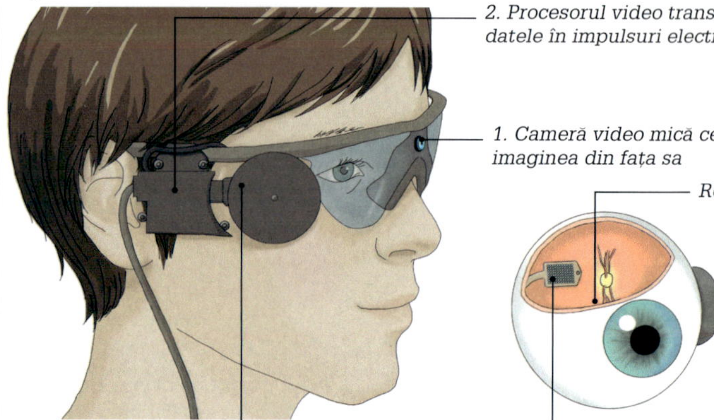

2005

2005

Primul transplant parțial de față

Chirurgul francez Bernard Devauchelle și echipa sa au efectuat primul transplant parțial de față în Amiens, Franța. Pacienta, pe nume Isabelle Dinoire, a fost atacată și desfigurată grav de propriul său câine. Echipa chirurgicală a efectuat cu succes o intervenție revoluționară, înlocuindu-i mari părți din nas, gură și obraji.

Secțiune transversală printr-un Airbus A380

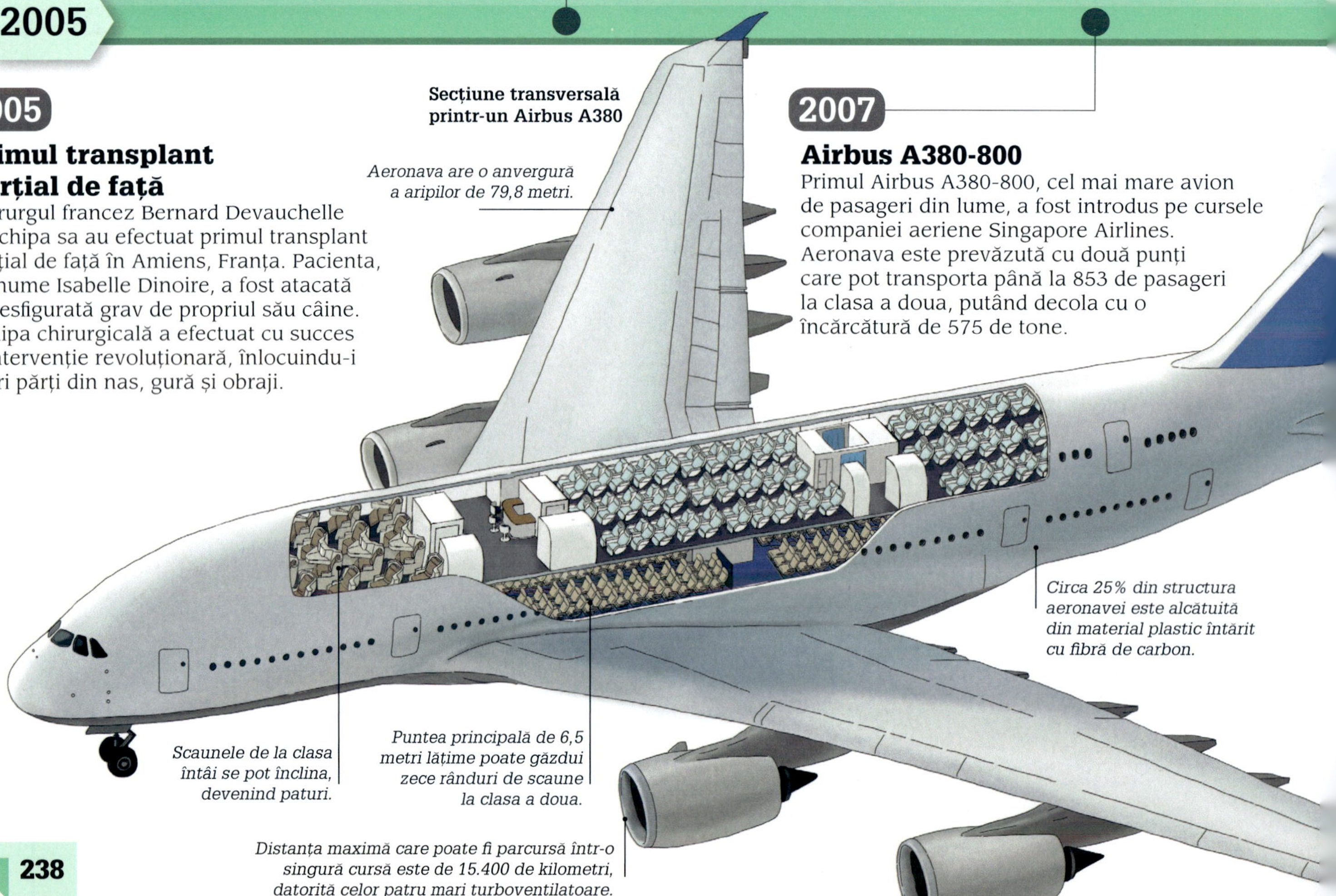

2007

Airbus A380-800

Primul Airbus A380-800, cel mai mare avion de pasageri din lume, a fost introdus pe cursele companiei aeriene Singapore Airlines. Aeronava este prevăzută cu două punți care pot transporta până la 853 de pasageri la clasa a doua, putând decola cu o încărcătură de 575 de tone.

Imagine realizată de un artist care înfățișează convertoarele de energie folosite la ferma de valuri din Aguçadoura

2008

Prima „fermă" de valuri

A fost înființată așa-numita fermă de valuri din Aguçadoura, aflată la 5 kilometri în largul coastelor Portugaliei. Aceasta dispune de trei convertoare de energie, fiecare având forma unui cilindru articulat cu o lungime de 120 de metri. Mișcarea în sus și în jos a secțiunilor articulate este provocată de valuri, fiind folosită la producerea curentului electric.

2009

Misiunea spațială Kepler

Prin intermediul misiunii spațiale Kepler au fost monitorizate mii de corpuri cerești din Calea Lactee în vederea găsirii unor exoplanete (planete care se învârt în jurul altei stele decât Soarele). Telescopul misiunii folosea un fotometru, dispozitiv care măsoară intensitatea luminii ca să detecteze variațiile luminozității unei stele provocate de trecerea unei exoplanete prin fața sa. În primul an al misiunii au fost descoperite peste 1280 de exoplanete.

2009

Fosile de șerpi uriași

În La Guajira, Columbia, au fost descoperite în cadrul unei expediții științifice rămășițele fosilizate a 28 de șerpi uriași care au trăit în urmă cu circa 60 de milioane de ani. Specia a fost denumită *Titanoboa cerrejonensis* și măsura 14 metri lungime, cei mai mari dintre șerpi putând ajunge la o greutate de 1100 de kilograme. Titanoboa avea fălci suficient de mari ca să înghită un crocodil întreg.

2010

Spre cer
Vezi paginile 162–163.

Primul iPhone al companiei Apple a fost lansat în anul 2007, având un ecran tactil cu funcție multitouch.

2008 LARGE HADRON COLLIDER

Acceleratorul de particule LHC (*Large Hadron Collider*, adică *Mare Accelerator de Hadroni*) are forma unui tunel subteran circular, lung de 27 de kilometri, fiind situat la granița franco-elvețiană. Peste 6000 de electromagneți accelerează protonii din LHC cu o viteză apropiată celei a luminii. Acești protoni intră în coliziune în patru locuri din LHC, fiind analizați de patru detectoare principale: ALICE, CMS, LHCb și ATLAS (vezi paginile 240–241).

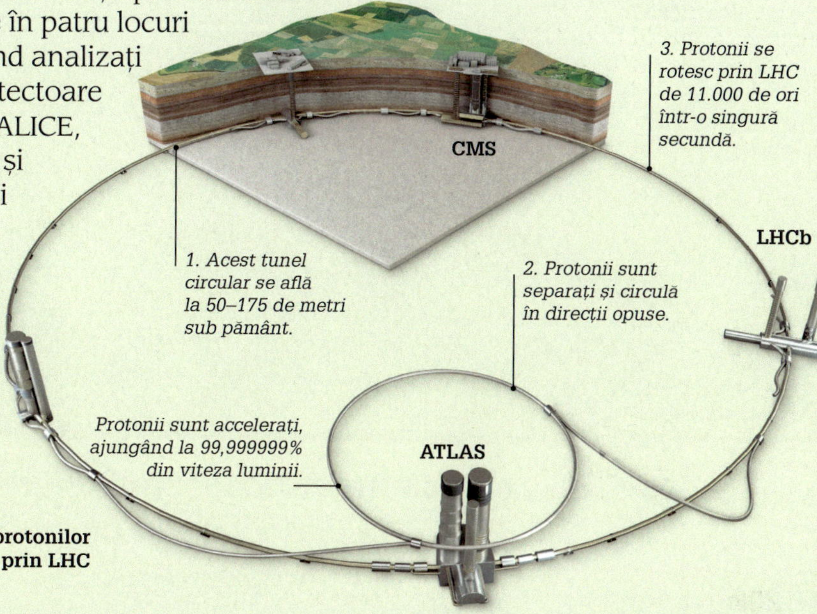

Mișcarea protonilor prin LHC

ANUL 2007, CERN, ELVEȚIA

„Încă nu cunoaștem 95% din Univers. Trebuie să descoperim ce se află acolo.”

Rolf-Dieter Heuer, fost director general CERN

Acceleratorul de particule

În centrul celui mai complex set de experimente în domeniul fizicii din lume se află detectorul ATLAS, care face parte din LHC-ul CERN, o mașinărie gigantică și foarte puternică, denumită *accelerator de particule*. Electromagneții uriași din LHC accelerează protonii (particule atomice încărcate cu sarcină pozitivă) până ajung la 99,999999% din viteza luminii. Aceștia se ciocnesc unii de ceilalți cu o forță incredibilă, generând peste un miliard de coliziuni și interacțiuni pe secundă. ATLAS monitorizează rezultatele acestor coliziuni, căutând particule și fenomene necunoscute. Astfel, în anul 2012, a fost descoperită particula elementară denumită *bosonul Higgs* (vezi pagina 243).

Detectorul ATLAS are un diametru de 25 de metri și cântărește 7000 de tone, aproape cât Turnul Eiffel din Franța.

2010 ▸ 2015

„ **Structura e atât de ușoară, de parcă ar fi 99,99% aer.** ”

Tobias Schaedler (de la Laboratoarele HRL) despre microgrilaje, noiembrie 2011

2010 SOLAR IMPULSE

Decolând de la baza aeriană Payerne din Elveția, Solar Impulse a devenit primul avion solar care a zburat neîntrerupt timp de peste 24 de ore, călătorind 26 de ore înainte să aterizeze la punctul de plecare. Acesta a fost cel mai lung și cel mai înalt (8700 de metri altitudine maximă) zbor efectuat vreodată de un avion solar cu pilot.

Solar Impulse în zbor

André Borschberg
În anul 2015, Borschberg, unul dintre cofondatorii proiectului Solar Impulse, a zburat neîntrerupt timp de 117 ore și 52 de minute în Solar Impulse 2, următorul aparat al seriei.

2011

Metal ultraușor

Laboratoarele HRL, o companie americană din California, a obținut cel mai ușor material metalic din lume: microgrilajele. Acestea sunt alcătuite dintr-un aliaj de fosfor și nichel, formând o rețea de tuburi goale interconectate. Materialul este atât de ușor încât un cub cu latura de 10 centimetri cântărește mai puțin de un gram, devenind astfel foarte util în domeniul aeronauticii spațiale.

2010

2010

Lansarea tabletei iPad

Prima tabletă a companiei Apple, denumită *iPad*, a fost lansată pe piață. Aceasta nu avea încă o cameră, dar modelele ulterioare au fost prevăzute cu câte două, una pe fața și cealaltă pe spatele dispozitivului, acestea fiind capabile să facă fotografii și înregistrări video. Până în anul 2018 au fost vândute peste 380 de milioane de iPad-uri.

O lume conectată
Vezi paginile 228–229.

2010

Primul jetpack

În anul 2010, compania Martin Aircraft a lansat pe piață primul costum de zbor (jetpack) destinat publicului larg. Acest dispozitiv cu propulsie și aterizare verticale nu folosește un motor cu reacție, ci unul cu motorină de 200 de cai-putere, acesta punând în funcțiune două elice care ridică o persoană la altitudini de peste 2300 de metri.

În anul 2011, doi campioni au pierdut în fața supercomputerului IBM Watson la concursul *Riști și câștigi*.

2012

Deepsea Challenger

Regizorul canadian James Cameron a ajuns la o adâncime de 10.908 metri sub nivelul mării pilotând submersibilul Deepsea Challenger, vas cu o înălțime de 7,3 metri. Acesta a ajuns la Challenger Deep din Oceanul Pacific, cel mai adânc punct de pe Pământ, în doar două ore și 37 de minute.

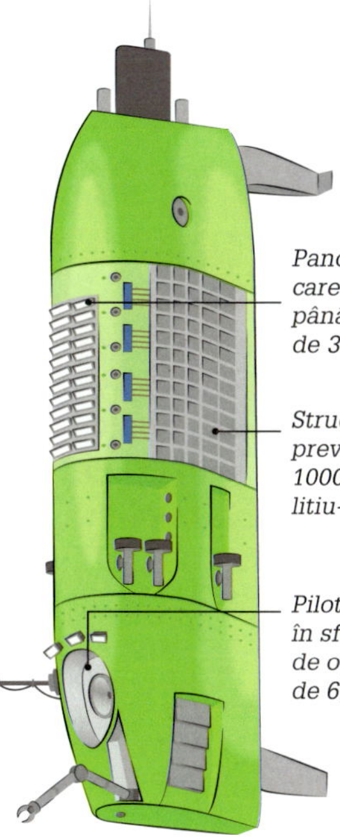

2012

Bosonul Higgs

În luna iulie, cercetătorii de la acceleratorul de particule LHC au descoperit bosonul Higgs, o particulă elementară care dovedește existența câmpului Higgs, aceasta fiind bănuită în trecut, fără să fie însă dovedită. Bosonul Higgs dezleagă misterul maselor particulelor subatomice.

Acceleratorul de particule Vezi paginile 240–241.

2014

Sondă pe cometă

După o călătorie de zece ani și jumătate pornind de pe Pământ, sonda Rosetta a Agenției Spațiale Europene a intrat pe orbita cometei 67P/Ciuriumov-Gherasimenko, lansând modulul de aterizare Philae. Acesta a efectuat prima aterizare lină a unei sonde pe o cometă și a trimis pe Pământ imagini cu suprafața corpului ceresc.

Imagine realizată de un artist cu modulul de aterizare Philae pe suprafața cometei 67P

2015

2012

Robotul Curiosity pe Marte

În urma unei călătorii de 567 de milioane de kilometri, vehiculul robotizat Curiosity trimis de NASA a ajuns pe Marte. Acesta este de 78 de ori mai greu decât robotul Sojourner din anul 1997, cântărind 899 de kilograme. 80 dintre acestea reprezintă doar masa instrumentelor de cercetare ale vremii, solului, rocilor și radiațiilor, dar și a potențialelor surse de apă sau a unor semne că în trecut pe planetă ar fi existat viață.

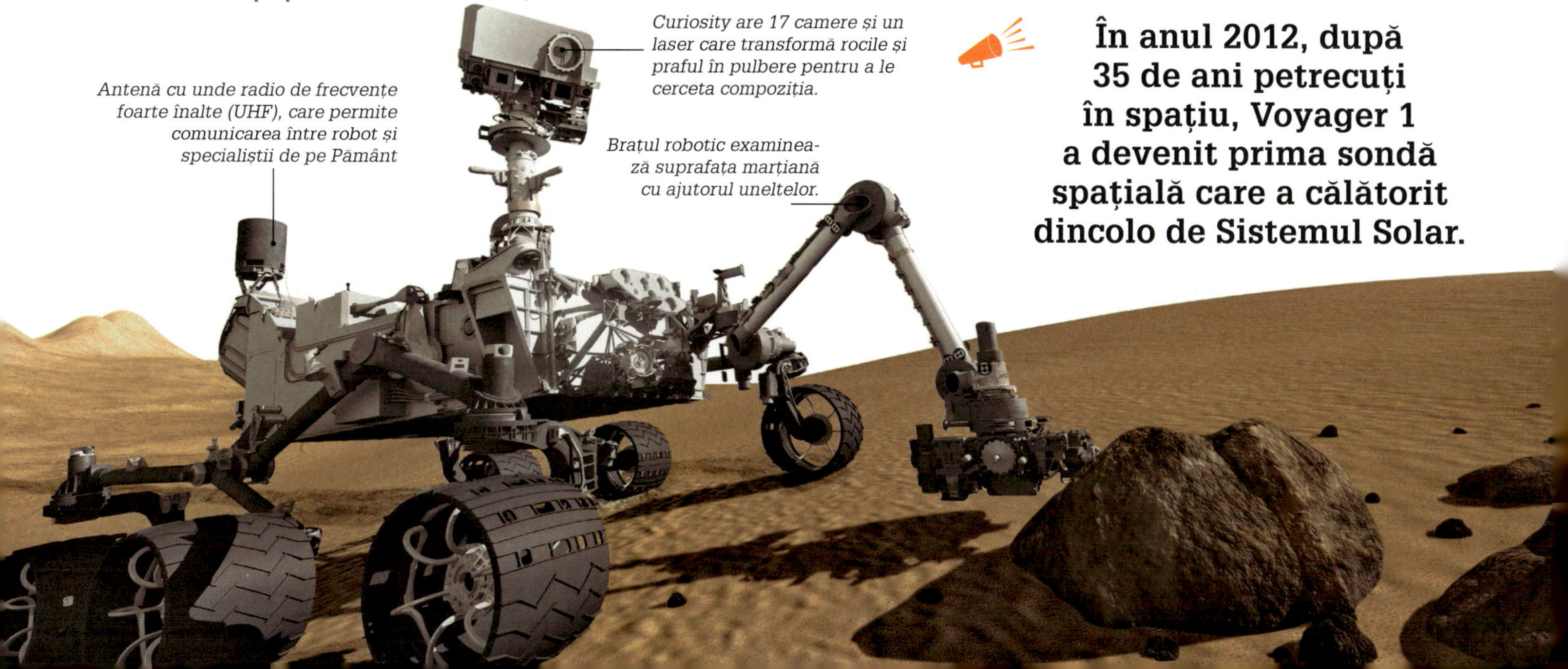

2014

Nanomotorul

O echipă condusă de inventatoarea americană Donglei Fan de la Universitatea din Texas, SUA, a construit cel mai mic motor din lume (vezi pagina 245). Acest nanomotor este de aproximativ 500 de ori mai mic decât un cristal de sare. Următoarele modele ar putea introduce medicamente direct în celula umană.

În anul 2012, după 35 de ani petrecuți în spațiu, Voyager 1 a devenit prima sondă spațială care a călătorit dincolo de Sistemul Solar.

Această furnică are o lungime de patru milioane de nanometri.

Nanotehnologia

Nanotehnologia este știința ingineriilor la o scară invizibilă cu ochiul liber. Un nanometru (nm) este egal cu o miliardime dintr-un metru; altfel spus, un metru este egal cu un miliard de nanometri. Pentru o mai bună înțelegere a acestei dimensiuni, gândiți-vă că această pagină are o grosime de 100.000 de nanometri. Munca la asemenea scară este încă în fază de cercetare, dar progresele viitorului ar putea avea un impact enorm asupra ingineriei materialelor, a medicinei, a roboticii și a informaticii.

Scara nanometrică

Pe scara nanometrică se află valorile cuprinse între 1 și 100 de nanometri (nm). Există mai multe lucruri cu dimensiuni ale căror valori se află pe această scară, inclusiv virușii, lățimea fâșiilor de ADN și numeroase molecule. Un singur atom de hidrogen are un diametru de aproximativ 0,1 nanometri.

„La baza (Universului, n. t.) stă o lume incredibil de mică.”

Fizicianul american Richard Feynman, în seminarul său intitulat *Există loc suficient la bază*, 1959

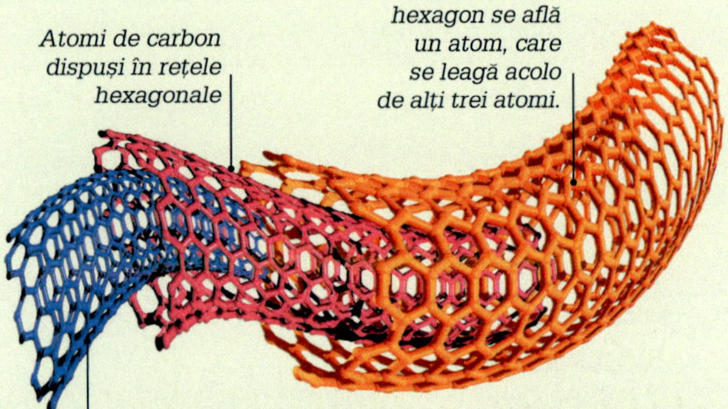

Nanotub de carbon cu pereți multipli

Nanomateriale

Materialele nanometrice pot avea proprietăți valoroase: rezistență mare, greutate mică, proprietatea de a respinge apa sau bacteriile, sau aceea de a conduce foarte eficient electricitatea sau căldura. Nanotuburile de carbon (cilindri alcătuiți din atomi de carbon) sunt mult mai ușoare decât oțelul, dar de peste 100 de ori mai rezistente.

Nanoparticule

Pentru a le modifica proprietățile, în substanțe au început să fie adăugate particule nanometrice. De exemplu, nanoparticulele de dioxid de titaniu ajută la blocarea razelor ultraviolete (UV), dar nu reflectă lumina. Acestea reprezintă un ingredient important în loțiunile de plajă.

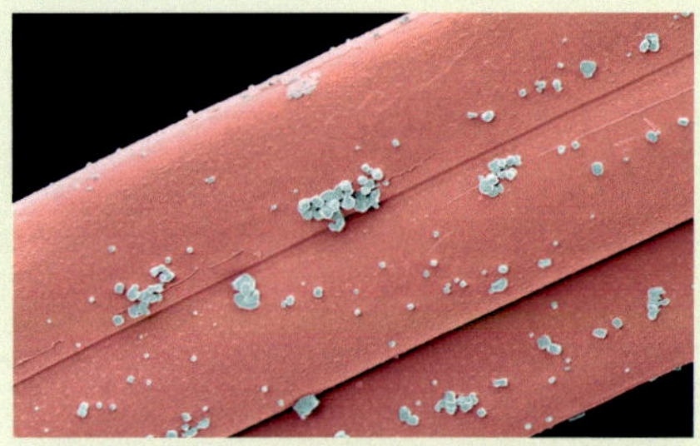

Nanoparticule de argint

Aceste nanoparticule pot respinge și omorî bacteriile, fiind extrem de utile în alcătuirea bandajelor medicale antiinfecțioase (stânga). Mai sunt folosite și la anumite tipuri de încălțăminte sport, înlăturând bacteriile care provoacă mirosuri neplăcute.

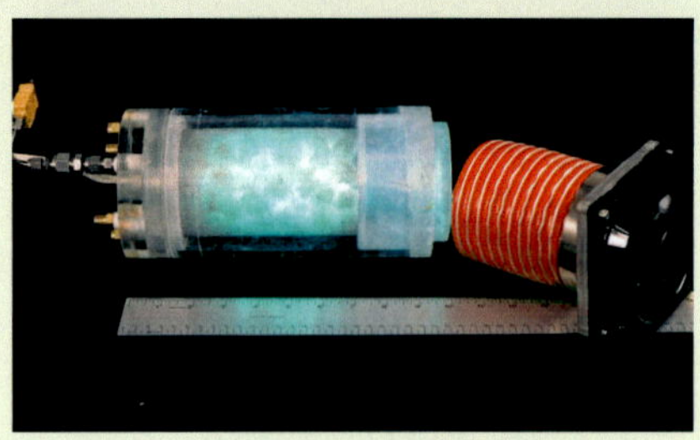

Nanoparticule de dioxid de titaniu

Acest filtru de aer conține nanoparticule de dioxid de titaniu. Când sunt pulverizate, acestea reacționează cu radiațiile UV și cu vaporii de apă din aer ca să înlăture substanțele poluante.

Evenimente importante

1959

Fizicianul american Richard Feynman a ținut un seminar important, intitulat *Există loc suficient la bază*. Acesta se concentra asupra ingineriei și tehnologiei care permite „aranjarea atomilor așa cum vrem noi.”

1974

Termenul *nanotehnologie* a fost folosit pentru prima oară de profesorul Norio Taniguchi de la Universitatea de Științe din Tokyo pentru a descrie munca folosind materiale la scară atomică. Termenul a fost răspândit în SUA de inginerul american Eric Drexler.

1989

Folosind un microscop de scanare prin efect tunel, cercetătorii americani Don Eigler și Erhard Schweizer de la IBM au manipulat 35 de atomi de xenon ca să formeze literele numelui companiei.

1991

Profesorul japonez Sumio Iijima a făcut publică existența nanotuburilor de carbon într-o lucrare științifică. Acești cilindri sunt ușori, rezistenți și excelenți conducători de curent electric.

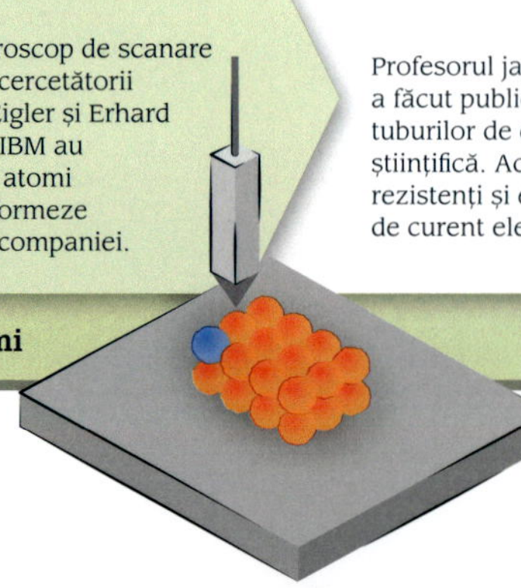

Microscop de scanare prin efect tunel ordonând atomi

Fulerenele se comportă ca niște roți, permițând vehiculului să înainteze pe o suprafață de aur.

Nanomașini

Grafenul (vezi pagina 237) și fulerenele (vezi pagina 222) sunt materiale care pot fi folosite la construirea unor mașini nanometrice. În anul 2005, experții de la Universitatea Rice din Texas au construit un nanovehicul din molecule de polimeri și de carbon. Măsurând nici patru nanometri, acesta înainta când suprafața pe care era așezat era încălzită la peste 200 °C.

Coperta revistei National Geographic Kids are o lățime de numai 11.000 de nanometri, fiind mărită în această imagine de aproximativ 4400 de ori.

Nanofabricarea

Acest proces folosește o sondă de 100.000 de ori mai mică decât vârful unui creion, care este încălzită la 1000 °C ca să topească o coală de polimer de plastic pentru fabricarea unui anumit design. În anul 2014, cu ajutorul nanofabricării a fost produsă o copertă de revistă (stânga) considerată cea mai mică din lume. Pe un cristal de sare ar fi încăput 2000 de copii ale acestei coperți. În viitor, cu această tehnică ar putea fi construite componente de computer.

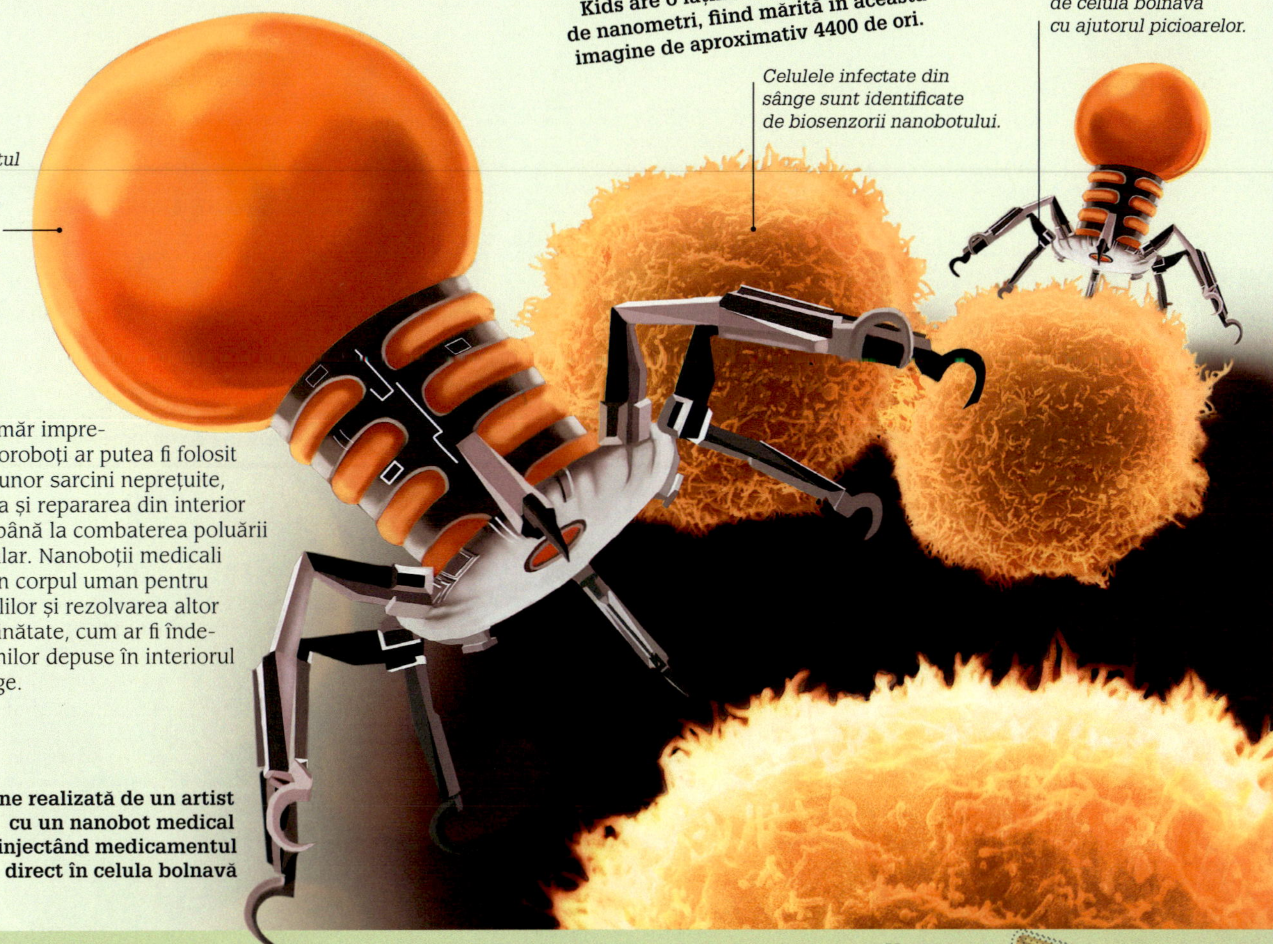

Nanobotul se prinde de celula bolnavă cu ajutorul picioarelor.

Celulele infectate din sânge sunt identificate de biosenzorii nanobotului.

Nanobotul transportă medicamentul în rezervor, injectându-l în celulă printr-un ac retractabil.

Nanoroboți

În viitor, un număr impresionant de nanoroboți ar putea fi folosit la îndeplinirea unor sarcini neprețuite, de la măsurarea și repararea din interior a materialelor până la combaterea poluării la nivel molecular. Nanoboții medicali pot fi injectați în corpul uman pentru combaterea bolilor și rezolvarea altor probleme de sănătate, cum ar fi îndepărtarea grăsimilor depuse în interiorul vaselor de sânge.

Imagine realizată de un artist cu un nanobot medical injectând medicamentul direct în celula bolnavă

2003

Cea mai mică chitară din lume a fost creată de cercetătorii de la Universitatea Cornell din SUA. Coardele acesteia au o lățime de doar 150–200 de nanometri și vibrează la frecvențe de 130.000 de ori mai înalte decât o chitară obișnuită.

Nanochitară

2008

Fizicienii Albert Fert (Franța) și Peter Grünberg (Germania) au câștigat Nobelul pentru folosirea unor straturi de metal cu o grosime de numai câțiva atomi la descoperirea magnetorezistenței gigantice (GMR). Cu ajutorul GMR se pot construi hard disk-uri cu o capacitate enormă de stocare.

2013

Mai mulți cercetători de la universitățile Harvard și Illinois au construit baterii mai mici de 1 milimetru folosind imprimarea 3D. Cele și mai mici decât acestea ar putea fi esențiale pentru alimentarea nanoboților.

2014

Un nanomotor suficient de mic încât să poată pătrunde într-o celulă umană a fost construit de o echipă a Universității din Texas, condusă de inventatoarea americană Donglei Fan (vezi pagina 243).

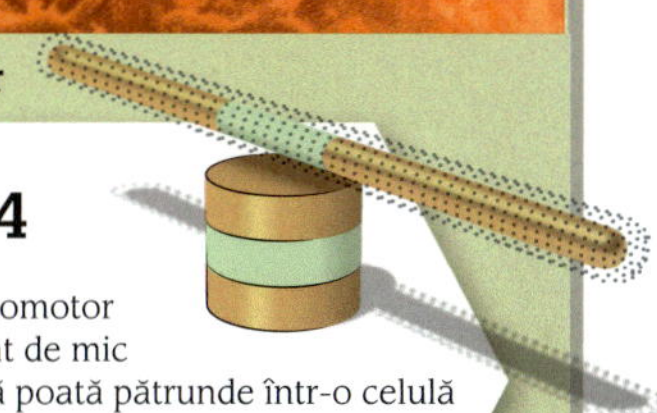

Nanomotor

2015 ▸ prezent

2015

Editare genetică mai rapidă

Instrumentul CRISPR-Cas9 a fost dezvoltat de experții americani ca să ajute la editarea genetică a organismelor vii prin înlocuirea mai rapidă și mai eficientă a unor părți ale genomului (set complet de informație genetică stocat în celulele unui organism). Folosind CRISPR-Cas9, cercetătorii au obținut un țânțar rezistent la parazitul care provoacă malaria.

Cățel fertilizați in vitro

În anul 2015 s-au născut primii cățel obținuți prin fertilizare in vitro (celulele sexuale bărbătești fertilizează ovulele femeiești în laborator). Și alte specii pot fi obținute în același mod.

Unul dintre cei șapte pui născuți în urma fertilizării in vitro la Universitatea Cornell din New York, SUA

2015

Nou strămoș al omului

A fost descoperită și descrisă o nouă specie de hominid (om primitiv), denumit *Homo naledi*. Numeroasele rămășițe ale acestui strămoș al omului necunoscut până atunci au fost găsite în Camera Dinaledi a sistemului de peșteri Rising Star Cave din Africa de Sud. Au fost recuperate circa 1500 de fragmente fosilizate aparținând unui număr de 15 indivizi. Homo naledi era biped, avea o înălțime de circa 1,5 metri și se estimează că a trăit în urmă cu două milioane de ani.

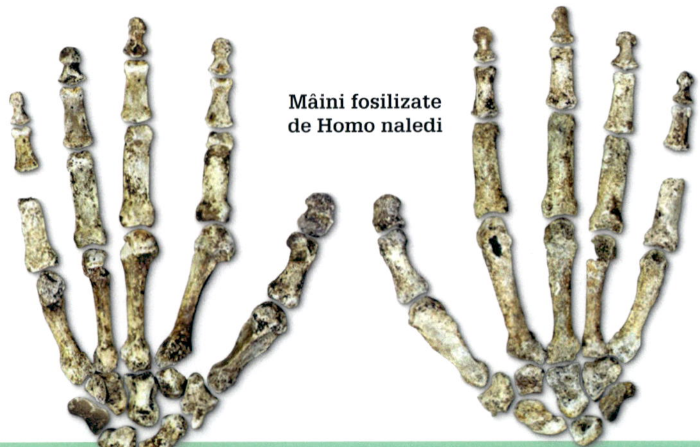

Mâini fosilizate de Homo naledi

2015

2015

Primele fotografii cu Pluto

După o călătorie de nouă ani, sonda spațială New Horizons lansată de NASA a ajuns la planeta pitică Pluto, oferind primele fotografii detaliate cu planeta și luna sa, Charon. Acestea au dezvăluit un relief mult mai variat decât se crezuse inițial, cu lanțuri muntoase, vulcani glaciari, dune și câmpuri de azot înghețat.

Pluto fotografiată de sonda spațială New Horizons

2015

Apă pe Marte

NASA a anunțat găsirea unor dovezi că a curs cândva apă pe planeta Marte. Descoperirea îi aparține navei spațiale Mars Reconnaissance Orbiter, care a găsit urme de dâre pe câțiva versanți marțieni. Există posibilitatea ca acestea să fi fost lăsate de apă sărată sub formă lichidă.

Nava Mars Reconnaissance Orbiter

2015

Nou antibiotic

Teixobactina este primul antibiotic descoperit în ultimele două decenii, fiind dezvoltat din bacterii din sol. O echipă de la Universitatea Northeastern din Boston, SUA, a folosit un cip electronic ca să cultive în sol microbi și apoi să izoleze compușii chimici ai antibioticului.

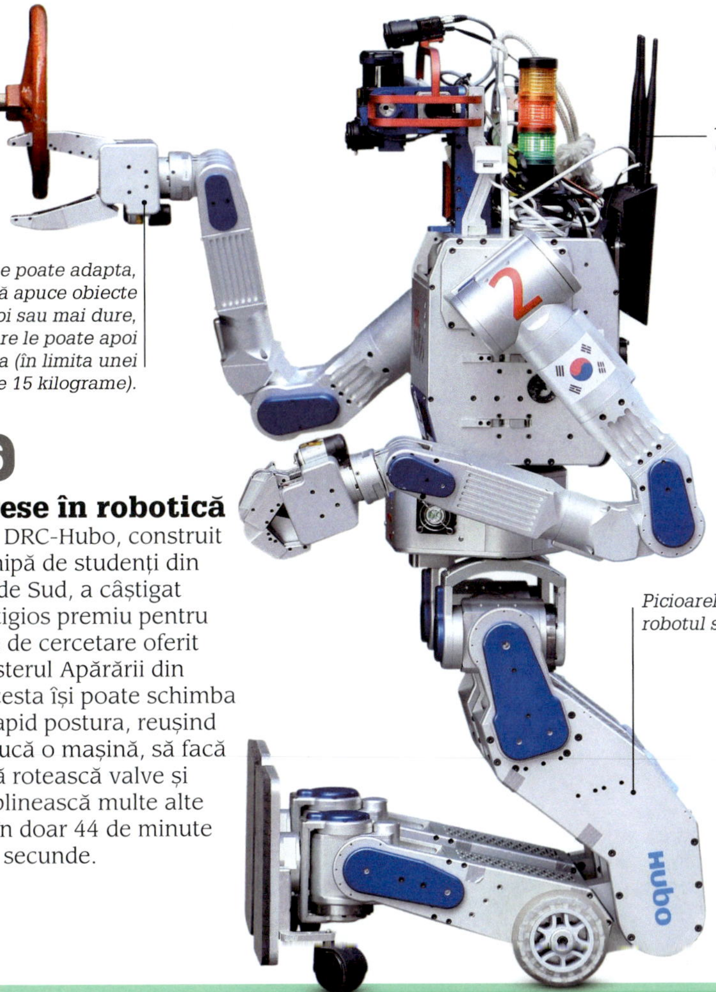

Brațul se poate adapta, reușind să apuce obiecte mai moi sau mai dure, pe care le poate apoi transporta (în limita unei greutăți de 15 kilograme).

Antena radio permite comunicarea între experți și robot.

Picioarele pot efectua rotiri de 180 de grade, iar robotul se poate deplasa pe roțile „genunchiului”.

2016

Progrese în robotică

Robotul DRC-Hubo, construit de o echipă de studenți din Coreea de Sud, a câștigat un prestigios premiu pentru proiecte de cercetare oferit de Ministerul Apărării din SUA. Acesta își poate schimba foarte rapid postura, reușind să conducă o mașină, să facă găuri, să rotească valve și să îndeplinească multe alte sarcini în doar 44 de minute și 28 de secunde.

Rechinul de Groenlanda

În anul 2016, cercetătorii au descoperit că rechinul de Groenlanda este cea mai longevivă viețuitoare vertebrată, speranța de viață a unui astfel de animal fiind de 400 de ani.

În anul 2016, cercetătorii japonezi au descoperit prima specie de bacterie (*Ideonella sakaiensis*) capabilă să descompună anumite tipuri de plastic.

2016

Oculus Rift

Ochelarii de realitate virtuală Oculus Rift au fost lansați pe piață de compania americană Oculus. Proiectat ca să ofere o experiență de neuitat în lumea jocurilor, arhitecturii și designului, dispozitivul afișa două imagini de rezoluție înaltă (1080 x 1200) pe care un set de lentile le focaliza și le rearanja astfel încât să creeze o imagine 3D pentru utilizator.

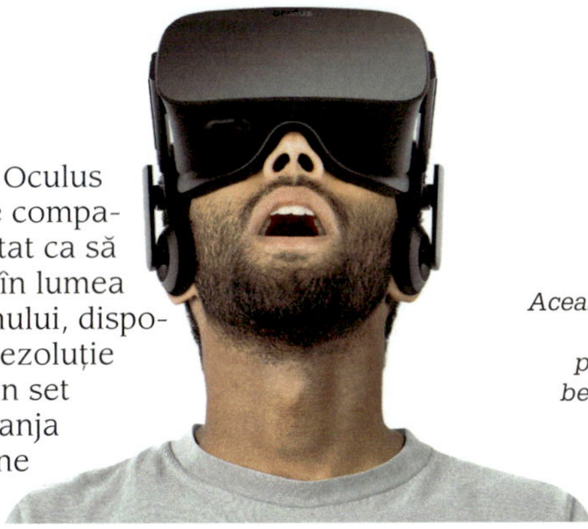

Jucător folosind ochelarii Oculus Rift

2016

Celulă solară subțire

În anul 2016, cercetătorii de la Institutul de Tehnologie din Massachusetts, SUA, au construit o celulă solară de 50 de ori mai subțire decât un fir de păr uman. Este suficient de ușoară încât să poată sta pe un balon de săpun fără să îl spargă.

2018

Telescopul spațial James Webb

Succesorul lui Hubble va fi telescopul spațial James Webb, a cărui lansare programată pentru anul 2018 a fost amânată până în 2021. Telescopul va folosi unde infraroșii ca să observe 100 de obiecte în același timp. Cu un diametru de 6,5 metri, uriașa sa oglindă principală va fi alcătuită din 18 segmente distincte care se vor desfășura după lansare, având o capacitate sporită de receptare a luminii într-o zonă de șapte ori mai mare decât cea a telescopului Hubble.

Această oglindă principală este alcătuită din 18 panouri reflectoare din beriliu cu înveliș de aur.

Șase dintre segmentele oglinzii principale a telescopului spațial James Webb

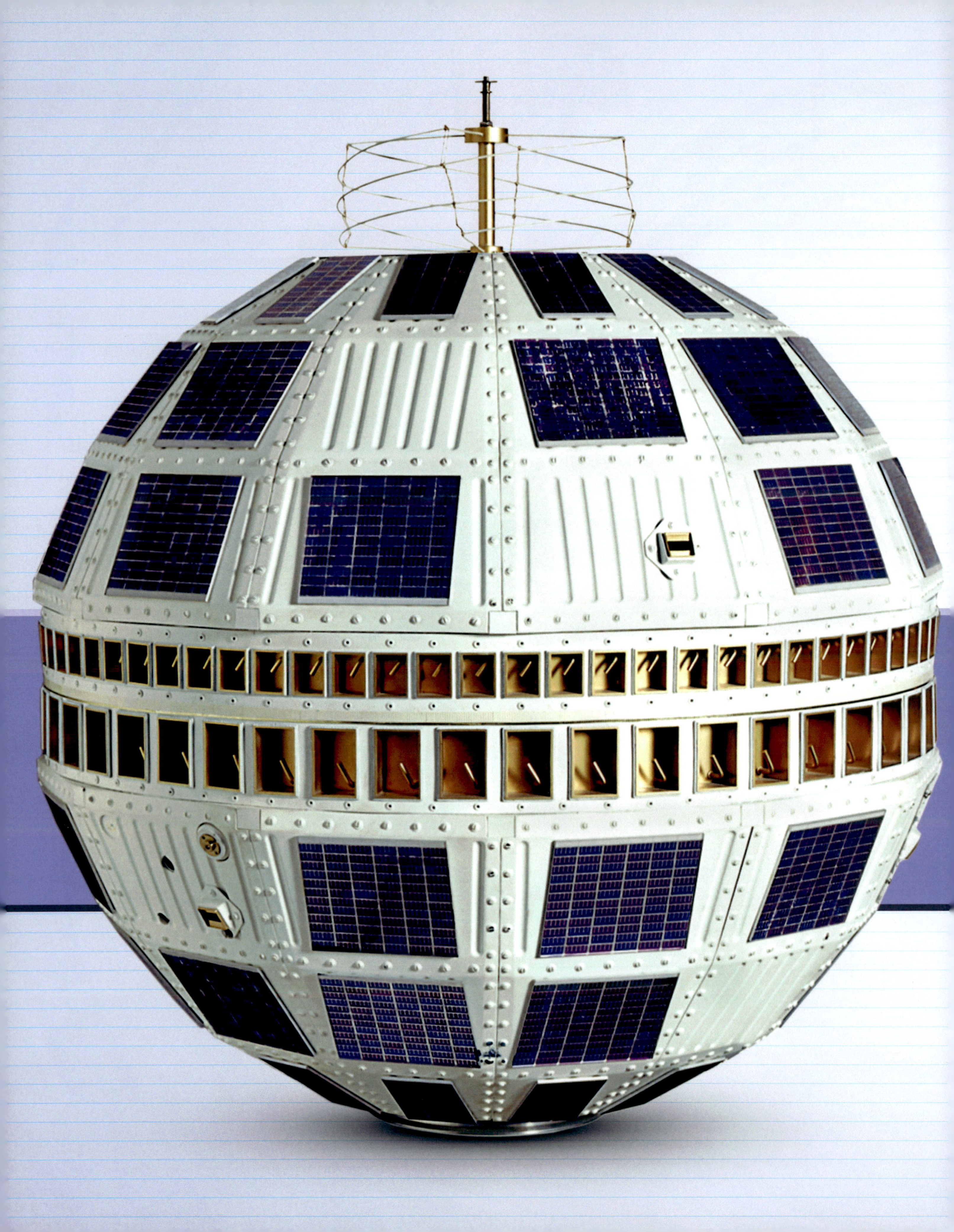

Glosar și index

Glosar

Cuvintele definite altundeva în glosar sunt scrise cu *caractere înclinate.*

ADN
Acid dezoxiribonucleic. Substanța chimică din interiorul cromozomilor prin care părinții își transmit informațiile genetice urmașilor.

alchimie
O ramură antică a *chimiei*, care încerca să transforme metalele obișnuite în aur.

aliaj
Material rezultat în urma amestecului unui metal cu mici cantități din alte substanțe (metalice sau nemetalice).

an-lumină
Distanța pe care lumina o străbate în vid într-un an. Un an-lumină are circa 9,5 trilioane de kilometri.

antibiotic
Medicament ce elimină sau încetinește creșterea *bacteriilor*.

antiseptic
Medicament care elimină *microbii*. De multe ori este aplicat pe piele pentru a preveni infecțiile.

arbore cotit
Componentă a *motorului* unei mașini care transformă mișcarea verticală a *pistoanelor* într-una de rotație, care învârte roțile autovehiculului.

astronomie
Știința care studiază obiectele din spațiu. Cercetătorul care lucrează în acest domeniu se numește astronom.

atom
Cea mai mică parte a unui *element*, care are toate caracteristicile acestuia.

bacterie
Ființă alcătuită dintr-o singură celulă. Unele dintre acestea pot provoca boli.

baterie
Sursă portabilă de *electricitate* care păstrează energia cu ajutorul *substanțelor chimice*.

biologie
Știința care studiază ființele vii. Cercetătorul care lucrează în acest domeniu se numește biolog.

câmpul magnetic
Forța invizibilă din jurul unui magnet.

carbohidrați
Compuși chimici din anumite mâncăruri cu fibre, cum ar fi orezul sau pâinea, care ne dau *energie*.

celulă fotovoltaică
Sistem electronic ce folosește lumina pentru a produce *electricitate*.

celulă
Unitatea de bază din care sunt alcătuite toate organismele vii.

chimie
Știința care studiază compoziția substanțelor chimice și interacțiunile dintre ele. Cercetătorul care lucrează în acest domeniu se numește chimist.

circuit
Cale parcursă de curentul electric. Toate aparatele electrice și electronice conțin circuite.

clonare
Procesul prin care un organism este creat pornind de la o singură celulă a altui organism, cele două fiind identice.

combustie
Reacție chimică prin care un combustibil, cum ar fi lemnul sau cărbunele, arde în combinație cu oxigenul și produce *energie* calorică.

compus
Substanță chimică alcătuită din combinarea *atomilor* sau *moleculelor* a două sau mai multe elemente.

condensare
Transformare a unui gaz într-un lichid.

conservare
Păstrare a unei ființe, a unui proces sau a unui obiect.

continent
Una dintre bucățile mari de uscat (de exemplu, Africa).

datare radioactivă
Măsurare a cantității de substanțe radioactive dintr-un obiect pentru a-i afla vârsta.

diodă
Componentă electronică ce permite trecerea curentului electric dintr-un circuit într-o singură direcție.

disecție
Deschidere a corpului unei creaturi moarte pentru a-i studia structura interioară.

dispărută
O *specie* care a dispărut în întregime.

electricitate
Energia provocată de *electronii* din interiorul *atomilor*. Cea statică este alcătuită din electronii ce se adună într-un singur loc, în timp ce curentul electric apare atunci când electronii se mișcă.

electrod
Un contact electric făcut dintr-un conductor, care conectează un circuit de ceva din exteriorul acestuia, cum ar fi *substanțele chimice* dintr-o *baterie*.

electromagnet
Un magnet care folosește *curentul electric* pentru a produce un *câmp magnetic*.

electron
Particulă subatomică ce are sarcină negativă, din *nucleul* unui *atom*.

element
Substanță alcătuită din *atomi* identici.

energie
Proprietate a unui obiect care-i permite să facă o acțiune acum sau în viitor. Printre tipurile de energie se regăsesc cea cinetică (de mișcare) și cea potențială (înmagazinată).

enzimă
Substanță folosită de organisme pentru a accelera reacțiile chimice din interiorul lor.

ereditate
Transmitere a caracteristicilor de la o generație la alta.

evaporare
Transformare a unui lichid în gaz sau vapori.

evoluție
Proces prin care speciile se schimbă în decursul multor generații.

filament
Parte a unui bec care strălucește atunci când este străbătută de curent electric.

filosofie
Domeniu care studiază idei precum cunoașterea, realitatea, natura sau existența vieții și a minții.

fizică
Știința care studiază în special *energia* și *materia*. Cercetătorul care lucrează în acest domeniu se numește fizician.

flotabilitate
Forța care acționează în sus asupra unui obiect dintr-un lichid, provocată de presiunea apei de sub acesta.

forță
Acțiunea de împingere sau de tragere a unui obiect, care îi schimbă viteza, direcția de mișcare sau forma.

fosilă
Rămășițe ale unei plante sau ale unui animal conservate în roci.

frecvență
Măsurare a numărului de creșteri și de scăderi ale unei unde de *energie*.

fricțiune
Forță de frecare dintre două obiecte aflate în contact. Fricțiunea încetinește obiectele și produce căldură.

galaxie
Un grup mare de *stele*, praf și gaze legate de *forța gravitației*.

gaură neagră
Obiect din spațiu a cărui

gravitație e atât de puternică încât nici *materia*, nici lumina nu pot scăpa din ea.

genetică
Știința care studiază genele (părțile *celulei* care controlează creșterea și aspectul tuturor organismelor).

geofizician
Fizician care studiază Pământul.

gravitație
Forța care atrage toate obiectele pe Pământ; aceasta face ca lucrurile să cadă și să aibă greutate.

habitat
Loc în care trăiește o plantă sau un animal.

hormon
Substanță chimică din sânge care controlează o anumită funcție a organismului.

în pericol
Specie de plante sau animale care riscă să *dispară*.

încălzire globală
Creștere a temperaturii Pământului, fenomen care provoacă secetă și furtuni puternice.

Internet
Rețea care leagă calculatoare din întreaga lume și le permite să schimbe informații.

izolator
Substanță care reduce transmiterea căldurii.

lanț trofic
Un șir care enumeră relațiile de hrănire dintre organismele componente ale unui anumit ecosistem.

latitudine
Distanța unui obiect față de Ecuator, calculată la nord sau la sud. Ecuatorul este cercul imaginar situat la mijlocul distanței dintre poli.

legături moleculare
Legăturile dintre *atomi* sau grupuri de *atomi*, care îi țin în cadrul unei *molecule*.

lentilă
Obiect curbat, din sticlă sau plastic, ce curbează razele de lumină astfel încât un alt obiect văzut prin el devine mai mic, mai mare, mai apropiat sau mai îndepărtat.

longitudine
Distanța unui obiect față de meridianul 0, calculată la est sau la vest. Meridianul 0 este cercul imaginar care trece prin cei doi poli ai planetei și prin cartierul Greenwich din Londra, Anglia.

magnetism
O *forță* care atrage sau respinge anumite metale.

mamifere
Vertebrate cu sânge cald care nasc pui vii și îi hrănesc cu lapte.

masă
Cantitatea de *materie* conținută de un obiect.

mașină
Mecanism care produce o forță.

materie
Termen general pentru toate elementele din care sunt alcătuite toate obiectele și ființele.

microb
Creatură minusculă, numită și micoorganism, ce poate fi văzută doar prin microscop. *Bacteriile* sunt cei mai cunoscuți microbi.

moleculă
Cantitatea cea mai mică a unui *compus*, alcătuită din doi sau mai mulți *atomi*.

motor
Dispozitiv care folosește *electricitate* și *magnetism* pentru a produce o mișcare fie circulară, fie în linie dreaptă.

neutron
Particulă subatomică din *nucleul* unui *atom*. Nu are sarcină electrică.

nucleu
Parte centrală a unui *atom*, alcătuită din *protoni* și *neutroni*.

observator
Clădire de unde astronomii studiază spațiul.

pârghie
Tijă echilibrată pe un punct de sprijin care crește *forța* de tragere, împingere sau rotire.

patent
Document oficial emis de un guvern prin care o persoană are dreptul exclusiv de a construi, folosi sau vinde o invenție.

pesticide
Substanțe folosite pentru distrugerea insectelor și a altor dăunători ai recoltelor.

piston
Piesă metalică rotundă care se mișcă în sus și în jos într-un cilindru.

poluare
Pagube provocate mediului înconjurător de *substanțe chimice* toxice.

proteină
Substanță nutritivă esențială ce ajută organismul să producă noi *celule*.

proton
Particulă subatomică cu sarcină pozitivă din *nucleul* unui *atom*.

punct de fierbere
Temperatură la care un lichid se transformă în gaz.

punct de topire
Temperatură la care o substanță solidă devine lichidă.

punct de înghețare
Temperatură la care un lichid devine solid.

reproducere
Împerechere a două animale în urma căreia rezultă pui; proces în urma căruia sunt creați urmași.

schimbare climatică
Modificare de lungă durată în condițiile meteorologice ale planetei, provocată de schimbări de mediu sau de activități umane.

Sistemul Solar
Regiune din spațiu care include Soarele și toate corpurile cerești influențate de *gravitația* acestuia – planete, luni etc.

specie
Grup de organisme care arată similar și se pot reproduce între ele.

stea
Corp ceresc care produce *energie* prin reacțiile atomice din nucleul său.

substanță chimică
Substanță alcătuită din *elemente chimice* sau *compuși chimici*.

teorie
Metodă prin care diverse lucruri sau fenomene sunt explicate prin experimente.

unde radio
Tip de *energie* care se transmite sub formă de unde și care este folosită pentru a transmite informații, în special sunete.

vaccin
Procedură medicală preventivă prin care o persoană este împiedicată să fie infectată cu o anumită boală.

vid
Spațiu gol care nu conține niciun fel de substanțe, nici măcar aer.

virusuri
Microbi care se multiplică prin infectarea *celulelor*, provocând de multe ori boli.

vitamină
Substanță chimică de care un organism are nevoie pentru a se dezvolta.

viteză
Una dintre roțile dințate de diferite dimensiuni care permite modificarea vitezei sau a *forței* unui mecanism.

Index

A

B

C

D

E

F

G

H

I

J, K

L

M

N

O

P

R

S, Ș

Mulțumiri

Dorling Kindersley le mulțumește următorilor: Helen Peters pentru index; Polly Goodman pentru corectură; Rupa Rao, Esha Banerjee și Priyaneet Singh pentru asistență editorială; Mansi Agrawal, Nidhi Rastogi, Roshni Kapur și Meenal Goel pentru asistență la design; Arun Pottirayil pentru asistență la ilustrații; Vishal Bhatia pentru asistență tehnică; și Ashwin Adimari, Subhadeep Biswas, Deepak Negi și Nishwan Rasool pentru asistență în cercetarea fotografică.

Editura dorește să le mulțumească următorilor pentru permisiunea de publicare a fotografiilor:
(Legendă: d-deasupra; j-jos; c-centru; f-fundal; st-stânga; dr-dreapta; s-sus)

1 Dorling Kindersley: The Science Museum, London (c). **Dreamstime.com:** Andreykuzmin (s). **2 Alamy Stock Photo:** Zev Radovan/BibleLandPictures (cdrj). **The Trustees of the British Museum:** (cdr). **3 Dorling Kindersley:** The Science Museum, London (cdr). **Dreamstime.com:** Andreykuzmin (cd); Alexei Sysoev (fcdr); Olha Rohulya (cstj). **Getty Images:** Krzysztof Kwiatkowski/E+ (cdrj, cdrj/plugs). **iStockphoto.com:** Benjamin Albiach GalA!n (cj). **6 Alamy Stock Photo:** Werner Forman Archive/Heritage Image Partnership Ltd (cstj); Peter Horree (cj). **Dorling Kindersley:** The University of Aberdeen (jdr). **Dreamstime.com:** Nickolayv (c). 6–7 akg-images: Erich Lessing (c). **Dreamstime.com:** Rhombur (fundal). **7 Alamy Stock Photo:** View Stock China (cdrs). **Getty Images:** De Agostini Picture Library (cdrj). **8 Alamy Stock Photo:** Werner Forman Archive/Heritage Image Partnership Ltd (jc). **9 123RF.com:** Peter Vrabel (sdr). **Alamy Stock Photo:** Peter Horree (c); The Natural History Museum (cstj). **Getty Images:** Danita Delimont (j). **10 Press Association Images:** Martin Mejia/AP (cj). **10–11 123RF.com:** antonel (s/Aged Paper). **11 Rex by Shutterstock:** Universal History Archive / UIG (cdrj). **12 The Trustees of the British Museum:** (sdr). **Getty Images:** Egyptian/Deir el-Medina, Thebes, Egypt (jst). **13 Alamy Stock Photo:** hwo/imageBROKER (jst). **Dorling Kindersley:** The University of Aberdeen (sst). **Getty Images:** Dea Picture Library (jc). **14–15 Science Photo Library:** Javier Trueba/Msf. **16 Alamy Stock Photo:** dpa picture alliance archive (sc). **Dorling Kindersley:** Peter Hayman/The Trustees of the British Museum (cs). **Dreamstime.com:** Witr (jc). **Getty Images:** Universal History Archive (cstj). **17 Alamy Stock Photo:** Gianni Dagli Orti/The Art Archive (jst). **18–19 akg-images:** Erich Lessing (cj). **Alamy Stock Photo:** Liu Xiaofeng/TAO Images Limited (sc). **18 Getty Images:** Dea/A. Dagli Orti (sst). **19 Alamy Stock Photo:** Zev Radovan/BibleLandPictures (sc). **Dorling Kindersley:** Peter Hayman/The Trustees of the British Museum (sdr). **Getty Images:** Dea/A. Dagli Orti (cj). **20 Alamy Stock Photo:** Werner Forman Archive/Heritage Image Partnership Ltd (jst). **Getty Images:** Dea Picture Library (cstd). **Wellcome Images http://creativecommons.org/licenses/by/4.0/:** (cdrj). **20–21 Getty Images:** Dea/G. Dagli Orti (c). **21 Getty Images:** AFP (sdr). **22–23 Alamy Stock Photo:** andrew parker. **24 Alamy Stock Photo:** Antiqueimages (cdrj); Snyder Collection/Prisma Bildagentur AG (cst); Classic Image (jst). **25 Alamy Stock Photo:** Stephen Birch (sst); View Stock China (cj); Epa/Cardiff University (cdrj). **Getty Images:** De Agostini Picture Library (cdrs). **26–27 Dreamstime.com:** Rhombur (cj). **26 Alamy Stock Photo:** F1online digitale Bildagentur GmbH (cstj). **27 Getty Images:** Dea/D. Dagli Orti (sc); Dea Picture Library (cdr). **28–29 Dorling Kindersley:** The Science Museum, London (jc). **28 Alamy Stock Photo:** North Wind Picture Archives (jst). **All rights reserved. Royal Library of Belgium:** (sc). **The Art Archive:** British Library (cdr). **29 Alamy Stock Photo:** dbtravel (cdr). **Getty Images:** Leemage (jdr); Stock Montage/Archive Photos (sst). **30 Alamy Stock Photo:** North Wind Picture Archives (sst). **Getty Images:** Dea Picture Library (jdr). **The Art Archive:** Bibliothèque de la Sorbonne Paris/Kharbine-Tapabor/Coll. Jean Vigne (cstj). **31 Dreamstime.com:** Nickolayv. **32 Alamy Stock Photo:** Granger Historical Picture Archive (s/fundal); Photo Researchers, Inc (cst). **Getty Images:** Dea/G. Dagli Orti (c). **32–33 Getty Images:** Science & Society Picture Library (c). **33 Alamy Stock Photo:** Interfoto (cst). **Courtesy of University Archives, Columbia University in the City of New York:** Rare Book & Manuscript Library (cstj). **Dorling Kindersley:** National Maritime Museum, London (cdr). **34 akg-images:** Roland and Sabrina Michaud (csts). **Photoshot:** Mel Longhurst (jc). **34–35 Alamy Stock Photo:** Granger Historical Picture Archive (sc). **35 Science Photo Library:** Sheila Terry (cdr). **Wellcome Images http://creativecommons.org/licenses/by/4.0/. 36 Alamy Stock Photo:** Dennis Hallinan (cj). **Getty Images:** De Agostini Picture Library (cst). **SuperStock:** Interfoto (sc). **36–37 Alamy Stock Photo:** Peter Horree (c). **37 Alamy Stock Photo:** 914 collection (cdr). **Rex by Shutterstock:** Universal History Archive (cdrj). **38 Alamy Stock Photo:** Photo Researchers, Inc (csts). **Dorling Kindersley:** Stephen Oliver (jst). **Roshdi Rashed: Geometry and Dioptrics in Classical Islam, London, al-Furqā n, 2005.:** (jdr). **Wellcome Images http://creativecommons.org/licenses/by/4.0/:** Asian Collection (sc). **39 Alamy Stock Photo:** World History Archive (sc). **Getty Images:** Bettmann (jst). **40–41 Alamy Stock Photo:** Photo Researchers, Inc. **42 Alamy Stock Photo:** Walter Rawlings/robertharding (csts). **Reproduced by kind permission of the Syndics of Cambridge University Library:** (cstj). **NASA:** CXC/SAO (jc). **Wellcome Images http://creativecommons.org/licenses/by/4.0/. 43 Courtesy of University Archives, Columbia University in the City of New York:** Rare Book & Manuscript Library (cdrj). **Getty Images:** Bettmann (cdr). **44 Alamy Stock Photo:** Prisma Archivo (cstj). **Getty Images:** Cem Canbay (csts). **NASA:** Reto Stockli/Alan Nelson/Fritz Hasler (jc). 44–45 **Alamy Stock Photo:** Photo Researchers. **45 Alamy Stock Photo:** Granger Historical Picture Archive (cstj). **Getty Images:** Hulton Archive (cdr); Science & Society Picture Library (sc). **NASA. 46–47 Getty Images:** Universal Images Group (sc). **46 Alamy Stock Photo:** Granger Historical Picture Archive (cb). **Wikipedia:** Drawing from treatise "On the Construction of Clocks and their Use", Ridhwan al-Saati, 1203 C.E. (csts). **47 akg-images:** British Library (jc). **Getty Images:** Dea/G. Dagli Orti (cs). **48 akg-images:** British Library (dst). **Alamy Stock Photo:** Photo Researchers, Inc (jst). **Wellcome Images http://creativecommons.org/licenses/by/4.0/:** Iconographic Collections (cdrj). **49 Getty Images:** Leemage/Universal Images Group. **50 Alamy Stock Photo:** Interfoto (cdrs). **Getty Images:** Print Collector/Hulton Archive (jdr). **Wellcome Images http://creativecommons.org/licenses/by/4.0/:** Asian Collection (csts). **51 Getty Images:** Dea/G. Dagli Orti (jdr). **Rex by Shutterstock:** Martin Siepmann/imageBROKER (sst). **Wellcome Images http://creativecommons.org/licenses/by/4.0/:** Iconographic Collections (jst). **52–53**

Alamy Stock Photo: Chronicle. **54 Alamy Stock Photo:** Gianni Dagli Orti/The Art Archive (cs). **Getty Images:** Photo 12/Universal Images Group (jdr); Science & Society Picture Library (jst). **55 Alamy Stock Photo:** Granger Historical Picture Archive (cj); Interfoto (jst). **56–57 Dorling Kindersley:** National Maritime Museum, London (jc). **56 Alamy Stock Photo:** Malcolm Park editorial (cstj). **Chapin Library, Williams College.:** (jc). Courtesy of University Archives, **Columbia University in the City of New York:** Rare Book & Manuscript Library (cdrs). **Photo Scala, Florence:** Photo Josse (csts). **57 Alamy Stock Photo:** Interfoto (csts). **Getty Images:** Time Life Pictures/Mansell/The LIFE Picture Collection (cdrs). **Wellcome Images http://creativecommons.org/licenses/by/4.0/:** Iconographic Collections (cs); Rare Books (cdrj). **58 Getty Images:** ullstein bild. **59 Alamy Stock Photo:** Interfoto (cdrj). **Getty Images:** GraphicaArtis/Archive Photos (sdr). **60–61 Dreamstime.com:** Dragoneye (fundal). **60 akg-images:** Massimiliano Pezzolini (st). **Alamy Stock Photo:** charistoone-images (jc). **Dorling Kindersley:** Natural History Museum, London (cj). **Getty Images:** Universal History Archive (c). **Wellcome Images http://creativecommons.org/licenses/by/4.0/:** Science Museum, London (cdrj). **61 Alamy Stock Photo:** Granger Historical Picture Archive (cstj); Mary Evans Picture Library (sc); Cabinet Revel/Photos 12 (cs). **Dorling Kindersley:** The Science Museum (cdr). **62 Dorling Kindersley:** Natural History Museum, London (sdr). **Getty Images:** Universal History Archive (j). **63 Alamy Stock Photo:** Photos 12 (sdr). **Getty Images:** Apic (cdrj); PHAS /Universal Images Group (cj). **64 Alamy Stock Photo:** World History Archive (cst). **Getty Images:** Science & Society Picture Library (c). **64–65 Museo Galileo, Florence:** Franca Principe (c). **65 National Maritime Museum, Greenwich, London:** (cj). **66 akg-images:** Massimiliano Pezzolini (sdr). **Alamy Stock Photo:** Sonia Halliday Photo Library (jst). **67 Getty Images:** Dea/G. Dagli Orti (jst); Science & Society Picture Library (jdr). NASA: JPL-Caltech (cdrs). **Photoshot:** World History Archive (ca/supernova). **Wellcome Images http://creativecommons.org/licenses/by/4.0/:** Iconographic Collections (ca). **68 Alamy Stock Photo:** Everett Collection Historical (crb). **Dorling Kindersley:** The Science Museum, London (bl). **Getty Images:** Science & Society Picture Library (tl). **69 Alamy Stock Photo:** Pictorial Press Ltd. **70 Alamy Stock Photo:** Lordprice Collection (clb); Photo Researchers, Inc (br). **Getty Images:** Science & Society Picture Library (cla). **71 Alamy Stock Photo:** Granger Historical Picture Archive (tr). **Dorling Kindersley:** Board of Trustees of the Royal Armouries (br). **Getty Images:** Print Collector/Hulton Fine Art Collection (bl). **72 Alamy Stock Photo:** Granger Historical Picture Archive (tl). **NASA:** JPL/DLR (br). **73 NASA:** Tiago Campante/Peter Devine (cl). **74 Alamy Stock Photo:** charistoone-images (b). **NASA:** (cla). **75 Alamy Stock Photo:** Granger Historical Picture Archive (tc). **Getty Images:** Heritage Images (br); Time Life Pictures (cra); Stock Montage/Archive Photos (clb). **Wellcome Images http://creativecommons.org/licenses/by/4.0/:** Rare Books (cr). **76 Alamy Stock Photo:** Granger Historical Picture Archive (clb); Photo Researchers, Inc (tl). **Dorling Kindersley:** The Science Museum, London (r). **77 Alamy Stock Photo:** Interfoto (crb). **Dorling Kindersley:** The Science Museum, London (cb). **Getty Images:** Bettmann (cla). **78 123RF.com:** Antonio Abrignani (cra). **Alamy Stock Photo:** Lebrecht Music and Arts Photo Library (ca). **Dorling Kindersley:** Natural History Museum, London (cla). **Science Photo Library:** Adam Hart-Davis (br). **Wikipedia:** University of Huelva (bl). **79 Alamy Stock Photo:** Photo Researchers, Inc (tr). **Dorling Kindersley:** The Science Museum, London (b). **Getty Images:** Science & Society Picture Library (tc). **80 Alamy Stock Photo:** Chris Hill / National Geographic Creative (ca). **Dorling Kindersley:** The Science Museum, London (cb). **Dreamstime.com:** Paul Cowan (crb). **SuperStock:** Science and Society (bc). **80–81 Dreamstime.com:** Dragoneye (tc). **81 Getty Images:** Science & Society Picture Library (c); Science & Society Picture Library (crb). **82 Alamy Stock Photo:** Granger Historical Picture Archive (c). **Getty Images:** Leemage (bl); Science & Society Picture Library (bc). **83 Bridgeman Images:** Derby Museum and Art Gallery, UK (br). **Science Photo Library:** (cra). **Wellcome Images http://creativecommons.org/licenses/by/4.0/:** Rare Books (clb). **84–85 Dorling Kindersley:** The Science Museum (cb). **84 akg-images:** (cl). **Getty Images:** Universal Images Group (cra). **85 Getty Images:** Science & Society Picture Library (c); Science & Society Picture Library (cr); Universal Images Group (tl). **86 Wellcome Images http://creativecommons.org/licenses/by/4.0/:** Iconographic Collections (bl). **87 Getty Images:** Science & Society Picture Library (clb). Science Photo Library. **Wellcome Images http://creativecommons.org/licenses/by/4.0/:** Iconographic Collections (cla). **88 Dorling Kindersley:** The Science Museum, London (tl). **Rex by Shutterstock:** Universal History Archive/Universal Images Group (bl). **89 Getty Images:** Bettmann. **90 Dreamstime.com:** Jochenschneider (cla). **Getty Images:** Science & Society Picture Library (br). **Princeton University Library:** (bl). **91 Bridgeman Images:** Christie's Images (tr). **Getty Images:** Time Life Pictures (b). **Science Photo Library:** Detlev Van Ravenswaay (tl). **92 Alamy Stock Photo:** Granger Historical Picture Archive (cl). **Dorling Kindersley:** The Science Museum, London (c). **92–93 Getty Images:** De Agostini / G. Dagli Orti (c). **93 Alamy Stock Photo:** Niels Poulsen DK (crb). **Getty Images:** Print Collector/Hulton Archive (c). **Library of Congress, Washington, D.C.. Penobscot Marine Museum, Searsport, Maine:** Walker's Harpoon Log; circa 1886; Object ID No. 447 (sst). **94 Alamy Stock Photo:** Prisma Archivo (jst). **Dreamstime.com:** Vladvitek (cj). **Getty Images:** De Agostini/G. Dagli Orti (s). **95 Dreamstime.com:** Arenaphotouk (jdr). **Wellcome Images http://creativecommons.org/licenses/by/4.0/:** Rare Books (sc); Science Museum, London (cst). **96 Bridgeman Images:** The Stapleton Collection. **97 Bridgeman Images:** The Stapleton Collection. **98 123RF.com:** Hasnuddin Abu Samah (sdr). **Alamy Stock Photo:** The Natural History Museum (sc). **Getty Images:** Science & Society Picture Library (cstj). **Science Photo Library:** Royal Institution Of Great Britain (jdr). **Wellcome Images http://creativecommons.org/licenses/by/4.0/:** Iconographic Collections (csts). **99 Alamy Stock Photo:** Interfoto (cstj); Cabinet Revel/Photos 12 (jdr). **Dorling Kindersley:** The Science Museum, London (cdrs). **Getty Images:** Hulton Archive (csts). **100 Alamy Stock Photo:** Granger Historical Picture Archive (jc). **Getty Images:** Bettmann (jst); Dea Picture Library (cdrs); Stock Montage / Archive Photos (cdrj). **101 Alamy Stock Photo:** The Natural History Museum (cstj). **Dorling Kindersley:** National Motor Museum, Beaulieu (j); Science Museum, London (csts). **Mary Evans Picture Library:** (cs). **102 The European Library:** Image provided by Fondazione BEIC (http://www.beic.it/)/Europeana (http://www.europeana.eu/portal/en/record/9200369/BibliographicResource_3000147610904.html) (cst). **Getty Images:** Science & Society Picture Library (dr). **103 123RF.com:** PaylessImages (cstj); radub85 (fcstj). **Alamy Stock Photo:** H. Mark Weidman Photography (cstj/Stratus). **Getty Images:** De Agostini Picture Library (cdrs); Science & Society Picture Library (sc). **NASA. Science Photo Library:** Science Source (sst). **104–105 Getty Images:** Heritage Images/Hulton Fine Art Collection. **106 Dorling Kindersley:** Science Museum, London (cs). **Getty Images:** Science & Society Picture Library (drj). **106–107 Alamy Stock Photo:** Mary Evans Picture Library (sc). **107 123RF.com:** Georgios Kollidas (sc). Science Photo Library. **108 Alamy Stock Photo:** Gianni Dagli Orti/The Art Archive (cdr). **Dorling Kindersley:** The Science Museum, London (cdrj); The Science Museum (jst); The Science Museum, London (jdr). **Getty Images:** De Agostini Picture Library (sst); Science & Society Picture Library (c); Science & Society Picture Library (cj). **Wellcome Images http://creativecommons.org/licenses/ by/4.0/:** Eadweard Muybridge/University of Pennsylvania. (cdrs); Science Museum, London (jc). **109 Getty Images:** Dea Picture Library (cdr). **Science Photo Library:** CCI Archives (cst). **110 Getty Images:** Bettmann (jst); De Agostini Picture Library (cdrs); Science & Society Picture Library (cdrj). **Wellcome Images http://creativecommons.org/licenses/by/4.0/:** Iconographic Collections (j). **111 Dorling Kindersley:** The Science Museum, London (csts). **Getty Images:** Science Museum/SSPL (jc). **Library of Congress, Washington, D.C.:** (sdr). **Wellcome Images http://creativecommons.org/licenses/by/4.0/. 112–113 Getty Images:** De Agostini Picture Library. **114 123RF.com:** Eric Isselee/isselee (jst). **Alamy Stock Photo:** Pharcide/Chronicle (sdr). **115 Alamy Stock Photo:** Natural History Museum, London (cdrs). **Dorling Kindersley:** Natural History Museum, London (csts); Oxford Museum of Natural History (cj). **Dreamstime.com:** Igor Kaliuzhny (sst). **116–117 Dorling Kindersley:** Royal Tyrrell Museum of Palaeontology, Alberta, Canada (jc). **116 Dreamstime.com:** Tinglee1631 (cj). **117 Getty Images:** Bettmann (sst); James L. Amos (cdrs). **Science Photo Library:** Nature Source (csts). **118 Alamy Stock Photo**: Gianni Dagli Orti/The Art Archive (csts); FotoFlirt (jdr). **Getty Images:** Science & Society Picture Library (cdrs). **Science Photo Library:** Royal Institution Of Great Britain (cstj). **119 Alamy Stock Photo:** Sabena Jane Blackbird (jdr); StampCollection (cstj). **120 Alamy Stock Photo:** Dave Blackey/All Canada Photos (sdr). **Wellcome Images http://creativecommons.org/licenses/by/4.0/:** Rare Books (cst). **122 Alamy Stock Photo:** Guildhall Library & Art Gallery / Heritage Image Partnership Ltd (j). **Getty Images:** Joseph Niepce/Hulton Archive (csts); Science & Society Picture Library (cdrs). **123 Alamy Stock Photo:** The Natural History Museum (cstj); The Natural History Museum (cdrj). **Dorling Kindersley:** The Science Museum, London (cs); The Science Museum, London (cdrs). **Dreamstime.com:** Nicku (csts). **124 Getty Images:** Science & Society Picture Library (sdr); Science & Society Picture Library (c). Harvard College Observatory. **124–125 Dorling Kindersley:** The Science Museum (c). **125 Science Photo Library:** Sheila Terry (cdrs). **126 Dorling Kindersley:** The Science Museum, London (cs). **Getty Images:** Ullstein Bild (jc). **127 Alamy Stock Photo:** Granger Historical Picture Archive (csts). **Getty Images:** Science & Society Picture Library (cdrs); Science & Society Picture Library (cstj). **National Museum of American History/Smithsonian Institution:** Kenneth E. Behring Center (jdr). **128–129 Getty Images:** Science & Society Picture Library. **130 Getty Images:** Science & Society Picture Library (tr); Science & Society Picture Library (c). **131 123RF.com:** abrakadabra (cdrs). **Science Photo Library:** Martin Bond (cdrj). **SuperStock:** Bridgeman Art Library, London (cstj). **132 Alamy Stock Photo:** Tom Gillmor/Chronicle (cstj); Interfoto (tdr). **Getty Images:** Heritage Images/Hulton Archive (cj). **133 Alamy Stock Photo:** Mary Evans Picture Library (jc). **Getty Images:** Apic/Hulton Archive (c). Muzeum Przemysłu Naftowego i Gazownictwa im. Ignacego Łukasiewicza of Bóbrka (Poland).: (cstj). **134 Alamy Stock Photo:** Classic Image (cdrj). **Getty Images:** Science & Society Picture Library (tst). **135 Getty Images:** Print Collector/Hulton Archive. **136 123RF.com:** Tomasz Wyszolmirski (cstj). **Dorling Kindersley:** The Science Museum, London (sdr). **University of Oklahoma Libraries:** (csts). **137 Alamy Stock Photo:** Design Pics Inc. (cstj). **Fotolia:** Natallia Yaumenenka/eAlisa (cj). **Getty Images:** Science & Society Picture Library (cs). **138 Getty Images:** Bettmann (cdrs); Science & Society Picture Library (csts). **139 Getty Images:** Science & Society Picture Library (jc). **Science Photo Library:** CCI Archives (cdrs). **140 Alamy Stock Photo:** Photo Researchers, Inc (cst). **Getty Images:** Science & Society Picture Library (dr). **141 Getty Images:** Chicago History Museum (sst). **NASA:** Earth Observatory/Robert Simmon (cstj). **142 Getty Images:** Dea Picture Library. **143 123RF.com:** darkbird (Background). **Alamy Stock Photo:** Granger Historical Picture Archive (cdrj). **Wellcome Images http://creativecommons.org/licenses/by/4.0/:** Iconographic Collections (cstj); Science Museum, London (sdr). **144 Dorling Kindersley:** The Science Museum, London (jst). **Getty Images:** Mandel Ngan / AFP (jdr); Science & Society Picture Library (sdr). **145 Alamy Stock Photo:** Granger Historical Picture Archive (cdrs); Interfoto (jdr). **Getty Images:** De Agostini Picture Library (cstj); Science & Society Picture Library (jc). **146 Alamy Stock Photo:** Lanmas (cst). **Dorling Kindersley:** The Science Museum, London (cj). **Science Photo Library:** Sheila Terry (cdrs). **147 Getty Images:** Science & Society Picture Library (cdrj). **148 Dorling Kindersley:** The Science Museum, London (cdrs). **Getty Images:** Science & Society Picture Library (cdrj). **Science Photo Library:** Detlev Van Ravenswaay (sc). 149 akg-images. **Dorling Kindersley:** The Science Museum, London (cs). **Getty Images:** Dea Picture Library (sdr). **Wellcome Images http://creativecommons.org/licenses/by/4.0/:** Iconographic Collections (csts); Eadweard Muybridge/University of Pennsylvania. (jc). **150–151 Dorling Kindersley:** The Science Museum, London (cj). **150 Alamy Stock Photo:** Granger Historical Picture Archive (cst). **Getty Images:** Science & Society Picture Library (sc). **151 Getty Images:** Bettmann (cdrj); Science & Society Picture Library (sdr). **152–153 Getty Images:** Stefano Bianchetti/ Corbis Historical. **154 Alamy Stock Photo:** Granger Historical Picture Archive (cs). **Dorling Kindersley:** National Motor Museum, Beaulieu (jst). **Getty Images:** Three Lions/Hulton Archive (sdr); Science & Society Picture Library (cdrj). **155 Getty Images:** Science & Society Picture Library (s); Science & Society Picture Library (jc). **Library of Congress, Washington, D.C.. 156 Alamy Stock Photo:** Sergio Schnitzler (cj). **Dorling Kindersley:** The Science Museum, London (cst). **Dreamstime.com:** Dennis Chamberlain (cdrj). **Getty Images:** Science & Society Picture Library (cs). **Science & Society Picture Library:** Science Museum (sc). **Andrew Skudder:** https://www.flickr.com/photos/skuds (jc). **156–157 Alamy Stock Photo:** Photo Researchers, Inc (sc). **157 Dorling Kindersley:** James Mann/Colin Spong (c). **Science Photo Library:** Detlev Van Ravenswaay (dr). **158 akg-images. Alamy Stock Photo:** Pictorial Press Ltd (sdr); World History Archive (csts). **Getty Images:** Hulton Archive (cstj). **158–159 University of Chicago Library. 159 Alamy Stock Photo:** Tetra Images (jc). **Dreamstime.com:** Dennis Chamberlain (cdra). **National Museum of American History/Smithsonian Institution:** Kenneth E. Behring Center (jdr). **160 Alamy Stock Photo:** Interfoto (sc); Mary Evans Picture Library (csts). **Getty Images:** Marc Dozier (jc). **161 Alamy Stock Photo:** Ewing Galloway (cj). **Dorling Kindersley:** The Science Museum, London (cdrs). **Getty Images:** Library of Congress/digital version by Science Faction (cstj); Universal Images Group (csts). **162 Getty Images:** Albert Harlingue / Roger Viollet (csts). **Science & Society Picture Library:** Science Museum (cj). **162–163 Alamy Stock Photo:** Chronicle (c). **163 Alamy Stock Photo:** Aviation History Collection (c); chrisstockphotography (cdr). **164 Alamy Stock Photo:** Grant Heilman Photography (csts); Sergio Schnitzler (sdr). **165 Getty Images:** Science & Society Picture Library (sdr); Science & Society Picture Library (cs); Bob Thomas/Popperfoto (j). **166 Getty Images:** Lambert/Archive Photos (cs). **166–167 Alamy Stock Photo:** Lordprice Collection (jc). **167 Getty Images:** ullstein bild (cdrs); ullstein bild (cdrj). **169 Rex by Shutterstock:** Magic Car Pics (cstj). **Science Photo Library:** Wellcome Dept. Of Cognitive Neurology (cdrj). **170 123RF.com:** Mikhail Vorozhtsov (jst). **ESA/Hubble:** NASA (cdrs). **170–171 Andrew Skudder:** https://www.flickr.com/photos/skuds. **171 123RF.com:** Duncan Noakes (c). **Alamy Stock Photo:** Classic Image (cdrs); nobeastsofierce Science (cstj). **172 Getty Images:** Keystone-France/ Gamma-Keystone. **173 Alamy Stock Photo:** KEYSTONE Pictures USA (jst). **Fotolia:** Paul Fleet (cdrj). **Getty Images:** Print Collector / Hulton Archive (sdr). **Wikipedia:** (cj). **174 123RF.com:** claudiodivizia (csts); Oleg VydyboretS (cs). **Alamy Stock Photo:** Zvonimir Atletić (cdrj). **174–175 Getty Images:** Hulton Archive (sc). **175 Getty Images:** Bettmann (jc). **NASA:** JPL-Caltech (cdrs). **Science Photo Library:** Millard H. Sharp (jst). **176 Dorling Kindersley:** James Mann/Colin Spong (cj). **177 Alamy Stock Photo:** Handypix (cdr); Imagein (sst). **Rex by Shutterstock:** WestEnd61 (cst). **178 Alamy Stock Photo:** Hipix (cs). **Getty Images:** Bettmann (csts). **NOAA:** Haymon et al/NOAA-OE/WHOI (cstj). **178–179 Dreamstime.com:** Olha Rohulya (s). **Getty Images:** Daily Herald Archive/SSPL (cj). **179 Alamy Stock Photo:** sciencephotos (j). **Bridgeman Images:** Tallandier (sdr). **Getty Images:** Davies/Hulton Archive (cst). **180 123RF.com:** darkbird (Background). **Alamy Stock Photo:** Lebrecht Music and Arts Photo Library (cstj). **Dorling Kindersley:** The Science Museum, London (cdrj). **Getty Images:** Culture Club/Hulton Archive (sst). **181 Science Photo Library:** Science Source. **182 Alamy Stock Photo:** Everett Collection Historical (csts). **183 Alamy Stock Photo:** Mob Images (cdrs). **Getty Images:** Bettmann (jc). **NASA:** JPL-Caltech/STScI/CXC/SAO (cdrj). **184–185 Science Photo Library:** Eye Of Science. **187 Alamy Stock Photo:** Granger Historical Picture Archive (cdrs). **Getty Images:** Bettmann (jdr). **Science Photo Library:** Peter Scoones (cstj). **188 Alamy Stock Photo:** Granger Historical Picture Archive (sst). **Getty Images:** Christopher Cooper (cst). **190 Alamy Stock Photo:** Everett Collection Inc (cstj). **NASA:** JPL (cj). **Science Photo Library:** Detlev Van Ravenswaay (dr). **191 Getty Images:** Haynes Archive/Popperfoto (cs); Bettmann (jdr). **Science Photo Library:** David Parker (cj). **192–193 Alamy Stock Photo:** Photo Researchers, Inc. **194 Alamy Stock Photo:** Rafael Ben-Ari (jdr); PjrStudio (cdrj); Chris Willson (csts). **Dorling Kindersley:** Oxford Museum of Natural History (cs). **194-195 iStockphoto.com:** Benjamin Albiach GalA!n. **195 Dorling Kindersley:** Andy Crawford (cs); The Science Museum, London (cst). **Getty Images:** (sc); Bloomberg (cdr). **NASA. Ed Uthman, MD:** (c). **196 Getty Images:** Apic/Hulton Archive (csts). **Science Photo Library:** Detlev Van Ravenswaay (sdr). **SuperStock:** Science and Society/Science and Society (cdrj). **Courtesy of U.S. Army:** (jc). **197 Alamy Stock Photo:** Rafael Ben-Ari (c). **Getty Images:** Science Museum/SSPL (cdrs). **Science Photo Library:** James King-Holmes (cdrj). **198-199 iStockphoto.com:** Benjamin Albiach GalA!n (c). **199 Science Photo Library:** Dr. Charles Mazel/Visuals Unlimited, Inc (cdrs); J.c. Revy, Ism (cj); David Parker (cdrj). **200 123RF.com:** Yulia Glam (cdrj). **Alamy Stock Photo:** Everett Collection Historical (jst). **Getty Images:** Bettmann (cdr). **201 Alamy Stock Photo:** PjrStudio (jdr). **Getty Images:** Bettmann (jst); GraphicaArtis/Hulton Archive (cdrs). **Science Photo Library:** Mark Williamson (cdrj). **202 123RF.com:** darkbird (fundal). **Environmental Protection Agency (EPA):** (cstj). **Getty Images:** Mint Images – Frans Lanting (csts). **PENGUIN and the Penguin logo are trademarks of Penguin Books Ltd:** (jc). **Rachel Carson Council:** Carson family (sst). **203 Getty Images:** Alfred Eisenstaedt/The LIFE Picture Collection. **204 Alamy Stock Photo:** Interfoto (jst). **Press Association Images:** Uncredited/AP (cs). **204–205 Getty Images:** Bettmann (jc). **205 Dorling Kindersley:** Oxford Museum of Natural History (csts). **Getty Images:** Loomis Dean (cdrs); Daily Herald Archive/SSPL (sst). **Courtesy of U.S. Army:** (jc). **206–207 Dorling Kindersley:** The Science Museum, London (sc). **206 123RF.com:** cylonphoto (jst). **Alamy Stock Photo:** Granger Historical Picture Archive (cdrj). **Getty Images:** Bettmann (cs); Thomas J. Abercrombie/National Geographic (sdr). **207 Alamy Stock Photo:** Photo Researchers, Inc (cdrj). **Getty Images:** The Asahi Shimbun (cdrs). **Ultimatecarpage.com/Wouter Melissen:** (jst). **208–209 Getty Images:** Bettmann. **210 Getty Images:** Bettmann (cdrs); Apic/Hulton Archive (jst); Science & Society Picture Library (cj). **National Museum of American History/Smithsonian Institution:** Kenneth E. Behring Center (jdr). **211 Bridgeman Images:** National Geographic Creative (cdrj). **Getty Images:** (jst). **212 Rex by Shutterstock:** Sovfoto/Universal Images Group (csts). **212–213 NASA. 213 Dorling Kindersley:** Dave Shayler/Astro Info Service Ltd (cdrj). **NASA. 214 Alamy Stock Photo:** Granger Historical Picture Archive (j). **NASA. Photoshot:** Karsten Lemm (cdrj). Science Photo Library. **215 Alamy Stock Photo:** Sarah Edwards/WENN Ltd (cj). **Dorling Kindersley:** Oxford Museum of Natural History (cdrj). **Dreamstime.com:** Boaz Yunior Wibowo (jc). **Getty Images:** Krzysztof Kwiatkowski/E+ (cst); Time Life Pictures (cdrs). **216 Alamy Stock Photo:** B Christopher (cs); le Moal Olivier (cdrs). **Getty Images:** Science & Society Picture Library (jst). **Ed Uthman, MD:** (cdrj). **217 Alamy Stock Photo:** David Keith Jones/ Images of Africa Photobank (jst); Trinity Mirror/Mirrorpix (csts); Trinity Mirror/Mirrorpix (cdrj). **Dorling Kindersley:** NASA/JPL (sdr). **NASA. 218 Alamy Stock Photo:** Interfoto (cstj); Chris Willson (cs). **Science Photo Library:** Klaus Guldbrandsen (sdr). **218–219 NASA. 219 Alamy Stock Photo:** claude thibault (jdr); Chris Willson (cj). **NASA. Science Photo Library:** D. Van Ravenswaay (csts); Mark Garlick (sst). **220 Alamy Stock Photo:** Nils Prause (cstj). **221 123RF.com:** Andrey Kryuchkov (cdrj). **Alamy Stock Photo:** Stuart Yates (sdr). **Getty Images:** Jim Reed (c). **NASA:** Scientific Visualization Studio/ Goddard Space Flight Center (csts). **222 123RF.com:** Adrian Misiak (cj); Oliver Sved (cdrs). **NASA.223 Alamy Stock Photo:** evan Hurd (cstj); Rick Edwards ARPS (sc); Chris Willson (cdra). **Getty Images:** Arno Masse (jc). **224 Alamy Stock Photo:** DWD-Media (jst); vintageusa1 (sst). **NASA. 225 Getty Images:** Handout. **226 Dorling Kindersley:** Andy Crawford (jst). **Getty Images:** Paul HANNY/Gamma-Rapho (cdrs). **NASA. 227 Alamy Stock Photo:** epa european pressphoto agency b.v. (jst); Chris Willson (cs). **Dorling Kindersley:** Blackpool Zoo, Lancashire, UK (jc). **Getty Images:** Science & Society Picture Library (sc). **228 Dreamstime.com:** Dan Breckwoldt (cstj); Martinmark (cstj/Smartphone). **228–229 Chris Harrison:** Carnegie Mellon University, USA (sc). **229 Alamy Stock Photo:** PG Pictures/Apple Watch is a trademark of Apple Inc., registered in the U.S. and other countries. (cdrj). **Dreamstime.com:** Kaspars Grinvalds (cdr). **Getty Images:** Joel Saget/AFP (cdrs). **230–231 ESA / Hubble:** NASA/N. Smith (University of California, Berkeley/http://creativecommons.org/licenses/by/3.0. **232 Dreamstime.com:** Edward J Bock 111 (cdrj). **Press Association Images:** Scott Dalton/AP (cdrs). **233 Getty Images:** Nicolas LE CORRE (jdr). **NASA. Science Photo Library:** Peter Menzel (sst). **234 Alamy Stock Photo:** AF archive (cdrj). **Getty Images:** Ed Darack (cstj); Oli Scarff/AFP (sdr). **235 Dreamstime.com:** Alexei Sysoev (jst). **ESA:** (cdr). **Getty Images:** Bloomberg (st). **236 Alamy Stock Photo:** BMD Images (cdr). **Getty Images:** Yoshikazu Tsuno / AFP (jst). **Science Photo Library:** James King-Holmes (cst). **237 Getty Images:** Laguna Design/Science Photo Library (cdrj). **Science Photo Library:** James King-Holmes (jst). **238 Getty Images:** Universal Images Group (sst). **239 NASA. Science Photo Library:** Ocean Power Delivery / Look At Sciences (sst). **240–241 © CERN:** Claudia Marcelloni. **242 Alamy Stock Photo:** Chris Schmid Photography (cst). **Getty Images:** AFP POOL (c). **Copyright 2016 HRL Laboratories:** Dan Little (cdr). **Martin Aircraft Company:** (jst). **243 NASA:** ESA (cdrs); JPL-Caltech (j). **244 Dreamstime.com:** Andrey Pavlov (sst). **Getty Images:** Victor Habbick Visions (cstj). **NREL National Renewable Energy Laboratory:** Warren Gretz (cj). **Science Photo Library:** Steve Gschmeissner (cj/wound). **245 Rice University:** Tour Research Group (sst). **Science Photo Library:** IBM Research (sc); Spencer Sutton (c). **246 elifesciences:** Berger et al/eLife 2015;4:e09560 (cdrs). **NASA. 247 DARPA:** (sst). **NASA:** MSFC/David Higginbotham (jdr). **Oculus VR:** (cj). **248 Dorling Kindersley:** The Science Museum, London.